METZLER-MÜLLER/FÜGLEIN

# Wie löse ich einen Privatrechtsfall?

# Wie löse ich einen Privatrechtsfall?

Aufbauschemata – Mustergutachten –
Klausurschwerpunkte

Begründet von

Dr. iur Karin Metzler-Müller
ehemals Professorin an der Hessischen Hochschule für öffentliches Management und Sicherheit

ab der 8. Auflage fortgeführt von

Dr. iur Frank Füglein
Professor an der Hochschule für öffentliches Management und Sicherheit

8. neu bearbeitete Auflage, 2022

BOORBERG

Bibliografische Information der Deutschen Nationalbibliothek |
Die Deutsche Nationalbibliothek verzeichnet diese Publikation in der Deutschen Nationalbibliografie; detaillierte bibliografische Daten sind im Internet über www.dnb.de abrufbar.

8. Auflage, 2022
ISBN 978-3-415-07203-9



Satz: abavo GmbH, Nebelhornstraße 8, 86807 Buchloe |
Titelfoto: © vladimirfloyd – stock.adobe.com |
Druck und Bindung: LAUPP & GÖBEL GmbH, Robert-Bosch-Straße 42, 72810 Gomaringen

Richard Boorberg Verlag GmbH & Co KG | Scharrstraße 2 | 70563 Stuttgart
Stuttgart | München | Hannover | Berlin | Weimar | Dresden
www.boorberg.de

# Vorwort zur 8. Auflage

Ziel dieses „Falllösungsbuches“ ist es, den Studierenden die Technik der Fallbearbeitung zu vermitteln und ihnen durch Prüfungsschemata für die gängigen Klausurkonstellationen einen „Fahrplan“ zur Bearbeitung zivilrechtlicher Fälle an die Hand zu geben.

Der Einstieg in das Bürgerliche Recht und vor allem das Klausurenschreiben fallen den Studienanfängern nicht leicht. Die vorliegende Sammlung von Klausurfällen mit Lösungsgutachten soll Studierenden an Hochschulen und Berufsakademien sowie Jurastudierenden in den Anfangssemestern die Möglichkeit geben, sich gezielt auf das Klausurenschreiben vorzubereiten und den Anforderungen gerecht zu werden, die bei Prüfungsarbeiten an den Hochschulen und bei Übungsarbeiten für Anfänger an den Universitäten an sie gestellt werden.

Die Falllösung wird mit einem **besonderen didaktischen Konzept** vermittelt: Anhand eines ausführlichen „Prüfschemas“ (= Gliederung) wird zunächst der Lösungsweg aufgezeigt. Anschließend wird in einem ausformulierten Gutachten die – vor allem für Anfänger schwierige – **Klausurtechnik** (Prüfung der Tatbestandsvoraussetzungen und Subsumtion) **optisch dargestellt**.

Hierfür wurden 19 Prüfungsarbeiten ausgewählt, auf Wunsch von Studierenden auch Fälle mit Schwerpunkt Amtshaftung und Haftung des Beamten.

Die materielle Stoffvermittlung erfolgt im Rahmen der „Vertiefungen“. Durch Beispiele und zahlreiche Prüfungsschemata wird diese anwendungsbezogen und anschaulich dargestellt.

Die zahlreichen positiven Rückmeldungen von Kolleginnen und Kollegen sowie Studierenden auf die Vorauflage dieses Buches dokumentieren, wie wichtig eine gute Anleitung beim Aufbau und bei der Lösung von Übungs- und Prüfungsklausuren im Privatrecht ist.

# Inhaltsverzeichnis


**Verzeichnis der Prüfschemata** ... 11

**Abkürzungsverzeichnis** ... 13

**Literaturverzeichnis** ... 19

**Einleitung** ... 23

**1. Abschnitt**
**Allgemeine Anleitung zur Lösung eines Zivilrechtsfalles** ... 25
I. Konzept erstellen ... 25
1. Erfassen des Sachverhalts ... 25
2. Skizze anfertigen ... 26
3. Fallfrage feststellen ... 27
4. Anspruchsgrundlage suchen ... 28
5. Voraussetzungen der Anspruchsgrundlage aufzeigen und den Sachverhalt subsumieren ... 30
6. Ergebnis überprüfen ... 33
II. Gutachten formulieren ... 34
1. Aufstellen eines hypothetischen Ergebnisses ... 34
2. Voraussetzungen der Anspruchsgrundlage aufzeigen ... 35
3. Sachverhalt subsumieren ... 36
4. Ergebnis (einschließlich Endergebnis) feststellen ... 37
III. Prüfung der einzelnen Anspruchsgrundlage ... 38
IV. Prüfungsreihenfolge für die Ansprüche ... 40
1. Anspruch entstanden? ... 41
2. Rechtshindernde Einwendungen (bei Verträgen: Wirksamkeitshindernisse) ... 43
3. Rechtsvernichtende Einwendungen ... 43
4. Rechtshemmende Einwendungen ... 43
5. Beendigungsgründe ... 44
V. Beispielsfall/Technik der Fallbearbeitung ... 44
VI. Zusammenfassung: Arbeitsschritte für die Lösung eines Falles ... 47
1. Konzept erstellen ... 47
2. Gutachten formulieren ... 48

**2. Abschnitt**

**Fälle und Lösungen** .......... **51**

**Fall 1: BGB AT – Die Luxushandtasche** .......... **51**
Angebot und Annahme – Elektronische Willenserklärung – Stellvertretung – Anscheins- und Duldungsvollmacht – Haftung des Vertreters ohne Vertretungsmacht – Offenkundigkeitsprinzip – Minderjährigenrecht

**Fall 2: BGB AT – Die Buchlieferung** .......... **57**
Anfechtung wegen eines Irrtums, Schadensersatzpflicht des Anfechtenden – Verjährung

**Fall 3: BGB AT – Das neue Auto** .......... **63**
Anfechtung wegen arglistiger Täuschung – Widerruf der Willenserklärung

**Fall 4: Schuldrecht AT – Der Bücherregen** .......... **69**
Pflichtverletzung vor/bei Vertragsschluss und Nebenpflichtverletzung

**Fall 5: Schuldrecht AT – Die Fahrt nach München** .......... **75**
Gefälligkeitsverhältnis – Pflichtverletzung des Schuldners durch Verzug

**Fall 6: Schuldrecht AT – Luxusboot mit Hindernissen** .......... **79**
Unmöglichkeit der Leistung – Gattungsschuld – Stückschuld – Gläubigerverzug

**Fall 7: Schuldrecht AT – Das neue Esszimmer** .......... **85**
Nichtleistung als Pflichtverletzung – Unmöglichkeit der Leistung – Gläubigerverzug – Drittschadensliquidation – Wucher – Sittenwidrigkeit
**Vertiefung:** Leistungsstörungen – Unmöglichkeit der Leistung .......... 94

**Fall 8: Schuldrecht BT – Fitness-Carla** .......... **107**
Mängel der Kaufsache – Verhältnis der Gewährleistungsvorschriften zur Anfechtung – Schadensersatz neben und Schadensersatz statt der Leistung (Mangelschaden, Mangelfolgeschaden) – Rücktrittsrecht des Käufers – Anspruchskonkurrenz
**Vertiefung:** Art und Umfang des Schadensersatzes (§§ 249–255) .......... 120

**Fall 9: Schuldrecht AT und BT – Kein Glück mit dem E-Bike** .......... **129**
Rechtsfolgen bei Mängeln der Kaufsache – Verbrauchsgüterkauf – Haftungsbeschränkungen durch Allgemeine Geschäftsbedingungen
**Vertiefung:** Kaufrecht .......... 138
**Vertiefung:** Allgemeine Geschäftsbedingungen .......... 142

**Fall 10: Schuldrecht BT – Computerprobleme** .................... **150**
Gewährleistungsrechte beim Werkvertrag
**Vertiefung:** Werkvertragsrecht .............................. 155
**Fall 11: Schuldrecht BT – Mieter(alb)traum** ...................... **171**
Mietrecht – unbefristeter und befristeter Mietvertrag – Beendigung des Mietvertrages – Schadensersatzansprüche des Vermieters – Verzugszinsen – Verjährung
**Fall 12: Schuldrecht BT – Mietprobleme** ........................ **181**
Mietrecht – Schadenersatzansprüche des Mieters und des Vermieters – Unmöglichkeit der Rückgabepflicht nach § 546 – Wegnahmerecht des Mieters
**Vertiefung:** Mietrecht .................................... 194
**Fall 13: Schuldrecht BT – Die neue Farbe fürs Wohnzimmer** ....... **203**
Deliktische Haftung – Tierhalterhaftung – Anstiftung – Rechtfertigungsgrund – Erfüllungsgehilfe – Verrichtungsgehilfe
**Fall 14: Schuldrecht BT – Teure Geburtstagseinkäufe** ............. **213**
Konkurrenz: vertragliche und deliktische Schadensersatzansprüche – Erfüllungsgehilfe – Verrichtungsgehilfe – Handeln „bei Gelegenheit“
**Fall 15: Schuldrecht BT – Das Liebes(un)glück** .................. **223**
Haftung mehrerer – Forderungsübergang von gesetzlichem Schadensersatzanspruch (in der öffentlichen Verwaltung)
**Fall 16: Schuldrecht BT – Ärger mit den Beamten** ................ **229**
Haftung bei Amtspflichtverletzung – Eigenhaftung des Beamten – Haftung im fiskalischen und hoheitlichen Bereich
**Vertiefung:** Unerlaubte Handlungen (Deliktsrecht) ....... 237
**Fall 17: Schuldrecht BT und Sachenrecht – Die lieben Nachbar** .... **255**
Vertragliche und dingliche Herausgabeansprüche – ungerechtfertigte Bereicherung – Unterlassungsansprüche im Nachbarrecht – Unterlassungs- und Schadensersatzansprüche bei Verletzungen des Persönlichkeitsrechts
**Fall 18: Sachenrecht/bewegliche Sachen – Palandt im Wandel** ...... **265**
Eigentumserwerb an beweglichen Sachen – dinglicher Herausgabeanspruch – Rechtsschein des Besitzes – gutgläubiger Eigentumserwerb – Werkunternehmerpfandrecht
**Vertiefung:** Gutgläubiger Eigentumserwerb vom Nichtberechtigten ........................ 273

**Fall 19: „Mixtur" – Der ausbleibende Druck** .......... **276**
Schadensersatz- und Herausgabeansprüche bei der Vermietung beweglicher Sachen – Abtretung

**3. Abschnitt**
**Zusammenfassung** .......... 285

**Stichwortverzeichnis** .......... 291

# Verzeichnis der Prüfschemata


| | | |
|---|---|---|
| Voraussetzungen der Drittschadensliquidation | | 92 |
| § 311 a II | Schadensersatzanspruch bei anfänglicher Unmöglichkeit | 97 |
| § 280 I, III i. V. m. § 283 | Schadensersatz statt der Leistung bei (nachträglicher) Unmöglichkeit | 100 |
| §§ 305 ff. | Prüfung von AGB-Klauseln | 148 |
| §§ 634 Nr. 1 i. V. m. § 635 | Anspruch des Bestellers auf Nacherfüllung | 161 |
| § 634 Nr. 2 i. V. m. § 637 | Anspruch des Bestellers auf Ersatz der Aufwendungen für die Selbstvornahme | 162 |
| § 634 Nr. 3, 1. Alt. i. V. m. §§ 636, 323, 326 V | Rücktrittsrecht des Bestellers bei mangelhaftem Werk | 163 |
| § 634 Nr. 3, 2. Alt. i. V. m. §§ 323, 638 | Minderungsrecht des Bestellers bei mangelhaftem Werk | 164 |
| § 634 Nr. 4, 1. Alt. i. V. m. §§ 636, 280, 281 | Schadensersatz statt der Leistung bei mangelhaftem Werk | 166 |
| § 634 Nr. 4, 1. Alt. i. V. m. § 280 I | Schadensersatz neben der Leistung bei Mangelfolgeschaden aufgrund eines mangelhaften Werks | 167 |
| § 634 Nr. 4, 2. Alt. i. V. m. §§ 636, 280, 281, 284 | Aufwendungsersatz statt der Leistung bei mangelhaftem Werk | 168 |
| § 536 I | Voraussetzungen der Mietminderung | 197 |
| § 536 a | Schadensersatz wegen eines Mangels der Mietsache | 198 |
| § 546 I | Anspruch des Vermieters gegen den Mieter auf Rückgabe/Räumung der Wohnung | 202 |
| § 823 I | Grundtatbestand der unerlaubten Handlung | 242 |
| § 823 II i. V. m. Schutzgesetz | Schadensersatz wegen Verletzung eines Schutzgesetzes | 244 |
| § 831 I | Haftung für den Verrichtungsgehilfen | 246 |

| | |
|---|---|
| § 839 I | Schadensersatzanspruch gegen den Beamten (Eigenhaftung des Beamten bei fiskalischer Tätigkeit) ............ 252 |
| Art. 34 S. 1 GG i. V. m. § 839 I | Schadensersatzanspruch gegen den Dienstherrn (bei hoheitlichem Handeln) ............ 252 |
| § 929 S. 1 | Rechtsgeschäftlicher Eigentumserwerb ............ 275 |
| § 932 I 1 | Gutgläubiger Erwerb vom Nichtberechtigten ........ 275 |
| § 985 | Herausgabeanspruch ............ 275 |

## Abkürzungsverzeichnis

| | |
|---|---|
| a. A. | andere/r Ansicht |
| ABl. | Amtsblatt |
| Abs. | Absatz |
| AG | Aktiengesellschaft/Amtsgericht |
| AGB | Allgemeine Geschäftsbedingungen |
| AGBG | Gesetz zur Regelung des Rechts der Allgemeinen Geschäftsbedingungen |
| a. F. | alte Fassung |
| AGG | Allgemeines Gleichbehandlungsgesetz |
| AktG | Aktiengesetz |
| Alt. | Alternative |
| a. F. | alte Fassung |
| AT | Allgemeiner Teil |
| Art. | Artikel |
| Aufl. | Auflage |
| Az. | Aktenzeichen |
| BAG | Bundesarbeitsgericht |
| BB | Betriebsberater (Zeitschrift) |
| BBG | Bundesbeamtengesetz |
| BeamtStG | Beamtenstatusgesetz |
| BGB | Bürgerliches Gesetzbuch |
| BGH | Bundesgerichtshof |
| BGHZ | Entscheidungen des Bundesgerichtshofs in Zivilsachen |
| BT | Besonderer Teil/Bundestag |
| BürgerlR | Bürgerliches Recht |
| c. i. c. | culpa in contrahendo |
| DB | Der Betrieb (Zeitschrift) |
| DVP | Deutsche Verwaltungspraxis (Zeitschrift) |

| | |
|---|---|
| EFZG | Gesetz über die Zahlung des Arbeitsentgelts an Feiertagen und im Krankheitsfall (Entgeltfortzahlungsgesetz) |
| EG | Europäische Gemeinschaft/Einführungsgesetz |
| EGBGB | Einführungsgesetz zum Bürgerlichen Gesetzbuch |
| EMRK | Europäische Menschenrechtskonvention |
| EU | Europäische Union |
| EuGH | Europäischer Gerichtshof |
| f./ff. | folgende (Seite)/folgende (Seiten) |
| FamRZ | Zeitschrift für das gesamte Familienrecht |
| Fußn. | Fußnote |
| gem. | gemäß |
| GG | Grundgesetz |
| ggf. | gegebenenfalls |
| GmbH | Gesellschaft mit beschränkter Haftung |
| G. o. A. | Geschäftsführung ohne Auftrag |
| HBeamtVG | Hessisches Beamtenversorgungsgesetz |
| HBesG | Hessisches Besoldungsgesetz |
| HBG | Hessisches Beamtengesetz |
| HBO | Hessische Bauordnung |
| HGB | Handelsgesetzbuch |
| HGO | Hessische Gemeindeordnung |
| Hk | Handkommentar (vgl. Literaturverzeichnis: Schulze u. a.) |
| h. L. | herrschende Lehre |
| h. M. | herrschende Meinung |
| HPVG | Hessisches Personalvertretungsgesetz |
| Hrsg. | Herausgeber |
| HS | Halbsatz |
| i. d. R. | in der Regel |
| i. H. v. | in Höhe von |
| i. S. d./v. | im Sinne des/der/von |
| i. V. m. | in Verbindung mit |

| | |
|---|---|
| JA | Juristische Arbeitsblätter (Zeitschrift) |
| JherJb | Jherings Jahrbücher für die Dogmatik des Bürgerlichen Rechts |
| JURA | Juristische Ausbildung (Zeitschrift) |
| JuS | Juristische Schulung (Zeitschrift) |
| JZ | Juristenzeitung (Zeitschrift) |
| Kap. | Kapitel |
| KG | Kammergericht |
| lat. | lateinisch |
| LG | Landgericht |
| MDR | Monatsschrift für Deutsches Recht (Zeitschrift) |
| MüKo | Münchener Kommentar |
| m. w. N. | mit weiteren Nachweisen |
| NJW | Neue Juristische Wochenschrift (Zeitschrift) |
| NJW-RR | NJW-Rechtsprechungs-Report Zivilrecht (Zeitschrift) |
| Nr. | Nummer |
| NVwZ | Neue Zeitschrift für Verwaltungsrecht |
| OAR | Oberamtsrat |
| o. Ä. | oder Ähnliche/s |
| OLG | Oberlandesgericht |
| PK | Praxiskommentar (vgl. Literaturverzeichnis *Herberger* u. a.) |
| ProdHaftG | Produkthaftungsgesetz |
| PWW | Prütting/Wegen/Weinrich (vgl. Literaturverzeichnis) |
| RGZ | Entscheidungen des Reichsgerichts in Zivilsachen |
| RiL | Richtlinie/n |
| Rn. | Randnummer/n |
| S. | Seite/Satz |
| s. | siehe |
| SachenR | Sachenrecht |
| ScheckG | Scheckgesetz |
| SchuldR | Schuldrecht |

| | |
|---|---|
| SGB XII | Sozialgesetzbuch (SGB) Zwölftes Buch (XII) – Sozialhilfe |
| s. o. | siehe oben |
| sog. | sogenannt/e/er |
| StGB | Strafgesetzbuch |
| str. | streitig |
| StrEG | Strafverfolgungsentschädigungsgesetz |
| StVG | Straßenverkehrsgesetz |
| StVO | Straßenverkehrsordnung |
| u. a. | und andere; unter anderem |
| UAbs. | Unterabsatz |
| UKlaG | Unterlassungsklagengesetz |
| UrhG | Urheberrechtsgesetz |
| usw. | und so weiter |
| v. g. | vorgenannte/r/s |
| Vorbem. | Vorbemerkung |
| WG | Wechselgesetz |
| z. B. | zum Beispiel |
| ZGS | Zeitschrift für das gesamte Schuldrecht |
| z. T. | zum Teil |
| Ziff. | Ziffer |
| zit. | zitiert |
| ZPO | Zivilprozessordnung |

**Für Anfänger seien noch folgende „Zeichen“ erklärt:**

| | |
|---|---|
| § | Paragraf |
| §§ | Paragrafen |
| § 433 I | § 433 Absatz 1 (Absätze werden in römischen Ziffern zitiert) |
| § 433 I 1 | § 433 Absatz 1 Satz 1 (einzelne Sätze eines Absatzes werden in arabischen Ziffern zitiert) |
| § 929 S. 1 | § 929 Satz 1 (eine Vorschrift hat keine Absätze, sondern nur mehrere Sätze) |

| | |
|---|---|
| → | „will von“ (bei der Prüfung „Wer will von wem was woraus?“) |
| (+) | Ergebnis der Prüfung ist positiv |
| (–) | Ergebnis der Prüfung ist negativ |
| ? (im Prüfschema/in der Lösungsskizze) | Die betreffende Voraussetzung ist fraglich, das Problem ist (ggf.) ausführlich zu erörtern. |

# Literaturverzeichnis

Aufsätze werden mit Titeln nur in der Literatur zur Vertiefung am Ende der dargestellten Themenbereiche und in den Fußnoten mit Verfasser und Fundstelle zitiert.


| | |
|---|---|
| Baur/Stürner | Sachenrecht, 18. Aufl. 2009 |
| Benning/Oberrath | Computer- und Internetrecht, 2. Aufl. 2008 (zit.: *Benning/Oberrath* Computer/InternetR) |
| Benning/Oberrath | Gestaltungsleitfaden AGB, 3. Aufl. 2015 (zit. *Benning/Oberrath* AGB) |
| Bitter | BGB AT, 5. Aufl. 2020 |
| Braun | Der Zivilrechtsfall, 5. Aufl. 2012 |
| Brox/Walker | Allgemeiner Teil des Bürgerlichen Gesetzbuchs, 45. Aufl. 2021 (zit.: *Brox/Walker* BGB AT) |
| Brox/Walker | Allgemeines Schuldrecht, 45. Aufl. 2021 (zit.: *Brox/Walker* SchuldR AT) |
| Brox/Walker | Besonderes Schuldrecht, 45. Aufl. 2021 (zit.: *Brox/Walker* SchuldR BT) |
| Däubler | BGB kompakt – Allgemeiner Teil, Schuldrecht, Sachenrecht, 3. Aufl. 2008 |
| Deutsch/Ahrens | Deliktsrecht, 6. Aufl. 2014 |
| Eisenhardt | Einführung in das Bürgerliche Recht, 7. Aufl. 2018 |
| Emmerich | Das Recht der Leistungsstörungen, 6. Aufl. 2005 |
| Fezer | Klausurenkurs zum BGB Allgemeiner Teil, 10. Aufl. 2017 |
| Fikentscher/ Heinemann | Schuldrecht, 11. Aufl. 2017 |
| Fritzsche | Fälle zum BGB Allgemeiner Teil, 8. Aufl. 2021 |
| Füglein | Reduktion des Ehrenschutzes durch höchstrichterliche Rechtsprechung |
| Füglein/Perpelitz | Das Nachbarrecht in Hessen, 22. Aufl. 2019 |
| Führich | Wirtschaftsprivatrecht, 13. Aufl. 2017 |
| Grunewald | Bürgerliches Recht, 9. Aufl. 2014 |

| | |
|---|---|
| Gursky | Schuldrecht, Besonderer Teil, 5. Aufl. 2005 |
| Herberger u. a. (Hrsg.) | juris Praxiskommentar BGB,<br>Band 1 – Allgemeiner Teil;<br>Band 2 – Schuldrecht,<br>jeweils 7. Aufl. 2014<br>(zit.: jurisPK-BGB/*Bearbeiter*) |
| Hirsch | Allgemeiner Teil des BGB, 10. Aufl. 2019 |
| Jauernig (Hrsg.) | Bürgerliches Gesetzbuch, Kommentar,<br>17. Aufl. 2018<br>(zit.: Jauernig/*Bearbeiter*) |
| Kaiser | Bürgerliches Recht, 12. Aufl. 2009 |
| Kallwass/Abels | Privatrecht, 24. Aufl. 2021 |
| Kittner | Schuldrecht, Rechtliche Grundlagen – Wirtschaftliche Zusammenhänge, 3. Auflage 2003 |
| Klunzinger | Einführung in das Bürgerliche Recht,<br>16. Aufl. 2013<br>(zit.: *Klunzinger* Einführung) |
| Klunzinger | Übungen im Privatrecht, 10. Aufl. 2012<br>(zit.: *Klunzinger* Übungen im Privatrecht) |
| Köhler | BGB Allgemeiner Teil, 45. Aufl. 2021 |
| Kötz/Wagner | Deliktsrecht, 14. Aufl. 2020 |
| Larenz/Wolf | Allgemeiner Teil des deutschen Bürgerlichen Rechts, 12. Aufl. 2020 |
| Looschelders | Schuldrecht Allgemeiner Teil, 19. Aufl. 2021<br>(zit.: *Looschelders* SchuldR AT) |
| Looschelders | Schuldrecht Besonderer Teil, 16. Aufl. 2021<br>(zit.: *Looschelders* SchuldR BT) |
| Medicus/Lorenz | Schuldrecht I, Allgemeiner Teil, 22. Aufl. 2021<br>(zit.: *Medicus/Lorenz* SchuldR I AT) |
| Medicus/Lorenz | Schuldrecht II, Besonderer Teil, 18. Aufl. 2018<br>(zit.: *Medicus/Lorenz* SchuldR II BT) |
| Medicus/Petersen | Grundwissen zum Bürgerlichen Recht,<br>12. Aufl. 2021<br>(zit.: *Medicus/Petersen* Grundwissen) |

| | |
|---|---|
| Medicus/Petersen | Bürgerliches Recht – Eine nach Anspruchsgrundlagen geordnete Darstellung – 28. Aufl. 2021 (zit.: *Medicus/Petersen* BürgerlR) |
| Möllers | Juristische Arbeitstechnik und wissenschaftliches Arbeiten, 10. Aufl. 2021 |
| Münchener Kommentar | zum Bürgerlichen Gesetzbuch<br>Band 1: Allgemeiner Teil,<br>§§ 1–240; ProstG; AGG, 8. Aufl. 2021<br>(zit.: MüKoBGB/*Bearbeiter*) |
| Musielak/Hau | Grundkurs BGB, 17. Aufl. 2021 |
| Niebling | Allgemeine Geschäftsbedingungen, 10. Aufl. 2015 |
| Oetker/Maultzsch | Vertragliche Schuldverhältnisse, 5. Aufl. 2018 |
| Olzen/Wank | Zivilrechtliche Klausurenlehre mit Fallrepetitorium, 8. Aufl. 2015 |
| Palandt (Hrsg.) | Bürgerliches Gesetzbuch, Kommentar, 79. Aufl. 2020<br>(zit.: Palandt/*Bearbeiter*) |
| Prütting | Sachenrecht, 37. Aufl. 2020 |
| Prütting/Wegen/ Weinreich | BGB-Kommentar mit Nebengesetzen, 16. Aufl. 2021<br>(zit.: PWW/*Bearbeiter*) |
| Reinicke/Tiedtke | Kaufrecht, 8. Aufl. 2008 |
| Richter | Vertragsrecht, 2. Aufl. 2013 |
| Rüthers/Stadler | Allgemeiner Teil des BGB, 20. Aufl. 2020 |
| Schellhammer | Schuldrecht nach Anspruchsgrundlagen samt BGB Allgemeiner Teil, 11. Aufl. 2021 |
| Schmidt-Futterer | Großkommentar des Wohn- und Gewerbemietrechts, 15. Aufl. 2021<br>(zit.: *Schmidt-Futterer/Bearbeiter*) |
| Schreiber | Sachenrecht, 7. Aufl. 2018 |
| Schulze/Dörner/ Ebert | Bürgerliches Gesetzbuch, Handkommentar, 11. Aufl. 2022<br>(zit.: Hk-BGB/*Bearbeiter*) |
| Schwab/Löhnig | Falltraining im Zivilrecht – Ein Übungsbuch für Anfänger, 6. Aufl. 2016 |

| | |
|---|---|
| Soergel | Bürgerliches Gesetzbuch mit Einführungsgesetz und Nebengesetzen, Band 5, 1. Schuldrecht (§§ 705–822), 13. Aufl. 2014 (zit.: *Soergel/Bearbeiter*) |
| Staake | Gesetzliche Schuldverhältnisse, 2014 |
| Vieweg/Werner | Sachenrecht, 9. Aufl. 2022 |
| Wandt | Gesetzliche Schuldverhältnisse, 10. Aufl. 2020 |
| Westermann | BGB – Sachenrecht, 13. Aufl. 2017 (zit.: *Westermann* SachenR) |
| Westermann | BGB – Schuldrecht, Allgemeiner Teil, 9. Aufl. 2020 (zit.: *Westermann* SchuldR) |
| Westermann | Grundbegriffe des BGB, Eine Einführung anhand von Fällen, 17. Aufl. 2013 (zit.: *Westermann* Grundbegriffe) |
| Wolf/Neuner | Allgemeiner Teil des Bürgerlichen Rechts, 12. Aufl. 2020 |
| Wolf/Wellenhofer | Sachenrecht, 36. Aufl. 2021 |
| Wörlen/Kokemoor | Sachenrecht, 11. Aufl. 2020 |
| Wörlen/ Metzler-Müller | BGB AT, Einführung in das Recht und Allgemeiner Teil des BGB, 15. Aufl. 2019 (zit.: *Wörlen/Metzler-Müller* BGB AT) |
| Wörlen/ Metzler-Müller | Schuldrecht AT, 14. Aufl. 2020 (zit.: *Wörlen/Metzler-Müller* SchuldR AT) |
| Wörlen/ Metzler-Müller | Schuldrecht BT, 14. Aufl. 2022 (zit.: *Wörlen/Metzler-Müller* SchuldR BT) |
| Wörlen/Schindler | Anleitung zur Lösung von Zivilrechtsfällen – Methodische Hinweise und Musterklausuren –, 10. Aufl. 2020 |

# Einleitung

Die Studierenden müssen während des Studiums und im Examen zahlreiche Klausuren aus verschiedenen Rechtsgebieten bearbeiten. In der Regel wird eine Falllösung im Gutachtenstil verlangt. Es geht dabei um die Aufgabe, einen Sachverhalt entsprechend der Fallfrage im Hinblick auf alle in Betracht kommenden Rechtsfragen zu begutachten. Das Erlernen der Gutachtentechnik ist nicht nur für das Studium von Bedeutung, sondern wird auch später in der Berufspraxis gebraucht. Schwierige Fälle müssen zunächst im Gutachtenstil gelöst werden, um zu einer folgerichtigen Entscheidung zu gelangen. Diese wird schließlich – ggf. als Urteil, Beschluss oder Bescheid – im Urteilsstil formuliert.

Nach einer „Allgemeinen Anleitung zur Lösung eines Zivilrechtsfalles" folgen – z. T. ergänzte – Prüfungsklausuren, die so ausgewählt wurden, dass sie die für die jeweiligen Rechtsgebiete typischen Fallgestaltungen wiedergeben. Sie beziehen sich auf den Allgemeinen Teil des BGB, das Schuldrecht (einschließlich Deliktsrecht) und die für die Falllösungen notwendigen Anspruchsgrundlagen des Sachenrechts (nur Recht der beweglichen Sachen). Für die Bezeichnung der Anspruchsteller und -gegner werden Abkürzungen verwendet, die ggf. auf einen bestehenden Vertrag hinweisen. So steht in der Regel „K" für Käufer, „V" für Verkäufer, „M" für Mieter, „B" für Besteller, „U" für Unternehmer, „E" für Eigentümer, „N" für Nichtberechtigter usw. Die Studierenden sollten versuchen, jeden Fall selbst zu lösen. Das geschieht zunächst in einem „Prüfschema" (= Lösungsskizze), das dann die Grundlage des anschließenden juristischen Gutachtens darstellt. Genauso wird in diesem Buch verfahren:

Zunächst wird der Lösungsweg für die Fallfragen anhand eines Prüfschemas/einer Lösungsskizze aufgezeigt; dann folgen konkrete Formulierungsvorschläge für das juristische Gutachten. Aus didaktischen Gründen werden die *Anspruchsvoraussetzungen sowie ggf. deren Konkretisierung/Definition durch Kursivdruck hervorgehoben;* anschließend folgt im Normaldruck die Subsumtion. Die Ziffern im Gutachten entsprechen denen in der Lösungsskizze. Dies erfolgt aus methodischen Gründen und sollte von den Studierenden in ihren Prüfungsklausuren **nicht** übernommen werden. Der Lernerfolg ist größer, wenn die Studierenden nach ihrer eigenen Ausarbeitung die aufgezeigte Falllösung durcharbeiten. Jede zitierte Vorschrift sollte dabei aufmerksam gelesen werden.

Im Anschluss an einige Gutachten sind Themenschwerpunkte, die für die Lösung der einzelnen Fälle von besonderer Bedeutung sind, methodisch zur Vertiefung aufbereitet.

Häufig wiederholen sich in Klausurfällen Rechtsprobleme, wobei es aber nicht darauf ankommt, Klausuren nach „ähnlichen" Fällen, wie man sie im Studium gehört oder gelesen hat, zu lösen. Jeder Klausurfall kann anders gelagert sein, und deshalb müssen die Lösungsgutachten immer neu durchdacht werden, da bereits geringe Abwandlungen im Sachverhalt zu anderen Ergebnissen führen können.

Mit dieser Fallsammlung kann und soll nicht erst der Stoff vermittelt werden, der zur Falllösung präsent sein muss. Sie soll vielmehr den Studierenden eine Gelegenheit bieten, ihre Kenntnisse anzuwenden und zu überprüfen. Außerdem dient sie der Wiederholung und Vertiefung des im Studium erlernten Wissens.

Zusätzlich wird das Durcharbeiten von Grundrissen oder Lehrbüchern zu den ersten beiden Büchern des BGB empfohlen.[1] Darüber hinaus kann ein weiteres Anleitungsbuch über den Aufbau eines zivilrechtlichen Gutachtens zur Vertiefung des hier Dargestellten herangezogen werden.[2]

1 Zu empfehlen sind die Lehrbücher von *Wörlen/Metzler-Müller*, BGB AT, Schuldrecht AT und BT sowie *Wörlen/Kokemoor*, Sachenrecht (siehe Literaturverzeichnis): Der Stoff wird didaktisch klar und strukturiert dargeboten, das Privatrecht auf verständliche Weise vermittelt.

2 Weitere Anleitungsbücher: *Braun* (Der Zivilrechtsfall), *Fezer* (Klausurenkurs im BGB), *Fritzsche* (Fälle zum BGB Allgemeiner Teil), *Klunzinger* (Übungen im Privatrecht), *Möllers* (Juristische Arbeitstechnik), *Olzen/Wank* (Zivilrechtliche Klausurenlehre mit Fallrepetitorium), *Schwab/Löhnig* (Falltraining im Zivilrecht – Ein Übungsbuch für Anfänger), *Wörlen/Schindler* (Anleitung zur Lösung von Zivilrechtsfällen).

# 1. Abschnitt
# Allgemeine Anleitung zur Lösung eines Zivilrechtsfalles

## I. Konzept erstellen[1]

### 1. Erfassen des Sachverhalts

Zunächst muss der in der Klausur mitgeteilte Sachverhalt richtig und vollständig erfasst werden. Hierbei genügt nicht oberflächliches Lesen; hierfür sollte der Text mehrmals gründlich durchgearbeitet werden. Der Gesetzestext muss zunächst noch nicht benutzt werden. Es ist auf Zahlenangaben, wie z. B. das Alter (Minderjährigkeit?) und Daten (Fristen?, Verjährung?), zu achten. Wichtiges im Sachverhalt kann durch Unterstreichen von Textteilen hervorgehoben werden, damit dies während der weiteren Bearbeitung der Klausur präsent ist.

Fallbearbeitungen scheitern manchmal daran, dass der Bearbeiter[2] von einem ganz anderen Sachverhalt ausgeht oder aber wichtige Hinweise im Text außer Acht gelassen hat. Bei manchen Studierenden stellen sich beim ersten Lesen des Klausurtextes Erinnerungen an bekannte ähnliche Fälle ein. Dies verleitet dazu, die Besonderheiten der gestellten Aufgabe zu vernachlässigen und eine „Sachverhaltsquetsche" vorzunehmen.

Deshalb sollte jeder Sachverhalt immer so gelesen werden, als ob er „ganz neu" wäre. Sofern in der Sachverhaltsschilderung sachliche Argumente oder Rechtsansichten vorhanden sind, müssen diese beachtet werden, denn dadurch wird der Bearbeiter zu bestimmten Prüfungen veranlasst bzw. auf weniger bekannte Rechtsnormen hingewiesen. Auf alle Fälle muss man sich mit diesen gutachtlich auseinandersetzen. Entsprechend der allgemeinen Lebenserfahrung darf der Sachverhalt auch insoweit ergänzt werden, wie es dem **Regelfall** entspricht.

**Beispiel:**

Wenn jemand eine Bürgschaft übernommen hat, für die gem. § 766 S. 1 BGB Schriftform vorgeschrieben ist, und im Sachverhalt auf ein Schreiben Bezug genommen wird, darf unterstellt werden, dass dieses vom Aussteller – wie in § 126 I BGB gefordert – eigenhändig unterzeichnet ist.

---

1 Dieses darf **nicht** in die schriftliche Lösung (das Gutachten) übernommen werden.

2 Es wird in diesem Buch zur besseren Lesbarkeit nur die männliche Form verwendet. Die Personen- und Funktionsbezeichnungen gelten in gleicher Weise für weibliche/diverse Personen.

Bei Anfängern kommt es auch vor, dass sie sich nicht für eine Lösung entscheiden können und deshalb Alternativlösungen aufzeigen. Davor ist zu warnen! Bei richtigem Erfassen des Sachverhalts ist nur **eine** Lösung möglich. Nur für den – sehr seltenen – Fall einer Sachverhaltslücke kann der Studierende ein „Hilfsgutachten“ anfertigen.

## 2. Skizze anfertigen

Es empfiehlt sich, die Personenbeziehungen in einer Skizze darzustellen. Die Linie steht für einen „Vertrag“, eine gestrichelte Linie für eine Vertragsanbahnung. Die Angabe der entsprechenden Vorschrift zeigt den Sachverhalt „auf einen Blick“, z. B.:

| | |
|---|---|
| K ——— V<br>§ 433 BGB[3] | Zwischen K und V wurde ein Kaufvertrag geschlossen. |
| U ——— B<br>§ 631 | Zwischen U und B besteht ein Werkvertrag. |
| K – – – – – – – – – V | Zwischen K und V bahnt sich ein Vertrag an. |

Vor allem die Beteiligung von mehr als zwei Personen kann hier optisch verdeutlicht werden, z. B.:

| | |
|---|---|
| K ——— V<br>.<br>. § 433<br>.<br>. | Zwischen K und V ist ein Kaufvertrag zustande gekommen, wobei K durch M vertreten wurde |
| . § 164<br>.<br>.<br>.<br>.<br>M | Die senkrecht gepunktete Linie steht für eine bestimmte Rechtsbeziehung, wie z. B. Stellvertretung (§ 164), Erfüllungshilfe (§ 278). |

3 Sofern die folgenden zitierten Paragrafen nicht anders bezeichnet sind, handelt es sich um solche des BGB.

Sofern es auf die Abfolge mehrerer Ereignisse ankommt, sollte man eine chronologisch geordnete Tabelle erstellen;[4] z. B.:

1. Abgabe des Angebots durch V
2. Zugang des Angebots bei K
3. Widerruf des Angebots durch V

usw.

oder aber einen Zeitstrahl mit Datum:

| 1.6.<br>Abgabe des Angebots durch V | 2.6.<br>Zugang des Angebots bei K | 3.6.<br>Widerruf des Angebots durch V |
|---|---|---|

Durch eine solche Zeittafel kann auch die Prüfungsreihenfolge verdeutlicht werden.

## 3. Fallfrage feststellen

Die Fallfrage legt fest, welche der im Sachverhalt aufgeworfenen Fragen beantwortet werden sollen. Nur das muss geprüft werden! Deshalb ist es wichtig, der Fragestellung genügend Aufmerksamkeit zu schenken. Die Fallfrage sollte nach dem Lesen des Falles zweimal gelesen werden. Anschließend sollte man noch einmal den Sachverhalt anschauen und wichtige Stellen markieren (man liest dann anders!).

Bei den Fallfragen gibt es mehrere Möglichkeiten:

### a) Abstrakte Fallfragen

**Beispiel:**

„Wie ist die Rechtslage?"

Diese Fragen müssen erst noch konkretisiert werden. Es sind alle möglichen Ansprüche unter allen Beteiligten zu erörtern.

4 Auch diese soll nur die eigene Übersicht erleichtern; sie erscheint nicht in der abschließenden Darstellung (dem Gutachten).

Es ist hilfreich, wenn man sich – zunächst ganz „unjuristisch" – die Frage stellt, welches „natürliche Interesse" die Beteiligten haben. Worum streiten sie sich? Mit welchem Ziel? Geht es um Geld, um eine Sache, um Ersatz, Erfüllung o. Ä.? Wenn Sie beim Erfassen des Sachverhalts eine Skizze – wie eingangs erwähnt – angefertigt haben, wird das Auffinden der erörterungsbedürftigen Personenbeziehungen sehr erleichtert. Innerhalb der möglichen Rechtsbeziehungen kann dann nach dem Anspruchsziel gefragt werden.

Bei der Fallfrage „Welche Ansprüche hat K gegen V?" müssen alle in Betracht kommenden Ansprüche zwischen diesen Personen geprüft werden.[5]

**Beispiel:**

Hat K gegen V einen Anspruch aus Vertrag, auf Herausgabe einer Sache, aus Delikt … usw.? Kann V von K Kaufpreiszahlung, Schadensersatz … verlangen?

### b) Konkrete Fallfragen

**Beispiel:**

„Kann V von K Zahlung des Kaufpreises verlangen?"

Das zu Prüfende wird genau vorgegeben. Bei mehreren konkreten Fragen sollte die vorgegebene Reihenfolge eingehalten werden, da diese Fragen regelmäßig logisch aufeinander aufbauen. Im Gutachten kann man bei der Beantwortung von nachfolgenden Fragen zurückverweisen.

**Klausurtipp:** Unter Berücksichtigung der Fallfrage den Sachverhalt wiederholt lesen! Dann werden die Probleme des Falles besser erkannt.

## 4. Anspruchsgrundlage suchen

Zunächst müssen der Anspruchsteller, der Anspruchsgegner sowie das Anspruchsbegehren ermittelt werden:

| Wer | will von wem | was? |
|---|---|---|
| z. B.: V | will von K | Kaufpreiszahlung |

5 In vielen Fällen ist dies nur eine rhetorische Frage, die in Bezug auf den vorhergehenden Klausurtext zu lesen ist, z. B.: „V verweist auf die Minderjährigkeit der K und verlangt die übereignete Ware zurück. Wie ist die Rechtslage?" Fehlt ein solcher Zusammenhang, ist anhand des unter 4. aufgezeigten Schemas die konkrete Fallfrage zu ermitteln.

Man kann die Fallfrage auch um ein „Warum" ergänzen und somit auf die mögliche Anspruchsgrundlage stoßen.

| Wer | | will von wem | was | warum? |
|---|---|---|---|---|
| z. B.: | V | will von K | Kaufpreiszahlung, | weil er glaubt, dass K aufgrund eines Kaufvertrages dazu verpflichtet ist. |

Das Wichtigste ist das „Woraus", d. h. das Auffinden der Anspruchsgrundlage, also der gesetzlichen Vorschrift, die die begehrte Rechtsfolge enthält. Eine typische Formulierung hierfür im Gesetz ist: „...ist verpflichtet". Die Anspruchsgrundlage bestimmt regelmäßig den Gang der weiteren Prüfung und entscheidet – fast wie der Ansatz bei einer mathematischen Aufgabe – weitgehend über Erfolg und Misserfolg der ganzen Arbeit.

In einer Zivilrechtsklausur wird in der Regel nach Ansprüchen gefragt.[6] Möglich ist aber auch eine Frage nach der Ausübung eines Gestaltungsrechts, z. B.: „Kann K den Vertrag anfechten?", oder „Kann der Personalchef P der Angestellten A fristlos kündigen?"

Bei der Prüfung eines Anspruchs ist also nach folgendem Schema vorzugehen:

| Wer | | will von wem | was | warum[7] | woraus? |
|---|---|---|---|---|---|
| z. B.: | V | will von K | Kaufpreiszahlung | | § 433 II |

Dieses Schema kann man sich als **„Die 5 Goldenen Ws"** merken:

Unter dem „**W**er" versteht man die Person, die einen möglichen Anspruch geltend machen will (= Gläubiger/Anspruchsteller).

Damit einher geht das Fragewort „(von) **W**em", das den Anspruchsgegner (Schuldner) beschreibt.

Mittels „**w**ill" und „**w**as" ist zu ermitteln, was der Gläubiger genau begehrt, z. B. Kaufpreiszahlung.

6 Legaldefinition s. § 194 I: „Das Recht, von einem anderen ein Tun oder Unterlassen zu verlangen."

7 Dieser Zwischenschritt des „Warum" wird bei den folgenden Falllösungen nicht eingeschoben, da er für die gutachtliche Prüfung nicht zwingend erforderlich ist. Vielmehr folgen die Gliederungen dem Schema **„Wer will von wem was woraus?"**

„**W**oraus" steht für die Anspruchsgrundlage, z. B. den Anspruch auf Kaufpreiszahlung nach § 433 II, auf die sich der Anspruchsteller stützt.

Das „will von" wird im Folgenden als Pfeil „→" dargestellt.

Ob Sie die bisher aufgezeigten Schritte zur Fallbearbeitung beherrschen, können Sie anhand der folgenden kleinen **Übung** testen. Zeigen Sie jeweils

- den Anspruchsteller (WER),
- den Anspruchsgegner (von WEM),
- das Anspruchsziel (WAS) und
- die Anspruchsgrundlage (WORAUS) auf!

Die **Lösung** zu dieser Übung finden Sie am Ende des Buches.

1. Aufgabe: Hat V gegen K einen Anspruch auf Kaufpreiszahlung in Höhe von 1.000,– €?
2. Aufgabe: Hat V gegen K einen Anspruch auf Zahlung von 1.000,– €?
3. Aufgabe: Welche Ansprüche hat K gegen V?
4. Aufgabe: Welche Ansprüche hat M?
5. Aufgabe: Im Sachverhalt kommen A, B und C vor. Die Fragestellung lautet: Wie ist die Rechtslage?

**Klausurtipp:**

Bei mehr als einem Anspruchsteller und mehr als einem Anspruchsgegner sollte man wie folgt vorgehen:

- Der Sachverhalt ist in Zweipersonenverhältnisse aufzuspalten.
- Innerhalb jedes Zweipersonenverhältnisses ist das Anspruchsziel (oder sind die -ziele) des Anspruchstellers herauszuarbeiten.
- Zu jedem Anspruchsziel ist die passende Anspruchsgrundlage zu suchen.

## 5. Voraussetzungen der Anspruchsgrundlage aufzeigen und den Sachverhalt subsumieren

Hier ist vertieftes Arbeiten mit dem Gesetz – unter Berücksichtigung des Sachverhalts – erforderlich.

Zunächst müssen die einzelnen **Tatbestandsvoraussetzungen** aufgezeigt werden.

Was darunter zu verstehen ist, ergibt sich aus dem Aufbau einer Anspruchsgrundlage, die meist aus **Tatbestand** und **Rechtsfolge** besteht: Das Recht trifft verbindliche Anordnungen, um seine Aufgabe, das Zusammenleben der Menschen zu ordnen und Konflikte zu entscheiden, zu erfüllen. Ansprüche werden begründet, Befugnisse eingeräumt oder Ge- und Verbote ausgesprochen.

Die Voraussetzungen, unter denen die Rechtsfolge eintreten soll, nennt man den Tatbestand der Norm. Die in einem Tatbestand enthaltenen gesetzlichen Voraussetzungen bezeichnet man als Tatbestandsmerkmale.

| **Tatbestand**<br>(mit Tatbestandsmerkmalen) | → | **Rechtsfolge**<br>Anspruch<br>Befugnis<br>Gebot oder Verbot |
|---|---|---|

Erst wenn die Tatbestandsmerkmale erfüllt sind, tritt die Rechtsfolge ein.

**Klausurtipp:**

Um den Tatbestand und die Rechtsfolge aus einer Vorschrift „herauszufiltern", einfach die Rechtsnorm umformulieren:

„Wenn ..., dann ... ."

**Beispiel:**

§ 433 I 1

„Durch den Kaufvertrag wird der Verkäufer einer Sache verpflichtet, dem Käufer die Sache zu übergeben und das Eigentum an der Sache zu verschaffen."

| **WENN...**<br>ein Kaufvertrag geschlossen worden ist, | → | **DANN...**<br>kann der Käufer vom Verkäufer die Übergabe und Eigentumsverschaffung an der Sache verlangen. |
|---|---|---|

**Beispiel** für mehrere Tatbestandsmerkmale:

§ 812 I 1, 1. Alt.:

| **WENN...**<br>(1) Der Anspruchsgegner etwas erlangt hat<br>(2) durch Leistung des Anspruchstellers und<br>(3) die Leistung ohne rechtlichen Grund erfolgt ist, | → | **DANN...**<br>kann der Anspruchsgegner vom Anspruchsteller die Herausgabe des Erlangten verlangen. |
|---|---|---|

Als nächster Schritt folgt die Subsumtion:[8] Für jedes einzelne Tatbestandsmerkmal muss ein entsprechendes Element im Sachverhalt gesucht und beides muss auf Deckungsgleichheit hin untersucht werden. Die tatsächlichen Geschehensabläufe bzw. Mitteilungen des Sachverhalts werden also (schrittweise) den Tatbestandsvoraussetzungen der Anspruchsgrundlage unter- bzw. zugeordnet.[9] Die einzelnen Prüfpunkte sowie die Ergebnisse sollten stichwortartig niedergeschrieben werden; damit wird eine sichere Grundlage für die spätere „Reinschrift", das Gutachten, geschaffen. Das Ergebnis der Subsumtion kann durch ein Plus- oder Minuszeichen markiert werden. „Plus" bedeutet: Die Voraussetzung liegt vor; ein „Minus" besagt, dass diese Anspruchsvoraussetzung nicht gegeben ist. Im letztgenannten Fall muss die Prüfung abgebrochen und der Anspruch verneint werden. Sofern sich bei den Falllösungen in dem Prüfschema/der Lösungsskizze ein Fragezeichen (?) befindet, bedeutet dies, dass die betreffende Voraussetzung fraglich und das Problem (ggf. ausführlich) zu erörtern ist.

Zur Falllösung sind ggf. auch **Hilfsnormen** erforderlich. Diese enthalten nicht Tatbestand und Rechtsfolge, sondern Definitionen, Begriffsbestimmungen oder Beschreibungen von Pflichten. Sie werden in die Prüfung der Anspruchsgrundlage „eingebaut". So ergibt sich z. B. nicht aus der Anspruchsgrundlage des § 433, wie ein Kaufvertrag (= Tatbestandsvoraussetzung) zustande kommt. Dies enthalten die Hilfsnormen der §§ 145 ff. (Angebot und Annahme).

**Beispiel:**

V → K Kaufpreiszahlung gem. § 433 II

Kaufvertrag

1. Angebot i. S. d. § 145 (+)

Äußerung des K gegenüber V, die Hose für 58 € kaufen zu wollen.

2. Annahme i. S. d. § 147 (+)

Entgegnung des V: „ja"

Folglich: Kaufvertrag, § 151 S. 1 (+)

**Ergebnis:** V → K Kaufpreiszahlung gem. § 433 II (+)

**Merke:**

Eine Anspruchsgrundlage besteht aus einem Tatbestand (= den Tatbestandsvoraussetzungen) und der Rechtsfolge.

---

8 Subsumtio (lat.) = Unterordnung; hier: Unterordnung eines Sachverhalts unter einen Rechtssatz.

9 Beispiel für § 812 I 1, 1. Alt. siehe Fall 8, Aufgabe 3.

## 6. Ergebnis überprüfen

Am Ende muss gefragt werden, ob das gefundene Ergebnis eine gerechte Entscheidung ist. Sollte das Ergebnis dem eigenen Rechtsempfinden widersprechen, ist zu überlegen, ob vielleicht irgendetwas übersehen wurde.

Das Ergebnis des Konzepts stellt eine Lösungsskizze dar, die Grundlage für das ausformulierte juristische Gutachten ist. Bei den folgenden praktischen Fällen wird jedem Gutachten ein Prüfschema (= Lösungsskizze) vorangestellt.

Ihr bisher Erlerntes können Sie mit der **folgenden Übung zur Struktur einer Anspruchsgrundlage** vertiefen.

Lesen Sie die folgenden Vorschriften und strukturieren Sie diese nach Tatbestandsvoraussetzung(en) und Rechtsfolge. Die Lösung ist am Ende des Buches abgedruckt.

1. § 433 I 1

   Tatbestandsvoraussetzung:

   Rechtsfolge:

2. § 823 I

   Tatbestandsvoraussetzungen:

   Rechtsfolge:

3. § 631 I

   Tatbestandsvoraussetzung:

   Rechtsfolge 1:

   Rechtsfolge 2:

4. § 812 I 1, 1. Alt

   Tatbestandsvoraussetzungen:

   Rechtsfolge:

5. § 985

   Tatbestandsvoraussetzungen:

   Rechtsfolge:

**Tipp zur Gesetzeslektüre:**

In der Klausur muss der Sachverhalt unter das Gesetz subsumiert werden. Die genaue Lektüre des Gesetzestextes ist daher unerlässlich. Deshalb ist jeder Paragraf ganz zu lesen, auch bekannte Paragrafen. Zur Sicherheit sind die Paragrafen davor und danach zu „überfliegen“. Findet man die Anspruchsgrundlage nicht auf Anhieb, hilft oft das Inhalts- oder Stichwortverzeichnis (von den Studierenden auch als „Idiotenwiese“ bezeichnet).

## II. Gutachten formulieren

Zunächst sollte man sich vergewissern, ob bei einer (Prüfungs-)Klausur gewisse Formalien einzuhalten sind (z. B. einseitiges Beschreiben, Korrekturrand. . . usw.).

Der Leser soll eine verständliche, nachprüfbare, erschöpfende und überzeugende Antwort auf die Fallfrage erhalten. Dies gelingt am besten im Gutachtenstil[10], der wie folgt formuliert wird:

### 1. Aufstellen eines hypothetischen Ergebnisses

Die Arbeitshypothese ist im **Konjunktiv** aufzustellen. Da er für die Darstellung einer Möglichkeit benutzt wird, wird dieser auch als „**Möglichkeitsform**" bezeichnet. Es ist der **einfache Konjunktiv („könnte", „müsste")** zu verwenden. Der Konjunktiv in der Form „hätte", „wäre" oder „würde" ist ungeeignet. Denn im Gutachten ist erst noch zu prüfen, ob tatsächlich auch ein Anspruch besteht. Hier hilft die herausgearbeitete Fragestellung.

| Wer | | will von wem | was | woraus? |
|---|---|---|---|---|
| z. B.: | V | → K | Kaufpreiszahlung | § 433 II |

Damit ist der „Einstieg", das hypothetische Ergebnis, leicht formuliert:

„V **könnte** von K die Zahlung des Kaufpreises gem. § 433 II verlangen." Oder: „V **könnte** gegen K einen Anspruch auf Zahlung des Kaufpreises gem. § 433 II haben."

Die einschlägigen Rechtsvorschriften müssen mit Absatz, Satz, Ziffer bzw. Nummer, Buchstabe (evtl. auch Halbsatz oder Alternative) exakt angegeben werden.

**Beispiele:**

§ 433 I 1 oder: § 433 Abs. 1 S. 1, § 812 I 1, 1. Alt oder: § 812 Abs. 1 S. 1, 1. Alt.

Sofern sich die Anspruchsgrundlage aus mehreren Rechtsvorschriften ergibt, sind Paragrafenketten zu bilden. Die Norm, die die gesuchte Rechtsfolge enthält, steht an der Spitze.

10 Anders: gerichtliches Urteil, behördlicher Bescheid oder Beschluss. Hier wird die Entscheidung vorangestellt und anschließend begründet.

**Beispiele:**

Anspruch auf die abgetretene Mietforderung: § 535 II i. V. m. § 398,[11]

Anspruchsgrundlage für den Anspruch des Käufers auf Rückzahlung des Kaufpreises bei mangelhafter Kaufsache (Rücktritt vom Kaufvertrag): § 346 I i. V. m. §§ 437 Nr. 2, 1. Alt., 434, 323 I.[12]

## 2. Voraussetzungen der Anspruchsgrundlage aufzeigen

Hier müssen die einzelnen Tatbestandsvoraussetzungen genannt, der Gesetzestext sollte aber nicht wortwörtlich abgeschrieben werden. Man kann Merkmal für Merkmal aufzeigen oder aber einzelne Voraussetzungen zusammenfassen. Die Formulierung sollte im **Indikativ** erfolgen.

**Beispiel** für den Kaufpreiszahlungsanspruch gem. § 433 II:

„Voraussetzung **ist**, dass zwischen K und V ein wirksamer Kaufvertrag geschlossen wurde."

**Beispiel** für § 823 I:

„Dann **muss** S zunächst durch eine Handlung eines der in § 823 I genannten Rechtsgüter des B verletzt haben."

Durch die Formulierung „zunächst" wird angezeigt, dass noch weitere Tatbestandsmerkmale zu prüfen sind.

Oft ergibt sich auch die Notwendigkeit – vor allem wegen der Komplexität vieler Tatbestandsmerkmale –, **das jeweilige Tatbestandsmerkmal**, sofern es nicht ganz selbstverständlich ist, zur Verdeutlichung und zur Erleichterung der Zu- bzw. Unterordnungen **inhaltlich darzustellen** (man kann dies auch als **Konkretisierung** bezeichnen). Dies geschieht in der Regel durch eine **Definition** bzw. Beschreibung des Tatbestandsmerkmals oder durch sog. Hilfsnormen.

Wann ein Vertrag vorliegt bzw. wie er zustande kommt, ergibt sich nicht aus § 433 I 1. Dies folgt vielmehr aus den Bestimmungen der §§ 145 ff. Diese Normen sind selbst keine Anspruchsgrundlagen, da sie keinen Anspruch gewähren, sondern nur den Vertragsschluss regeln. Man bezeichnet derartige Vorschriften, die man im Zusammenhang mit der Anspruchsgrundlage ergänzend heranziehen muss, als **Hilfsnormen**.

11 Beispiel hierfür in Fall 19, Aufgabe 3 a.

12 Beispiele hierfür in Fall 8, Aufgabe 3; Fall 9, Aufgaben 1 und 2.

**Beispiel:**

Prüfung der Voraussetzung „Kaufvertrag“ (für den Kaufpreiszahlungsanspruch gem. § 433 II oder den Übereignungsanspruch nach § 433 I 1):

„Ein wirksamer Kaufvertrag kommt durch übereinstimmende Willenserklärungen zweier Parteien, Angebot und Annahme i. S. d. §§ 145 ff., zustande“.

**Definition des „Angebots“** (das Gesetz spricht von „Antrag“): Ein Angebot ist eine empfangsbedürftige Willenserklärung, die alle wesentlichen Vertragsbestandteile enthält und durch die der Vertragsschluss einem anderen so angetragen wird, dass das Zustandekommen des Vertrages nur noch von dem Einverständnis des Empfängers abhängt.

**Definition der „Annahme“**: Die **Annahme** ist eine empfangsbedürftige Willenserklärung, die in der vorbehaltlosen Bejahung des Antrags besteht. Damit kommt der Vertrag zustande (§ 151 S. 1).

**Beispiel** für die Definition eines Tatbestandsmerkmals (Eigentumsverletzung im Rahmen des § 823 I):

„In Betracht kommt die Verletzung des Eigentums des B. Darunter ist jede Zerstörung oder Beschädigung einer Sache zu verstehen.“

Durch diese Vorgehensweise hat man genau beschrieben, was man prüfen will.

### 3. Sachverhalt subsumieren

Der Sachverhalt ist unter jede Tatbestandsvoraussetzung (bzw. unter die zusammengefassten Tatbestandsvoraussetzungen) zu subsumieren. Es ist also zu prüfen, ob die aufgestellten Voraussetzungen vom Sachverhalt erfüllt werden. Hinweise auf Gerichtsentscheidungen, Literaturmeinungen und Zitate gehören nicht in eine Klausur.

**Beispiele** für die Subsumtion:

„Mit seiner Äußerung, er wolle den Pkw für 20.000 € an K verkaufen, hat V ein wirksames Angebot abgegeben. K hat das Angebot des V mit der Erklärung, es gehe in Ordnung, uneingeschränkt angenommen.“

„Indem S den Pkw des B zu Schrott gefahren hat, hat er dessen Auto zerstört.“

Wenn man den Satz mit „indem“, „da“, „dadurch“, „dass“, „weil“ beginnt, verhindert man, dass man den Sachverhalt – den man als bekannt vorauszusetzen hat – wiederholt und ihn offenkundig nicht verarbeitet.

Behauptungen

**Beispiele:**
„davon kann ausgegangen werden“, „die Voraussetzung ist laut Sachverhalt gegeben“ usw.

stellen keine Begründung dar und dürfen nicht in einer Klausur vorkommen. Die Sätze sollten einfach und klar formuliert werden.[13]

## 4. Ergebnis (einschließlich Endergebnis) feststellen

Wenn alle Voraussetzungen geprüft sind, wird das Ergebnis festgestellt.

**Beispiel:**
„Folglich ist ein Kaufvertrag zwischen K und V zustande gekommen.“

**Endergebnis:**
„Danach hat V einen Anspruch gegen K auf Zahlung des Kaufpreises gem. § 433 II.“
oder:

„Somit hat S das Eigentum des B durch eine Handlung verletzt“ und – falls auch die anderen Voraussetzungen des § 823 I erörtert und bejaht wurden –: „Folglich ist ein Anspruch des B gegen S auf Schadensersatz gem. § 823 I gegeben.“

Als „Schlusssatz“ kann man auch ganz einfach den „Einleitungssatz“ wiederholen; nur statt des Konjunktivs **„könnte“** steht hier der Indikativ **„kann“**:

„V **kann** von K Kaufpreiszahlung gem. § 433 II verlangen.“

(Der Einleitungssatz lautete: „V **könnte** von K Kaufpreiszahlung gem. § 433 II verlangen.“)

Damit ist gewährleistet, dass alle Elemente, die in das Ergebnis gehören (wer will von wem was woraus?), auch dort stehen. Oft wird nämlich vergessen, gegen wen sich der Anspruch richtet, oder aber die Anspruchsgrundlage wird nicht genannt.

Um den Lesern eine Hilfestellung bei dem Erlernen der Gutachtentechnik zu geben, wurden in den ausformulierten Falllösungen die Tatbestandsvoraussetzungen einschließlich der Definitionen bzw. der Hilfsnormen optisch (durch ein anderes Druckbild, und zwar mittels *Kursivdrucks*) hervorgehoben.

Da in einem Gutachten immer Schlussfolgerungen gezogen werden, können die Worte „somit“, „danach“, „folglich“, „deshalb“, „also“, „mithin“

13 Fehlerfreie Rechtschreibung und Interpunktion sind leider nicht immer vorzufinden!

u. Ä. benutzt werden. Für die Niederschrift muss mindestens die Hälfte der Arbeitszeit zur Verfügung stehen.

Diese Arbeitsschritte können aus folgender Übersicht und der Zusammenfassung ersehen und für jede Klausur als „Schablone" benutzt werden. Am Ende befindet sich eine Auflistung der – nach ihrem Entstehungsgrund – verschiedenen Ansprüche.[14]

## III. Prüfung der einzelnen Anspruchsgrundlage

**Beispiel** für eine Anspruchsgrundlage mit drei Tatbestandsvoraussetzungen:

Herausgabeanspruch des V gegen K gem. § 812 I 1, 1. Alt., da V den zugrunde liegenden Kaufvertrag über ein Gemälde wirksam angefochten hat.

| **Fragestellung = gesuchte Rechtsfolge** | V könnte von K die Herausgabe des Gemäldes gem. § 812 I 1, 1. Alt. verlangen. |
|---|---|
| **Voraussetzung 1** | *Voraussetzung hierfür ist zunächst, dass K etwas erlangt hat.* |
| Definition/ Konkretisierung | *„Etwas" i. S. d. § 812 I 1 ist jeder Vermögensvorteil.* |
| Subsumtion des Sachverhalts | K hat durch die Übergabe des Gemäldes Besitz und Eigentum daran, also einen Vermögensvorteil erhalten. |
| Ergebnis | Folglich hat K „etwas" i. S. d. § 812 I 1 erlangt. |
| **Voraussetzung 2** | *Weiterhin muss dies durch die Leistung des V geschehen sein.* |
| Definition/ Konkretisierung | *Eine Leistung ist jede bewusste und zweckgerichtete Vermehrung fremden Vermögens.* |
| Subsumtion des Sachverhalts | Indem V dem K das Eigentum an dem Gemälde übertragen hat, wollte er seine Verpflichtung aus dem Kaufvertrag erfüllen. |
| Ergebnis | Folglich hat V „geleistet". |
| **Voraussetzung 3** | *Letztlich muss diese Leistung ohne rechtlichen Grund erfolgt sein.* |
| Definition/ Konkretisierung | *Dies ist der Fall, wenn die Rechtsordnung dem Bereicherten für den erlangten Vermögensvorteil keinen Behaltensgrund zur Verfügung stellt.* |
| Subsumtion des Sachverhalts | Der zwischen K und V geschlossene Kaufvertrag ist aufgrund der durch V erfolgten Anfechtung gem. § 142 I von Anfang an nichtig. |
| Ergebnis | Die Leistung des V ist also ohne rechtlichen Grund erfolgt. |
| **Antwort auf die Fragestellung** | **Folglich kann V von K die Herausgabe des Gemäldes gem. § 812 I 1, 1. Alt. verlangen.** |

14 Die Einteilung ist weder vollständig noch ausschließlich. In den meisten Fällen ist sie aber praktisch gut brauchbar.

Falls **eine** Voraussetzung **nicht** vorliegt (z. B. Voraussetzung 2), bleiben die einzelnen Arbeitsschritte zunächst die gleichen, d. h., es ist von der Fragestellung auszugehen und die erste Voraussetzung zu erörtern. Gleiches gilt für die zweite Voraussetzung, die dann aber nicht erfüllt ist. Die Prüfung muss hier **abgebrochen** und als Ergebnis festgestellt werden, dass diese Anspruchsgrundlage einen Anspruch nicht trägt.

**Beispiel:**

„Da V das Bild nicht dem K übereignet hat, liegt keine Leistung des V an K vor. Folglich kann V von K die Herausgabe des Bildes gem. § 812 I 1, 1. Alt. nicht verlangen".

Wurde das Vorliegen einer Anspruchsgrundlage verneint, so bedeutet dies nicht, dass die Prüfung automatisch beendet ist. Es sind vielmehr – bei entsprechender Fragestellung – **alle** vernünftigerweise in Betracht kommenden Anspruchsgrundlagen zu prüfen.

Das vorgenannte Verfahren eignet sich für die – meist in Klausuren vorkommenden – Aufgaben, für deren Lösung einzelne Ansprüche zu prüfen sind. Zielt die Fallfrage auf etwas anderes ab,

**Beispiele:**

„Kann K seine Willenserklärung anfechten?" oder „Was ist X zu raten?" bzw. „Hat K ein Minderungsrecht?" oder „Kann die Stadt B ggf. gegen diese Forderung aufrechnen?"

muss evtl. die Ausübung eines Gestaltungsrechts erörtert werden. Es handelt sich hierbei um ein **subjektives Recht**, mit dem der Inhaber einseitig (also ohne Mitwirkung eines anderen) auf eine bestehende Rechtslage einwirken kann. Dies kann zur Begründung, Änderung oder Beendigung eines **Rechtsverhältnisses** führen.

**Beispiele:**

„K könnte seine Willenserklärung gem. § 119 I 1. Alt. anfechten."

„Ein Minderungsrecht des K gegenüber B könnte sich aus § 437 Nr. 2, 2. Alt. i. V. m. §§ 434 I 2 Nr. 2, 323, 441 ergeben."

„B könnte mit ihrer gegenüber U bestehenden Forderung gegen die Forderung des U gem. §§ 387 f. aufrechnen."

## IV. Prüfungsreihenfolge für die Ansprüche

Die verschiedenen Ansprüche kann man nach ihrem Entstehungsgrund unterscheiden und auf diese Weise eine allgemeine Regel entwickeln: Es gibt

- die Gruppe der vertraglichen bzw. rechtsgeschäftlichen Ansprüche, die auf einem Vertrag beruhen und meist Erfüllungsansprüche sind (z. B. Anspruch des Käufers auf Lieferung der Ware/Übereignung der Kaufsache),
- die „quasivertraglichen" Ansprüche (u. a. wegen Pflichtverletzung vor Vertragsschluss),
- die dinglichen Ansprüche, die sich auf ein dingliches Recht gründen (z. B. der Herausgabeanspruch des Eigentümers gem. § 985),
- die deliktischen Ansprüche, die aus einer unerlaubten Handlung entstehen, und
- die sonstigen ausgleichenden Ansprüche.

Die Einhaltung der vorgenannten Reihenfolge entspricht dem Gesichtspunkt der Zweckmäßigkeit: Dadurch wird vermieden, dass Fragen aus dem Bereich einer Anspruchsnorm zu Vorfragen für eine andere werden und die Fallprüfung somit nicht mehr konsequent verläuft.[15] Die Ansprüche aus dem Vertrag sind – sofern ein solcher vorliegt – immer vorrangig zu prüfen, denn der Vertrag kann auf alle anderen Anspruchsgrundlagen Auswirkungen haben.

Deshalb ist die **Reihenfolge** – bis auf die Prüfungen „deliktische/bereicherungsrechtliche Ansprüche" – **zwingend**.

Man kann die Anspruchsgrundlagen in das folgende Schema einordnen, das eine Art „Checkliste" darstellt.

---

15 Ausführlich hierzu *Medicus/Petersen* BürgerlR, Rn. 7 ff.

**Jeder Anspruch sollte wie folgt durchgeprüft werden:**

## 1. Anspruch entstanden?

Die Anspruchsgrundlage suchen und inhaltliche Bestimmung, was geschuldet ist.

| | |
|---|---|
| **Ansprüche aus Rechtsgeschäft** (vertragliche Ansprüche) | 1. **Rechtsgeschäftliche/Vertragliche Ansprüche:**<br>a) **Primärleistungspflichten**<br>z. B. § 433 I 1, II (Kauf), § 535 I 1, II (Miete), § 611 I (Dienst-/Arbeitsvertrag), § 631 I (Werkvertrag) = Erfüllungsansprüche<br>b) **Sekundärleistungspflichten**<br>aa) Schadensersatz wegen Pflichtverletzung<br>• § 280 I (Grundsatz)<br>• §§ 280 I, 241 II (Verletzung nicht leistungsbezogener Nebenpflichten)<br>bb) Schadensersatz statt der Leistung<br>• §§ 280 I, III, 281 I 1 (Verzögerung der Leistung)<br>• §§ 280 I, III, 282, 241 II (Verletzung nicht leistungsbezogener Nebenpflichten)<br>• §§ 280 I, III, 283, 275 IV (Ausschluss der Leistungspflicht bei nachträglicher Unmöglichkeit)<br>• §§ 311 a II, 275 IV (Ausschluss der Leistungspflicht bei anfänglicher Unmöglichkeit)<br>cc) Schadensersatz als „Gewährleistung"<br>§ 437 Nr. 3, 1. Alt. i. V. m. §§ 440, 280, 281, 283 (Kaufvertrag), § 536 a (Mietvertrag), § 634 Nr. 4, 1. Alt. i. V. m. §§ 636, 280, 281, 283 (Werkvertrag)<br>c) **Rückgabe**<br>z. B. § 546 (Miete), § 604 (Leihe), § 667 (Auftrag), § 695 (Verwahrung), § 732 S. 2 (Gesellschaft) |
| **Quasivertragliche Ansprüche** | 2. **Ansprüche aus vertragsähnlichen Beziehungen**<br>z. B. §§ 677 ff. (G. o. A.), §§ 280 I, 311 II, 241 II (Schadensersatz wegen Pflichtverletzung **vor** Vertragsschluss) |
| **Ansprüche aus Gesetz** (gesetzliche Ansprüche) | 3. **Sachenrechtliche/dingliche Ansprüche**<br>(Rechtsfolge z. B.: Herausgabe) z. B. § 985 (stellt auf Eigentum des Antragstellers ab)<br>§§ 861 I, 1007 (stellen auf Besitz des Antragstellers ab) |
| | 4. **Deliktische Ansprüche**<br>(Rechtsfolge: Schadensersatz), §§ 823 ff. |
| | 5. **Bereicherungsrechtliche (ausgleichende) Ansprüche**<br>(Rechtsfolge: Herausgabe), §§ 812 ff. |
| | 6. **Sonstige Ansprüche** z. B. aus Gefährdungshaftung (§§ 833, 834; § 7 StVG, § 1 ProdHaftG) |

Man kann sich dieses Schema mit folgendem Merksatz einprägen:

- „**V**iel **Q**uatsch **s**chreibt **d**er **B**earbeiter".

Die Anfangsbuchstaben eines jeden Wortes stehen für die zu prüfenden Ansprüche:

| | |
|---|---|
| **V**iel | 1. vertragliche Ansprüche |
| **Q**uatsch | 2. quasivertragliche Ansprüche |
| **s**chreibt | 3. sachenrechtliche/dingliche Ansprüche |
| **d**er | 4. deliktische Ansprüche |
| **B**earbeiter | 5. bereicherungsrechtliche Ansprüche |

Kommen in einem Fall sowohl vertragliche als auch dingliche und/oder bereicherungsrechtliche Ansprüche in Betracht, dann sind **alle** zu prüfen, und zwar in der Reihenfolge des vorgenannten Schemas.[16] Es sind allerdings nur die **vernünftigerweise** in Betracht kommenden Anspruchsgrundlagen zu prüfen – und es ist nicht in jedem Fall zu erörtern, ob vertragliche, sachenrechtliche, deliktische oder bereicherungsrechtliche Ansprüche vorliegen. Wenn eine einzelne Prüfung bereits zur Bejahung des Anspruchs führt, müssen im Gutachten ggf. – je nach Fragestellung – alle in Betracht kommenden rechtlichen Möglichkeiten geprüft werden – unabhängig vom Ergebnis.

**Beispiel:**

Wenn die Fallfrage lautet: „Hat K gegen V einen vertraglichen Anspruch?", so muss nur dieser geprüft werden.

Fehlt ein Rechtsgeschäft, kommen rechtsgeschäftliche Ansprüche nicht in Betracht (hier ist die Skizze sehr nützlich!). Wird nichts herausverlangt, dürfen auch keine Herausgabeansprüche geprüft werden. Ergibt der Sachverhalt keinen Schaden, so scheiden Schadensersatzansprüche aus. Man muss nur die Checkliste „Schritt für Schritt" durchgehen! Es ist wichtig, auch nach Bejahen eines Anspruchs andere Anspruchsgrundlagen mit demselben Ziel zu prüfen, sofern es sich nicht um eine konkrete Fallfrage handelt, die das zu Prüfende genau vorgibt.

Wenn man z. B. zu dem Ergebnis gekommen ist, dass ein Kaufpreiszahlungsanspruch des Verkäufers gegenüber dem Käufer gem. § 433 II besteht,

16 Beispiel hierfür u. a. in Fall 17, Aufgabe 1. Siehe hierzu auch *Westermann* SchuldR, § 1.

muss man – sofern im Sachverhalt entsprechende Anhaltspunkte vorhanden sind – als Nächstes prüfen:

## 2. Rechtshindernde Einwendungen (bei Verträgen: Wirksamkeitshindernisse)

Es wird die Frage erörtert, ob der Anspruch auch wirksam entstanden ist.

**Beispiele für Nichtigkeitsgründe:**

Ist die vorgeschriebene (bestimmte) Form des Vertrages eingehalten? – Sonst: § 125

§§ 104 ff. (Geschäftsunfähigkeit)[17]; §§ 116 ff. (Willensmängel);

§§ 134, 138 (Gesetzes- oder Sittenverstoß)[18];

§ 142 I i. V. m. §§ 119, 120, 123 (Anfechtung)[19]. Die Anfechtung wird auch als rechtsvernichtende Einwendung angesehen, weil der Vertrag zunächst zustande kommt und erst später, aber eben mit rückwirkender Kraft, wieder entfällt.

## 3. Rechtsvernichtende Einwendungen

Ist der Anspruch untergegangen oder erloschen?

**Beispiele:**

§ 275 (Unmöglichkeit)[20]; § 362 (Erfüllung);

§§ 372 ff. (Hinterlegung); §§ 387 ff. (Aufrechnung)[21];

§ 397 (Erlass); §§ 346 ff. (Rücktritt)[22]; § 398 (Abtretung)[23]; § 313 (Störung der Geschäftsgrundlage).

## 4. Rechtshemmende Einwendungen

Der Anspruch ist wirksam entstanden und auch nicht wieder untergegangen, aber nicht durchsetzbar, sofern der Schuldner sich auf sein Gegenrecht beruft. Diese Einwendungen heißen im Privatrecht auch **Einreden**, weil sie vom Gericht nur berücksichtigt werden, wenn der Schuldner sie geltend macht („redet"), während die übrigen Einwendungen von Amts wegen zu

17 Beispiel hierfür in Fall 1, Aufgabe 3.

18 Beispiel: Fall 7, Aufgabe 3.

19 Beispiele in Fall 2, Aufgabe 1, Fall 3, Aufgabe 1.

20 Beispiel: Fall 7, Aufgabe 1.

21 Beispiel: Fall 3, Aufgabe 3 und Fall 12, Aufgabe 5 b).

22 Beispiel: Fall 9, Aufgabe 1.

23 Beispiel: Fall 19, Aufgabe 3 a).

berücksichtigen sind, da sie den Anspruch kraft Gesetzes nicht entstehen oder erlöschen lassen.

**Beispiele:**

Verjährung (§ 214) = rechtshindernde Einrede (der Schuldner ist berechtigt, die Erfüllung des Anspruchs zu verweigern, obwohl dieser fortbesteht)[24]; Stundung; Einrede des nicht erfüllten Vertrages (§ 320); Zurückbehaltungsrecht (§§ 273, 1000).

### 5. Beendigungsgründe

**Beispiele:**

Rücktritt (§§ 346 ff.)[25], Kündigung (§§ 543, 620 II, 626).

## V. Beispielsfall/Technik der Fallbearbeitung

Valentin Verkauf (V) hat sich entschlossen, wegen Platzmangels sein zehnbändiges Nachschlagewerk zu verkaufen. Zufällig trifft er seine Nachbarin Klara Kauffrau (K) und erzählt ihr von seiner Absicht. K bekundet ihr Interesse, die Bücher zu erwerben. V verlangt daraufhin 200 €. K ist einverstanden. Beide kommen überein, dass die Werke am nächsten Tag um 15.00 Uhr in der Wohnung des V gegen Zahlung des Kaufpreises übergeben werden sollen.

Kann K die Bücher von V verlangen?

**Prüfschema/Lösungsskizze**

| | |
|---|---|
| 1. **Fallfrage (hypothetisches Ergebnis)** | K → V Übergabe der Bücher und Verschaffung des Eigentums gem. § 433 I 1 |
| 2. **Voraussetzung der Anspruchsgrundlage aufzeigen (einschl. Konkretisierung/Definition)** | *wirksamer Kaufvertrag zwischen K und V §§ 145 ff. – Angebot und (uneingeschränkte) Annahme* |
| 3. **Sachverhalt subsumieren** | Angebot i. S. d. § 145 = Erklärung des V, die Bücher für 200 € an K zu verkaufen; Annahme, § 147 = Einverständniserklärung der K |
| 4. **Ergebnis feststellen** | Zwischen K und V ist ein wirksamer Kaufvertrag zustande gekommen. K kann von V Übereignung und Übergabe der Bücher gem. § 433 I 1 verlangen. |

24 Beispiel: Fall 2, Aufgabe 3.

25 Beispiel: Fall 5, Aufgabe 2.

**Ausarbeitung (Gutachten):**

**K könnte gegen V einen Anspruch auf Übergabe der Bücher und Verschaffung des Eigentums gem. § 433 I 1 haben.**

*Voraussetzung hierfür ist, dass zwischen K und V ein wirksamer Kaufvertrag zustande gekommen ist. Dies ist der Fall, wenn zwei übereinstimmende Willenserklärungen, Angebot und Annahme, vorliegen. Erforderlich ist zunächst ein hinreichend bestimmtes Angebot i. S. d. §§ 145 ff., also eine empfangsbedürftige Willenserklärung, die vom Gegenstand und vom Inhalt so formuliert sein muss, dass der andere Vertragsteil mit einem schlichten „Ja" den Vertrag zustande bringen kann.* Die Erklärung des V, seine Bücher verkaufen zu wollen, ist noch zu unbestimmt, zumal der Preis nicht feststeht. Erst als er erklärt, die Lexika für 200 € verkaufen zu wollen, liegt ein Angebot vor. *Dieses Angebot muss K angenommen haben. Die Annahme ist eine empfangsbedürftige Willenserklärung, die in der vorbehaltlosen Bejahung des Antrags besteht.* Indem sie sich mit dem Preis vorbehaltlos einverstanden erklärte, hat sie dies getan. Deshalb liegt ein wirksamer Kaufvertrag vor.

Also kann K von V die Übergabe der Bücher und Verschaffung des Eigentums gem. § 433 I 1 verlangen.

> **Variante 1 (= Beispiel für Wirksamkeitshindernis bei Verträgen):**
> V ist geisteskrank.

Prüfung wie im Ausgangsfall („Insoweit liegt ein Kaufvertrag zwischen V und K vor."); anschließend: rechtshindernde Einwendung des § 105 I.

**Ausarbeitung (Gutachten) Variante 1:**

Fraglich ist, ob sich die Geisteskrankheit des V auf die Wirksamkeit seiner Willenserklärung auswirkt. *Gem. § 104 Nr. 2 ist, wer sich in einem die freie Willensbestimmung ausschließenden Zustand krankhafter Störung der Geistestätigkeit befindet, geschäftsunfähig.* Weil V geisteskrank ist, liegt Geschäftsunfähigkeit bei ihm vor. Nach § 105 I sind Willenserklärungen Geschäftsunfähiger nichtig, mit der Folge, dass der ganze Vertrag nichtig ist.

Somit war das Angebot des V nicht wirksam, und es ist kein wirksamer Kaufvertrag zwischen K und V zustande gekommen.

K kann nicht von V die Übergabe der Bücher und Verschaffung des Eigentums gem. § 433 I 1 verlangen.

> **Variante 2 (= Beispiel für rechtsvernichtende Einwendung):**
> Versehentlich hat eine „Entrümpelungsfirma" die Lexika bei V nach Abschluss des Kaufvertrages mitgenommen und zum Altpapier gegeben.

Prüfung wie im Ausgangsfall (Anspruch ist zwar entstanden, aber evtl. untergegangen); anschließend: Rechtsvernichtende Einwendung gem. § 275 – Erlöschen der Leistungspflicht.

**Ausarbeitung (Gutachten) Variante 2:**

Wie im Ausgangsfall: „Deshalb liegt ein wirksamer Kaufvertrag vor. Also könnte K von V die Übergabe der Bücher und Verschaffung des Eigentums gem. § 433 I 1 verlangen."

Der Anspruch der K könnte aber gem. § 275 I ausgeschlossen sein. *Dazu muss dem V die Leistung unmöglich sein.* V kamen die Lexika nach Vertragsschluss durch die Entrümpelungsfirma abhanden, und er kann sie deshalb nicht mehr an K übergeben. V wurde daher nach § 275 I von seiner Leistungspflicht frei.

Deshalb kann K von V nicht die Übergabe der Bücher und Verschaffung des Eigentums gem. § 433 I 1 verlangen.

**Variante 3 (= Beispiel für rechtshemmende Einwendung):**

K hat am nächsten Tag ihren Geldbeutel zu Hause vergessen. V will ihr die Bücher erst dann mitgeben, wenn sie das Geld dabeihat.

§ 320 I legt für gegenseitige Verträge (= z. B. Kaufvertrag) fest, dass in der Regel keine Partei vorleistungspflichtig ist, sondern die Leistungen Zug um Zug zu erbringen sind. Da K ihr Geld vergessen hat, kann V die Übereignung der Lexika so lange verweigern, wie K nicht ihrerseits zur Leistung in der Lage ist.

**Ausarbeitung (Gutachten) Variante 3:**

Wie im Ausgangsfall: „Deshalb liegt ein wirksamer Kaufvertrag vor. Also könnte K von V Übereignung der Lexika gem. § 433 I 1 verlangen."

Möglicherweise kann V die *Einrede des nicht erfüllten Vertrages gem. § 320 I 1* erheben. *Voraussetzung ist, dass V aus einem gegenseitigen Vertrag verpflichtet ist. Ein gegenseitiger Vertrag ist dadurch gekennzeichnet, dass beide Parteien Hauptleistungspflichten übernommen haben, die miteinander verbunden sind.* Die Pflichten zur Übergabe der Sache und Verschaffung des Eigentums daran einerseits und zur Kaufpreiszahlung und Abnahme andererseits stehen im Gegenseitigkeitsverhältnis. Folglich ist der Kaufvertrag ein gegenseitiger Vertrag i. S. d. §§ 320 ff. Aufgrund der Vereinbarung zwischen K und V über die Leistungszeit ist auch die Kaufpreisforderung des V um 15.00 Uhr in der Wohnung fällig. V verhält sich selbst vertragstreu, und K hat nicht erfüllt. Damit kann V seine Leistung bis zur Bewirkung der Gegenleistung gem. § 320 I 1 verweigern und muss nur Zug um Zug leisten.

K kann somit von V die Übergabe der Bücher und Verschaffung des Eigentums gem. § 433 I 1 nur Zug um Zug gegen Zahlung des Kaufpreises verlangen.

## VI. Zusammenfassung: Arbeitsschritte für die Lösung eines Falles

### 1. Konzept erstellen

a) *Aufgabe/Fall durchlesen – Fallfrage lesen – anschließend Fall nochmals durchlesen*

b) *Skizze anfertigen – grafische Erfassung des Sachverhalts*

(falls mehrere aufeinander folgende Handlungen vorliegen: chronologisch geordnete Tabelle oder Zeitstrahl)

c) *Fallfrage feststellen*

Es gibt

- **abstrakte Fallfragen**, z. B.: „Welche Ansprüche hat V gegen K?" Diese müssen noch konkretisiert, ggf. in mehrere konkrete Einzelfragen aufgeschlüsselt werden (z. B. Anspruch des V gegen K auf Schadensersatz, auf Herausgabe der Sache…)
- **konkrete Fallfragen**, z. B.: „Kann V von K die Kaufpreiszahlung verlangen?"

d) *Die Anspruchsgrundlage suchen – mithilfe der „5 goldenen Ws"*

| Wer | | will von wem | was | woraus? |
|---|---|---|---|---|
| z. B.: | V | → K | Kaufpreiszahlung | § 433 II |

e) *Voraussetzungen der Anspruchsgrundlage aufzeigen/ggf. Konkretisierung/ Definition*

Sachverhalt subsumieren

f) *Ergebnis überprüfen*

> **Merke:**
>
> Kurzfassung der Prüfungsreihenfolge eines Anspruchs (insbesondere Primärleistungsansprüche)
>
> 1. **Anspruch entstanden?**
>
>    falls (+): weiter bei 2.
>
>    falls (–): Anspruch (–)
>
> 2. **Anspruch untergegangen?**
>
>    falls (+): weiter bei 3.
>
>    falls (–): Anspruch (–)
>
> 3. **Anspruch durchsetzbar?**
>
>    falls (+): Anspruch (+)
>
>    falls (–): Anspruch (–)

## 2. Gutachten formulieren

a) *Aufstellen eines hypothetischen Ergebnisses (im Konjunktiv!)*

„V könnte gegen K einen Anspruch auf Zahlung des Kaufpreises in Höhe von 100 € gem. § 433 II BGB haben."

b) *Voraussetzungen der Anspruchsgrundlage aufzeigen, ggf. Tatbestandsmerkmal definieren/konkretisieren (im Indikativ!)*

„Dann muss zwischen K und V ein wirksamer Kaufvertrag zustande gekommen sein."

oder:

„Voraussetzung ist, dass zwischen K und V ein wirksamer Kaufvertrag über… geschlossen wurde."

„Dies ist der Fall, wenn zwei sich gegenseitig entsprechende Willenserklärungen, nämlich ein (Kaufvertrags-)Angebot und eine (Kaufvertrags-)Annahme vorliegen. Erforderlich ist demnach ein Angebot eines der Beteiligten auf Abschluss eines Kaufvertrages und die Annahme des Angebotes durch…"

c) *Sachverhalt subsumieren*

„V hat dem K das… (z. B.: Bild) zum Preis von 100 € angeboten, und K hat erklärt, er nehme das Bild."

d) *Ergebnis (einschließlich Endergebnis) feststellen*

„Folglich ist ein Kaufvertrag zwischen K und V zustande gekommen. V hat einen Anspruch gegen K auf Kaufpreiszahlung gem. § 433 II BGB.“

# 2. Abschnitt
# Fälle und Lösungen

## Fall 1: BGB AT – Die Luxushandtasche

**Schwerpunkte:**

Angebot und Annahme – Elektronische Willenserklärung – Stellvertretung – Anscheins- und Duldungsvollmacht – Haftung des Vertreters ohne Vertretungsmacht – Offenkundigkeitsprinzip – Minderjährigenrecht

Die 16-jährige Schülerin Susi Alltag (A) ärgert sich darüber, dass weder ihre Eltern (E) noch ihre vermögende Tante (K), ihr eine teure Markenhandtasche zum Geburtstag kaufen wollen. Als sie die Modezeitungen ihrer Tante durchblättert, sieht sie die Anzeige von Lui Votton (V), auf der eine Luxustasche zum Sonderpreis von 200 € angeboten wird. A nutzt diese Gelegenheit, geht auf die Homepage von V und bestellt eine der Taschen auf den Namen ihrer Tante, indem sie die Tasche in den „Warenkorb" legt und auf den Button „Bestellung absenden" klickt. Am gleichen Tag erhält A die Bestätigungsmail von V.

Den Postboten, der die Tasche am nächsten Tag liefert, fängt A ab. Sie unterzeichnet auch den Lieferschein.

Nach Erhalt der Rechnung verweigert K die Bezahlung des Kaufpreises gegenüber V mit der Begründung, sie habe von dem Kauf der Tasche nichts gewusst.

**Aufgabe 1:** V möchte wissen, ob und von wem er den Kaufpreis i. H. v. 200 € verlangen kann.

Abwandlung des Falles:

Die 16-jährige A geht diesmal in das Geschäft des V, um dort die Handtasche erst zu begutachten und schlussendlich zu kaufen. Sie wird sich schnell mit V einig und erklärt, ohne den Namen der K erwähnt zu haben:

„Ich nehme die Tasche. Bitte schicken Sie sie mir in die Strebergasse 2" und verlässt den Laden.

Erst jetzt wird dem V klar, dass er überhaupt nicht weiß, wer A ist. Er verpackt die Tasche und fährt in die Strebergasse 2, wo sich das Einfamilienhaus der K befindet. Dort ist auch A.

K verweigert die Annahme der Tasche mit der Begründung, sie gehe die Sache nichts an. A verweigert die Annahme ebenfalls und erklärt, sie habe die Tasche nur für K kaufen wollen.

**Aufgabe 2:** Kann V den Kaufpreis i. H. v. 300 € von der K oder von A verlangen?

**Fall 1: Prüfschema/Lösungsskizze**

**Aufgabe 1:**

**I. V → K Kaufpreiszahlung in Höhe von 200 € gem. § 433 II**

wirksamer Kaufvertrag

Angebot durch V (–)

Modezeitschrift ist bloße invitatio ad offerendum.

Angebot durch K?

A als Vertreterin der K – § 164 I 1

1. Willenserklärung der A (§ 165) (+)
2. im Namen der Fa. K (+)
3. innerhalb der Vertretungsmacht, § 166 II 1 (–), § 177 I (–)

Duldungsvollmacht, Anscheinsvollmacht (–)

**Ergebnis:** V → K Kaufpreiszahlung in Höhe von 300 € gem. § 433 II (–)

**II. V → A Kaufpreiszahlung gem. § 179 I i. V. m. § 433 II**

A ist Vertreterin ohne Vertretungsmacht

aber: § 179 III 2

**Ergebnis:** V → A Kaufpreiszahlung gem. § 179 I i. V. m. § 433 II (–)

**Aufgabe 2:**

**I. V → K Kaufpreiszahlung gem. § 433 II**

A ist **nicht** als Vertreterin aufgetreten.

**Ergebnis:** V → Fa. K Kaufpreiszahlung gem. § 433 II (–)

**II. V → A Kaufpreiszahlung gem. § 433 II**

Kaufvertrag (–) oder (+)

Angebot durch A – § 164 II (+)

Annahme durch V (+)

aber: ist Willenserklärung der A wirksam?

Da A minderjährig ist: §§ 106 ff.

§ 107: lediglich rechtlicher Vorteil (–)

Einwilligung der Eltern (–)

§ 108 I: Genehmigung der Eltern?

**Ergebnis:** V → A Kaufpreiszahlung gem. § 433 II (–) oder (+)

## Fall 1: Ausarbeitung (Gutachten)

### Aufgabe 1:

**I. V könnte gegen die K einen Anspruch auf Zahlung des Kaufpreises in Höhe von 200 € gem. § 433 II haben.**

*Dann muss zwischen V und K ein Kaufvertrag zustande gekommen sein. Ein Vertrag kommt durch zwei übereinstimmende Willenserklärungen, nämlich Angebot*[1] *und Annahme, zustande. Das Vertragsangebot ist eine empfangsbedürftige Willenserklärung, durch die einem anderen ein Vertragsschluss so angetragen wird, dass das Zustandekommen des Vertrages nur noch von dessen Einverständnis abhängt. Es muss die wesentlichen Vertragsbestandteile bestimmt oder bestimmbar enthalten und den Schluss auf einen Rechtsbindungswillen zulassen.* Fraglich ist, ob die Modezeitung und die Homepage des V ein Angebot darstellt. Da es hier am Rechtsbindungswillen fehlt, handelt es sich lediglich um eine invitatio ad offerendum.[2]

Indem A die Tasche in den „Warenkorb" gelegt und auf den Button „Bestellung absenden" geklickt hat, hat sie den für einen Vertragsschluss erforderlichen Antrag (Angebot) erklärt.[3]

Fraglich ist, ob diese Willenserklärung unmittelbar für K wirkt. Dies ist der Fall, wenn *A für K als Vertreterin gem. § 164 I 1 gehandelt hat.*

1. *Voraussetzung hierfür ist, dass der Vertreter – hier A – eine eigene Willenserklärung*
2. *im Namen des Vertretenen abgibt.* A ist allerdings nach § 2 minderjährig und gem. § 106 in der Geschäftsfähigkeit beschränkt. Eine Willenserklärung, die eine Minderjährige für einen anderen abgibt, verpflichtet sie aber nicht selbst und ist deshalb für sie ein sog. neutrales Geschäft. Dementsprechend *schadet nach § 165 die beschränkte Geschäftsfähigkeit eines Vertreters der Wirksamkeit seiner Willenserklärung nicht.* Indem A bei V per Mausklick eine Handtasche zum Preis von 200 € im Namen der K bestellt, liegt eine Willenserklärung im Namen der Vertretenen (K) vor.

---

1 Das Gesetz spricht von Antrag.

2 Invitatio ad offerendum (lat.) bedeutet wörtlich übersetzt: Einladung zur Abgabe eines Angebots. Im Unterschied zum Angebot ist die invitatio ad offerendum nicht verbindlich, sondern die unverbindliche Aufforderung an jeden potenziellen Vertragspartner, selbst ein Angebot abzugeben.

3 Es handelt sich hierbei um eine sog. **elektronische Willenserklärung**. Wird im Internet eine Willenserklärung abgegeben (z. B. wie hier per E-Mail), geschieht das meist durch Mausklick oder Betätigen der „Enter"-Taste. Dadurch wird die Willenserklärung als elektronisches Signal in Richtung Empfänger auf den Weg gebracht. Bei Interesse: *Wörlen/Metzler-Müller* BGB AT, Rn. 212 mit weiteren Literaturhinweisen unter Rn. 213.

3. *Damit das von A abgegebene Angebot unmittelbar für K wirkt, muss A innerhalb der ihr zustehenden Vertretungsmacht gehandelt haben. Gem. § 167 I wird die durch Rechtsgeschäft erteilte Vertretungsmacht (Vollmacht, vgl. § 166 II 1) durch Erklärung gegenüber dem zu Bevollmächtigenden oder dem Dritten erteilt.* K hat A weder ausdrücklich noch konkludent dazu ermächtigt, für K Verträge abzuschließen, noch dies gegenüber V geäußert.

   Der Antrag, den A erklärt hat, könnte aber nach den *Regeln der Duldungs- oder Anscheinsvollmacht für und gegen K wirken. Danach muss derjenige, der es duldet, dass jemand ohne Vollmacht für ihn handelt, das vollmachtlose Handeln gegen sich gelten lassen, wenn der Vertragspartner aus bestimmten Gründen von einer Vollmacht des Handelnden ausgehen durfte (Duldungsvollmacht). Dieselbe Rechtsfolge tritt ein, wenn der Vertretene das vollmachtlose Handeln eines anderen für sich zwar nicht bewusst duldet, dieses aber aus Fahrlässigkeit nicht kannte und bei Kenntnis hätte verhindern können (Anscheinsvollmacht).* Es ist nicht bekannt, dass K von der Bestellung durch A etwas wusste oder dass A schon früher ähnlich gehandelt hat. Es besteht damit kein Grund zu der Annahme, dass K ein vollmachtloses Handeln der A geduldet oder fahrlässig nicht gekannt hat.

Somit hängt die Wirksamkeit der von A abgegebenen Bestellung *nach § 177 I von der Genehmigung der K, also der nachträglichen Zustimmung (§ 184 I) ab.* Diese verweigert K.

Nach alledem ist zwischen V und K kein Kaufvertrag zustande gekommen. Ein Anspruch des V gegen K auf Kaufpreiszahlung gem. § 433 II ist nicht gegeben.

**II. V könnte gegen A einen Anspruch auf Zahlung des Kaufpreises nach § 179 I i. V. § 433 II haben.**

Wie bereits festgestellt, hat A als Vertreterin der K mit V einen Kaufvertrag abschließen wollen, obwohl sie keine Vollmacht hatte. Ihre Vertretungsmacht kann sie nicht nachweisen, und K hat die Genehmigung verweigert.[4] Folglich könnte V von A die Erfüllung des Kaufvertrages nach § 179 I i. V. m. § 433 II verlangen.

*Nach § 179 III 2 haftet der Vertreter allerdings dann nicht, wenn er in der Geschäftsfähigkeit beschränkt war, es sei denn, die gesetzlichen Vertreter stimmen dem Rechtsgeschäft zu.* A ist als 16-Jährige nach §§ 2, 106 be-

4 Bereits Geprüftes muss nicht mehr im Gutachtenstil erörtert, sondern kann (im Urteilsstil) festgestellt werden.

schränkt geschäftsfähig. Eine Zustimmung ihrer gesetzlichen Vertreter (Eltern gem. §§ 1626, 1629) liegt nicht vor, denn diese weigern sich ja gerade eine solche Handtasche zu kaufen.

Folglich besteht kein Anspruch des V gegen A auf Kaufpreiszahlung nach § 179 I i. V. § 433 II.

**Aufgabe 2:**

**I. V könnte gegen K einen Anspruch auf Zahlung des Kaufpreises gem. § 433 II haben.**

*Voraussetzung für das Zustandekommen eines Kaufvertrages zwischen V und K ist, dass A als Vertreterin i. S. d. §§ 164 ff. für K eine entsprechende Willenserklärung (Angebot)* abgegeben hat.

Dieses ist fraglich. A hat nur eine Handtasche ausgesucht und angegeben, wohin dieses versandt werden soll. Sie hat nicht den Adressaten benannt, sondern nur den Lieferort. Aus diesen Umständen ist nicht zu entnehmen, dass A als Vertreterin für K auftritt. Somit konnte V nicht davon ausgehen, dass er mit der von A vertretenen K einen Vertrag schließen soll.

Folglich ist kein Vertrag zwischen V und K zustande gekommen. Ein Anspruch des V gegen K auf Kaufpreiszahlung in Höhe von 200 € nach § 433 II ist nicht gegeben.

**II. V könnte von A die Kaufpreiszahlung gem. § 433 II verlangen.**

*Voraussetzung hierfür sind Angebot und Annahme, d. h. zwei übereinstimmende Willenserklärungen.*

A hat gegenüber V ein Angebot auf Abschluss eines Kaufvertrages erklärt. Dass sie dabei nicht für sich, sondern für K handeln wollte, kann nach ihrer Erklärung bei Lieferung der Handtasche angenommen werden. *Gem. § 164 II kommt allerdings der Mangel des Willens, für sich handeln zu wollen, nicht in Betracht.* Folglich könnte die „Vertreterin" A selbst Vertragspartnerin werden. Das von ihr gemachte Angebot hat V – durch Lieferung der Tasche – auch angenommen (vgl. §§ 145, 151 S. 1). Fraglich ist, ob die von A abgegebene Willenserklärung wirksam war. Denn die 16-jährige A ist in ihrer Geschäftsfähigkeit beschränkt. *Gem. § 107 bedarf sie für das Kaufangebot, das keinen rechtlichen Vorteil mit sich bringt (sondern eine Verpflichtung zur Kaufpreiszahlung), der Einwilligung ihrer gesetzlichen Vertreter.* Eine vorherige Zustimmung (§ 183 S. 1) liegt nicht vor.[5] *Nach § 108 I können diese den Vertrag noch genehmigen.*

5 Für § 110 („Taschengeldparagraf") gibt es im Sachverhalt keine Anhaltspunkte.

Solange die gesetzlichen Vertreter der A (also ihre Eltern, §§ 1626, 1629) keine nachträgliche Zustimmung erteilen, ist der Vertrag schwebend unwirksam, ein Kaufpreiszahlungsanspruch des V gegen A gem. § 433 II besteht (noch) nicht.

# Fall 2: BGB AT – Die Buchlieferung

**Schwerpunkte:**

Anfechtung wegen eines Irrtums, Schadensersatzpflicht des Anfechtenden – Verjährung

Der städtische Kindergarten benötigt dringend neue Kinderbücher. Amtsleiter Peter Besser (B), der auch für den Kindergarten der Stadt Sauer (S) zuständig ist, wird von Axel Vessen (V), der den Buchladen in der Stadt betreibt, aufgesucht. Nachdem man sich über den Preis, Lieferung und Buchertitel verständigt hat, bittet V den B entsprechende Auftragsunterlagen auszufüllen und weist darauf hin, dass ab dem 25. Buch ein Mengenrabatt eingeräumt werden könne. B, der für solche Beschaffungen zuständig ist, füllt die Auftragsunterlagen aus und verschreibt sich bei der Mengenangabe – statt 100 schreibt er 1000 Bücher auf. Als kurz darauf 1000 Kinderbücher von V angeliefert werden, verweigert B die Abnahme und Zahlung mit Ausnahme von 100 Stück, da er nicht mehr bestellt habe. V macht ihm klar, dass der Auftragsbogen eindeutig ist und hierauf von B 1000 angegeben wurde. B erklärt unverzüglich, dass die Stadt an solch einem Kaufvertrag nicht festhält, zumal B geglaubt hatte, lediglich 100 Bücher bestellt zu haben. V lässt die Erklärung des B nicht gelten. Er bekundet, ihm seien durch die Lieferung bereits Transportkosten i. H. v. 50 € entstanden. Außerdem hätte ihm das Geschäft mit dem Kindergarten einen Nettogewinn von 200 € eingebracht.

**Aufgabe 1:** Kann V von der Stadt S den vollen Preis und Abnahme der 1000 Kinderbücher verlangen?

**Aufgabe 2:** Falls nicht: Kann V seine Schäden von der Stadt S ersetzt verlangen?

Bei der Überprüfung seiner Unterlagen stellt V Anfang 2021 fest, dass vergessen wurde, der Stadt S einen Betrag über 300 € aus einer früheren Lieferung, der im November 2017 fällig war, geltend zu machen. V schickt unverzüglich eine Zahlungsaufforderung an die Stadt S in dieser Höhe.

**Aufgabe 3:** Die Stadt S ist über diese Zahlungsaufforderung erstaunt und beruft sich auf Verjährung. Zu Recht?

**Fall 2: Prüfschema/Lösungsskizze**

**Aufgabe 1:**

**V → Stadt S Kaufpreiszahlung für 1000 Kinderbücher gem. § 433 II?**

1. Kaufvertrag
   a) Angebot durch V – ausgefüllter Auftragsbogen (+)
   b) Annahme durch S (+) § 164 I 1 (B = Stellvertreter)
      - WE
      - im Namen der S
      - innerhalb der Vertretungsmacht

Zwischenergebnis: wirksamer Kaufvertrag (+)

2. Vertrag aufgrund Anfechtung durch die Stadt S bzw. B (§ 166 I) nach § 142 I nichtig?
   a) Anfechtungsgrund: § 119 I, 2. Alt. – Erklärungsirrtum (+)
   b) Anfechtungserklärung gegenüber V, § 143 I, II (+)
   c) Anfechtungsfrist, unverzüglich – § 121 I (+)

Rechtsfolge: Kaufvertrag ist nichtig, § 142 I

**Ergebnis:** V → Stadt S Kaufpreiszahlung 1000 Kinderbücher gem. § 433 II (–)

**Aufgabe 2:**

**V → Stadt S Schadensersatz aus § 122 I**

1. Willenserklärung ist gem. § 119 I, 2. Alt. angefochten (+)
2. Anspruchsgegner hat Vertrauensschaden erlitten (+)
3. Kein Ausschluss gem. § 122 II (+)

**Ergebnis:** V → Stadt S Schadensersatz aus § 122 I (+)

**Aufgabe 3:**

**Stadt S gegenüber V: Einrede der Verjährung**

1. Verjährungseinrede, § 214 I (+)
2. Verjährungsfrist, §§ 195, 199 I (+)

**Ergebnis:** Stadt S gegenüber V: Einrede der Verjährung (+)

## Fall 2: Ausarbeitung (Gutachten)

### Aufgabe 1:

**Der Verkäufer V könnte gegen die Stadt S einen Anspruch auf Kaufpreiszahlung und Abnahme von 1000 Kinderbüchern gem. § 433 II haben.**

1. *Voraussetzung hierfür ist ein wirksamer Kaufvertrag zwischen V und S. Ein Kaufvertrag kommt durch zwei übereinstimmende Willenserklärungen, Angebot und Annahme, zustande.*

   a) *Voraussetzung ist zunächst ein Angebot. Dabei handelt es sich um eine empfangsbedürftige Willenserklärung, durch die einem anderen der Vertragsschluss in der Weise angetragen wird, dass das Zustandekommen des Vertrages nur noch von dessen Einverständnis abhängt.* Das Angebot hier erfolgt durch den Amtsleiter B. Fraglich ist, ob dessen Willenserklärung unmittelbar für und gegen die Stadt S wirkt. Das ist der Fall, wenn die Voraussetzungen des § 164 I 1 erfüllt sind. Gem. *§ 164 I 1 muss der Vertreter (B) selbst eine Willenserklärung im Namen des Vertretenen im Rahmen seiner Vertretungsmacht abgegeben haben.* Als Hauptamtsleiter ist B auch für den Kindergarten sowie die Beschaffung zuständig. Fraglich ist, ob dessen Willenserklärung unmittelbar für und gegen die Stadt S wirkt. Das ist der Fall, wenn die Voraussetzungen des § 164 I 1 erfüllt sind. Gem. *§ 164 I 1 muss der Vertreter (B) selbst eine Willenserklärung im Namen des Vertretenen im Rahmen seiner Vertretungsmacht abgegeben haben.* Als Amtsleiter ist B auch für den Kindergarten sowie die Beschaffung zuständig. Indem der V den B bittet, das Auftragsformular auszufüllen und auch die Bestellmenge einzutragen, gibt er hiermit für S im Rahmen seiner Vertretungsmacht eine Erklärung in Form eines Angebotes ab. Allerdings verschrieb sich B hierbei und setzte statt 100 Bücher 1000 Bücher ein. Bei der Auslegung einer Willenserklärung (§§ 133, 157) kommt es jedoch auf den objektiven Empfängerhorizont an. Die Vorstellungen des B spielen hier keine Rolle. Entscheidend ist allein der objektive Erklärungswert der Willenserklärung des B.

      Durch Ausfüllen des Auftrages nebst Angabe der Bestellmenge enthält die Erklärung damit alle wesentlichen Vertragsbestandteile, sodass das Zustandekommen des Kaufvertrages nur noch vom Einverständnis aufseiten des V abhängt. Damit hat die Stadt S ein Angebot unterbreitet.

   b) *V muss das Angebot angenommen haben. Eine Annahme ist eine empfangsbedürftige Willenserklärung, durch die der Antragsempfänger sein vorbehaltloses Einverständnis mit dem angebotenen Vertragsschluss zum Ausdruck bringt.* Die Annahmeerklärung erfolgt durch die Auslieferung der Kinderbücher durch V.

Folglich ist zwischen V und der Stadt S ein Kaufvertrag zustande gekommen.

2. *Die Willenserklärung der S könnte jedoch gem. § 142 I nichtig sein, wenn S diese wirksam angefochten hat.*

   a) *Zunächst muss ein Anfechtungsgrund vorliegen. Im vorliegenden Fall kommt als Anfechtungsgrund ein Erklärungsirrtum gem. § 119 I, 2. Alt. in Betracht. Ein Erklärungsirrtum liegt vor, wenn derjenige, der die Willenserklärung abgegeben hat, eine Erklärung dieses Inhalts überhaupt nicht abgeben wollte.* B hat sich als Vertreter der Stadt S beim Ausfüllen des Auftragsformulars verschrieben und statt 100 die Zahl 1000 eingegeben. Er wollte damit eine Erklärung dieses Inhaltes so nicht abgeben. Fraglich ist, ob auf die Person des B oder auf die Stadt S, die von diesem Irrtum nichts wusste, abgestellt werden muss. Gem. § 166 I kommt, wenn die rechtlichen Folgen einer Willensklärung durch die Kenntnis gewisser Umstände beeinflusst werden, nicht die Person des Vertretenen (hier: Stadt S), sondern die des Vertreters B in Betracht. Ein Anfechtungsgrund liegt vor. *Außerdem dürfte der Erklärende bei Kenntnis der Sachlage und Würdigung des Einzelfalls eine solche Erklärung nicht abgegeben haben; der Irrtum muss also ursächlich für die Abgabe der Willenserklärung gewesen sein.* Unter Berücksichtigung der großen Menge an Kinderbüchern und den klaren Vorstellungen des B lediglich 100 Kinderbücher neu erwerben zu wollen, ist davon auszugehen, dass B eine solche Erklärung nicht abgeben wollte. Der Irrtum des B war damit kausal für die im Namen der Stadt S abgegebene Angebotserklärung.

   b) *Ferner muss S gegenüber V die Anfechtung gem. § 143 I, II erklärt haben.* Bei der Lieferung der Bücher verweigert B die Annahme mit Ausnahme der 100 Stück. Mit diesem Verhalten erklärt er konkludent die Anfechtung des mit V geschlossenen Vertrages. Außerdem teilt B als Vertreter der S dem V mit, dass die Stadt S an einem solchen Vertrag nicht festhält. Damit wird die Anfechtung erklärt.

   c) *Des Weiteren muss die Anfechtung gem. § 121 I in den Fällen des § 119 unverzüglich, das bedeutet ohne schuldhaftes Zögern, erfolgen.* B erklärt V unverzüglich, dass die S an einem solchen Vertrag nicht festhält. Somit ist auch diese Voraussetzung erfüllt.

Gem. § 142 I ist ein anfechtbares Rechtsgeschäft, sofern es angefochten wird, als von Anfang an nichtig anzusehen. Durch die Anfechtung der Annahmeerklärung des B (für die Stadt V) ist diese nichtig und folglich auch der Kaufvertrag zwischen V und S.

Deshalb kann V von S gem. § 433 II weder die Zahlung des Kaufpreises noch die Abnahme von 1000 Kinderbüchern verlangen.

**Aufgabe 2:**

**V könnte gegen die Stadt S einen Anspruch auf Ersatz der bei ihm entstandenen Schäden aus § 122 I haben.**

1. *Voraussetzung ist zunächst, dass eine Willensklärung gem. § 119 angefochten worden ist.* Wie bereits unter Aufgabe 1 geprüft, hat B (im Namen der Stadt S) erfolgreich seine gegenüber V abgegebene Willenserklärung angefochten.
2. *Weiterhin muss dem V aufgrund dieser Anfechtung ein Schaden entstanden sein, indem er auf die Wirksamkeit der durch B erklärten Annahme und damit auf die Wirksamkeit des mit der Stadt S geschlossenen Kaufvertrages vertraut hat.*

   Durch die Lieferung der 1000 Kinderbüchern sind dem V Transportkosten i. H. v. 50 € entstanden. Wäre V nicht davon ausgegangen, einen wirksamen Kaufvertrag mit der Stadt geschlossen zu haben, hätte er die Kinderbücher nicht an die Stadt geliefert. Bei den Transportkosten handelt es sich folglich um einen nach § 122 I ersatzfähigen Vertrauensschaden.

   Des Weiteren führt V an, dass ihm das Geschäft mit der Stadt S einen Nettogewinn von 200 € eingebracht hätte. Bei diesem Betrag handelt es sich um das sog. Erfüllungsinteresse[6], also das Interesse, das der V an der Durchführung des Vertrages hat. § 122 I enthält jedoch ausschließlich einen Anspruch auf Ersatz des Vertrauensschadens[7]. Der entgangene Gewinn stellt also keinen nach § 122 I ersatzfähigen Schaden dar.

Folglich kann V von der Stadt S nach § 122 I nur die ihm entstandenen Transportkosten i. H. v. 50 € verlangen.

3. *Die Ersatzpflicht der Stadt S ist gem. § 122 II bei Kenntnis bzw. Kennenmüssen von der Anfechtbarkeit des Vertrages ausgeschlossen.* Es ist dabei auf die Kenntnis des B als Vertreter der Stadt S abzustellen (§ 166 I). Eine solche Kenntnis oder fahrlässige Unkenntnis des B ist aus dem Sachverhalt nicht ersichtlich. Der Ausschlussgrund des § 122 II greift folglich nicht ein.

---

6 **Erfüllungsinteresse (= Positives Interesse):** Der Geschädigte ist so zu stellen, wie er stehen würde, wenn der Vertrag ordnungsgemäß vollzogen worden wäre.

7 **Vertrauensschaden (= Negatives Interesse):** Der Geschädigte ist so zu stellen, wie er stehen würde, wenn er nicht auf die Gültigkeit des Rechtsgeschäfts bzw. der Erklärung vertraut hätte.

Somit hat V gegenüber der Stadt S einen Anspruch auf Ersatz der ihm entstandenen Transportkosten i. H. v. 50 € aus § 122 I.

**Aufgabe 3:**

> **Klausurtipp:**
>
> Bei dieser Fragestellung ist kein Anspruch zu prüfen, sondern nur, ob die Stadt S die Einrede der Verjährung geltend machen kann.
>
> Bei der Verjährung sind folgende Gedankenschritte sinnvoll:
>
> 1. Ist die Verjährungseinrede erhoben worden (§ 214 I 1)?
> 2. Welche Verjährungsfrist gilt?
> 3. Wann begann die Verjährungsfrist zu laufen?
> 4. Liegen Maßnahmen oder Umstände vor, welche die Verjährung hinausgezögert haben?

**Die Stadt S könnte gegenüber V berechtigt sein, die Zahlung in Höhe von 300 € nach § 214 I zu verweigern.**

1. Indem sich die Stadt S auf Verjährung beruft (§ 214 I), macht sie die Einrede gegenüber der Forderung des V (§ 433 II) wirksam geltend.
2. Die Verjährung muss eingetreten sein. Der Anspruch auf rückständige Kaufpreiszahlung verjährt nach *§§ 195, 199. Die Verjährungsfrist beträgt folglich drei Jahre und beginnt mit dem Schluss des Jahres, in dem der Anspruch entstanden ist und die Gläubigerin von den den Anspruch begründenden Umständen und der Person des Schuldners Kenntnis erlangt hat.* Der Anspruch ist im November 2017 entstanden, die Umstände einschließlich der Person (Stadt S) waren dem V bekannt. Somit beginnt die Frist gem. § 199 I am 31.12.2017 um 24 Uhr zu laufen. Verjährung ist also am 31.12.2020 (24 Uhr) eingetreten. Maßnahmen, die den Ablauf der Verjährungsfrist hemmen,[8] wurden seitens V nicht eingeleitet.

Somit kann sich die Stadt S im Januar 2021 zu Recht auf Verjährung berufen und muss die rückständigen 300 € nicht zahlen.

8 Diese sind in §§ 204 ff. geregelt.

# Fall 3: BGB AT – Das neue Auto

**Schwerpunkte:**

Anfechtung wegen arglistiger Täuschung – Widerruf der Willenserklärung – Aufrechnung

Rudi Kaufrich (K) sucht einen Gebrauchtwagen für seine Tochter. Hierfür will er maximal 9.000 € ausgeben. Aufgrund eines Internetinserates „Traumwagen für Fahranfänger.... Mini...€ 9.000" begibt er sich ins Autohaus des Werner Vertig (V). K spricht den Angestellte Norbert Listig (L) auf das Internetangebot an und bekommt den inserierten Wagen gezeigt. Auf die Frage des K, ob das Fahrzeug auch tatsächlich unfallfrei sei, antwortet L mit „ja", obwohl ihm bekannt ist, dass der Wagen einen größeren Auffahrunfall hatte und nur deshalb so günstig angeboten wird. L erklärt dem K, dass der Wagen „top" sei und er ihn gerne sofort kaufen und mitnehmen kann. K, dem der Wagen sehr gut gefällt, willigt ein und erwirbt diesen umgehend. Zur Absicherung lässt er sich im Kaufvertrag von L vermerken, dass es sich um einen unfallfreien Wagen handelt. K zahlt den Kaufpreis sofort und übernimmt das Fahrzeug. Da seine Tochter sich den Einbau eines neuen Autoradios wünscht, bringt K das Fahrzeug in seine Werkstatt. Beim Einbau des Radios fällt dem Werkstattmeister auf, dass das Fahrzeug schon einen größeren Unfallschaden hatte und teilt dies dem K mit. Der von K damit konfrontierte Inhaber des Autohauses V bestätigt die Unfalleigenschaft und meint, deswegen sei der Mini auch so preiswert gewesen. Er habe den K nicht getäuscht. Für das Verhalten seines Angestellten L könne er schließlich nichts.

**Aufgabe 1:** K erklärt unverzüglich die Anfechtung des Kaufvertrages gegenüber V. Zu Recht?

Unmittelbar nach dem Kauf bestellt K noch die rosafarbenen Sitzbezüge für den neu erworbenen Mini schriftlich bei der Firma Fühldichwohl. Als er von der Unfalleigenschaft des Pkw noch am selben Tag erfährt, schickt K sofort eine Mail an die Firma F, in der er erklärt, die Sitzbezüge werden nicht mehr benötigt.

Die Sitzbezüge wurde jedoch bereits von der Firma F an den K ausgeliefert. Die Mail kam zeitlich nachgelagert bei der Firma F an. K weigert sich mit Hinweis auf seine Mail, die Sitzbezüge anzunehmen und zu bezahlen.

**Aufgabe 2:** Hat die Firma F gegen K einen Anspruch auf Zahlung des Kaufpreises für die Sitzbezüge sowie deren Abnahme?

**Fall 3: Prüfschema/Lösungsskizze**

**Aufgabe 1:**

I. K gegenüber V Anfechtung des Kaufvertrags gem. § 119 II

1. Kaufvertrag (+)

Inserat = invitatio ad offerendum.

a) Angebot durch V (+) § 164 I 1 — WE
(L = Stellvertreter) — im Namen des V
innerhalb der Vertretungsmacht

b) Annahme (+)

Zwischenergebnis: wirksamer Kaufvertrag (+)

2. Vertrag aufgrund Anfechtung durch K nach § 142 I nichtig?

Anfechtungsgrund: § 119 II Eigenschaftsirrtum (+)

§ 119 II wird nach Übergabe der Kaufsache durch §§ 434 ff. verdrängt.

**Ergebnis:** K gegenüber V Anfechtung des Kaufvertrags gem. § 119 II (–)

II. K gegenüber V Anfechtung des Kaufvertrags gem. § 123 I, 1. Alt.

1. Kaufvertrag (+)

2. Vertrag aufgrund Anfechtung durch K nach § 142 I nichtig?
   a) Anfechtungsgrund arglistige Täuschung § 123 I (§ 166 I)
   b) § 123 II greift nicht
   c) Anfechtungsfrist: § 124 I binnen Jahresfrist
   d) Anfechtungserklärung § 143 I, II

3. Anfechtungswirkung: § 142 I

**Ergebnis:** K gegenüber V Anfechtung des Kaufvertrags gem. § 123 I (+)

**Aufgabe 2:**

**Firma F → K Kaufpreiszahlung gem. § 433 II**

Wirksamer Kaufvertrag über eine Sache (+)

1. Angebot durch K
   § 130 I 2

2. Annahme durch F (+)

**Ergebnis:** Firma F → K Kaufpreiszahlung gem. § 433 II (+)

**Fall 3: Ausarbeitung (Gutachten)**

**Aufgabe 1:**

**I. K könnte den Kaufvertrag gegenüber V gem. § 119 II anfechten.**

1. *Voraussetzung hierfür ist ein wirksamer Kaufvertrag zwischen V und K. Ein Kaufvertrag kommt durch zwei übereinstimmende Willenserklärungen, Angebot und Annahme, zustande.*

   a) *Voraussetzung ist zunächst ein Angebot. Dabei handelt es sich um eine empfangsbedürftige Willenserklärung, durch die einem anderen der Vertragsschluss in der Weise angetragen wird, dass das Zustandekommen des Vertrages nur noch von dessen Einverständnis abhängt.* Das Inserat des V stellt noch kein rechtsverbindliches Angebot dar. Denn es fehlt am Rechtsbindungswillen des V. Es handelt sich vielmehr um eine sog. invitatio ad offerendum. Das Angebot erfolgt nicht durch V selbst, sondern durch den Angestellten L des Autohauses. Fraglich ist, ob dessen Willenserklärung unmittelbar für und gegen V wirkt. Das ist der Fall, wenn die Voraussetzungen des § 164 I 1 erfüllt sind. Gem. *§ 164 I 1 muss L selbst eine Willenserklärung im Namen des Vertretenen im Rahmen seiner Vertretungsmacht abgegeben haben.* Indem L dem K im Namen des V das Angebot unterbreitet und als Angestellter des Autohauses L gem. § 56 HBG als bevollmächtigt gilt, entsprechende Verträge abzuschließen, sind die Voraussetzungen für eine wirksame Stellvertretung gegeben. Folglich wirkt das von L abgegebene Angebot für und gegen V. Die Erklärung des L enthält damit bereits alle wesentlichen Vertragsbestandteile, sodass das Zustandekommen des Kaufvertrages nur noch vom Einverständnis aufseiten des K abhängt. V hat folglich, vertreten durch L, dem K ein Angebot unterbreitet.

   b) *K muss dieses Angebot angenommen haben. Eine Annahme ist eine empfangsbedürftige Willenserklärung, durch die der Antragsempfänger sein vorbehaltloses Einverständnis mit dem angebotenen Vertragsschluss zum Ausdruck bringt.* Indem K einwilligt, hat er die Annahme erklärt.

Folglich ist zwischen V und K ein Kaufvertrag zustande gekommen.

2. *Die Willenserklärung des K könnte jedoch gem. § 142 I nichtig sein, wenn K diese wirksam angefochten hat. Zunächst muss ein Anfechtungsgrund vorliegen. Im vorliegenden Fall kommt die Anfechtung gem. § 119 II in Betracht. Nach dieser Vorschrift berechtigt auch der Irrtum über solche Eigenschaften der Sache, die im Verkehr als wesentlich angesehen werden, zur Anfechtung. Dem Erklärenden ist bei der Willensbildung ein*

*Irrtum unterlaufen. Eigenschaften einer Sache sind alle wertbildenden Faktoren.* Indem K von der – auch schriftlich zugesicherten – Unfallfreiheit des Mini ausgegangen ist, dieser allerdings einen Unfallschaden hatte, irrt er über eine verkehrswesentliche Eigenschaft. Bei Kenntnis der wahren Sachlage hätte er den Kaufvertrag nicht geschlossen.

Die nicht gegebene Unfallfreiheit des Wagens stellt auch einen Sachmangel i. S. d. § 434 I dar, mit der Folge, dass die kaufrechtlichen Gewährleistungsregeln (§§ 434 ff.) vorrangig sind und eine Anfechtung gem. § 119 II ausgeschlossen ist.

Folglich kann K den Kaufvertrag gegenüber V nicht gem. § 119 II anfechten.

**II. K könnte den Kaufvertrag gegenüber V gem. § 123, 1. Alt. anfechten.**

1. Ein wirksamer Kaufvertrag liegt, wie oben bereits erörtert, zwischen K und V vor. Das Gewährleistungsrecht der §§ 434 ff. sperrt zwar die Anfechtung nach § 119 II, nicht jedoch die nach § 123, sodass diese Norm anwendbar ist – unabhängig davon, ob die §§ 434 ff. maßgeblich sind.
2. *Die Willenserklärung des K könnte gem. § 142 I nichtig sein, wenn K diese wirksam angefochten hat. Zunächst muss ein Anfechtungsgrund vorliegen. Im vorliegenden Fall kommt die Anfechtung gem. § 123 I, 1. Alt. in Betracht.*
   a) *V muss eine arglistige Täuschung begangen haben. Unter einer Täuschung versteht man das Erregen eines Irrtums über Tatsachen. Dabei reicht es aus, wenn der Irrtum verstärkt oder aufrechterhalten wird. Arglistig ist eine Täuschung dann, wenn der Täuschende weiß oder es für möglich hält und in Kauf nimmt, dass er die Unwahrheit sagt oder die Wahrheit verschweigt, und er den Getäuschten zur Abgabe einer Erklärung veranlassen will oder doch weiß, dass der Getäuschte die Erklärung ohne die Täuschung so nicht abgeben würde.* L wusste von dem Unfallschaden des Fahrzeuges, hat diesen dem K gegenüber allerdings verschwiegen bzw. die Unfallfreiheit schriftlich zugesichert, damit K den Pkw kauft, zumal L für jedes verkaufte Fahrzeug eine Provision von V erhält. Somit hat L über Tatsachen getäuscht. Fraglich ist, ob auf die Person des L oder des V, der von dieser Täuschung nichts wusste, abgestellt werden muss. Gem. § 166 I kommt, wenn die rechtlichen Folgen einer Willensklärung durch die Kenntnis gewisser Umstände beeinflusst werden, nicht die Person des Vertretenen V, sondern die des Vertreters L in Betracht. K ist im Glauben, es handele sich um einen unfallfreien Pkw und gibt deshalb eine seine **Willenserklärung (Annahme des Vertragsangebots)** ab. *Die Täuschungshandlung muss für die abgegebene Willenserklärung* **ursächlich** *gewesen*

*sein, d. h. der Erklärende hätte die Willenserklärung ohne die Täuschung nicht bzw. nicht so abgegeben.* K hätte bei Kenntnis des Unfalls nicht den entsprechenden Kaufpreis bezahlt oder sogar von einem Vertragsschluss abgesehen. *Die Täuschung muss widerrechtlich sein.* Für dieses Verhalten hat L keinen Rechtfertigungsgrund. *Außerdem muss der Täuschende arglistig gehandelt haben. Es ist also Vorsatz erforderlich. Der Täuschende muss wissen und wollen, dass der andere durch die Täuschung zu einer Willenserklärung bestimmt wird, die er ohne Täuschung möglicherweise nicht oder nicht so abgeben würde.* L wusste von dem Unfall des Pkw und auch, dass K bei Kenntnis der richtigen Umstände den Wagen nicht – bzw. nicht zu dem Preis – gekauft hätte. Folglich ist ein Anfechtungsgrund nach § 123 I, 1. Alt. gegeben.

b) Indem der Vertragspartner V erklärt, er habe den K nicht getäuscht und für das Verhalten seines Angestellten L müsse er nicht einstehen, könnte er sich auf § 123 II BGB berufen. *Danach ist, wenn ein Dritter die Täuschung verübt, die Erklärung, die einem anderen gegenüber abzugeben war (also eine empfangsbedürftige Willenserklärung), nur anfechtbar, wenn dieser die Täuschung kannte oder kennen musste. Dritter i. S. dieser Vorschrift ist nur der am Geschäft Unbeteiligte, nicht hingegen z. B. der Vertreter des Erklärungsgegners, da er auf dessen Seite steht und maßgeblich am Zustandekommen des Vertrags mitgewirkt hat. Der Begriff des Dritten kann unter Anwendung des Rechtsgedankens des § 278 ausgelegt werden.* L als Angestellter des V ist danach nicht Dritter. Der Vertrag ist entgegen § 123 II 1 anfechtbar, da L auf der Seite des V steht; dies gilt auch für den Fall, dass V von der durch L verübten Tätigkeit nichts wusste.

c) *K muss die Anfechtung gegenüber dem richtigen Anfechtungsgegner erklären. Die Anfechtungserklärung ist ein formfreies, empfangsbedürftiges Rechtsgeschäft (= Willenserklärung). Der Anfechtungsgegner ergibt sich aus § 143 I, II, 1. Alt. BGB. Es muss sich um den Vertragspartner handeln.* Indem K gegenüber V die Anfechtung erklärt, ist diese Voraussetzung erfüllt.

d) *Im Fall des § 123 muss die Anfechtung binnen Jahresfrist erfolgen (§ 124 I).* Da K unverzüglich nach Kenntnis von der Unfalleigenschaft des Pkw die Anfechtung gegenüber V erklärt, ist diese Frist eingehalten.

5. Da alle Voraussetzungen für eine Anfechtung wegen arglistiger Täuschung vorliegen, ist nach § 142 I der zwischen K und V geschlossene Kaufvertrag als von Anfang an (ex tunc) nichtig anzusehen.

**Aufgabe 2:**

**Die Firma F könnte gegenüber K einen Anspruch auf Zahlung des Kaufpreises gem. § 433 II haben.**

1. *Voraussetzung hierfür ist, dass zwischen K und V ein wirksamer Kaufvertrag zustande gekommen ist. Dies ist der Fall, wenn zwei übereinstimmende Willenserklärungen, Angebot und Annahme, vorliegen. Erforderlich ist zunächst ein hinreichend bestimmtes Angebot i. S. d. §§ 145 ff., also eine empfangsbedürftige Willenserklärung, die vom Gegenstand und vom Inhalt so formuliert sein muss, dass der andere Vertragsteil mit einem schlichten „Ja" den Vertrag zustande bringen kann.* Indem K die Sitzbezüge bei der Firma F schriftlich bestellt, liegt ein Angebot vor. Durch die Mail des K, dass er die Sitzbezüge nicht mehr benötige, könnte diese Willenserklärung wirksam widerrufen worden sein. Grundsätzlich wird eine einem anderen gegenüber abzugebende Willenserklärung in dem Zeitpunkt wirksam, in dem sie diesem zugegangen ist (§ 130 I 1). *Gem. § 130 I 2 wird eine Willenserklärung nicht wirksam, wenn dem anderen (hier: Firma F) vorher oder gleichzeitig ein Widerruf zugeht.* Der Widerruf ging erst nach dem Zugang des Angebots bei der Firma F ein, also zu spät. Somit bleibt die Willenserklärung des K (Angebot) wirksam.
2. *Die Firma V muss das Angebot des K angenommen haben. Die Annahme ist eine empfangsbedürftige Willenserklärung, die in der vorbehaltlosen Bejahung des Antrags besteht.* Indem die Firma F die Sitzbezüge am Tag des Bestellungseingangs an K liefert, hat sie dies konkludent getan.

Folglich liegt ein wirksamer Kaufvertrag zwischen K und der Firma F vor.

K ist also gem. § 433 II verpflichtet, der Firma F den vereinbarten Kaufpreis für die Sitzbezüge zu zahlen und diese auch abzunehmen.

# Fall 4: Schuldrecht AT – Der Bücherregen

**Schwerpunkte:**
Pflichtverletzung vor/bei Vertragsschluss und Nebenpflichtverletzung

Student Fritz Kaufmann (K) ist Comic-Fan. In dem neuen Comicladen im Ort hofft er die neuen Comicwerke von Asterix und Obelix zu erobern. Er geht in das Geschäft des Waldemar Verkauf (V). Da die neuen Werke von Asterix und Obelix noch nicht ausgepackt sind und im Lager auf dem Regal liegen, bittet V den K, ihn doch kurz zu begleiten, damit er ihm die Werke zeigen kann. Im Lager versucht V die Comickiste vom Regal zu nehmen, als sich die Unterseite des Kartons öffnet und mehrere Werke von Asterix und Obelix dem K auf den Kopf knallen. Hätte V die Kiste ordnungsgemäß abgesichert, hätte sich der angebrachte Kleber nicht lösen können. K erleidet bei dem „Bücherregen" eine schmerzhafte Schädelfraktur, die ärztlich behandelt werden muss werden. Die Krankenhauskosten belaufen sich auf 1.500 €. Außerdem hat K noch einige Wochen massive Kopf- und Nackenschmerzen.

**Aufgabe 1:** Hat K einen (quasi)vertraglichen Anspruch gegen V?

K geht mit seiner Kommilitonin Sarah Schussel (S) 6 Wochen später zu einer Comicausstellung in der Stadthalle. Beim Betreten des Ausstellungsraumes rutscht S auf einer am Boden liegenden Comicbroschüre aus und bricht sich ihr rechtes Bein. Der Angestellte Thomas Angst (A) des V, der sonst immer zuverlässig ist, hatte aus Unachtsamkeit vergessen, die heruntergefallen Comicbroschüren wegzuräumen.

**Aufgabe 2:** S verlangt von V Ersatz der entstandenen Behandlungskosten in Höhe von 2.000 €. Zu Recht?

In der Stadthalle gibt es auch ein kleines Café, das Waldemar Wichtig (W) betreibt. Nachdem S ärztlich versorgt worden war, blättert sie bei einer Tasse Tee in einem neu erworbenen Comicheft. Bei W bestellt sie eine weitere Tasse Tee und einen Eisbecher. Der W, der gedanklich bereits bei der täglichen Abrechnung ist, achtet nicht auf das vor ihm spielende Kind und erschreckt sich plötzlich, wobei ihm der Tee als auch der Eisbecher auf die S und in deren Handtasche gleitet. Nicht nur ihr schönes Kleid, sondern auch die Tasche müssen fachmännisch gereinigt werden.

**Aufgabe 3:** Kann S von W Schadensersatz für die Reinigungskosten in Höhe von 100 € verlangen?

**Fall 4: Prüfschema/Lösungsskizze:**

**Aufgabe 1:**

**K → V Schadensersatz gem. § 280 I i. V. m. § 311 II Nr. 2**

1. wirksames (vorvertragliches) Schuldverhältnis, § 311 II Nr. 2 (+)
2. Pflichtverletzung des Schuldners, § 241 II (+)
3. Vertretenmüssen, § 280 I 2 i. V. m. § 276 (+)
4. Schaden (+)

**Ergebnis:** K → V Schadensersatz gem. § 280 I i. V. m. § 311 II Nr. 2 (+)

Umfang: § 249 I, § 249 II 1 (Personenschaden), § 253 II (Schmerzensgeld)

**Aufgabe 2:**

**S → V Schadensersatz gem. § 280 I i. V. m. § 311 II Nr. 2**

1. wirksames (vorvertragliches) Schuldverhältnis, § 311 II Nr. 2 (+)
2. Pflichtverletzung des Schuldners, § 241 II (+)
3. Vertretenmüssen, § 280 I 2 i. V. m. §§ 276, 278 (+)
   Angestellter A = Erfüllungsgehilfe
4. Schaden (+)

**Ergebnis:** S → V Schadensersatz gem. § 280 I i. V. m. § 311 II Nr. 2 (+)

Umfang: § 249 I, § 249 II 1 (Personenschaden)

**Aufgabe 3:**

**S → W Schadensersatz gem. § 280 I**

1. Schuldverhältnis: Bewirtungsvertrag, § 311 I (+)
2. Pflichtverletzung: Verletzung der Sorgfaltspflicht, § 241 II (+)
3. Vertretenmüssen: Fahrlässigkeit, § 276 II (+)
4. Schaden: Reinigung des Kleides und Tasche (+)

**Ergebnis:** S → W Schadensersatz gem. § 280 I

Schadensumfang: § 249 I, § 249 II 1

**Fall 4: Ausarbeitung (Gutachten)**

**Aufgabe 1:**

**K könnte gegenüber V einen Schadensersatzanspruch gem. § 280 I i. V. m. § 311 II Nr. 2 haben.**

1. *Voraussetzung dafür ist, dass zwischen K und V ein Schuldverhältnis besteht.* Mangels vertraglicher Beziehungen zwischen den Parteien kommt hier nur ein *vorvertragliches Schuldverhältnis i. S. d. § 311 II in Betracht. Ein solches liegt bereits vor, wenn es zur Anbahnung eines Vertrages kommt (§ 311 II Nr. 2).* Indem K das Geschäft es V betritt, um sich den neuen Comic von Asterix und Obelix zu besorgen, ist diese Voraussetzung gegeben.
2. *Außerdem muss V eine gegenüber K bestehende Pflicht verletzt haben. Nach § 241 II bestehen (auch vorvertragliche) Pflichten zur Rücksicht auf die Rechte, Rechtsgüter und die Interessen des potenziellen Vertragspartners.* Aufgrund der Tatsache, dass V den K darum bat mit ins Lager zu kommen, die Kisten ohne Absicherung aus dem Regal nahm und die Bücher auf den K fielen, hat er gegenüber K die bestehende Schutz- (Rücksichtnahme-)pflicht verletzt.
3. *Diese Pflichtverletzung muss V zu vertreten haben (§ 280 I 2). Gem. § 276 I 1 hat der Schuldner (V) Vorsatz und Fahrlässigkeit* zu vertreten, *sofern* – was hier nicht der Fall ist – *kein anderer Haftungsmaßstab greift. Gem. § 276 II handelt derjenige fahrlässig, der die im Verkehr erforderliche Sorgfalt außer Acht lässt.* Bei dem Herausnehmen der Kiste hätte der V sich so absichern müssen, dass sich der angebrachte Kleber nicht lösen kann. Dies hat V nicht beachtet und somit fahrlässig gehandelt.
4. *Weiterhin muss dem K aus der Pflichtverletzung einen Schaden entstanden sein. Unter Schaden wird allgemein jede Einbuße verstanden, die jemand infolge eines bestimmten Ereignisses an seinen Lebensgütern, wie z. B. Gesundheit, erleidet.* Indem K durch die herabfallenden Bücher eine Schädelfraktur erleidet, liegt ein Schaden vor.

Deshalb kann K gegenüber V Schadensersatz gem. § 280 I i. V. m. § 311 II Nr. 2 verlangen.

Für den Umfang des Schadensersatzanspruchs gelten die §§ 249 ff. K ist so zu stellen, wie er gestanden hätte, wenn er nicht in den Laden des K gegangen wäre (§ 249 I). Wegen seiner Körperverletzung kann er von V die Begleichung der Krankenhauskosten in Höhe von 1500 € verlangen (§ 249 II 1).

Gem. § 253 II kann K bei Verletzung des Körpers wegen eines immateriellen Schadens zusätzlich eine billige Entschädigung in Geld verlangen. Somit kommt wegen der massiven, länger andauernden Beschwerden auch eine Schmerzensgeldforderung gegen V in Betracht.

**Aufgabe 2:**

**S könnte gegenüber V einen Schadensersatzanspruch bezüglich der Behandlungskosten gem. § 280 I i. V. m. § 311 II Nr. 2 haben.**

1. *Voraussetzung dafür ist, dass zwischen S und V ein Schuldverhältnis besteht.* Mangels vertraglicher Beziehungen zwischen den Parteien kommt hier nur ein *vorvertragliches Schuldverhältnis i. S. d. § 311 II in Betracht. Ein solches liegt bereits vor, wenn es zur Anbahnung eines Vertrages kommt (§ 311 II Nr. 2).* Indem S die Comicausstellung des V betritt, ist diese Voraussetzung gegeben.
2. *Außerdem muss V gegenüber S eine Pflicht verletzt haben. In Betracht kommt die Verletzung einer Nebenpflicht nach § 241 II. Danach bestehen Pflichten zur Rücksicht auf die Rechte, Rechtsgüter und die Interessen des potenziellen Vertragspartners. Jeder, der Geschäftsräume eröffnet, muss folglich für die Verkehrssicherheit Sorge tragen. V musste auf einen ordnungsgemäßen Zustand des Fußbodens achten.* Durch die am Boden liegende Comicausgabe, auf der S ausrutschte und Verletzungen davontrug, hat V seine Sorgfaltspflicht bezüglich der Bodenbeschaffenheit missachtet.
3. *Diese Pflichtverletzung muss V zu vertreten haben (§ 280 I 2). Nach § 276 I hat der Schuldner Vorsatz und Fahrlässigkeit zu vertreten, sofern* – was hier nicht der Fall ist – *kein anderer Haftungsmaßstab greift.* Im vorliegenden Fall hat allerdings nicht V, sondern sein Angestellter A vergessen, die Comicbroschüre wegzuräumen. Deshalb ist ein Eigenverschulden des V abzulehnen. *Gem. § 278 S. 1 haftet der Ladenbesitzer jedoch auch für fremdes Verschulden seines Erfüllungsgehilfen. Voraussetzung ist, dass A Erfüllungsgehilfe ist. Erfüllungsgehilfe ist, wer mit Wissen und Wollen des Schuldners bei der Erfüllung von dessen Verbindlichkeit aus einem Schuldverhältnis – dazu gehören auch vorvertragliche – tätig wird.* A hatte als Angestellter des V auf die Bodenbeschaffenheit zu achten und damit die dem V obliegende Verkehrssicherungspflicht zu erfüllen. Folglich ist er Erfüllungsgehilfe von V. *Außerdem ist ein Verschulden des A Voraussetzung. Es kommt Fahrlässigkeit in Betracht. Fahrlässig handelt, wer die im Verkehr erforderliche Sorgfalt außer Acht lässt (§ 276 II).* Indem A die Comicbroschüre nicht wegräumt, hat er die im Verkehr erforderliche Sorgfalt außer Acht gelassen und somit fahrlässig gehandelt. Somit muss V sich das Verschulden des A nach § 278 S. 1 zurechnen lassen.[9]

9 Andere Formulierung: Somit hat V das Verschulden des A in gleichem Umfang zu vertreten wie eigenes Verschulden.

4. *Letztlich muss dem S aus der Pflichtverletzung ein Schaden entstanden sein. Unter Schaden wird allgemein jede Einbuße verstanden, die jemand infolge eines bestimmten Ereignisses an seinen Lebensgütern, wie z. B. Gesundheit, erleidet.* Indem S durch das Ausrutschen auf dem Comicheft Verletzungen davonträgt, hat sie einen Körperschaden erlitten.

Demnach kann S gegenüber V Schadensersatz gem. § 280 I i. V. m. § 311 II Nr. 2 verlangen.

Für den Umfang des Schadensersatzanspruches gelten die §§ 249 ff. S ist so zu stellen, wie sie gestanden hätte, wenn sie nicht zur Comicausstellung gegangen wäre (§ 249 I). Wegen ihrer Körperverletzung kann S von V die Begleichung der Behandlungskosten, also 2.000 €, verlangen (§ 249 II 1).

**Aufgabe 3:**

**Die S könnte gegenüber W Schadensersatz gem. § 280 I verlangen.**

1. *Voraussetzung dafür ist, dass zwischen S und W ein Schuldverhältnis besteht.* Dies könnte in Form eines „Bewirtungsvertrages" i. S. d. § 311 I der Fall sein. Es muss also ein Vertrag zwischen den Beteiligten geschlossen worden sein. Durch zwei übereinstimmende Willenserklärungen haben S und W einen „Bewirtungsvertrag" (Bewirtung der S durch W gegen Vergütung durch S) geschlossen. Somit liegt ein vertragliches Schuldverhältnis vor.
2. *Außerdem muss W eine Pflichtverletzung gegenüber S begangen haben. Der W ist nach § 241 II verpflichtet, Rücksicht auf die Rechte, Rechtsgüter und Interessen der S zu nehmen.* Dadurch, dass der W beim Servieren des Eisbechers und des Tees nicht auf die spielenden Kinder achtet und sich erschreckt, sodass sowohl das Eis als auch der Tee auf dem Kleid und in der Handtasche der S landen, verletzt er seine Sorgfaltspflicht gegenüber S. Folglich liegt eine Pflichtverletzung gem. § 241 II vor.
3. *Der W muss gegenüber S die Pflichtverletzung zu vertreten haben. Nach § 276 I hat der Schuldner (W) Vorsatz und Fahrlässigkeit zu vertreten. Fahrlässig handelt nach § 276 II, wer die im Verkehr erforderliche Sorgfalt außer Acht lässt.* Da der W beim Servieren bereits gedanklich bei der Abrechnung ist und nicht auf die Kinder achtet, handelte er fahrlässig. Folglich hat W die Pflichtverletzung nach § 280 I 2 i. V. m. § 276 zu vertreten.
4. *Schließlich muss der S durch das Handeln des W ein Schaden entstanden sein. Schaden ist jede Einbuße, die jemand infolge eines bestimmten Ereignisses an seinen Lebensgütern erleidet.* Sowohl das Kleid als auch die Handtasche der S werden von dem Tee und dem Eis beschmutzt und müssen gereinigt werden. Ein Schaden in Form von Reinigungskosten liegt demnach vor.

Folglich kann S gegenüber W Schadensersatz gem. § 280 I verlangen.

Der Umfang des zu ersetzenden Schadens ergibt sich aus § 249. W hat also den Zustand herzustellen, der bestehen würde, wenn der zum Ersatz verpflichtende Umstand nicht eingetreten wäre. Demzufolge kann S von W die Reinigung des Kleides sowie der Handtasche nach § 249 I oder – da Schadensersatz wegen Beschädigung einer Sache zu leisten ist – Erstattung der Reinigungskosten in Höhe von 100 € nach § 249 II 1 verlangen.

# Fall 5: Schuldrecht AT – Die Fahrt nach München

**Schwerpunkte:**

Gefälligkeitsverhältnis – Pflichtverletzung des Schuldners durch Verzug – Verzögerungsschaden

Manuel Kauf (K) ist leidenschaftlicher Sammler von Oldtimern. Er beschließt am Wochenende zu einem Oldtimerhändler (V) nach München zu fahren, um sich dort einen neuen Liebling anzuschaffen.

Sybille Neu (N) hat am Wochenende ein Vorstellungsgespräch in München für einen neuen Job. K bietet N, als er dies erfährt, an, dass er sie gerne mitnehmen könne. N, die anderenfalls mit der Bahn gefahren wäre, nimmt das Angebot dankend an. K teilt N daraufhin mit, dass er sie um 9 Uhr abhole, damit sie pünktlich um 11 Uhr bei ihrem „neuen" Arbeitgeber erscheinen könne. Die Fahrt nach München dauert eine Stunde. N wartet vergeblich ab 8.45 Uhr auf K. K hat voller Aufregung auf seinen neuen Oldtimer die N leider vergessen. Gegen 9.45 Uhr entschließt sich N ein Taxi zu rufen und kommt gerade noch rechtzeitig in München an. Die Taxikosten belaufen sich auf € 150.-.

**Aufgabe 1:** Kann N von K die 150 € Fahrkosten verlangen?

K wird in München schnell fündig und entschließt sich für einen alten Porsche, bei dem er bei seinem Porschetreffen am 20.08.2021 angeben möchte. Auf den Kaufpreis von € 120.000.- zahlt er bereits € 20.000.- an. Obwohl der Porsche bereits für eine Übergabe fertiggestellt wurde, soll die Auslieferung des Porsche erst am 01.08.2021 erfolgen, da K vorerst einen Stellplatz für seinen neuen Liebling schaffen will. Als K am 10.08.2021 seinen Porsche immer noch nicht ausgeliefert bekommen hat, schreibt K dem V eine E-Mail, wonach er die Auslieferung des Porsche spätestens am 30.08.2021 erwarte, anderenfalls will er von dem Kaufvertrag nichts mehr wissen. V hatte die Auslieferung des Fahrzeuges aufgrund der Vorbereitungen seines 50. Geburtstags völlig vergessen.

**Aufgabe 2:** Falls V das Auto am 30.08.21 nicht ausliefert: Kann K von V die Anzahlung in Höhe von 20.000 € zurückverlangen, nachdem er (wegen Verzugs) vom Vertrag zurückgetreten ist?

**Fall 5: Prüfschema/Lösungsskizze**

**Aufgabe 1:**

**N → K Erstattung der Fahrkosten gem. §§ 280 I, 631 I**

Schuldverhältnis: Werkvertrag (Beförderungsvertrag)?

hier: Gefälligkeit

**Ergebnis:** N → K Erstattung der Fahrkosten gem. §§ 280 I, 631 I (–)

**Aufgabe 2:**

| K — V<br>§ 433 | 01.08.<br>fällig | 01.08. bis 30.08.<br>Verzug | Ablauf der angemessenen Frist zur Leistung | → Schadensersatz statt der Leistung<br>→ Rücktritt |
|---|---|---|---|---|

**K → V Rückzahlung der 20.000 € gem. § 346 i. V. m. § 323 I**

1. Vertragliches oder gesetzliches Rücktrittsrechts; hier: § 323 I (+)
2. Erklärung des Rücktritts, § 349 (+)
3. Voraussetzungen des gesetzlichen Rücktrittsrechts nach § 323 I:
   a) Wirksamer gegenseitiger Vertrag (+)
   Kaufvertrag K – V
   b) Pflichtverletzung des Schuldners durch Verzögerung der Leistung (+)
   Leistung (Lieferung) war am 01.08. fällig
   c) Angemessene Fristsetzung zur Leistung (+)
   d) Erfolgloser Fristablauf (+)
   e) Kein Ausschluss gem. § 323 V oder § 323 VI (+)

**Ergebnis:** K → V Rückzahlung der 20.000 € gem. § 346 i. V. m. § 323 I (+)

**Fall 5: Ausarbeitung (Gutachten)**

**Aufgabe 1:**

**N könnte gegenüber K einen Anspruch auf Erstattung der Fahrkosten gem. §§ 280 I, 631 I haben.**

*Voraussetzung hierfür ist, dass zwischen beiden ein Schuldverhältnis besteht. In Betracht kommt ein Werkvertrag i. S. d. § 631. Da bei der Beförderung ein Erfolg, nämlich der Transport an einen bestimmten Ort (hier: Fahrt nach München), geschuldet wird,* könnte zwischen N und K ein Werkvertrag zustande gekommen sein. Problematisch ist allerdings, dass N und K keine Vergütung vereinbart haben. *Gem. § 632 I gilt diese als stillschweigend vereinbart, wenn die Herstellung des Werkes den Umständen nach nur gegen eine Vergütung zu erwarten ist.* Somit ist die Entgeltlichkeit beim Werkvertrag zwar typisch, aber nicht zwingend.

Fraglich ist allerdings, ob K und N überhaupt eine *vertragliche Bindung wollten oder ob hier nur eine bloße Gefälligkeit vorliegt. Das hängt von einem entsprechenden Rechtsbindungswillen zwischen K und N ab. Will der Erklärende erkennbar keine Rechtsfolge herbeiführen, so liegt auch keine Willensklärung vor. Ob ein Rechtsbindungswille vorhanden ist, beurteilt sich danach, ob der Erklärungsempfänger unter den gegebenen Umständen nach Treu und Glauben mit Rücksicht auf die Verkehrssitte (§ 157) auf einen solchen Willen des Erklärenden schließen musste.*

**Merke:**

Die Abgrenzung zwischen einem sog. **Gefälligkeitsvertrag** (dieser wird zwar gefälligkeitshalber abgeschlossen, ist aber voll bindend) und einem **Gefälligkeitsverhältnis** (= bloße Gefälligkeit) ist im Einzelfall problematisch. Der BGH hat zur Abgrenzung einige objektive Kriterien genannt: Art, Grund und Zweck der Gefälligkeit; (Un)Entgeltlichkeit; wirtschaftliche und rechtliche Bedeutung; Interessenlage der Beteiligten, Bedeutung der Gefälligkeit; Umstände, unter denen die Gefälligkeit erwiesen wird.[10]

Im vorliegenden Fall ist unter Würdigung der äußeren Umstände (spontanes Angebot bei zufälliger Kenntniserlangung) und den Interessen des K, der ggf. die Abfahrtzeit ändern wollte, was ihm bei einer vertraglichen Bindung nicht ohne Weiteres möglich gewesen wäre, von einem fehlenden Rechtsbindungswillen auszugehen. Auch die vereinbarte Unentgeltlichkeit ist ein Indiz hierfür.

Da somit kein Schuldverhältnis zwischen K und N besteht, scheidet ein Anspruch der N gegenüber K auf Erstattung der Fahrkosten gem. §§ 280 I, 631 I aus.

**Aufgabe 2:**

**K könnte vom Vertrag zurücktreten und von V die Anzahlung in Höhe von 20.000 € gem. § 346 i. V. m. § 323 I zurückverlangen.**

1. *Voraussetzung ist, dass K als Gläubiger ein vertragliches oder gesetzliches Rücktrittsrecht nach § 346 I, 1. HS hat.* Es kommt ein gesetzliches Rücktrittsrecht des K gem. § 323 I in Betracht.

10 Ausführlich hierzu: *Rüthers/Stadler*, § 17 Rn. 16.

2. *Nach § 349 muss K gegenüber V den Rücktritt erklärt haben (vgl. § 346 I, 2. HS).* Am 10.08. hat K den Rücktritt für den Fall, dass der Porsche nicht bis 30.08. geliefert worden ist, erklärt.

3. *Außerdem muss nach § 323 I*

   a) *ein wirksamer gegenseitiger Vertrag zwischen den Parteien bestehen.* K und V haben durch zwei übereinstimmende Willenserklärungen einen Kaufvertrag i. S. d. § 433 geschlossen, bei dem es sich aufgrund der Leistung (Lieferung) und Gegenleistung (Kaufpreiszahlung) um einen gegenseitigen Vertrag handelt.

   b) *Es muss eine Pflichtverletzung des V durch Verzögerung der Leistung vorliegen.* Indem V den Porsche am 01.08. nicht ausgeliefert hat, hat er eine fällige Leistung nicht erbracht.

   c) *Ferner ist eine angemessene Fristsetzung zur Leistung durch den Gläubiger Voraussetzung.* K hat dem V am 10.08. eine Lieferfrist zum 30.08. gesetzt. Eine Lieferfrist von weiteren zwanzig Tagen ist für die Auslieferung angemessen, zumal das Fahrzeug bereits für die Auslieferung fertig war.

   d) *Die Frist muss abgelaufen sein.* Indem V auch den weiteren Termin nicht eingehalten hat, ist die Frist am 30.08. erfolglos abgelaufen.

   e) Anhaltspunkte für einen *Ausschluss des Rücktrittsrechts nach § 323 V oder § 323 VI* liegen nicht vor.

   K kann also vom Vertrag mit V wegen Verzugs gem. § 323 I zurücktreten.

Folglich ist der Anspruch des K auf Rückzahlung der 20.000 € gem. § 346 i. V. m. § 323 I gegeben. V hat dem Gläubiger K die bereits empfangene Leistung (Anzahlung) zurück zu gewähren.

# Fall 6: Schuldrecht AT – Luxusboot mit Hindernissen

**Schwerpunkte:**

Unmöglichkeit der Leistung – Gattungsschuld – Stückschuld – Gläubigerverzug

Peter Käufer (K) möchte seine neue Freundin mit einem Luxusschiff beeindrucken. Er sucht deshalb Bootsverkäufer Emil Voot (V) auf und wird schnell fündig. Er bestellt das Boot mit der Bezeichnung „LuxusLove" zum Preis von € 50.000.-. K und V vereinbaren, dass K das Boot abholen kann, sobald es geliefert wird. Aktuell habe er gleich mehrere Bestellungen dieses Bootes. Ein paar Wochen später treffen die Boote der Bezeichnung „LuxusLove" bei V ein. V sondert dem K ein Boot aus und parkt es in dem Vorraum des Verkaufshauses für die voraussichtliche Abholung am nächsten Tag. V beabsichtigt, den K am nächsten Morgen über das Eintreffen und die Abholung des Bootes zu unterrichten. In der Nacht kommt es jedoch völlig unerwartet, aufgrund eines defekten Stromaggregates, zu einem Brand in der Firma des V, bei dem das gesamte Warensortiment sowie das Boot des K zerstört wird. V und seinen Angestellten trifft an dem Brand kein Verschulden.

V verweigert nunmehr gegenüber K die Neubestellung des Bootes zum vereinbarten Preis. Da die Nachfrage der Boote innerhalb der letzten Wochen extrem gestiegen ist, wäre er lediglich bereit, das Boot „LuxusLove" zum Preis von € 60.000.- zu liefern.

**Aufgabe 1:** Kann K von V Lieferung des Bootes für 50.000 € verlangen?

**Variante 1:**

V hatte unverzüglich nach Eintreffen und Aussonderung des Bootes den K informiert und ihn zur zeitnahen Abholung aufgefordert. K hat sich allerdings nicht um eine Abholung gekümmert.

**Aufgabe 2:** Kann K von V Lieferung des Bootes für 50.000 € verlangen? Kann K evtl. einen Schadensersatzanspruch gegen V geltend machen?

**Variante 2:**

K und V hatten vereinbart, dass das Boot am 01.09.2021 um 10 Uhr von V an K an dessen Anschrift geliefert wird. V war am vereinbarten Tag pünktlich bei K zu Hause. K war jedoch auf einem Liebesausflug mi seiner neuen Freundin und hatte den Termin vergessen. V fährt unverrichteter Dinge zurück in seine Firma und stellt das Boot dort ab.

**Aufgabe 3:** V verlangt von K für die vergebliche Anfahrt die entstandenen Kosten in Höhe von 150 €. Zu Recht?

**Fall 6: Prüfschema/Lösungsskizze**

**Aufgabe 1:**

**K → V Lieferung des Bootes für 50.000 € gem. § 433 I 1?**

1. Kaufvertrag (+)
2. Anspruch ausgeschlossen gem. § 275 I?
   a) nachträgliche Unmöglichkeit der Leistung (= Lieferung) durch V (+)
   b) §§ 275 II 2, 276 I 1 Beschaffungsrisiko bei Gattungsschuld? (+), da noch keine Konkretisierung (§ 243 II)

      Holschuld → Aussonderung + Benachrichtigung

      Da Benachrichtigung noch nicht erfolgt ist: Boot = noch Gattungsschuld

      also: Konkretisierung (–)

**Ergebnis:** K → V Lieferung des Bootes für 50.000 € gem. § 433 I 1 (+)

**Aufgabe 2:**

**I. K → V Lieferung des Bootes für 50.000 € gem. § 433 I 1?**

KV (+)

hier: Konkretisierung gem. § 243 II (+)

**Ergebnis:** K → V Lieferung der Bootes für 50.000 € gem. § 433 I 1 (–)

**II. K → V Schadensersatz statt der Leistung gem. § 280 I, III i. V. m. § 283?**

1. wirksames Schuldverhältnis (+) = Kaufvertrag
2. Pflichtverletzung durch den Schuldner (+)
   nachträgliche Unmöglichkeit der Leistung
3. Leistungsbefreiung für den Schuldner, § 275 I (+)
4. Vertretenmüssen (–)

**Ergebnis:** K → V Schadensersatz wegen Pflichtverletzung gem. § 280 I, III i. V. m. § 283 (–)

**Aufgabe 3:**

**V → K Kosten für die vergebliche Anfahrt in Höhe von 150 € gem. § 304 i. V. m. §§ 293 ff.**

1. Schuldverhältnis: Kaufvertrag i. S. d. § 433 (+)
2. Gläubigerverzug §§ 293 ff. (+)
   a) Erfüllbarkeit des Leistungsanspruchs, § 293 (+)
   b) Schuldner muss zur Leistung imstande sein, § 297 (+)
   c) Leistungsangebot, § 294 (+)
   d) Nichtannahme der Leistung, § 293 (+)
3. Mehraufwendungen

**Ergebnis:** V → K Kosten für die vergebliche Anfahrt in Höhe von 150 € gem. § 304 i. V. m. §§ 293 ff. (+)

## Fall 6: Ausarbeitung (Gutachten)

### Aufgabe 1:

**K könnte von V die Lieferung des Bootes für 50.000 € gem. § 433 I 1 verlangen.**

1. *Voraussetzung hierfür ist zunächst, dass ein wirksamer Kaufvertrag zwischen K und V zustande gekommen ist. Ein Kaufvertrag setzt zwei übereinstimmende Willenserklärungen, Angebot und Annahme, voraus.* Indem sich K und V über einen Kauf des Bootes „LuxusLove“ zum Preis von € 50.000.- einigten, liegen die Voraussetzungen eines wirksamen Kaufvertrages vor.
2. Die Leistungspflicht des V könnte allerdings *gem. § 275 I ausgeschlossen sein.*
   a) *Dies setzt voraus, dass die Übergabe des Bootes durch V unmöglich geworden ist.* Da in der Nacht ein Kabelbrand das gesamte Inventar des V vernichtete, besteht eine subjektive Unmöglichkeit seitens V, die Leistung zu erbringen. *Außerdem muss es sich bei dem Boot um eine Stückschuld gehandelt haben.*
   b) Von V wurde ein Boot der Bezeichnung „LuxusLove“ geschuldet, also ein nach allgemeinen Merkmalen bestimmtes Boot. Somit lag zunächst eine **Gattungsschuld** i. S. d. § 243 I vor. Bei dieser trägt V das **Beschaffungsrisiko** nach §§ 275 II 2, 276 I 1. D. h., V müsste sich dieses Boot anderweitig beschaffen, denn die Lieferung des Bootes der Bezeichnung „LuxusLove“ ist objektiv noch möglich.

*Eine Gattungsschuld wird gem. § 243 II zur Stückschuld, wenn der Schuldner das zur Leistung einer solchen Sache „seinerseits Erforderliche" getan hat. Dann konkretisiert sich die Leistungspflicht des V auf* ***dieses*** *Boot. Wann die Konkretisierung eintritt, richtet sich nach dem Inhalt des Schuldverhältnisses.* V und K hatten vertraglich vereinbart, dass K das Boot abholen wird: somit handelt es sich um eine Holschuld. *Bei der Holschuld hat der Schuldner das seinerseits Erforderliche getan, wenn er die verkaufte Sache aussondert, bereitstellt und den Gläubiger benachrichtigt, dass dieser die Sache abholen kann.* V hat das Boot zwar ausgesondert, jedoch den K noch nicht informiert, dass das Boot eingetroffen und abgeholt werden kann. Somit liegt noch keine Konkretisierung vor, und es handelt sich nach wie vor um eine Gattungsschuld.

**Merke:**

Bei der Gattungsschuld trägt der Schuldner das Beschaffungsrisiko (§ 276 I 1); V hat hier also das Leistungshindernis zu vertreten und muss deshalb K ein anderes Boot der Bezeichnung „LuxusLove" liefern.

Folglich kann K die Lieferung des Bootes von V gem. § 433 I 1

für 50.000 € verlangen.

**Aufgabe 2:**

I. K könnte die Lieferung des Bootes zum Preis von 50.000 € gem. § 433 I 1 verlangen.

*Voraussetzung hierfür ist zunächst, dass zwischen K und V ein wirksamer Kaufvertrag zustande gekommen ist.* Wie bei Frage 1 bereits geprüft, haben K und V einen wirksamen Kaufvertrag geschlossen.[11]

Fraglich ist, ob die Leistung des V gem. § 275 I ausgeschlossen ist. Im vorliegenden Fall könnte eine Konkretisierung eingetreten sein. Indem V das Boot ausgesondert und den K zur Lieferung aufgefordert hat, hat er das seinerseits Erforderliche gem. § 243 II getan. Somit handelt es sich gegenwärtig nicht mehr um eine Gattungs-, sondern um eine Stückschuld. Das Schuldverhältnis beschränkt sich auf diese Sache.

Indem die Leistung/Lieferung des Bootes durch den Brand unmöglich geworden ist, wurde V gem. § 275 I von seiner Leistungspflicht frei.

11 Bereits Geprüftes braucht nicht wiederholt zu werden. Ein Verweis „siehe oben" – mit Angabe der konkreten Fundstelle – sollte erfolgen.

Folglich kann K von V keine Lieferung des Bootes zum Preis von 50.000 € gem. § 433 I 1 verlangen.

II. K könnte gegen V einen Schadensersatzanspruch gem. § 280 I, III i. V. m. § 283 geltend machen.

1. *Voraussetzung hierfür ist, dass zwischen V und K ein Schuldverhältnis zustande gekommen ist.* Wie unter Frage 1 abgehandelt, besteht zwischen V und K ein Kaufvertrag und somit ein vertragliches Schuldverhältnis.
2. *Außerdem muss V eine Pflichtverletzung begangen haben. Eine Pflichtverletzung liegt z. B. vor, wenn die Leistung nachträglich unmöglich geworden ist und somit vom Schuldner nicht erbracht werden kann.* Indem das Boot verbrannt ist, ist dem Verkäufer die Lieferung unmöglich geworden. Somit liegt eine Pflichtverletzung vor.
3. *Als weitere Voraussetzung muss eine Leistungsbefreiung für den Schuldner gem. § 275 I vorliegen (vgl. § 283).* Durch den Brand ist die Erbringung der Leistung (hier: Stückschuld) objektiv unmöglich und V somit gem. § 275 I von seiner Leistungspflicht befreit.
4. *Außerdem muss der Schuldner die pflichtwidrige Herbeiführung der Unmöglichkeit zu vertreten haben. Nach § 276 I 1 haftet V für Vorsatz und Fahrlässigkeit. Fahrlässig handelt, wer die im Verkehr erforderliche Sorgfalt außer Acht lässt (§ 276 II).* Da der Brand durch ein kaputtes Stromaggregat verursacht wurde und weder dem V noch seinen Angestellten hier ein Verschulden zur Last fällt, hat V die Pflichtverletzung auch nicht zu vertreten.

Folglich kann K gegenüber V keinen Schadensersatz gem. §§ 280 I, III i. V. m. § 283 geltend machen.

**Aufgabe 3:**

**V könnte gegen K einen Anspruch auf Erstattung der Fahrkosten der vergeblichen Anfahrt in Höhe von 150,00 € gem. § 304 i. V. m. §§ 293 ff. haben.**

1. *Voraussetzung hierfür ist zunächst, dass zwischen V und K ein Schuldverhältnis besteht.* Indem V und K einen Kaufvertrag i. S. d. § 433 geschlossen haben, ist ein vertragliches Schuldverhältnis gegeben.
2. *Es muss ein Annahmeverzug des Gläubigers K vorliegen.*
   a) *Zunächst muss gem. § 293 der Schuldner V zur Leistung berechtigt sein.* K und der V hatten vereinbart, dass das Boot am 01.09.2021 von V zu K geliefert werden sollten. Demzufolge ist V zur Leistung an K berechtigt.

b) *Weitere Voraussetzung ist, dass der Schuldner zur Leistung imstande sein muss gem. § 297 BGB.* V fährt vereinbarungsgemäß zu dem Termin am 01.09.2021. Der V ist also zur Leistung imstande.

c) *Außerdem muss gem. § 294 die Leistung dem Gläubiger so angeboten werden, wie sie zu bewirken ist. Dies bedeutet, dass die Leistung ordnungsgemäß angeboten werden muss, also am rechten Ort, zur rechten Zeit, in der richtigen Art und Weise und vollständig.* Vereinbarungsgemäß war der V am 01.09.2021 um 10 Uhr bei K zu Hause. Folglich wurde die Leistung ordnungsgemäß angeboten.

d) *Weitere Voraussetzung des Gläubigerverzugs ist gem. § 293, dass K die Leistung nicht angenommen hat.* Zum vereinbarten Termin war K auf einem Liebesausflug mit seiner neuen Freundin und hat den Termin vergessen. Aufgrund dessen wurde das Leistungsangebot des V von K nicht angenommen.

3. *Dem V müssen Mehraufwendungen aufgrund des erfolglosen Angebots entstanden sein.* Durch die vergebliche Anfahrt sind ihr Fahrtkosten in Höhe von 150 € entstanden.

Die Voraussetzungen des § 304 sind folglich erfüllt und K muss V die Mehraufwendungen (Fahrtkosten in Höhe von 150 €) erstatten.

V hat einen Anspruch gegen K auf Erstattung der Fahrtkosten in Höhe von 150 € gem. § 304 i. V. m. §§ 293 ff.

# Fall 7: Schuldrecht AT – Das neue Esszimmer

**Schwerpunkte:**

Nichtleistung als Pflichtverletzung – Unmöglichkeit der Leistung – Gläubigerverzug – Drittschadensliquidation – Wucher – Sittenwidrigkeit

Rudi Kauflustig (K) braucht dringend neue Esszimmermöbel. Er begibt sich daher ins Möbelhaus des Ulrich Veurig (V) und lässt sich vom Angestellten Dieter Deppisch (D) einige Einrichtungsgegenstände zeigen. Die Kombination „GlücklichEssen" gefällt ihm hierbei am besten. D bietet K, nach Rücksprache mit V, die Möbelkombination zum einmaligen Sonderpreis von € 5.000,– an. K nimmt das Angebot sofort an und vereinbart mit D auch noch den Aufbau der Möbel bei K. Es wird vereinbart, dass sobald die Möbel bei V eintreffen, mit K ein Termin zur Lieferung und Aufbau der Möbel vereinbart wird.

Als die Möbelkombination „GlücklichEssen" bei V eintrifft, ruft dieser bei K an und vereinbart für den 01.10.2021 um 16 Uhr einen Liefer- und Einbautermin.

Die Angestellten des V treffen pünktlich am 01.10.2021 bei K ein und warten dort vergeblich. K hat den vereinbarten Termin vergessen und genießt seinen Feierabend bei einem Apfelwein im Biergarten. Telefonisch ist er nicht erreichbar, sodass die Angestellten des V um 17 Uhr unverrichteter Dinge die Rückfahrt antreten.

Auf dem Rückweg werden die Angestellten des V unverschuldet in einen Unfall verwickelt, wobei die gesamte Möbelkombination des V zerstört wird.

**Aufgabe 1:** Kann K von V die Lieferung eines neuen Esszimmers verlangen?

**Aufgabe 2:** Hat V gegen K einen Anspruch auf die Bezahlung des vereinbarten Kaufpreises?

K hat sich den Esszimmerkauf finanzieren lassen. Bei der Geier-Bank hatte er sich einen Kredit in Höhe von € 5.000.- in bar auszahlen lassen. Der effektive Jahreszins beläuft sich auf 20 %, obwohl nur 9 % bis 10 % üblich sind. Nach Auszahlung des Darlehens erhält K von einem befreundeten Anwalt den Tipp, dass der Vertrag wegen der hohen Zinsen nichtig sei. K verweigert deshalb die Rückzahlung des Kredits an die G-Bank.

**Aufgabe 3:** Kann die Geier-Bank einen vertraglichen Rückzahlungsanspruch gegen K geltend machen?

**Fall 7: Prüfschema/Lösungsskizze**

**Aufgabe 1:**

**K → V Lieferung eines neuen Esszimmers gem. § 433 I 1**

1. wirksamer Kaufvertrag (+)
   a) Angebot durch V (+)
      D als Vertreter der V – § 164 I 1
      aa) Willenserklärung des D (+)
      bb) im Namen des V (+)
      cc) innerhalb der Vertretungsmacht (§ 56 HGB) (+)
   b) Annahme durch K (+)

folglich: Anspruch des K gegen V gem. § 433 I 1 (+)

2. Anspruch ausgeschlossen gem. § 275?
   a) nachträgliche Unmöglichkeit der Leistung (= Lieferung) durch V (+)
   b) §§ 275 II 2, 276 I 1 Beschaffungsrisiko bei Gattungsschuld? (–), da Konkretisierung (§ 243 II)

**Ergebnis:** K → V Lieferung eines neuen Esszimmers gem. § 433 I 1 (–)

**Aufgabe 2:**

**V → K Kaufpreiszahlung gem. § 433 II**

1. wirksamer Kaufvertrag (+) s. o.

folglich: Kaufpreiszahlungsanspruch ist zustande gekommen

2. Anspruch entfallen gem. (§ 275 IV i. V. m.) § 326 I 1, 1. HS?
   a) gegenseitiger Vertrag (+)
   b) Leistungspflicht des Schuldners ist nach § 275 I ausgeschlossen (+)

folglich: Kaufpreiszahlungsanspruch entfällt

3. Anspruch auf die Gegenleistung gem. § 326 II 1, 2. Alt.?
   a) Annahmeverzug des Gläubigers gem. §§ 293 ff. (+)
      aa) tatsächliches Angebot der geschuldeten Leistung (am rechten Ort, zur rechten Zeit und in der richtigen Art und Weise)
      bb) Nichtannahme der Leistung durch K
      somit: K befand sich im Gläubigerverzug
   b) Schuldner hat Unmöglichkeit nicht zu vertreten (+)
      § 276 I 1 i. V. m. § 300 I – beim Gläubigerverzug muss der Schuldner nur Vorsatz und grobe Fahrlässigkeit vertreten.

folglich: Der Schuldner behält den Anspruch auf die Gegenleistung.

**Ergebnis:** V → K Kaufpreiszahlung gem. § 433 II (+)

**Aufgabe 3:**

**Geier-Bank → K Rückzahlung des Darlehens gem. § 488 I 2**

1. Darlehensvertrag zwischen der Geier-Bank und K (+)
2. Nichtigkeit gem. § 138 II (–)
   a) auffälliges Missverhältnis (+)
   b) Ausnutzung einer Schwächesituation des K (–)
3. Sittenwidrigkeit gem. § 138 I (+)

Vertrag ist also nichtig

**Ergebnis:** Geier-Bank → K Rückzahlung des Darlehens gem. § 488 I 2 (–)

## Fall 7: Ausarbeitung (Gutachten)

### Aufgabe 1:

**K könnte gegen V einen Anspruch auf Lieferung eines neuen Esszimmers „GlücklichEssen“ gem. § 433 I 1 haben.**

1. *Voraussetzung hierfür ist, dass zwischen K und V ein wirksamer Kaufvertrag zustande gekommen ist. Dies ist der Fall, wenn zwei übereinstimmende Willenserklärungen, Angebot und Annahme, vorliegen. Erforderlich ist zunächst ein hinreichend bestimmtes Angebot i. S. d. §§ 145 ff., also eine empfangsbedürftige Willenserklärung, die vom Gegenstand und vom Inhalt so formuliert sein muss, dass der andere Vertragsteil mit einem schlichten „Ja“ den Vertrag zustande bringen kann.*
   a) Den für einen Vertragsschluss erforderlichen Antrag hat D erklärt. Diese Willenserklärung wirkt unmittelbar für und gegen V, wenn D *als Vertreter gem. § 164 I 1* gehandelt hat.
      aa) – cc) *Voraussetzungen hierfür sind, dass der Vertreter – hier D – selbst eine Willenserklärung im Namen des Vertretenen innerhalb der ihm zustehenden Vertretungsmacht abgibt.* D hat als ordnungsgemäß bevollmächtigter Vertreter des V (§ 56 HGB) in dessen Namen ein Angebot an K gemacht, das Esszimmer „GlücklichEssen“ zum einmaligen Sonderpreis von € 5.000.- zu verkaufen.

b) *Dieses Angebot muss K angenommen haben. Die Annahme ist eine empfangsbedürftige Willenserklärung, die in der vorbehaltlosen Bejahung des Antrags besteht.* V nimmt das Angebot vorbehaltlos an. Deshalb liegt ein wirksamer Kaufvertrag i. S. v. § 433 zwischen K und V vor. K hat somit einen Anspruch auf die Lieferung des Esszimmers gem. § 433 I 1.

2. Die Leistungspflicht des V könnte allerdings *gem. § 275 I ausgeschlossen sein.*

a) *Dann muss die Lieferung (Übereignung und Übergabe) des Esszimmers dem V unmöglich geworden* sein. Unmöglichkeit der Lieferung könnte dadurch eingetreten sein, dass die Angestellten des V termingerecht bei K erschienen und das Esszimmer auf der Rückfahrt zerstört wurde. Außerdem muss es sich bei den Möbeln um eine *Stückschuld* gehandelt *haben.*

**Merke:**

Wenn es sich um eine Gattungsschuld i. S. v. § 243 I handeln würde, müsste V sich diese Sache wenn nötig beschaffen (sog. **Beschaffungsschuld**), denn die Lieferung solcher Möbel gleicher Art und Güte ist objektiv noch möglich (§ 275 I ist deshalb nicht einschlägig). V kann ohne großen Aufwand neue Möbel beschaffen (vgl. § 275 II 1). Gem. § 275 II 2 ist außerdem zu berücksichtigen, ob der Schuldner das Leistungshindernis zu vertreten hat oder nicht. Der Schuldner hat nach § 276 I 1 Vorsatz und Fahrlässigkeit zu vertreten, „wenn eine strengere … Haftung weder bestimmt noch aus dem sonstigen Inhalt des Schuldverhältnisses, insbesondere aus der Übernahme … eines Beschaffungsrisikos zu entnehmen ist." Da die Gattungsschuld eine **Beschaffungsschuld** ist, ergibt sich eine strengere Haftung für V – er müsste das Leistungshindernis vertreten und liefern.

b) Von V wurde das Esszimmer „GlücklichEssen" geschuldet, also eine nach allgemeinen Merkmalen bestimmte Möbelkombination. Somit lag zunächst eine Gattungsschuld i. S. d. § 243 I vor. *Gem. § 243 II wandelt sich aber eine zunächst bestehende Gattungsschuld in eine Stückschuld um, wenn der Schuldner das „seinerseits Erforderliche" getan hat.* Dann konkretisiert sich die Leistungspflicht des V auf die Lieferung **dieser Möbel**. Wann die Konkretisierung eintritt, richtet sich nach dem Inhalt des vereinbarten Schuldverhältnisses. Entscheidend ist, ob eine Bring-, Hol- oder Schickschuld vereinbart wurde.[12] K und V hatten einen Vertrag dahingehend geschlossen, dass V die Möbel zu K bringen und dort aufbauen soll. Folglich liegt eine Bringschuld vor.

12 Ausführlich hierzu: *Fikentscher/Heinemann*, § 35; *Wörlen/Metzler-Müller* SchuldR AT, Rn. 318 ff.

Mit der Anlieferung der Möbel und vorheriger telefonischer Vereinbarung über Liefertag und Lieferzeit hat V das seinerseits „Erforderliche“ i. S. v. § 243 II getan. Somit hat sich die Gattungsschuld zur Stückschuld konkretisiert. § 276 I 1, wonach der Schuldner ein Beschaffungsrisiko bei einer Gattungsschuld hat, und V das Leistungshindernis vertreten und liefern müsste, greift daher nicht ein.

Da die Leistung durch die Zerstörung der Möbel unmöglich geworden ist, wurde V gem. § 275 I von seiner Leistungspflicht frei. Der Anspruch des K auf Lieferung eines neuen Esszimmers des Models „GlücklichEssen“ gem. § 433 I 1 ist somit ausgeschlossen.

**Aufgabe 2:**

**Ein Anspruch des V gegen K auf Zahlung des Kaufpreises könnte sich aus § 433 II ergeben.**

1. Wie bereits bei Aufgabe 1 erörtert, liegt ein wirksamer Kaufvertrag vor. Deshalb besteht grundsätzlich ein Zahlungsanspruch des V gegen K nach § 433 II.
2. Dieser Anspruch (auf die Gegenleistung) könnte jedoch gem. (§ 275 IV i. V. m.) § 326 I 1, 1. HS entfallen sein.

   **Achtung – häufiger Klausurfehler:**

   Hier darf nicht das Erlöschen der Kaufpreiszahlungspflicht nach § 275 I geprüft werden! Denn bei der Pflicht zur Zahlung des Kaufpreises handelt es sich um die **Gegenleistungspflicht**; deren Erlöschen bestimmt sich nach **§ 326**.

   § 275 hingegen bezieht sich auf die unmöglich gewordene Leistung selbst (= Lieferung der Möbel.)

   a) *Voraussetzung ist zunächst ein gegenseitiger Vertrag*, der hier in Form des Kaufvertrages zwischen K und V vorliegt.

   b) *Weiterhin muss die Leistungspflicht des Schuldners nach § 275 I ausgeschlossen sein*, was bereits oben (Aufgabe 1) bejaht wurde. Folglich wäre der Anspruch des V auf die Gegenleistung (= Kaufpreiszahlung nach § 433 II) gem. § 326 I 1, 1. HS entfallen.
3. *Etwas anderes könnte sich aus § 326 II 1, 2. Alt. ergeben. Danach behält der Schuldner den Anspruch auf die Gegenleistung, wenn der Umstand, aufgrund dessen die Leistungspflicht des Schuldners nach § 275 ausgeschlossen ist, vom Schuldner nicht zu vertreten ist und zu einer Zeit eintritt, zu welcher sich der Gläubiger im Annahmeverzug befindet.*

a) *Gem. §§ 293 ff. könnte K in Annahme- bzw. Gläubigerverzug geraten sein, wenn er die tatsächlich angebotene Leistung nicht angenommen hat. Der Leistungsanspruch muss erfüllbar (§ 293) und der Schuldner zur Leistung imstande gewesen sein (§ 297).* V hat nach telefonischer Vereinbarung über Liefertag und Lieferzeit die Ware ordnungsgemäß angeboten. Damit erfolgte das Angebot der geschuldeten Leistung durch ihn zur rechten Zeit, am rechten Ort und in der richtigen Art und Weise. Die Leistung war also erfüllbar und V auch zur Leistung imstande. K war zu dem vereinbarten Zeitpunkt nicht anwesend, sondern im Biergarten. Die Angestellten des V mussten unverrichteter Dinge wieder abfahren. Die Nichtannahme muss sich K zurechnen lassen. Somit kann K in Annahmeverzug.

**Merke:**

Der **Annahmeverzug ist verschuldensunabhängig!** Es ist also kein Verschulden des K zu prüfen, da es sich nicht um eine Pflicht-, sondern vielmehr um eine Obliegenheitsverletzung handelt. Gründe, warum niemand da war oder niemand erreichbar war, sind nicht relevant. Denn ein Gläubiger gerät auch dann in Annahmeverzug, wenn er nachvollziehbare Gründe hat, aus denen er an der Annahme der Leistung verhindert ist.

b) *V als Schuldner darf die Unmöglichkeit nicht zu vertreten haben. Gem. § 300 I hat der Schuldner, wenn sich der Gläubiger in Annahmeverzug befindet* (was hier der Fall ist), *nur Vorsatz und grobe Fahrlässigkeit zu vertreten.* Fraglich ist, ob die Angestellten des V auf der Rückfahrt zu V den Unfall, der zur Zerstörung der Möbel führte, vorsätzlich oder grob fahrlässig verursacht hat. *Gem. § 278 S. 1 muss V das Verschulden seines Fahrers in gleichem Umfang vertreten wie eigenes Verschulden.* Die Angestellten wurden bei der Rückfahrt unverschuldet in einen Unfall verwickelt. Somit hat V die Unmöglichkeit der Leistung gem. § 300 I nicht zu vertreten.

Nach alledem liegen die Voraussetzungen des § 326 II 1, 2. Alt. vor, und K muss die Gegenleistung (Kaufpreiszahlung nach § 433 II) an V erbringen, ohne dass dieser ein neues Esszimmer zu liefern hat.

**Aufgabe 3:**

**Die Geier-Bank könnte gegenüber K einen Anspruch auf Rückzahlung des Darlehens gem. § 488 I 2 haben.**

1. *Voraussetzung hierfür ist, dass zwischen beiden – durch zwei übereinstimmende Willenserklärungen – ein Darlehensvertrag zustande gekom-*

*men ist.* Die Geier-Bank und K haben sich über alle Bestandteile eines Darlehensvertrages geeinigt; folglich ist diese Voraussetzung gegeben.

2. Fraglich ist, ob dieser Vertrag wirksam ist. *Die Einigung könnte wegen Wuchers, d. h. wegen Verstoßes gegen § 138 II, nichtig sein.*
   a) *Es muss zwischen der vereinbarten Leistung und der Gegenleistung ein auffälliges Missverhältnis bestehen. Hierfür muss die Leistung der Geier-Bank (Überlassung des Kapitals) mit der Gegenleistung des V (Zahlung von Zinsen) verglichen werden. Ein auffälliges Missverhältnis besteht bei Kreditverträgen, wenn der geforderte Zins den marktüblichen um ca. 100 % übersteigt.* Bei üblichen Kreditkosten von 9 % bis 10 % wurden hier 20 % Zinsen vereinbart; damit wird dieser Satz um über 100 % überschritten. Folglich liegt ein auffälliges Missverhältnis vor.
   b) *Zum Tatbestand des Wuchers gehört subjektiv, dass der Wucherer die beim anderen Teil bestehende Schwächesituation (Zwangslage, Unerfahrenheit, mangelndes Urteilsvermögen, erhebliche Willensschwäche) ausgebeutet hat.* Eine Zwangslage oder Willensschwäche ist bei K nicht gegeben. *Für die Unerfahrenheit ist ein Mangel an Lebens- oder Geschäftserfahrung erforderlich.* Dies ist bei K auch nicht der Fall. *Ein mangelndes Urteilsvermögen liegt vor, wenn der Darlehensnehmer nicht in der Lage ist, die beiderseitigen Leistungen zu bewerten und Vor- und Nachteile des Geschäfts sachgerecht gegeneinander abzuwägen.* Auch hierfür liegen bei K keine Anhaltspunkte vor.

Folglich ist der Darlehensvertrag nicht nach § 138 II nichtig.

3. Es kommt allerdings eine Sittenwidrigkeit des Vertrages nach § 138 I in Betracht. *Voraussetzung hierfür ist, dass das Rechtsgeschäft gegen das Anstandsgefühl aller billig und gerecht Denkenden verstößt.* Indem der vereinbarte Zins den marktüblichen Zins um mehr als 100 % übersteigt, liegt ein auffälliges Missverhältnis zwischen Leistung und Gegenleistung vor. Außerdem verstößt eine Bank, der die üblichen Konditionen bekannt sind und die trotzdem einen überteuerten Kredit vergibt, gegen das Anstandsgefühl aller billig und gerecht Denkenden.

Folglich ist der zwischen der Geier-Bank und dem K geschlossene Darlehensvertrag wegen Sittenwidrigkeit nach § 138 I nichtig und ein vertraglicher Rückzahlungsanspruch der Geier-Bank gem. § 488 I 2 ist nicht gegeben.[13]

---

13 Die Geier-Bank hat allerdings einen Anspruch gegen D auf Rückzahlung der 5.000 € gem. § 812 I 1, 1. Alt. Dieser war aufgrund der Fallfrage („vertraglicher Rückzahlungsanspruch") nicht zu prüfen.

## Anmerkung zur Lösung der Aufgaben 1 und 2:

Das Ergebnis des Falles kann als „ungerecht" empfunden werden: K erhält keine Möbel, muss aber den Kaufpreis zahlen, obwohl er für den Unfall auch nichts kann. „Schuld" hatte vielmehr der Unfallverursacher.

V, der noch Eigentümer der Möbel war, hat dem Grunde nach gegen den Pkw-Fahrer einen Anspruch auf Schadensersatz wegen Eigentumsverletzung gem. § 823 I. Allerdings hat V keinen Schaden erlitten – er erhält ja den Kaufpreis von K (s. o. Aufgabe 2). K kann nicht gegen den Fahrer vorgehen, da ihm vor Übergabe des Gerätes nicht das für § 823 I erforderliche Eigentum zustand. Er hat aber einen Schaden, da er den Kaufpreis an V bezahlen muss.

Rechtsprechung und Lehre haben für solche Fälle, in denen der Schaden anstelle beim Gläubiger aus der Sicht des Schädigers zufällig beim Dritten eintritt, den

### Grundsatz der Drittschadensliquidation

entwickelt: Der Schädiger soll nicht entlastet werden. Der Anspruchsinhaber kann deshalb den Schaden des Dritten (für diesen) liquidieren.[14]

**Prüfschema – Voraussetzungen der Drittschadensliquidation:**

1. Anspruch gegen den Schädiger (aber kein Schaden)
2. Zufällige Schadensverlagerung
3. Geschädigter hat keinen Anspruch gegen den Schädiger
4. Interessenverknüpfung zwischen dem Anspruchsinhaber und dem Geschädigten

**Rechtsfolge:** Abtretung des Anspruchs vom Anspruchsinhaber an den Geschädigten (§ 285)

Für **Fall 7** ergibt sich folgende Lösung:

1. V hat gegen den Schädiger einen Anspruch aus § 823 I, aber keinen Schaden (er erhält ja den Kaufpreis von K).
2. Der Schaden hat sich zufällig auf K verlagert.

14 Vgl. *Wörlen/Metzler-Müller* SchuldR BT, Rn. 463 ff.; BGH NJW 1998, 1864; ausführlich hierzu: *Bredemeyer*, Das Prinzip „Drittschadensliquidation", JA 2012, 102.

3. K als Geschädigte hat keinen Anspruch gegen den Unfallverursacher, da § 823 I mangels Eigentumsverletzung ausscheidet (die Möbel befand sich noch im Eigentum des V, vgl. § 929 S. 1).
4. Zwischen K und V bestand aufgrund des Kaufvertrags eine Interessenverknüpfung.

Rechtsfolge ist, dass V den Schaden der K beim Unfallverursacher geltend machen kann und seinen Anspruch gegen den Schädiger analog § 285 I an die K abtreten muss.

In Fall 7 kann deshalb V den Schaden des K nach den Grundsätzen der Drittschadensliquidation im Rahmen seines Anspruchs nach § 823 I liquidieren. K kann von V gem. § 285 Abtretung dieses Anspruchs verlangen.

Folglich kann K gem. § 823 I i. V. m. den Grundsätzen der Drittschadensliquidation und § 285 I Schadensersatz für das Esszimmer von V fordern.

**Merke:**

Hinsichtlich Anwendungsbereich und Funktionsweise ist zwischen Drittschadensliquidation und § 285 I zu differenzieren:

Die Grundsätze der Drittschadensliquidation helfen K, den Schaden zum Anspruch des V zu ziehen. K selbst erlangt dadurch noch keinen Ersatzanspruch gegen den Unfallverursacher. Hierfür bedarf es noch des Anspruchs auf das Surrogat gem. § 285 I; dieser führt dazu, dass V seinen – um den Schaden der K ergänzten – Anspruch nach § 823 I an die K abtreten muss.

Durch die Grundsätze der Drittschadensliquidation werden also Anspruch und Schaden in der Person des V zusammengeführt. Aufgrund von § 285 I muss V den so entstandenen Verbund aus Anspruch und Schaden an K abtreten.

## Vertiefung: Leistungsstörungen – Unmöglichkeit der Leistung[15]

**Übersicht:**

I. Allgemeines

II. Anfängliche objektive Unmöglichkeit der Leistung

III. Anfängliche subjektive Unmöglichkeit der Leistung

IV. Nachträgliche Unmöglichkeit der Leistung

1. Anfängliche objektive nicht zu vertretende Unmöglichkeit im einseitigen Schuldverhältnis
2. Nachträgliche objektive zu vertretende Unmöglichkeit im einseitigen Schuldverhältnis

V. Besondere Regelungen für gegenseitige Verträge

1. Befreiung von der Gegenleistung bei Ausschluss der Leistungspflicht
2. Anspruch auf die Gegenleistung bei Ausschluss der Leistungspflicht
3. Rücktritt

VI. Besonderheiten beim Beschaffungsrisiko

> Unmöglichkeit der Leistung liegt vor, wenn der Schuldner die geschuldete Leistung auf Dauer nicht erbringen kann.

15 **Literatur zur Vertiefung:** *Ackermann*, Schadensersatz statt der Leistung: Grundlagen und Grenzen, JuS 2012, 865; *Bernhard*, Das grobe Missverhältnis in § 275 Abs. 2 BGB, JURA 2006, 801; *Brox/Walker* SchuldR AT, § 22; *Canaris*, Die Bedeutung des Übergangs der Gegenleistungsgefahr im Rahmen von § 243 Abs. 2 BGB und § 275 Abs. 2 BGB, JuS 2007, 793; *Coester-Waltjen*, Verzögerungsgefahr, Sachgefahr, Leistungsgefahr, JURA 2006, 829; *Coester-Waltjen*, Die Gegenleistungsgefahr, JURA 2007, 110; *Fikentscher/Heinemann*, § 43; *Grunewald*, § 12; *Kohler*, Probleme der verschuldensunabhängigen Schadensersatzhaftung gem. § 311 a Abs. 2 BGB, JURA 2006, 241; *Looschelders* SchuldR AT, Rn. 415 ff.; *Looschelders*, Unmöglichkeit und Schadensersatz statt der Leistung, JuS 2010, 849; *Medicus/Lorenz* SchuldR I AT, Rn. 412 ff.; *Meier*, Neues Leistungsstörungsrecht: Nachträgliche Unmöglichkeit und nachträgliches Unvermögen in der Fallbearbeitung, JURA 2002, 118; *Meier*, Neues Leistungsstörungsrecht: Anfängliche Leistungshindernisse, Gattungsschuld und Nichtleistung trotz Möglichkeit, JURA 2002, 187; *Schwarze*, Unmöglichkeit, Unvermögen und ähnliche Leistungshindernisse im neuen Leistungsstörungsrecht, JURA 2002, 73; *Skamel*, Die angemessene Frist zur Leistung oder Nacherfüllung, JuS 2010, 671; *Stoppel*, Die beiderseits zu vertretende Unmöglichkeit nach neuem Schuldrecht, JURA 2003, 224; *Stürner*, „Faktische Unmöglichkeit" (§ 275 II BGB) und Störung der Geschäftsgrundlage (§ 313 BGB) – unmöglich abzugrenzen?, JURA 2010, 721; *Wörlen/Metzler-Müller* SchuldR AT, Rn. 254 ff.

## I. Allgemeines

Je nachdem, ob die Leistung schon vor oder erst nach Vertragsschluss unmöglich wird, unterscheidet man zwischen anfänglicher und nachträglicher Unmöglichkeit. Weiterhin kann danach differenziert werden, ob die geschuldete Leistung objektiv unmöglich ist (niemand ist in der Lage, die Leistung zu erbringen) oder ob nur der Schuldner nicht leisten kann, wohl aber ein Dritter (subjektive Unmöglichkeit oder Unvermögen).

In § 275 I wird kraft Gesetzes ein Befreiungsgrund von der primären Leistungspflicht anerkannt, wenn die Leistung „für den Schuldner" (subjektive Unmöglichkeit) oder „für jedermann" (objektive Unmöglichkeit) unmöglich ist. § 275 I ist daher auch dann anwendbar, wenn die geschuldete Sache einem Dritten gehört, der zu ihrer Veräußerung nicht bereit ist, oder wenn sie gestohlen und die Suche nach dem Dieb aussichtslos ist.

Es ist nicht (mehr) relevant, ob die Unmöglichkeit **vor** oder **nach** Vertragsschluss eingetreten ist (dies ergibt sich aus der Gesetzesformulierung: „… unmöglich **ist**"). Durch die Formulierung „soweit diese … unmöglich ist" wird auch der Fall erfasst, dass nur ein Teil der Leistung unmöglich ist.

Die Rechte des Gläubigers bestimmen sich in diesen Fällen gem. § 275 IV nach den §§ 280, 283 – 285, 311 a und 326. Auf diese Weise wird klargestellt, dass der Wegfall der Primärleistungspflicht zum Entstehen von Sekundärleistungsansprüchen führen kann – vor allem zu Schadensersatzansprüchen.

Die Differenzierung zwischen anfänglicher und nachträglicher Unmöglichkeit ist für die Schadensersatzpflichten relevant: Der Schadensersatzanspruch infolge einer anfänglichen Unmöglichkeit ist in § 311 a II geregelt, während für die nachträgliche Unmöglichkeit die §§ 280, 283 gelten. Diese Unterscheidung ist sinnvoll, denn es kann bei der anfänglichen Unmöglichkeit sein, dass dem Schuldner das anfänglich bestehende Leistungshindernis unverschuldet unbekannt war.[16] Dies rechtfertigt es, vom ansonsten verschuldensfreien Haftungssystem für anfängliche Unmöglichkeit abzugehen. Die Ansprüche wegen nachträglicher Unmöglichkeit sind dagegen alle verschuldensabhängig geregelt.

16 **Beachte:** Es handelt sich hierbei **nicht** um eine Pflichtverletzung i. S. d. § 280 I. Die unter diesen Paragrafen fallenden Pflichten können nur bei **(bestehenden)** Schuldverhältnissen verletzt werden.

## II. Anfängliche objektive Unmöglichkeit der Leistung

Anfängliche objektive Unmöglichkeit der Leistung liegt vor, wenn die geschuldete Leistung bereits bei Vertragsschluss von niemandem erbracht werden kann.

**Beispiel:**

Verkäufer V verkauft seinen Pkw an Käufer K und weiß nicht, dass der Wagen kurz vorher bei einem Garagenbrand zerstört wurde.

Der Käufer (K) kann in diesem Fall gegen den Verkäufer (V) keinen Anspruch auf Eigentumsverschaffung und Übergabe aus § 433 I 1 geltend machen, da der Anspruch wegen der Zerstörung des Pkw gem. § 275 I von Anfang an ausgeschlossen ist.

In Betracht kommt aber ein Anspruch des K gegen V auf Schadensersatz aus § 275 IV i. V. m. § 311 a II. Absatz 1 der letztgenannten Vorschrift stellt klar, dass der Vertrag wirksam ist, auch wenn der Schuldner nach § 275 I – III nicht zu leisten braucht und das Leistungshindernis schon **bei** Vertragsschluss vorlag. Gem. § 311 a II (diese Vorschrift ist eine eigene Anspruchsgrundlage und nicht etwa nur ein Unterfall des allgemeinen Pflichtverletzungstatbestands des § 280[17]) kann K als Gläubiger nach seiner Wahl Schadensersatz statt der Leistung **oder** Ersatz seiner Aufwendungen in dem in § 284 bestimmten Umfang verlangen. Der Schadensersatz ist auf das positive Interesse gerichtet: Der Schuldner muss den Gläubiger so stellen, als ob ordnungsgemäß (also „positiv“) erfüllt worden wäre. Dieser Anspruch folgt aus der Nichterfüllung des nach § 311 a I wirksamen Leistungsversprechens und nicht aus der Verletzung der – nach § 275 ausgeschlossenen – Leistungspflicht.

Der Schuldner haftet allerdings nicht, wenn er das Leistungshindernis bei Abschluss des Vertrages nicht kannte und seine Unkenntnis nicht zu vertreten hatte (§ 311 a II 2 – Exkulpationsmöglichkeit). Das Vertretenmüssen ergibt sich aus § 276; es wird nach dem Gesetzeswortlaut vermutet.

Der Schuldner hat vor Vertragsschluss eine Informationspflicht über seine Leistungs**fähigkeit**. Wenn er diese verletzt, muss er nach § 311 a II 1 haften. Anknüpfungspunkt für eine Schadensersatzhaftung gem. §§ 280 ff. ist hingegen die Verletzung von im Hinblick auf den Leistungs**gegenstand** bestehenden Pflichten.

---

17 Hierzu: *Palandt/Grüneberg*, § 311 a Rn. 6.

## III. Anfängliche subjektive Unmöglichkeit der Leistung

Anfängliche subjektive Unmöglichkeit liegt vor, wenn die versprochene Leistung von Anfang an für den Schuldner unmöglich ist, während eine andere Person sie erbringen könnte.

**Beispiel:**

V verkauft seinen Pkw an K und weiß nicht, dass dieser kurz vorher gestohlen wurde. V kann den Wagen nicht an den Käufer übergeben; der Dieb dagegen könnte es.

Auch in diesem Fall kann K gegen V keinen Anspruch auf Eigentumsverschaffung und Übergabe aus § 433 I 1 geltend machen, da der Anspruch wegen des Diebstahls des Pkw gem. § 275 I von Anfang an ausgeschlossen ist.

In Betracht kommt (ebenfalls) ein Anspruch des K gegen V auf Schadensersatz aus (§ 275 IV i. V. m.) § 311 a II – es sei denn, V kannte das Leistungshindernis nicht und hat seine Unkenntnis auch nicht zu vertreten (vgl. § 311 a II 2).

V haftet also nur, wenn er sich nicht vor Vertragsschluss über die eigene Leistungsfähigkeit informiert hat.

**Prüfschema – Schadensersatzanspruch bei anfänglicher Unmöglichkeit gem. § 311 a II:**

**Voraussetzungen:**

1. Wirksamer Vertrag (§ 311 a I)
2. Ausschluss der Primärleistungspflicht des Schuldners nach § 275 I–III (§ 311 a I)
3. Leistungshindernis bestand bei Vertragsschluss (§ 311 a I)
4. Schuldner kennt das Leistungshindernis oder hat seine diesbezügliche Unkenntnis zu vertreten (§§ 311 a II 2, 276)
5. Schaden beim Gläubiger (durch das Leistungshindernis)

**Rechtsfolge:** Schadensersatz statt der Leistung (soweit die Primärleistungspflicht nach § 275 I ausgeschlossen ist) **oder**

Ersatz der Aufwendungen des Gläubigers in dem in § 284 bestimmten Umfang

es sei denn: Interessewegfall bei Teilunmöglichkeit

(§ 311 a II 3 i. V. m. § 281 I 2)

## IV. Nachträgliche Unmöglichkeit der Leistung

Wie unter I. bereits erläutert, wird auch die nachträgliche Unmöglichkeit in § 275 geregelt, und ebenso ist in diesem Fall der Schuldner von seiner Primärleistungspflicht frei.

Die Rechte des Gläubigers bestimmen sich gem. § 275 IV nach den §§ 280, 283 bis 285 und 326.

Während Anknüpfungspunkt der soeben aufgezeigten Haftung bei anfänglicher Unmöglichkeit nach § 311 a II die Verletzung einer **vor** dem Vertragsschluss bestehenden Informationspflicht ist, liegt der Haftung bei der nachträglichen Unmöglichkeit nach §§ 280 ff. die Verletzung von Pflichten zugrunde, die bezüglich des Leistungsgegenstandes – der **bei** Vertragsschluss noch vorhanden war – bestehen.

> **Wichtig:**
> Die Unterscheidung zwischen anfänglicher und nachträglicher Unmöglichkeit ist sehr bedeutsam, da in beiden Fällen für den **Schadensersatz verschiedene Anspruchsgrundlagen** relevant sind.

### 1. Nachträgliche objektive nicht zu vertretende Unmöglichkeit im einseitigen Schuldverhältnis

**Beispielsfall:**

Großvater G vermacht seinem Enkel E ein wertvolles Gemälde (Wert: 10.000 €). Nach dem Tod des G – aber vor Erfüllung des Vermächtnisanspruchs durch den Alleinerben A – wird dieses durch einen Kabelbrand völlig zerstört.

Der Anspruch des E gem. § 2174 auf Leistung des vermachten Gegenstands ist nach § 275 I ausgeschlossen (Befreiung kraft Gesetzes).

Für einen Schadensersatzanspruch des E gegenüber A „statt der Leistung" müssen nach § 275 IV die Voraussetzungen der §§ 280 I, III, 283 S. 1 gegeben sein. Hingegen greift § 280 I unmittelbar und allein ein, wenn es um die Haftung auf „einfachen Schadensersatz" wegen der Verletzung einer Pflicht aus dem Schuldverhältnis geht.

Anspruchsgrundlage ist zunächst § 280; von dieser ist aufbautechnisch auszugehen. Erst wenn die dort genannte „Pflichtverletzung" vorliegt, können die „zusätzlichen" Voraussetzungen der § 280 II, III geprüft werden.

Bei der nachträglichen **Unmöglichkeit** handelt es sich um einen **Unterfall der Pflichtverletzung.** § 280 I regelt jegliche Art der Verletzung von Pflichten aus einem Schuldverhältnis (§ 241) – in erster Linie die Verletzung von Verhaltenspflichten (§ 241 II). Pflichtverletzung ist jedes objektiv nicht dem Schuldverhältnis entsprechende Verhalten des Schuldners, also auch jedes Zurückbleiben der erbrachten Leistung hinter dem geschuldeten Soll des Vertrags oder sonstigen Schuldverhältnisses.[18] Die Pflichtverletzung im Falle der Unmöglichkeit besteht darin, dass die geschuldete Leistung nicht erbracht wird.

Schadensersatz statt der **gesamten** Leistung (= großer Schadensersatz) kann der Gläubiger unter den Voraussetzungen der §§ 280 I, III i. V. m. § 283 S. 2 verlangen.

Im Beispielsfall hat A zwar eine Pflichtverletzung (durch Nichterbringung der geschuldeten Leistung = Übergabe des Bildes) begangen, doch fehlt es am „Vertretenmüssen". Ein Schadensersatzanspruch des E gegenüber A kommt also nicht in Betracht.

## 2. Nachträgliche objektive zu vertretende Unmöglichkeit im einseitigen Schuldverhältnis

**Beispielsfall:**

In obigem Fall ist der Alleinerbe A mit einer Zigarette ins Bett gegangen, eingeschlafen und hat dadurch den Wohnungsbrand verursacht.

Da A in der Abwandlung fahrlässig i. S. d. § 276 II handelte, die Pflichtverletzung also zu vertreten hat (§ 280 I 2) und dem E durch die Pflichtverletzung ein adäquat kausaler Schaden entstanden ist, liegen die Voraussetzungen des § 280 I vor. Diese Anspruchsgrundlage greift unmittelbar und allein nur ein, wenn es um die Haftung auf **„einfachen Schadensersatz"** wegen der Verletzung einer Pflicht aus dem Schuldverhältnis geht. Im Beispielsfall geht es allerdings um einen Ersatzanspruch für die unmöglich gewordene Leistung, also um den Ersatz des Wertes, den das Bild (= die Leistung) hatte (10.000 €). Es handelt sich also begrifflich um einen **„Schadensersatz statt der Leistung"**, also den Ersatz der unmöglich gewordenen Leistung. § 280 III verweist für diesen Fall auf die zusätzlichen Voraussetzungen der §§ 281–283. Angesichts des Verweises in § 275 IV kommt § 283 S. 1 in Betracht.

Danach kann – wenn der Schuldner nach § 275 I–III nicht zu leisten braucht – Schadensersatz statt der Leistung unter den Voraussetzungen des § 280 I verlangt werden. Diese Voraussetzungen liegen in dem Beispielsfall

18 *Brox/Walker* SchuldR AT, § 21 Rn. 2.

vor. Folglich hat E einen Schadensersatzanspruch statt der Leistung in Höhe von 10.000 € gegen A aus (§ 275 IV i. V. m.) §§ 280 I, III, 283 S. 1.

**Beachte für die Falllösung:**

§ 275 IV muss nicht in den Obersatz der Prüfung genommen werden, da er nur klarstellende Funktion hat.

Für den Fallaufbau bei Anspruchszielen über den „einfachen Schadensersatz" hinaus werden nach § 280 II, III über Weiterverweisungen zusätzliche Anforderungen aufgestellt, wobei **§ 280 I alleinige Anspruchsgrundlage** bleibt, die aber durch die „zusätzlichen" **Voraussetzungen modifiziert wird**.

**Tipp:**

Neben § 280 I werden in den Obersatz die zusätzlichen Anforderungen über § 280 II, III mit aufgenommen. Auf diese Weise verdeutlicht man, wohin die Prüfung geht …[19]

**Prüfschema – Schadensersatz statt der Leistung bei (nachträglicher) Unmöglichkeit gem. § 280 I, III i. V. m. § 283:**

**Voraussetzungen:**

1. Wirksames Schuldverhältnis, § 280 I 1
2. Pflichtverletzung des Schuldners, § 280 I 1

   geschuldete Leistung wird nicht erbracht (nachträgliche Unmöglichkeit)
3. Leistungsbefreiung für den Schuldner nach § 275 I – III
4. Vertretenmüssen, §§ 280 I 2, 276 ff.
5. Schaden beim Gläubiger, § 280 I 1

**Rechtsfolge:** Schadensersatz statt der Leistung

(Erfüllungsinteressse = „positives Interesse")

Umfang: §§ 249 ff.

**Klausurtipp:**

Erst den Anspruch auf die geschuldete Leistung prüfen (Anspruchsgrundlage z. B. § 433 I 1), danach die Voraussetzungen des § 275 I.

19 Man könnte auch nur § 280 I in den Obersatz aufnehmen und dann innerhalb dieser Prüfung über § 280 II, III anhand der §§ 281 ff., 286 differenzieren. Die Prüfung kann unübersichtlich werden.

Zum besseren Verständnis der aufgezeigten Systematik dient folgende Übersicht.

**Übersicht**
**über die Arten der Unmöglichkeit**

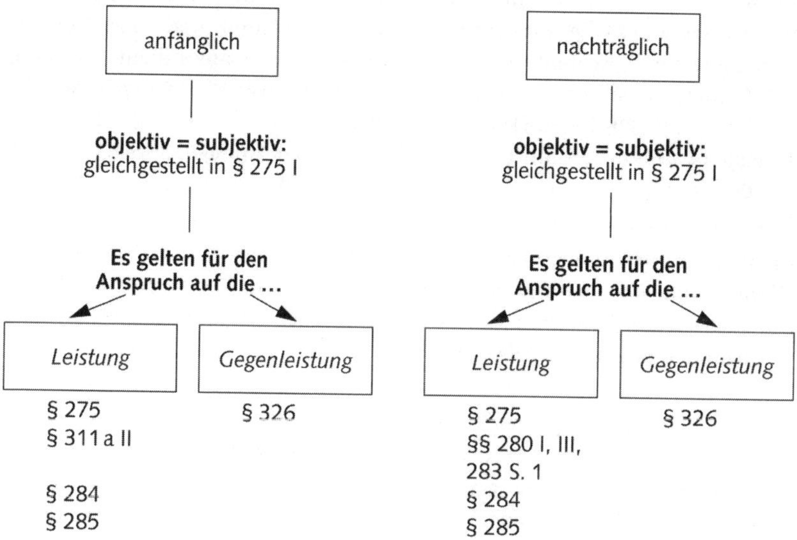


## V. Besondere Regelungen für gegenseitige Verträge

Die aufgezeigten allgemeinen Regelungen gelten grundsätzlich für **alle** Schuldverhältnisse – es sei denn, diese werden durch besondere Vorschriften verdrängt.

Für **gegenseitige Verträge** gibt es **Sonderregelungen** für den Rücktritt in den §§ 323 I, 324 (325) und 326 V sowie das Schicksal der Gegenleistung in § 326 I – IV.

### 1. Befreiung von der Gegenleistung bei Ausschluss der Leistungspflicht

Wenn der Schuldner aufgrund von § 275 I – III von seiner Leistungspflicht befreit ist, stellt sich die Frage, ob der Gläubiger seine Gegenleistung noch erbringen muss oder nicht. Dies ist in § 275 IV i. V. m. § 326 geregelt.

**Beispielsfall:**

V verkauft seinen Pkw dem K. Übergabe und Übereignung sollen eine Woche später stattfinden. Durch einen Garagenbrand wird der Pkw vor der Übergabe zerstört.

§ 326 I 1, 1. HS enthält den Grundsatz: Wenn der Schuldner nach § 275 I – III nicht zu leisten braucht, entfällt der Anspruch auf die Gegenleistung – dies ist bedingt durch die enge Verknüpfung von Leistung und Gegenleistung (= Synallagma[20]). Bezieht sich das Leistungshindernis nur auf einen Teil der geschuldeten Leistung, so wird der Gläubiger „teilweise" von der Gegenleistung befreit (§ 326 I 1, 2. HS). Die Berechnungsformel des § 441 III gilt entsprechend. Diese Vorschrift gilt **nur für** Fälle der **Unmöglichkeit**, was sich aus der Formulierung in § 326 I 2 „gilt nicht … im Fall der nicht vertragsgemäßen Leistung" ergibt.

Im vorgenannten Beispielsfall ist der Anspruch des K auf Übergabe des Wagens und Verschaffung des Eigentums nach § 433 I 1 gem. § 275 I ausgeschlossen. Der Anspruch des V auf die Kaufpreiszahlung nach § 433 II (= Gegenleistung) ist nach (§ 275 IV i. V. m.[21]) § 326 I 1, 1. HS kraft Gesetzes entfallen.

In Betracht käme möglicherweise ein Anspruch auf Schadensersatz statt der Leistung gem. (§ 275 IV i. V. m.) §§ 280 I, III, 283 S. 1. Diese Vorschriften sind auf einseitige und gegenseitige Leistungspflichten anwendbar. Da ein Vertretenmüssen seitens V nicht gegeben ist, scheitert der Anspruch allerdings.

## 2. Anspruch auf die Gegenleistung bei Ausschluss der Leistungspflicht

### a) Verantwortlichkeit des Schuldners

**Beispielsfall:**

V verkauft seinen Pkw dem K für 15.000 €. Übergabe und Übereignung sollen eine Woche später stattfinden. Durch einen Garagenbrand, den V fahrlässig durch Hantieren mit Benzin verursacht hat, wird der Pkw vor der Übergabe zerstört. K hätte den Wagen für 25.000 € weiterverkaufen können, obwohl dieser nur 20.000 € wert war.

Hinsichtlich des Übereignungsanspruchs und des Kaufpreiszahlungsanspruchs gilt das oben Gesagte. § 326 I erfasst – aufgrund des Verweises auf § 275 (der vom Vertretenmüssen unabhängig ist) – auch die vom Schuldner zu vertretende Unmöglichkeit.

20 Griechisch = „Übereinkunft", gegenseitige Abhängigkeit der Vertragsleistungen.

21 Diese Vorschrift muss nicht mitzitiert werden.

Es kommt wegen der Unmöglichkeit ein Anspruch auf Schadensersatz statt der Leistung gem. (§ 275 IV i. V. m.) §§ 280 I, III, 283 S. 1 in Betracht.

Die Voraussetzungen des § 280 I liegen vor. Da die von K begehrten 10.000 € kein „einfacher" Schadensersatz, sondern ein solcher „statt der Leistung"[22] sind, müssen nach § 280 III die zusätzlichen Voraussetzungen der §§ 281–283 vorliegen. In den Fällen des § 275 ist nur auf § 283 S. 1 abzustellen (als Lex specialis zu § 281 I 1). Dessen Voraussetzungen liegen vor, und K kann gem. §§ 280 I, III, 283 S. 1 die 10.000 € als Schadensersatz statt der Leistung verlangen.

### b) Verantwortlichkeit des Gläubigers

**Beispielsfall:**

V verkauft seinen Pkw dem K. Übergabe und Übereignung sollen eine Woche später stattfinden. K zündet sich nach Abschluss des Kaufvertrags in der Garage des V unter Missachtung des Hinweisschildes „Feuergefahr – Rauchen verboten" eine Zigarette an. Wegen dort gelagerten Benzins gibt es einen Garagenbrand. Der Pkw wird völlig zerstört.

Der Anspruch des K gegen V aus § 433 I 1 ist wegen nachträglicher, objektiver Unmöglichkeit gem. § 275 I ausgeschlossen. Der Anspruch des V gegen K auf Zahlung des Kaufpreises gem. § 433 II könnte gem. (§ 275 IV i. V. m.) § 326 I 1 aufgrund der Unmöglichkeit untergegangen sein.

Gem. § 326 II 1, 1. Alt. entfällt der Anspruch des V nicht, wenn K als Gläubiger für den Umstand, aufgrund dessen V als Schuldner gem. § 275 nicht zu leisten braucht, „allein oder weit überwiegend verantwortlich" war. Der Begriff „verantwortlich" wird nicht näher erläutert; er kann als „Vertretenmüssen" des Gläubigers verstanden werden. Da §§ 276, 278 nur regeln, was der Schuldner zu vertreten hat, kann man diese Normen entsprechend auch für den Gläubiger heranziehen.[23]

K hat den Untergang der Pkw zu „verantworten", da er fahrlässig i. S. d. § 276 II handelte. V hat deshalb einen Anspruch auf Zahlung des Kaufpreises gem. § 433 II i. V. m. § 326 II 1, 1. Alt.

---

22 Aus dem Gesetz ergibt sich nicht, was mit diesem Begriff genau gemeint ist. Bei wörtlicher Auslegung könnte man nur den bloßen Leistungswert („statt der Leistung") darunter fassen – also nur den Anspruch in Höhe des Differenzbetrags zwischen Kaufpreis und wahrem Wert (= 5.000 €). Der entgangene Gewinn in Höhe von 5.000 € würde sich als „einfacher Schadensersatz" aus § 280 I ergeben. Der Gesetzgeber wollte mit dem Begriff „Schadensersatz statt der Leistung" den – früheren – Ausdruck „Schadensersatz wegen Nichterfüllung" ersetzen. Folglich zählen beide genannten Schadenspositionen (5.000 € + 5.000 €) dazu.

23 *Brox/Walker* SchuldR AT, § 22 Rn. 38; *Fikentscher/Heinemann*, Rn. 451; *Jauernig/Stadler*, § 326 Rn. 14 f. m. w. N.

### c) Annahmeverzug des Gläubigers

**Beispielfall:**
V will den verkauften Pkw dem K vereinbarungsgemäß am Samstagnachmittag nach Hause liefern. K hat allerdings den Liefertermin vergessen und ist kurzfristig in die Berge gefahren. V fährt den Wagen wieder zurück, beachtet – leicht fahrlässig – entsprechende Hinweisschilder nicht und gerät auf eine Ölspur. Es ereignet sich ein Unfall, bei dem der Pkw einen Totalschaden erleidet.

Der Anspruch des V auf Zahlung des Kaufpreises gem. § 433 II ist grundsätzlich nach (§ 275 IV i. V. m.) § 326 I 1 entfallen, da V nach § 275 I nicht mehr zu leisten braucht. Nach § 326 II 1, 2. Alt. behält der Schuldner allerdings den Anspruch auf die Gegenleistung (= § 433 II), wenn der Umstand, aufgrund dessen der Schuldner nach § 275 von der Leistung befreit ist, vom Schuldner nicht zu vertreten ist und zu einer Zeit eintritt, zu der sich der Gläubiger im Annahmeverzug befindet.[24]

Hier handelte V fahrlässig i. S. d. § 276 II, sodass er den Umstand zu vertreten hätte. Etwas anderes ergibt sich allerdings aus § 300 I: Danach hat der Schuldner während des Verzugs des Gläubigers nur Vorsatz und grobe Fahrlässigkeit zu vertreten. K befand sich in Annahmeverzug nach §§ 293 ff., sodass V den Umstand, aufgrund dessen er als Schuldner nicht zu leisten braucht (§ 275), nicht zu vertreten hat. Da dieser „Umstand" auch während des Gläubigerverzugs eingetreten ist, liegen die Voraussetzungen des § 326 II 1, 2. Alt. vor. V behält den Anspruch auf die Gegenleistung. Er kann also von K Kaufpreiszahlung nach § 433 II verlangen.

## 3. Rücktritt

Der Gläubiger kann gem. § 326 V zurücktreten, wenn der Schuldner nach § 275 I–III nicht zu leisten braucht. § 323 findet entsprechende Anwendung mit der Maßgabe, dass die Fristsetzung entbehrlich ist. Da im Falle der Unmöglichkeit feststeht, dass eine Nacherfüllung keinen Erfolg haben kann, ist eine Fristsetzung überflüssig. Für die Rückabwicklung gelten die §§ 346 ff.

> **Merke:**
> Beim gegenseitigen Vertrag sind die Begriffe „**Leistung**" und „**Gegenleistung**" relevant, die von der „gestörten Leistung" aus zu bestimmen sind.

24 Beispiel hierfür auch in Fall 7, Aufgabe 2.

**Beispiel:**

Anspruch des Käufers auf Lieferung/Übereignung der Kaufsache gem. § 433 I 1. Gläubiger im Leistungsstörungsrecht ist der Gläubiger der „gestörten Leistung"; im vorgenannten Beispiel also der Käufer. Die Gegenleistung ist nicht „gestört" – im Beispiel: Kaufpreiszahlungsanspruch des Verkäufers (= Kaufpreiszahlungspflicht des Käufers) gem. § 433 II. Deren Schicksal ist in § 326 geregelt.

Schuldner im Leistungsstörungsrecht ist der Schuldner der „gestörten Leistung" (im Beispiel also der Verkäufer).

Der Grundsatz des § 326 I 1 enthält auch eine **Gefahrtragungsregel**. Ist der Schuldner von seiner Leistungspflicht nach § 275 befreit, erhält er auch keine Gegenleistung.

Kurz gesagt: ohne Leistung keine Gegenleistung.

Der Schuldner trägt folglich die Gegenleistungs(Preis-)gefahr.

Wesentliche Ausnahmen von § 326 I 1 sind:

- § 326 II 1, 1. Alt. (Verantwortlichkeit des Gläubigers)
- § 326 II 1, 2. Alt. (Annahmeverzug)
- § 446 S. 1 (Übergabe der Kaufsache vor Übereignung)
- § 447 I (Versendungskauf)
- § 644 I (Abnahme des Werkes)
- § 644 II (Versendung des Werkes)
- § 645 (Verantwortlichkeit des Werkbestellers).

## VI. Besonderheiten beim Beschaffungsrisiko

Nach § 275 II 1 hat der Schuldner das Recht, die Leistung zu verweigern, soweit sie einen Aufwand erfordert, der in einem groben Missverhältnis zum Leistungsinteresse des Gläubigers steht. Dadurch wird die sog. praktische oder faktische Unmöglichkeit erfasst, im Rahmen derer die Behebung des Leistungshindernisses zwar theoretisch möglich wäre, aber von keinem vernünftigen Gläubiger erwartet werden kann.[25]

**Beispiel:**

Der geschuldete Gegenstand versinkt auf dem Meeresgrund.

Besonders scharfe Maßstäbe sind allerdings gem. § 275 II 2 anzulegen, wenn der Schuldner nach dem Inhalt des Schuldverhältnisses eine **Beschaffungspflicht** übernommen hat. Danach ist auch zu berücksichtigen, ob

25 Vgl. *Jauernig/Stadler*, § 275 Rn. 24.

der Schuldner das Leistungshindernis zu vertreten hat. Das Vertretenmüssen regelt § 276 I 1: Der Schuldner hat Vorsatz und Fahrlässigkeit zu vertreten, „wenn eine strengere ... Haftung ... weder bestimmt noch aus dem sonstigen Inhalt des Schuldverhältnisses, insbesondere aus der Übernahme eines Beschaffungsrisikos zu entnehmen ist." Da die **Gattungsschuld** eine **Beschaffungsschuld** ist, kommt hier eine Befreiung gem. § 275 II von vornherein nicht in Betracht, soweit es um die Überwindung typischer Beschaffungshindernisse geht.[26]

**Beispielsfall:**

K kauft im Sommer beim Bauern V zwei Zentner Kartoffeln „Dicke Berta" zum Einkellern. Die Lieferung soll im Herbst nach der Ernte erfolgen. Infolge eines Rohrbruchs steht der Kartoffelkeller des V tagelang unter Wasser – und die ganze Ernte ist „ungenießbar".

In diesem Fall muss V für das Beschaffungsrisiko gem. §§ 275 II 2, 276 I 1 einstehen. Das heißt, er muss sich auf dem Markt die „Dicke Berta" besorgen und dem K zum vereinbarten Kaufpreis liefern.

Etwas anderes gilt bei der sog. **Vorratsschuld:**

**Beispielsfall:**

K will die Kartoffeln nur von einem bestimmten Acker des V haben. Denn V betreibt auf diesem Stück biologischen Landbau, auf den K besonderen Wert legt.

Wenn der gesamte Vorrat untergegangen ist, ist der Anspruch des K auf Leistung gem. § 275 I ausgeschlossen.

Die **Geldschuld** ist in den §§ 275, 276 nicht ausdrücklich geregelt. Dass der Schuldner sich auf finanzielles Unvermögen nicht berufen kann, folgt aus allgemeinen Grundsätzen sowie der Existenz der Insolvenzordnung, die ansonsten überflüssig wäre.[27] Derjenige, der eine Leistung verspricht, übernimmt regelmäßig das Risiko dafür, dass er sich die zur Erfüllung erforderlichen finanziellen Mittel beschaffen kann.

26 *Hk-BGB/Schulze*, § 275 Rn. 21.

27 BGH NJW 1998, 1278. Ausführlich hierzu: *Coester-Waltjen*, Verzögerungsgefahr, Sachgefahr, Leistungsgefahr, JURA 2006, 829 ff.

# Fall 8: Schuldrecht BT – Fitness-Carla

**Schwerpunkte:**

Mängel der Kaufsache – Verhältnis der Gewährleistungsvorschriften zur Anfechtung – Schadensersatz neben und Schadensersatz statt der Leistung (Mangelschaden, Mangelfolgeschaden) – Rücktrittsrecht des Käufers – Anspruchskonkurrenz

Carla Kraft (K) braucht dringend ein neues Laufband, um ihre Fitness wiederzuerlangen. Sie begibt sich daher ins Sportgeschäft des Viktor Vertig (V) und kauft, nach ausführlicher Beratung, das neueste Model „Fitnessfreude". Da V einige davon auf Lager hat, kann K das Laufband gleich mitnehmen. V erklärt ihr, dass der Aufbau relativ einfach ist und sie sogleich mit dem Laufen starten könne. Zuhause angekommen begibt sich K gleich an den Aufbau. Leider hält die Freude nicht lange, denn K muss feststellen, dass einige wichtige Schrauben und Teile fehlen. K packt alles wieder zusammen und begibt sich erneut zu V. Im Ladengeschäft des V kommt grade eine neue Lieferung Laufbänder an, die V zunächst einfach im Gang stehen lässt. K übersieht ein Paket und stürzt zu Boden. Hierbei geht nicht nur ihre Brille kaputt, sondern sie verletzt sich auch am Arm und muss ins Krankenhaus.

**Aufgabe 1:** K verlangt von V einen neues – vollständiges – Laufband. Zu Recht?

**Aufgabe 2:** Hat K gegenüber V einen vertraglichen Schadensersatzanspruch? Sie verlangt Erstattung ihrer Kosten für die Reparatur der Brille sowie die Kosten der Heilbehandlung. Kann K auch von V ein Schmerzensgeld wegen ihrer tagelangen Schmerzen am Arm fordern?

Susanne Wichtig (W) verkauft in der Schulkantine jeden Morgen ihre selbst gebackenen Muffins. Da die Nachfrage immer größer wird, beabsichtigt W ihr Geschäftsmodell auch auf andere Schulen auszuweiten. Da ihr der Einkauf im Supermarkt langsam zu mühselig wird, begibt sie sich zum Großhändler Vix (V) und bestellt 10.000 kg Mehl und Zucker. V sichert zu, die Ware am nächsten Tag zu liefern. Gesagt, getan. V liefert absprachegerecht am nächsten Tag das Mehl und den Zucker. Was V jedoch nicht bemerkt hatte, im Mehl hatten sich bereits Mehlkäfer eingenistet, die er entdeckt hätte, wenn er das Mehl ordnungsgemäß kontrolliert hätte. W ließ die Ware in ihr Lager bringen und stellt am nächsten Tag voller Verzweiflung fest, dass nicht nur das Mehl des V befallen war, sondern auch ihre bereits gelagerten 50.000 kg Mehl in Mitleidenschaft gezogen wurden.

W informiert sofort V und forderte diesen – unter angemessener Fristsetzung – auf, neues Mehl zu liefern. Da sich V weder bei W meldet und auch kein neues Mehl innerhalb der Frist lieferte, erklärt W ihren Rücktritt vom Vertrag.

**Aufgabe 3:** Kann W von V den Kaufpreis für die 10.000 kg Mehl in Höhe von 2.500 € zurückverlangen?

**Aufgabe 4:** Welche Ansprüche kann W gegenüber V wegen des Verlustes der bereits gelagerten 50.000 kg Mehl geltend machen?

W hatte sich für ihr neues Geschäftsmodell bereits eine teure Knetmaschine bei der Firma „Lieblingsgebäck" (L) gekauft. Da es sich hierbei um ein Ausstellungsstück handelte, war der Preis um 50 % reduziert. Voller Freude begibt sich W direkt nach dem Kauf bei L an die Arbeit und muss schnell feststellen, dass die Knetmaschine nicht angeht. W informiert L und bringt die Maschine im Anschluss zwei Mal vergebens zur Reparatur zu L. Da ein Bekannter der W Elektriker ist, bringt W die Maschine verzweifelt zu ihrem Bekannten, der die Maschine überraschend schnell reparieren kann und den Fehler bei der Stromverkabelung findet. W muss für diese Reparatur € 150.- aufwenden.

**Aufgabe 5:** Kann W von L Erstattung der Reparaturkosten in Höhe von 150 € verlangen?

**Fall 8: Prüfschema/Lösungsskizze**

**Aufgabe 1:**

**K → V Neulieferung des Laufbandes gem. § 437 Nr. 1 i. V. m. § 439 I, 2. Alt.**

1. Kaufvertrag (+)
2. Sachmangel, § 434, hier: § 434 I, III Nr. 4
   bei Gefahrübergang, § 446 (+)
3. Wahlrecht des K gem. § 439 I (+)
4. Kein Verweigerungsrecht des V gem. § 439 IV (+)

**Ergebnis:** K → V Neulieferung des Laufbandes gem. § 437 Nr. 1 i. V. m. § 439 I, 2. Alt. (+)

**Merke:**

Die Rechte des Käufers sind in § 437 abschließend normiert. § 437 ist allerdings keine Anspruchsgrundlage, sondern eine Rechtsgrundverweisung. Man muss, um das jeweilige Recht bzw. den Anspruch des Käufers zu prüfen, die in dem betreffenden Fall einschlägigen Verweise in den Nr. 1 bis 3 an diese Vorschrift „anhängen" (z. B. § 437 Nr. 1 i. V. m. § 439 = Anspruchsgrundlage).

**Aufgabe 2:**

**K → V Schadensersatz wegen Pflichtverletzung gem. §§ 280 I, 241 II**

1. wirksames Schuldverhältnis = Kaufvertrag (+)
2. Pflichtverletzung des Schuldners, § 241 II (+)
3. Vertretenmüssen, § 280 I 2 i. V. m. § 276 (+)
4. Schaden

**Ergebnis :** K → V Schadensersatz wegen Pflichtverletzung gem. §§ 280 I, 241 II (+)

Umfang: § 249 II 1 (Reparatur der Brille, Heilbehandlungskosten)

Immaterieller Schaden (§ 253 I) – Schmerzen: § 253 II (+)

**Aufgabe 3:**

**Vorüberlegung:**

Für den Rückzahlungsanspruch der W gegenüber V kommen zwei Anspruchsgrundlagen in Betracht: Zum einen der kaufvertragliche Rückgewähranspruch (nach Rücktritt vom Kaufvertrag) sowie der Anspruch aus ungerechtfertigter Bereicherung.

**I. W → V Rückzahlung des Kaufpreises gem. § 346 I i. V. m. §§ 437 Nr. 2, 1. Alt., 434 I, III Nr. 1 und § 323 I**

1. vertragliches oder gesetzliches Rücktrittsrecht; hier: § 437 Nr. 2, 1. Alt. (+)
2. wirksamer Kaufvertrag über eine Sache (+)
3. Lieferung einer mangelhaften Sache durch Verkäufer
   (= Pflichtverletzung) (+)
   Mangel i. S. d. § 434 I, III Nr. 1 bei Gefahrübergang, § 446
4. Angemessene Frist zur Nacherfüllung (§ 323 I) ist abgelaufen (+)
5. Erheblichkeit der Pflichtverletzung, § 323 V 2 (+)
6. Erklärung des Rücktritts gem. § 349 (+)

**Ergebnis:** W → V Rückzahlung des Kaufpreises gem. § 346 I i. V. m. §§ 437 Nr. 2, 1. Alt., 434 I, III Nr. 1 und § 323 I (+)

**II. W → V Herausgabe der 1.500 € gem. § 812 I 1, 1. Alt.**

1. V muss etwas erlangt haben (+)

   Besitz und Eigentum am Geld

2. durch Leistung des W (+)
3. ohne Rechtsgrund?

   Kaufvertrag gem. § 142 I aufgrund Anfechtung nichtig?

§ 119 II Eigenschaftsirrtum (+),
aber: kaufrechtliche Gewährleistungsvorschriften sind vorrangig

**Ergebnis:** W → V Rückzahlung des Kaufpreises gem. § 812 I 1, 1. Alt. (–)

**Aufgabe 4:**

> **Klausurtipp:**
>
> Bei der Prüfung von vertraglichen Schadensersatzansprüchen aufgrund eines Sachmangels sollte zunächst darauf geachtet werden, welcher Schaden eingetreten ist. Denn danach richtet sich die Anspruchsgrundlage. Wenn es – wie bei Aufgabe 4 – um den Ersatz eines Mangelfolgeschadens geht, so ist § 437 Nr. 3, 1. Alt. i. V. m. § 280 I relevant. Will der Gläubiger Schadensersatz statt der Leistung, so müssen die in § 280 III genannten zusätzlichen Voraussetzungen geprüft werden (siehe Aufgabe 5).
>
> Für den Schadensersatzanspruch des W gegenüber V kommen zwei Anspruchsgrundlagen in Betracht: Zum einen der kaufvertragliche sowie der deliktische. Beide Anspruchsgrundlagen sind in der oben aufgezeigten Reihenfolge zu prüfen.

**I. W → V Schadensersatz**

**gem. § 437 Nr. 3, 1. Alt. i. V. m. § 280 I**

1. Kaufvertrag (+)
2. Lieferung einer mangelhaften Sache durch Verkäufer

   (= Pflichtverletzung) (+)

3. Vertretenmüssen, §§ 280 I 2, 276 (+)
4. Schaden beim Gläubiger als Folge der Pflichtverletzung (+)

   Mangelfolgeschaden

**Ergebnis:** W → V Schadensersatz (gelagertes Mehl von 50.000 kg) gem. § 437 Nr. 3, 1. Alt. i. V. m. § 280 I (+)

Umfang des Schadensersatzanspruchs: §§ 249 ff., 251 I

**II. W → V Schadensersatz (gelagertes Mehl von 50.000 kg) gem. § 823 I**

1. Tatbestandsmäßigkeit der Unterlassung des V (+)
   a) Verletzung eines der in § 823 I genannten Rechtsgüter; hier: Eigentum
   b) Ursächlichkeit der Unterlassung für die Rechtsgutverletzung
2. Rechtswidrigkeit (+)
3. Verschulden – Fahrlässigkeit, § 276 II (+)
4. Schaden (+)

**Ergebnis:** Anspruch W → V Schadensersatz gem. § 823 I (+)

Umfang des Schadensersatzanspruchs: §§ 249 ff., 251 I

**Aufgabe 5:**

**W → L Schadensersatz statt der Leistung (Reparaturkosten) gem. §§ 437 Nr. 3, 1. Alt., 280 I, III, 281 I, 440**

1. Wirksamer Kaufvertrag über eine Sache, § 433 (+)
2. Pflichtverletzung des Käufers: Verstoß gegen § 433 I 2 (+)
   Sachmangel bei Gefahrübergang (§ 434)
3. Vertretenmüssen, §§ 280 I 2 i. V. m. § 276 (+)
4. Fristsetzung (§ 281 I) ist entbehrlich – § 440 S. 2 (+)
5. Schaden beim Käufer (+)

**Ergebnis:** W → L Schadensersatz statt der Leistung (Reparaturkosten) gem. §§ 437 Nr. 3, 1. Alt., 280 I, III, 281 I, 440 (+)

Umfang des Schadensersatzanspruchs: §§ 249 ff.

## Fall 8: Ausarbeitung (Gutachten)

### Aufgabe 1:

**K könnte von V die Neulieferung eines Laufbandes mit passenden Einzelteilen gem. § 437 Nr. 1 i. V. m. § 439 I, 2. Alt. verlangen.**

1. *Voraussetzung dafür ist, dass ein gültiger Kaufvertrag zwischen K und V besteht. Ein Kaufvertrag kommt gem. §§ 145 ff. durch zwei übereinstimmende Willenserklärungen, dem Angebot und der Annahme des Angebots, zustande.* Indem die K bei V ein Laufband kaufte, ist ein Kaufvertrag zwischen beiden Parteien abgeschlossen worden.

2. *Weiterhin muss ein Mangel an der Kaufsache (hier dem Laufband) vorliegen. Gem. § 434 I ist die Sache mangelhaft, wenn sie bei Gefahrüber-*

*gang, also der Übergabe (vgl. § 446), nicht den subjektiven Anforderungen, den objektiven Anforderungen und den Montageanforderungen des § 434 entspricht. Eine Sache entspricht den subjektiven Anforderungen, wenn sie die vereinbarte Beschaffenheit aufweist.* V und K haben keine bestimmte Beschaffenheit vereinbart, sodass § 434 II Nr. 1 nicht einschlägig ist. Nach § 434 II Nr. 2 entspricht sie den subjektiven Anforderungen dann, wenn sie sich für die nach dem Vertrag vorausgesetzte Verwendung eignet. K und V haben aber auch keine bestimmte Verwendung des Laufbandes vertraglich vorausgesetzt. *Nach § 434 II Nr. 3 ist die Sache mangelhaft, wenn sie nicht mit dem vereinbarten Zubehör und den vereinbarten Anleitungen, einschließlich Montage- und Installationsleistungen, übergeben wird.* K und V haben keine Vereinbarung über das Zubehör getroffen, sodass auch § 434 II Nr. 3 nicht einschlägig ist. Nach § 434 III könnten jedoch die objektiven Anforderungen einschlägig sein. Gemäß § 434 III ist eine Sache dann mangelbehaftet, wenn sie sich nach Nr. 1 nicht für die gewöhnliche Verwendung eignet, nach Nr. 2 nicht eine Beschaffenheit aufweist, die bei Sachen derselben Art üblich ist und die der Käufer erwarten kann, nach Nr. 3 wenn sie nicht der Beschaffenheit einer Probe oder eines Musters entspricht oder nach Nr. 4 nicht mit dem Zubehör einschließlich der Verpackung, der Montage- oder Installationsanleitung sowie anderen Anleitung übergeben wird, deren Erhalt der Käufer erwarten kann. Vorliegend fehlten wichtige Schrauben und Teile, bei denen die K davon ausgehen konnte, dass diese bei der Kaufsache mit vorhanden sind, damit das Laufband ordnungsgemäß zusammenbaut werden kann. Die Sache wies damit nicht die nach § 434 III Nr. 4 erforderliche objektive Anforderung auf, was damit einen Sachmangel begründet. Es liegt daher eine Pflichtverletzung des V durch Lieferung einer mangelhaften Sache vor. Dieser Mangel war bereits bei Übergabe des Laufbandes (Gefahrübergang i. S. d. § 446) vorhanden.

3. Folglich hat die K einen Anspruch auf Nacherfüllung gem. § 437 Nr. 1 i. V. m. § 439 I. Macht der Käufer von seinem Nacherfüllungsanspruch Gebrauch, so kann er zwischen der Beseitigung des Mangels und der Lieferung einer mangelfreien Sache wählen. K kann somit von V ein neues Laufband mit passenden Einzelteilen nach § 439 I, 2. Alt. verlangen.

4. Es ist zu prüfen, ob V die vom Käufer gewählte Art der Nacherfüllung verweigern kann. *Nach § 439 IV kann der Verkäufer von seinem Verweigerungsrecht Gebrauch machen, wenn die Art der Nacherfüllung nur mit unverhältnismäßigen Kosten möglich ist.* Die Herausgabe eines neuen verpackten Laufbandes ist für V möglich und nicht mit unverhältnismäßigen Kosten verbunden. Er kann vorliegend einfach aus dem Lager ein

neues Laufband herausnehmen und das defekte beim Hersteller reklamieren. V kann somit die Lieferung eines neuen, mangelfreien Laufbandes nicht verweigern.

Folglich kann K von V die Neulieferung des Laufbandes mit passenden Einzelteilen gem. § 437 Nr. 1 i. V. m. § 439 I, 2. Alt. verlangen.

**Aufgabe 2:**

**Die K könnte gegenüber V einen Anspruch auf Schadensersatz für die zerbrochene Brille sowie für die Heilbehandlung gem. § 280 I haben. Zusätzlich könnte K ein angemessenes Schmerzensgeld von V verlangen.**

1. *Dies setzt voraus, dass ein wirksames Schuldverhältnis zwischen K und V besteht.* In Betracht kommt ein vertragliches Schuldverhältnis. Wie bei Aufgabe 1 bereits erläutert, haben K und V einen wirksamen Kaufvertrag geschlossen. Es liegt also ein wirksames vertragliches Schuldverhältnis i. S. d. § 433 vor.
2. *Des Weiteren muss V eine Pflicht aus dem bestehenden Schuldverhältnis verletzt haben. In Betracht kommt die Verletzung einer Nebenpflicht nach § 241 II. Gem. § 241 II ist der Verkäufer verpflichtet, Rücksicht auf die Rechte, Rechtsgüter und Interessen des Käufers zu nehmen.* V erhielt eine Lieferung, die er in seinem Verkaufsraum abstellen ließ und die er nicht sachgerecht verstaute. Die K nahm hierbei ein am Boden liegendes Paket nicht wahr, mit dem sie an dieser Stelle eines Verkaufsladens auch nicht rechnen musste, und fiel über dieses, wobei ihre Brille beschädigt wurde. V kam damit seiner Sorgfaltspflicht nicht nach und nahm u. a. keine Rücksicht auf das Eigentum der K. Die Verletzung einer Nebenpflicht durch V liegt vor.
3. *Außerdem muss V seine Pflichtverletzung zu vertreten haben (§ 280 I 2). Nach § 276 I hat der Schuldner Vorsatz und Fahrlässigkeit zu vertreten, sofern* – was hier nicht der Fall ist – *kein anderer Haftungsmaßstab greift. Fahrlässig handelt nach § 276 II, wer die im Verkehr erforderliche Sorgfalt außer Acht lässt.* V ließ die Pakete in den Geschäftsraum liefern und abstellen und sorgte nicht dafür, dass diese ordentlich verstaut und für jedermann erkenntlich sind. Ein Käufer muss grundsätzlich nicht damit rechnen, dass sich im Verkaufsraum vereinzelnd Gegenstände auf dem Boden befinden. Somit hat V die im Verkehr erforderliche Sorgfalt außer Acht gelassen und fahrlässig gehandelt. Er hat die Pflichtverletzung zu vertreten.
4. *Darüber hinaus muss K aufgrund der Pflichtverletzung einen Schaden erlitten haben. Unter einem Schaden versteht man die Einbuße an recht-*

*lich geschützten Gütern.* Indem K angesichts der Nachlässigkeit des V über ein am Boden liegendes Paket stolpert, zu Boden fällt und hierbei ihre Brille beschädigt wird, liegt ein Schaden vor. Obendrein kommt es bei dem Sturz auch zu einer Armverletzung der K, die sodann die Heilbehandlungskosten auslöst. Ein Vermögensschaden liegt folglich vor.

Folglich kann K von V Schadensersatz gem. §§ 280 I, 241 II verlangen.

Der Umfang des Schadensersatzes ergibt sich aus den §§ 249 ff. Gem. § 249 I ist K so zu stellen, wie sie gestanden hätte, wenn sie nicht über das Paket gefallen wäre. Nach § 249 II 1 kann der Gläubiger bei Beschädigung einer Sache oder Verletzung einer Person statt der Herstellung den dazu erforderlichen Geldbetrag verlangen. Folglich kann K von V den erforderlichen Geldbetrag für die Reparatur der Brille sowie die Kosten für die Heilbehandlung verlangen.

Für das außerdem von K geltend gemachte Schmerzensgeld gilt Folgendes:

Nach § 253 I kann wegen eines Schadens, der – wie das geforderte Schmerzensgeld – nicht Vermögensschaden ist, eine Entschädigung in Geld nur in den durch das Gesetz bestimmten Fällen gefordert werden. Gesetzlich geregelt ist dies in § 253 II. *Voraussetzung hierfür ist, dass durch eine Verletzung des Körpers, der Gesundheit, der Freiheit oder der sexuellen Selbstbestimmung ein immaterieller Schaden vorliegt.* Vorliegend hat K eine Armverletzung, also eine Körper- und Gesundheitsverletzung erlitten, die Schmerzen verursacht. Die Schmerzen sind kein Vermögensschaden. Folglich kann K von V gem. § 280 I in Verbindung mit § 253 II eine billige Entschädigung in Geld von V verlangen. Sie hat einen Anspruch auf Schmerzensgeld.

**Aufgabe 3:**

**I. W könnte gegen V einen vertraglichen Anspruch auf Rückzahlung des Kaufpreises gem. § 346 I i. V. m. §§ 437 Nr. 2, 1. Alt., 434 I, III Nr. 1 und § 323 I haben.**

> **Merke:**
>
> Falls aufgrund eines Sachmangels der Rücktritt erklärt wird, sind immer §§ 437 Nr. 2 i. V. m. § 323 als Rechtsgrundlagen zu nennen. Man prüft die Voraussetzungen dieser Vorschriften zusammen bzw. nacheinander. Wenn man einen Mangel i. S. d. § 434 bejaht, ist damit automatisch das Tatbestandsmerkmal der „Pflichtverletzung" nach § 323 I erfüllt: Denn mit der Lieferung einer mangelhaften Sache erbringt der Schuldner seine Leistung „nicht wie geschuldet".
>
> § 437 ist allerdings *nicht* relevant, wenn das Rücktrittsrecht auf andere Umstände gestützt wird, die nichts mit einem Sachmangel zu tun haben. Dann ist § 323 allein zu prüfen.

1. *Voraussetzung ist zunächst, dass W ein vertragliches oder gesetzliches Rücktrittsrecht hat.* Es kommt das gesetzliche Rücktrittsrecht aus § 437 Nr. 2, 1. Alt. in Betracht.

2. *Hierfür muss zwischen W und V ein gültiger Kaufvertrag i. S. d. § 433 bestehen. Ein Kaufvertrag kommt durch zwei übereinstimmende Willenserklärungen (Angebot und Annahme, §§ 145 ff.) zustande.* Indem W bei V 10.000 kg Mehl gekauft hat, ist diese Voraussetzung gegeben.

3. *Eine weitere Voraussetzung für das Rücktrittsrecht nach § 437 Nr. 2, 1. Alt. ist, dass die Sache mangelhaft war.* Bei dem durch Mehlkäfer befallenen Mehl könnte es sich um einen Sachmangel i. S. v. § 434 handeln. *Nach § 434 I liegt ein Sachmangel vor, wenn die Sache bei Gefahrübergang (§ 446) nicht den subjektiven Anforderungen, den objektiven Anforderungen und den Montageanforderungen des § 434 entspricht. Vorliegend wurden keine subjektiven Anforderungen an die Sache gestellt, sodass* hier objektive Anforderungen in Betracht kommen. Vorliegend kommt § 434 III Nr. 1 in Betracht, sofern sich das befallene Mehl nicht zum Backen eignet. Hier kann W das Mehl aufgrund der Einnistung von Mehlkäfern nicht mehr zum Backen verwenden. Die Sache ist also bereits bei Übergabe mangelhaft gewesen.

4. *Außerdem muss W dem V gem. § 323 I eine angemessene Frist zur Nacherfüllung gesetzt haben.* W hat eine angemessene Frist gesetzt. *Die Frist muss erfolglos abgelaufen sein.* Indem V der Forderung der W zur Nacherfüllung nicht nachgekommen ist, ist diese Voraussetzung ebenfalls gegeben.[28]

5. *Voraussetzung für dieses Gestaltungsrecht ist außerdem, dass die Pflichtverletzung des V erheblich ist (§ 323 V 2).* Wenn „befallenes" Mehl geliefert wird, ist die Erheblichkeit der Pflichtverletzung gegeben.

6. *W muss den Rücktritt gem. § 349 erklärt haben.* Durch die Äußerung der W gegenüber V, sie wolle den Kaufpreis zurück, hat W dem V den Rücktritt erklärt.

Somit hat W gegen V einen Anspruch auf Rückzahlung des Kaufpreises gem. § 346 I i. V. m. §§ 437 Nr. 2, 1. Alt., 434 I, III Nr. 1 und § 323 I.

28 Es besteht kein Ausschluss gem. § 323 VI und kein Haftungsausschluss durch Vertrag oder Gesetz. Dies muss nicht zwingend erörtert werden, da hierfür keine Anhaltspunkte im Sachverhalt gegeben sind.

**II. W könnte von V Herausgabe der 1.500 € gem. § 812 I 1, 1. Alt. verlangen.**

1. *Voraussetzung hierfür ist zunächst, dass V etwas erlangt hat. Unter „Etwas" ist jeder Vermögensvorteil zu verstehen.* V hat Besitz und Eigentum am Geld (Kaufpreis in Höhe von 1.500 €) erhalten.

2. *Dies muss durch die Leistung der W geschehen sein. Eine Leistung ist jede bewusste und zweckgerichtete Vermehrung fremden Vermögens.* Indem W dem V das Eigentum an dem Geldbetrag übertragen hat, wollte sie ihre Verpflichtung aus dem Kaufvertrag erfüllen und hat folglich „geleistet".

3. *Schließlich muss diese Leistung ohne Rechtsgrund erfolgt sein. Dies ist der Fall, wenn die Rechtsordnung dem Bereicherten für den erlangten Vermögensvorteil keinen Behaltensgrund zur Verfügung stellt.* Der zwischen W und V geschlossene Kaufvertrag über 10.000 kg Mehl könnte, wenn W diesen anficht, gem. § 142 I nichtig sein. Dann muss der W ein Anfechtungsgrund zustehen. In Betracht kommt ein *Eigenschaftsirrtum nach § 119 II. Dem Erklärenden muss bei der Willensbildung ein Irrtum über verkehrswesentliche Eigenschaften, worunter alle wertbildenden Faktoren zu verstehen sind, unterlaufen sein.* Die „Reinheit/Qualität" von Mehl stellt eine verkehrswesentliche Eigenschaft dar. Fraglich ist allerdings, ob § 119 II überhaupt anwendbar ist. Die kaufrechtlichen Gewährleistungsvorschriften der §§ 434 ff. schließen bei Vorliegen eines Sachmangels eine Anfechtung des Käufers wegen Irrtums über Eigenschaften der Kaufsache aus. Denn dadurch würde die zweijährige Verjährungsfrist des § 438 I Nr. 3 unterlaufen. Andererseits könnte der Käufer auch anfechten, wenn sein Irrtum auf grober Fahrlässigkeit beruhen würde. Damit könnte er § 442 I 2 umgehen.[29]

Folglich steht der W der Anfechtungsgrund des § 119 II nicht zu.

Weitere Anfechtungsgründe sind nicht ersichtlich. Der Kaufvertrag kann somit nicht angefochten werden. Die Zahlung erfolgte nach alledem mit Rechtsgrund.

W hat deshalb keinen Anspruch gegenüber V auf Herausgabe der 1.500 € gem. § 812 I 1, 1. Alt.

29 Auch das Anfechtungsrecht des Verkäufers ist ausgeschlossen, denn dieser könnte sich sonst der Mängelhaftung entziehen. Siehe hierzu *Palandt/Ellenberger*, § 119 Rn. 28 m. w. N.

**Aufgabe 4:**

**I. W könnte einen Schadensersatzanspruch gegen V wegen des bereits im Lager befindlichen Mehles gem. §§ 437 Nr. 3, 1. Alt., 280 I geltend machen.**

1. *Voraussetzung hierfür ist ein wirksamer Kaufvertrag.* W und V haben – wie in Aufgabe 3 geprüft – einen Kaufvertrag über das Mehl geschlossen.
2. *Weitere Voraussetzung ist, dass V eine mangelhafte Sache übergeben hat.* Wie oben bereits erläutert, liegt ein Sachmangel i. S. d. § 434 III Nr. 2 bei Gefahrübergang (§ 446) vor. Damit hat V auch gegen seine Pflicht aus § 433 I 2 verstoßen und eine Pflichtverletzung i. S. d. § 280 I 1 begangen.
3. *Gem. § 280 I 2 i. V. m. § 276 muss V diese Pflichtverletzung zu vertreten haben. Nach § 276 I 1 hat der Schuldner (hier: V) Vorsatz und Fahrlässigkeit zu vertreten, sofern – was hier nicht der Fall ist – nicht ein anderer Haftungsmaßstab relevant ist.* V könnte fahrlässig gehandelt haben. *Fahrlässig handelt, wer die im Verkehr erforderliche Sorgfalt außer Acht lässt (vgl. § 276 II).* Indem V das Mehl nicht vor der Übergabe untersucht hat, hat er fahrlässig gehandelt[30] und muss somit die Pflichtverletzung vertreten.
4. *Durch die Pflichtverletzung muss der W ein Schaden, also eine unfreiwillige Einbuße am Vermögen, entstanden sein.*

**Achtung!**

Hier liegt ein **Mangelfolgeschaden** vor (= **Schaden**, der infolge des Mangels der Kaufsache an **anderen Rechtsgütern des Käufers,** wie z. B. Körper, Gesundheit, entsteht).

**Merke:**

**Mangelfolgeschäden werden nach § 280 I ersetzt**! Der Ersatz dieser Schäden rückt nicht an die Stelle einer mangelfreien Kaufsache, sondern stellt sich als Schadensersatz **neben** der Leistung dar.

Die Mehlkäfer des befallenen Mehles sind auch auf das bereits gelagerte Mehl übergegangen. W ist somit ein Schaden entstanden.

Folglich kann W von V Schadensersatz gem. §§ 437 Nr. 3, 1. Alt., 280 I für die bereits gelagerten 50.000 kg Mehl verlangen.

30 Andere Argumentation: Ein Verschulden des Schuldners wird grundsätzlich vermutet, es sei denn, er trägt Tatsachen vor, die ihn entlasten. V führt keine Tatsachen an, die sein Verschulden ausschließen.

Der Umfang des zu ersetzenden Schadens ergibt sich aus §§ 249 ff. V hat also den Zustand herzustellen, der bestehen würde, wenn der zum Ersatz verpflichtende Umstand nicht eingetreten wäre (vgl. § 249 I). V hätte W demnach die bereits gelagerten 50.000 kg Mehl zu ersetzen. Da deren „Wiederherstellung" aber nicht möglich ist, muss V gem. § 251 I 1 den W in Geld (= Wert des Mehles) entschädigen.

**Klausurtipp:**

Der Vertragspartner haftet bei Lieferung einer mangelhaften Sache nach den Gewährleistungsregeln. Durch diese vertraglichen Ansprüche werden die deliktischen Ansprüche nach §§ 823 ff. nicht berührt. Es besteht insofern eine echte Anspruchskonkurrenz, d. h. Ansprüche aus Vertrag und Delikt können nebeneinander geltend gemacht werden. Deshalb wird im Folgenden § 823 I geprüft.

**II. W könnte gegenüber V außerdem einen Schadensersatzanspruch gem. § 823 I geltend machen.**

1. *Voraussetzung hierfür ist zunächst, dass V durch eine Handlung oder pflichtwidrige Unterlassung eines der in § 823 I genannten Rechtsgüter der W kausal verletzt hat.* V hat das Mehl vor der Übergabe an W nicht sorgfältig genug untersucht – was seine Pflicht gewesen wäre – und deshalb den Befall des Mehles nicht erkannt. Durch den Übergang der Mehlkäfer auf das bereits gelagerte Mehl der W, hat V das Eigentum der W ursächlich verletzt.
2. *Diese Unterlassung muss rechtswidrig sein.* Ein Rechtfertigungsgrund des V liegt nicht vor. Folglich hat V rechtswidrig gehandelt.
3. *Ferner muss V vorsätzlich oder fahrlässig gehandelt haben. Fahrlässig handelt, wer die im Verkehr erforderliche Sorgfalt außer Acht lässt (§ 276 II).* Wie bereits unter I. erläutert wurde, hat V fahrlässig gehandelt.
4. *Erforderlich ist weiterhin ein – adäquat kausal durch die Rechtsgutsverletzung eingetretener – Schaden. Dazu zählt jede Einbuße an Geld oder geldwerten Gütern.* Aufgrund der unterlassenen Untersuchung sind die bereits eingelagerten 50.000 kg Mehl mit Mehlkäfern befallen. Die Rechtsgutverletzung des V war ursächlich für den Schaden der W.

Somit hat V gegenüber dem W einen Schadensersatzanspruch gem. § 823 I.

Wegen des Schadensumfangs wird auf die Ausführungen unter I. verwiesen.

**Aufgabe 5:**

**W könnte gegen L einen Anspruch auf Schadensersatz statt der Leistung (Erstattung der Reparaturkosten für die Knetmaschine) gem. §§ 437 Nr. 3, 1. Alt., 280 I, 281 I, III, 440 haben.**

1. *Voraussetzung hierfür ist, dass zwischen W und L ein gültiger Kaufvertrag i. S. d. § 433 besteht.* Ein Kaufvertrag über die Knetmaschine ist zwischen W und L zustande gekommen.

2. *Eine weitere Voraussetzung ist, dass die Sache (hier: die Knetmaschine) bei Gefahrübergang mangelhaft war.* Bei der Stromverkabelung der Knetmaschine könnte es sich um einen Sachmangel i. S. v. § 434 handeln. *Nach § 434 I 1 liegt ein Sachmangel vor, wenn die Sache bei Gefahrübergang nicht die vereinbarte Beschaffenheit hat. Soweit – wie hier – die Beschaffenheit nicht vereinbart wurde, liegt ein Sachmangel vor, wenn sich die Sache nicht für die vertraglich vorausgesetzte Verwendung eignet (§ 434 I 2 Nr. 1), oder wenn sie sich nicht für die gewöhnliche Verwendung eignet und nicht die Beschaffenheit aufweist, die der Käufer üblicherweise erwarten darf (§ 434 I 2 Nr. 2).* Da W und L über eine vertraglich vorausgesetzte Verwendung nicht gesprochen haben, kann nur ein Sachmangel i. S. v. § 434 I 2 Nr. 2 vorliegen. Indem bereits beim erstmaligen Gebrauch direkt nach Kauf (= Gefahrübergang i. S. d. § 446) die Funktionslosigkeit der Knetmaschine ersichtlich wird, ist sie für die gewöhnliche Verwendung nicht geeignet und weist nicht die Beschaffenheit auf, die W üblicherweise erwarten konnte. Folglich liegt ein Sachmangel gem. § 434 I 2 Nr. 2 bei Gefahrübergang (Übergabe, vgl. § 446) vor.

3. *Gem. § 280 I 2 i. V. m. § 276 muss L diese Pflichtverletzung zu vertreten haben. Nach § 276 I 1 hat der Schuldner (hier: L) Vorsatz und Fahrlässigkeit zu vertreten, sofern nicht ein anderer Haftungsmaßstab relevant ist. Fahrlässig handelt, wer die im Verkehr erforderliche Sorgfalt außer Acht lässt (vgl. § 276 II).* Indem L die Funktionslosigkeit der Knetmaschine nicht bemerkt und dies auch vorher nicht überprüft hat, hat er fahrlässig gehandelt.[31]

4. *Voraussetzung für den Schadensersatzanspruch ist außerdem, dass W dem L eine angemessene Frist zur Nacherfüllung bestimmt hat (§ 281 I). Nach § 440 bedarf es der Fristsetzung nicht, wenn die dem Käufer zustehende Art der Nacherfüllung fehlgeschlagen ist (Satz 1). Sie gilt nach dem erfolglosen zweiten Versuch als fehlgeschlagen, sofern sich* – was

31 Andere Argumentation: Ein Verschulden des Schuldners wird grundsätzlich vermutet, es sei denn, er trägt Tatsachen vor, die ihn entlasten. L führt keine Tatsachen an, die sein Verschulden ausschließen.

hier nicht der Fall ist – *aus der Art der Sache oder des Mangels oder den sonstigen Umständen etwas anderes ergibt (Satz 2).* Es kommt, da die Knetmaschine ein preisreduziertes Ausstellungsstück ist, nur eine Nacherfüllung durch Beseitigung des Mangels in Betracht. Indem L zwei erfolglose Reparaturversuche unternommen hat und die Funktionslosigkeit weiterhin vorliegt, gilt die Nacherfüllung als fehlgeschlagen, sodass eine Fristsetzung entbehrlich ist.

5. *Durch die Pflichtverletzung muss der W ein Schaden entstanden sein. Dazu zählt jede unfreiwillige Einbuße an Rechtsgütern.*

**Achtung!**

Hier: **Mangelschaden**, also der Schaden, der dem Käufer dadurch entsteht, dass die Kaufsache nicht mangelfrei ist, sondern einen Mangel aufweist.

W hat die Maschine erfolgreich reparieren lassen und hierfür 150 € bezahlt, also eine finanzielle Vermögenseinbuße erlitten.

Folglich kann W von L Schadensersatz statt der Leistung gem. § 437 Nr. 3, 1. Alt. i. V. m. §§ 280 I, III, 281 I, 440 verlangen, und zwar als Erfüllungsersatz in dem Umfang, in dem die Erfüllung ausgeblieben ist. W ist also gem. § 249 I so zu stellen, als sei die Leistung wie geschuldet erbracht worden. Der Schadensersatz statt der Leistung besteht in einer Geldzahlung (in Höhe von 150 €), weil der Anspruch auf die Primärleistung mit Erhebung der Schadensersatzforderung untergeht.

## Vertiefung: Art und Umfang des Schadensersatzes (§§ 249–255)[32]

**Übersicht:**

I. Art des Schadensersatzes
   1. Naturalrestitution
   2. Geldersatz

II. Umfang des Schadensersatzes

III. Großer und kleiner Schadensersatz

32 **Literatur zur Vertiefung:** *Brox/Walker* SchuldR AT, § 31; *Fikentscher/Heinemann*, § 57; *Grunewald*, §§ 33–34; *Looschelders* SchuldR AT, Rn. 1031 ff.; *Medicus/Lorenz* SchuldR I AT, Rn. 624 ff.; *Mohr*, Berechnung des Schadens nach der Differenzhypothese, JURA 2010, 327 ff.; *Mohr*, Berechnung des Schadensersatzes im Wege der Kompensation und Anrechnung eines Mitverschuldens, JURA 2010, 808 ff.; *Mohr*, Grundlagen des Schadensersatzrechts, JURA 2010, 168 ff.; *Mohr*, Normativer Schadensbegriff und Berechnung des Schadensersat-

## I. Art des Schadensersatzes

Die verschiedenen Anspruchsgrundlagen, die in den fünf Büchern des BGB zu finden sind, regeln, ob **Schadensersatz dem Grunde nach** zu leisten ist. Der Umfang des zu ersetzenden Schadens hingegen ist in den §§ 249 ff. normiert und wird für den Bereich der unerlaubten Handlungen durch §§ 842 ff. ergänzt. Die §§ 249 ff. gelten nicht nur für die im BGB geregelten Schadensersatzanspruchsgrundlagen, sondern auch außerhalb des BGB (z. B. § 7 StVG, § 1 ProdHaftG).

Der Schaden (= grundsätzlich jede Einbuße an rechtlich anerkannten Rechtsgütern und Interessen), der ursächlich durch den haftungsbegründenden Tatbestand entstanden ist, muss ersetzt werden. Ausgangspunkt für die Schadensersatzermittlung ist die sog. **Differenzhypothese bzw. -methode**, d. h. es ist die Differenz zwischen der (Vermögens-)Lage des Geschädigten aufgrund des schädigenden Ereignisses und derjenigen (hypothetischen) ohne das schädigende Ereignis zu ermitteln. Wenn der Geschädigte im Rahmen eines gegenseitigen Vertrages seine Leistung bereits bewirkt hat, kann es für ihn von Interesse sein, nicht bloß eine Wertdifferenz zwischen Leistung und Gegenleistung zu verlangen (= Differenzmethode), sondern die eigene Leistung zu erbringen, um den Wert der Gegenleistung zu erhalten, so z. B. bei Tauschverträgen oder in Fällen beiderseits verschuldeter Unmöglichkeit. Die h. M. erlaubt hier eine Schadensermittlung nach der sog. Surrogationstheorie[33].

**Merke:**

Die §§ 249 ff. enthalten **keine Anspruchsgrundlagen**! Sie ergänzen die Normen, die Schadensersatzansprüche vorsehen (= Anspruchsgrundlagen, wie z. B. § 280 I oder § 823 I oder § 831 I) und regeln den **Umfang des zu ersetzenden Schadens**.

### 1. Naturalrestitution

Ausgangspunkt für alle Schadensersatzverpflichtungen ist **§ 249 I – der Grundsatz der Naturalrestitution**: Der Schädiger muss den Zustand herstellen, der bestehen würde, wenn der zum Ersatz verpflichtende Umstand nicht eingetreten wäre. Eine Herstellung des früheren Zustandes ist aller-

zes nach den Grundsätzen der Naturalrestitution, JURA 2010, 645 ff.; *Mohr*, Zurechnung von mittelbaren Verletzungsfolgen, JURA 2010, 567; *Pöschke*, Art und Umfang des Schadensersatzes – die Systematik der §§ 249 ff. BGB, JA 2010, 257 ff.; *Spancken/Schneidenbach*, Die Berechnung des zu ersetzenden Schadens anhand der §§ 249 ff. BGB – Ein Leitfaden, JuS 2012, 298; *Staake*, § 11; *Wandt*, § 23; *Wörlen/Metzler-Müller* SchuldR AT, Rn. 367 ff.

33 Siehe hierzu *Palandt/Grüneberg*, § 281 Rn. 18 sowie *Looschelders* SchuldR AT, Rn. 641 ff.

dings nicht möglich, denn Geschehenes lässt sich nicht ungeschehen machen. Deshalb ist die Herstellung eines **wirtschaftlich gleichwertigen** Zustandes gemeint.

**Beispiele:**

Student M leiht sich den druckfrischen BGB-Text seiner Kommilitonin K aus und schüttet versehentlich eine Tasse Kaffee darüber. M schuldet K aus § 280 I sowie § 823 I (fahrlässige Eigentumsverletzung) einen neuen Gesetzestext.

Reparatur des beschädigten Pkw durch den Schädiger.

Widerruf der ehrverletzenden Äußerung.

Beschaffung eines gleichwertigen Ersatzfahrzeugs bei Beschädigung eines Pkw.

Student S hat seinem Kommilitonen K den aktuellen *„Palandt"* (BGB-Kommentar) zur Prüfungsvorbereitung bis 1.7. geliehen. K gibt das Buch nicht rechtzeitig zurück und S muss sich, da er selbst eine Prüfung im Juli hat, einen neuen *„Palandt"* kaufen. Der Umfang des Schadens i. S. v. § 249 I entspricht dem Kaufpreis für das neue Buch.

**Merke:**

Wenn der Schaden in „Geld" besteht, liegt immer ein Fall des § 249 I vor.

## 2. Geldersatz

Der Schaden kann auch durch Zahlung einer Geldsumme wieder gutgemacht werden. Der Geschädigte muss mit dem Betrag den Schaden in vollem Umfang ausgleichen können. In den §§ 249–251 wird diesbezüglich Näheres geregelt:

### a) Verletzung einer Person oder Beschädigung einer Sache

Nach § 249 II 1 kann der Gläubiger bei Verletzung einer Person oder Beschädigung einer Sache (soweit deren Herstellung noch möglich ist = ungeschriebenes Tatbestandsmerkmal im Umkehrschluss aus der Regelung des § 251 I 1[34]) den für die Naturalrestitution erforderlichen Geldbetrag fordern. Er muss also keine „Herstellungsexperimente" des Schädigers hinnehmen. Hierbei handelt es sich auch um einen Fall der Naturalrestitution; der Geschädigte hat eine sog. Ersetzungsbefugnis. Aus dem Wort „erforderlich" folgt, dass der Geschädigte unter mehreren zur Wiederherstellung führenden Möglichkeiten grundsätzlich die wirtschaftlich günstigste zu wählen hat (sog. Wirtschaftlichkeitsgebot).[35]

---

34 Siehe auch *Palandt/Grüneberg*, § 249 Rn. 3.

35 *Looschelders*, SchuldR AT, Rn. 1035.

**Beispiele:**

(Siehe oben): K kann von M entweder einen neuen BGB-Text oder den zum Kauf eines neuen BGB-Textes erforderlichen Geldbetrag verlangen.

Der beschädigte Pkw wird in einer Kraftfahrzeugwerkstatt zur Reparatur gegeben und die entsprechenden Kosten werden vom Schädiger verlangt.

Heilbehandlungskosten des Arztes.

Der Geldbetrag kann bei der Sachbeschädigung vom Schuldner auch dann verlangt werden, wenn eine Reparatur nicht erfolgt (sog. fiktive Reparaturkosten auf der Grundlage eines Sachverständigengutachtens[36]). Nach § 249 II 2 wird in diesem Fall die Umsatzsteuer nur gezahlt, wenn sie auch tatsächlich angefallen ist.

### b) Schadensersatz in Geld nach Fristsetzung

Nach § 250 kann der Gläubiger dem Schädiger zur Herstellung eine angemessene Frist mit der Erklärung bestimmen, dass er die Naturalherstellung nach Ablauf der Frist ablehne. Wenn die Frist fruchtlos abgelaufen ist, hat der Geschädigte nur noch einen Anspruch auf Geldersatz und nicht mehr auf Naturalrestitution. § 250 spielt in der Praxis kaum eine Rolle; Geldersatz wird in der Regel auch dann einverständlich geleistet, wenn die Voraussetzungen der §§ 249 II, 250, 251 nicht erfüllt sind.[37]

### c) Unmöglichkeit der Naturalrestitution

Der Schuldner hat – **soweit Naturalherstellung nicht möglich** oder zur Entschädigung des Gläubigers nicht genügend ist – nach § 251 I 1 Geldersatz zu leisten. Diese Vorschrift erfasst den Anwendungsbereich des § 275, also anfängliche und nachträgliche (objektive und subjektive) Unmöglichkeit; dabei ist unerheblich, wer diese zu vertreten hat. Der Geschädigte hat also statt des Anspruchs auf Naturalrestitution einen Anspruch auf **Schadenskompensation**. Es werden – im Unterscheid zur Naturalrestitution – gem. § 253 I grundsätzlich nur Vermögensschäden ersetzt (Ausnahme: z. B. § 253 II).

**Beispiele:**

Das Haustier, das der Verkäufer liefern sollte, ist vor Übergabe gestorben.

Der Pkw hat durch den vom Schädiger verursachten Unfall einen Totalschaden erlitten.

Durch die Formulierung „soweit" kann der Geschädigte teilweise Naturalrestitution und – soweit das nicht möglich ist – Geldersatz verlangen.

---

36 So BGH NJW 2003, 2086 m. w. N.

37 Vgl. hierzu *Palandt/Grüneberg*, § 250 Rn. 1

**Beispiel:**

Der Gläubiger kann die Reparaturkosten für den beschädigten Pkw sowie Geld für den unfallbedingten Minderwert verlangen. Darunter versteht man den Betrag, um den eine beschädigte und einwandfrei ausgebesserte Sache (z. B. Kraftfahrzeug) im Verkehr weniger wert ist als die gleiche unbeschädigte Sache.[38]

### d) Unverhältnismäßigkeit der Herstellung

Wenn die Naturalherstellung nur mit **unverhältnismäßigen Aufwendungen** möglich ist, kann der Schuldner nach § 251 II Entschädigung in Geld leisten und muss nicht die theoretisch möglichen – aber wirtschaftlich sinnlosen – Reparaturkosten erstatten. Die Unverhältnismäßigkeit ergibt sich aus einem Vergleich zwischen den Herstellungskosten – ggf. nach Abzug „alt für neu" – und dem gem. § 251 geschuldeten Geldersatz. Für Kraftfahrzeugschäden hat die Rechtsprechung als Faustregel eine 30%-Grenze herausgebildet.[39]

**Beispiel:**

Die Reparaturkosten übersteigen den Wert des Pkw um 30%. Der Schädiger muss hier nur den Wiederbeschaffungswert bezahlen.

§ 251 II 2 ist zu beachten: Tiere sind – als Lebewesen – hier nicht mit dem „reinen Sachwert" anzusetzen. Vielmehr sind die Aufwendungen für die Heilbehandlung eines verletzten Tieres nicht bereits dann unverhältnismäßig, wenn sie dessen Wert erheblich übersteigen.

### e) Entgangener Gewinn

Gem. § 252 ist auch der **entgangene Gewinn** zu ersetzen, sofern dieser nach dem gewöhnlichen Lauf der Dinge mit einer gewissen Wahrscheinlichkeit erwartet werden konnte.

**Beispiel:**

Der Geschädigte führt den Nachweis, dass er aufgrund konkreter Vertragsabschlüsse einen Gewinn gemacht hätte. Oder: Verdienstausfall.

### f) Immaterielle Schäden

Schadensersatz in Geld kann für **Nichtvermögensschäden** nur in den **im Gesetz bestimmen Fällen** verlangt werden (§ 253 I). Gesetzlich geregelte Fälle sind im BGB in § 651 f II (Entschädigung für nutzlos aufgewendete Urlaubszeit) und § 253 II (Schmerzensgeld). Außerhalb des BGB besteht ein Anspruch auf Geldersatz für ideelle Schäden u. a. nach § 97 II UrhG (Verlet-

---

38 BGH NJW 2008, 53, 1517 sowie *Palandt/Grüneberg,* § 251 Rn. 14 ff. m. w. N. und Beispielen.

39 *Palandt/Grüneberg,* § 251 Rn. 6.

zung des geschützten Rechts am Werk der Urheber und Künstler), §§ 15 II 1, 21 II 3 AGG (Verstoß gegen das Benachteilungsverbot), § 7 III StrEG (durch Strafverfolgungsmaßnahmen verursachter Vermögensschaden), Art. 5 V EMRK (durch rechtswidrige Inhaftierung erlittener immaterieller Schaden).[40]

Bei immateriellen Schäden ist wegen Verletzung des Körpers, der Gesundheit, der Freiheit oder der sexuellen Selbstbestimmung nach § 253 II eine billige Entschädigung in Geld zu leisten.

**Beispiele:**

Ehrverletzungen, körperliche Schmerzen, seelische Beeinträchtigungen.

Es ist streitig, ob § 253 II eine eigene Anspruchsgrundlage oder nur eine Rechtsfolgenregelung darstellt. Eine Meinung sieht § 253 II als selbstständige Anspruchsgrundlage, die neben den Anspruch auf Ersatz des Vermögensschadens trete und nicht nur ein bloßer Rechnungsposten innerhalb des Gesamtanspruchs sei.[41] Richtiger dürfte allerdings sein, dass der Anspruch auf Schmerzensgeld stets das Eingreifen einer Norm voraussetzt, die den Schuldner zum Schadensersatz verpflichtet.

Das folgt auch aus der Formulierung des § 253 II: „**Ist** wegen einer Verletzung des Körpers, der Gesundheit, der Freiheit oder der sexuellen Selbstbestimmung Schadensersatz zu leisten…“ Denn hieraus kann man entnehmen, dass der Gesetzgeber eine andere Anspruchsgrundlage voraussetzt, aufgrund derer Schadensersatz zu leisten ist. Wenn eines der vorgenannten Rechtsgüter verletzt worden ist, ist im Rahmen des Schadensumfangs neben dem Vermögensschaden auch der immaterielle Schaden durch ein sog. Schmerzensgeld auszugleichen.

Ebenfalls dokumentiert die systematische Stellung des **§ 253 II** innerhalb der **Rechtsfolgenregelungen der §§ 249 ff.**, dass es sich hierbei **nicht** um eine **eigenständige Anspruchsgrundlage** handelt. Diese Vorschrift erweitert vielmehr den Umfang des Schadensersatzes, wenn die Voraussetzungen einer haftungsbegründenden Norm (z. B. § 280 I, § 823 I) erfüllt sind.[42]

Der Anspruch auf das sog. **Schmerzensgeld** besteht aufgrund dieser – seit 01.08.2002 geltenden – Vorschrift nicht nur bei der verschuldensabhängigen deliktischen Haftung (§§ 823 ff.), sondern ist darüber hinaus bei einer vertraglichen Schadensersatzhaftung (z. B. gem. § 280 I) und bei der ver-

---

40 Weitere Nachweise bei *Palandt/Grüneberg*, § 253 Rn. 2.

41 So *Palandt/Grüneberg*, § 253 Rn. 4.

42 So auch: *Hk-BGB/Schulze*, § 253 Rn. 13; *Jauernig/Teichmann*, § 253 Rn. 4; *Wörlen/Metzler-Müller* SchuldR BT, Rn. 402.

schuldensunabhängigen Gefährdungshaftung (z. B. nach § 7 StVG) möglich.

Diese Erweiterung wirkt sich insbesondere bei der Einschaltung eines Gehilfen aus. Denn in solchen Fällen kann eine deliktische Haftung des Geschäftsherrn nach § 831 I daran scheitern, dass diesem der Exkulpationsbeweis (§ 831 I 2) gelingt.[43] Im Rahmen der vertraglichen Haftung gibt es diese Möglichkeit nicht. Der Schuldner muss immer für seinen „Erfüllungsgehilfen" nach § 278 einstehen und dann ggf. auch Schmerzensgeld zahlen.[44]

Es ist eine „billige Entschädigung in Geld" zu gewähren. Das Schmerzensgeld hat eine Ausgleichs- und Genugtuungsfunktion. Wird keine außergerichtliche Einigung über die Höhe des Schmerzensgeldes erzielt, bestimmt das Gericht gem. § 287 ZPO nach Ermessen je nach Art und Dauer der Verletzungen unter Berücksichtigung aller für die Höhe maßgeblichen Umstände. Als ungefähre, jedoch nicht verbindliche Richtschnur für die Schmerzensgeldhöhe werden Präzedenzfälle herangezogen (sog. „Schmerzensgeldtabellen"[45]).

Das allgemeine Persönlichkeitsrecht wird zwar nicht ausdrücklich in § 253 II genannt. Unter den von der Rechtsprechung entwickelten Voraussetzungen[46] kann auch in diesen Fällen eine Geldentschädigung gewährt werden.

## II. Umfang des Schadensersatzes

Der Vermögensschaden wird berechnet, indem man die gegenwärtige Lage mit der Lage, wie sie ohne das Schadensereignis bestehen würde, vergleicht. Er besteht in der Vermögenseinbuße und dem entgangenen Gewinn.[47]

Wenn der Geschädigte bei Eintritt oder Vergrößerung des Schadens mitgewirkt hat, hängt es nach **§ 254** von den Umständen des Einzelfalles ab, ob ein Schadensersatzanspruch gemindert wird oder sogar ganz entfällt (sog. **Mitverschulden**). Es handelt sich bei dieser Vorschrift um eine Einwen-

43 Beispiel in Fall 13, Aufgabe 1.

44 Nach der bis zum 31.07.2001 geltenden Rechtslage (§ 847 a. F.) war Schmerzensgeld bei einer vertraglichen Haftung ausgeschlossen. Vorausgesetzt wurde eine deliktische Haftung nach §§ 823 ff.

45 Die gebräuchlichste Sammlung ist *Slizyk*, Beck'sche Schmerzensgeld-Tabelle, 11. Aufl. 2015 bzw. *Hacks/Wellner/Hacker*, Schmerzensgeldbeträge, 33. Aufl. 2015. Beispiel: Hals-Wirbel-Schleudertrauma nach Auffahrunfall (sog. HWS-Syndrom); im Jahr 2002 gewöhnlich noch 1.000 DM, inzwischen üblicherweise 600 € Schmerzensgeld.

46 *Brox/Walker* SchuldR BT, § 45 Rn. 21 ff. m. w. N.

47 Ausführlich hierzu: *Brox/Walker* SchuldR AT, § 29 Rn. 2 ff.

dung gegenüber einem Schadensersatzanspruch. § 254 stellt auf ein Verschulden des Geschädigten gegen sich selbst ab (Obliegenheitsverletzung).

**Beispiel:**

Ein Fußgänger geht in schwarzer Kleidung bei Dunkelheit auf der rechten Straßenseite und benutzt nicht den auf der linken Seite befindlichen Fußgängerweg. Er wird von einem ohne Licht fahrenden Radfahrer erfasst und verletzt.

Bei Vorliegen der Voraussetzungen des § 254 hängt die Ersatzpflicht sowie deren Umfang von den Umständen, insbesondere davon ab, inwieweit der Schaden vorwiegend von dem einen oder dem anderen Teil verursacht worden ist. Abgestellt wird hierbei auf den Grad der beiderseitigen Verursachung sowie auf das Maß des beiderseitigen Verschuldens. Es kann deshalb zu einer Quotelung des Schadens kommen.

**Beispiele:**

Der Schädiger hat vorsätzlich, der Geschädigte nur leicht fahrlässig gehandelt – hier muss der Schädiger den vollen Schaden ersetzen.

Den Geschädigten trifft ein besonders schweres Verschulden, beim Schädiger liegt kein Verschulden, sondern nur eine Haftung aufgrund einer Betriebsgefahr vor; hier entfällt der Schadensersatzanspruch ganz aufgrund des § 254.

## III. Großer und kleiner Schadensersatz

Bei „gestörten Leistungsbeziehungen" muss man unterscheiden, ob der Geschädigte den sog. großen oder aber den sog. kleinen Schadensersatzanspruch verlangt.[48]

**Beispiel:**

Xaver Xanten tauscht seinen Pkw Golf gegen den Pkw des Anton Atras (Opel Astra). Der Opel hat einen Mangel, den Atras zu vertreten hat.

Wenn die Anspruchsgrundlage für den Schadensersatzanspruch des Xaver Xanten bejaht wird, hat dieser folgende Möglichkeiten: Entweder er behält den Opel Astra und verlangt von Anton Atras den mangelbedingten Minderwert (= kleiner Schadensersatz), oder er gibt den mangelhaften Wagen zurück und verlangt den Wert, den das Auto in mangelfreiem Zustand gehabt hätte (= großer Schadensersatz).

48 Siehe hierzu auch die Ausführungen unter „Vertiefung Kaufrecht".

**Merke:**

Beim kleinen Schadensersatz behält der Gläubiger die mangelhafte Leistung des Schuldners, beim großen Schadensersatz gibt er diese dem Schuldner zurück und erhält den Ersatz des Schadens, der ihm infolge der Nichterfüllung des ganzen Vertrags entstanden ist.

**Fortsetzung des Beispiels:**

Anton Atras fährt – vor der Übereignung des Wagens an Xaver Xanten – den Opel Astra fahrlässig „zu Schrott" (Totalschaden).

In diesem Fall stehen dem Xaver Xanten folgende Wahlmöglichkeiten zu: Er kann seinen Pkw Golf behalten und den großen Schadensersatz geltend machen, also den Wert des Opel Astra im mangelfreien Zustand verlangen abzüglich des Wertes seines Pkw Golf. Die Schadensberechnung erfolgt hier nach der **Differenztheorie**. Wenn Xaver Xanten dem Anton Atras allerdings seinen Pkw Golf – wie ursprünglich vereinbart – übereignet, kann er den Wert des Opels in mangelfreiem Zustand verlangen. Die Schadensberechnung erfolgt in diesem Fall nach der **Austauschtheorie** (Xaver Xanten erbringt seine Leistung; es findet also ein Austausch statt).

Die Differenz- und die Austauschtheorie unterscheiden sich also dahingehend, dass der Gläubiger des Schadensersatzanspruchs bei der Austauschtheorie seine eigene Leistung an den Schuldner – obwohl dieser nicht leistet – erbringt.

# Fall 9: Schuldrecht AT und BT – Kein Glück mit dem E-Bike

**Schwerpunkte:**

Rechtsfolgen bei Mängeln der Kaufsache – Verbrauchsgüterkauf – Haftungsbeschränkungen durch Allgemeine Geschäftsbedingungen

Petre Kaufmann (K) möchte sich seit Langem ein E-Bike anschaffen. Hierfür begibt er sich ins Geschäft des Anton Verdacht (V) und kauft, nach ausführlicher Beratung, das Modell „Schneller als der Wind" zum Preis von € 15.000. Im Kaufvertrag wird vermerkt, dass das Fahrrad „NEU" und im „einwandfreien Zustand" ist. Das Fahrrad verfügt über eine Zuschaltautomatik und eine Selbst-Kalibrierung.

K ist äußert glücklich über seinen Kauf und möchte einige Tage nach dem Kauf seine erste Tour starten. Bereits hier treten jedoch die ersten Mängel auf. Die Automatik schaltet sich aufgrund eines Defektes nicht automatisch zu und auch die Kalibrierung erfasst aufgrund einer Störung die Daten nicht richtig.

Enttäuscht begibt sich K einige Tage später zu V und verlangt die Beseitigung der Mängel. Als er das Fahrrad wenig später abholt, bemerkt K sofort, dass die Mängel nach wie vor vorhanden sind. Auch der nachfolgende zweite Mangelbeseitigungsversuch kann die Defekte am Fahrrad nicht beheben. Als K das bei V moniert, erklärt dieser, damit müsse er sich wohl abfinden.

K erklärt daraufhin 4 Monate nach Vertragsabschluss und Mitnahme des Fahrrades den Rücktritt vom Vertrag. V weigert sich, weil K zum einen nur ein Anspruch auf Nacherfüllung zustehe und zum anderen, weil der Nacherfüllungsanspruch bereits verjährt sei. V verweist insoweit auf seine von K bei Vertragsschluss akzeptierten AGB, in denen u. a. folgende Klauseln stehen:

„5. Im Falle einer Mangelhaftigkeit der Sache, kann der Käufer nur das Recht auf Nacherfüllung geltend machen.

6. Mängelrechte des Käufers erlöschen nach Ablauf von drei Monaten ab Auslieferung."

**Aufgabe 1:** Kann K von V Rückzahlung des Kaufpreises – gegen Rückgabe des Fahrrades – verlangen?

Gehen Sie davon aus, dass V als Fahrradhändler, durch – von K akzeptierten – AGB den Rücktritt vom Vertrag ausgeschlossen hat.

**Aufgabe 2:** Kann K trotzdem gegenüber dem Unternehmer V dieses Gewährleistungsrecht geltend machen und Rückzahlung des Kaufpreises verlangen?

Nachdem K die Enttäuschung mit V überwunden hat, begibt er sich weiter auf Fahrradsuche. Beim Fahrradhändler Hurtig (H) erwirbt K ein Ausstellungsstück für 15.000 €. Hierbei handelt es sich um einen besonders günstigen Kauf, zumal Fahrräder dieses Typs auf dem Gebrauchtmarkt zum Preis 17.500 € angeboten werden.

Einige Tage nach dem Kauf bemerkt K jedoch auch an diesem Fahrrad einen unentdeckten erheblichen Defekt an der Zuschaltelektrik. Die von K gesetzte Frist von 14 Tagen zur Nacherfüllung lässt H fruchtlos verstreichen.

Ein von K eingeholtes Sachverständigengutachten ergibt, dass das Fahrrad mit dem festgestellten Defekt nur noch einen Zeitwert von 12.500 € hat.

K, der lediglich eine Anzahlung in Höhe von 10.000 € an H geleistet hat, erklärt, er möchte das Fahrrad behalten und den Kaufpreis entsprechend mindern.

**Aufgabe 3:** Hat K ein Minderungsrecht? Falls ja, wie viel muss er noch an H zahlen?

**Fall 9: Prüfschema/Lösungsskizze**

K ———————— V
§ 433

**Aufgabe 1:**

**K → V Rückzahlung des Kaufpreises Zug um Zug gegen Rückgabe des E-Bikes gem. § 346 I i. V m. §§ 437 Nr. 2, 1. Alt., 434 I, II Nr. 1, 323 I**

1. vertragliches oder gesetzliches Rücktrittsrecht; hier: § 437 Nr. 2, 1. Alt. (+)
2. wirksamer Kaufvertrag über eine Sache (+)
3. Lieferung einer mangelhaften Sache durch Verkäufer (= Pflichtverletzung) (+)

   Mangel i. S. d. § 434 I, II Nr. 1 bei Gefahrübergang, § 446
4. Fristsetzung zur Nacherfüllung (§ 323 I) ist entbehrlich gem. § 440 (+)
5. Erheblichkeit der Pflichtverletzung (+)
6. kein Ausschluss des Rücktritts durch AGB (+)
   a) AGB i. S. d. § 305 I
   b) kein Ausschluss bzw. keine Einschränkung nach § 310
   c) AGB = Vertragsbestandteil gem. §§ 305 II, 305 a–c

d) Wirksamkeit der AGB

§ 309 Nr. 8 b) bb) – Klausel ist unwirksam

e) § 306 I – Vertrag bleibt wirksam

§ 306 II – gesetzliche Vorschriften treten anstelle der entfallenen Klausel

7. Erklärung des Rücktritts gem. § 349 (+)
8. Durchsetzbarkeit des Rücktritts (+)
   a) § 309 Nr. 8 b) ff) – Klausel ist unwirksam
   b) § 306 I, II: § 438 I Nr. 3 ist anwendbar

**Ergebnis:** K →V Rückzahlung des Kaufpreises Zug um Zug gegen Rückgabe des E-Bikes gem. § 346 I i. V. m. §§ 437 Nr. 2, 1. Alt., 434 I, II Nr. 1, 323 I (+)

**Aufgabe 2:**

**K → V Rückzahlung des Kaufpreises Zug um Zug gegen Rückgabe des Fahrrads gem. § 346 I i. V m. §§ 437 Nr. 2, 1. Alt., 434 I, II Nr. 1, 323 I**

Voraussetzungen wie bei Aufgabe 1, Nr. 1–5

6. Verbrauchsgüterkauf i. S. d. § 474 (+)
   a) K = Verbraucher i. S. d. § 13
   b) V = Unternehmer i. S. d. § 14 I
   c) Kaufgegenstand = bewegliche Sache

   folglich: zwingende Geltung der gesetzlichen Gewährleistungsvorschriften (§ 475)
7. Rücktrittserklärung gem. § 349

**Ergebnis:** Wie Aufgabe 1

**Aufgabe 3:**

K ———————— H

§ 433

**K → H Minderung gem. § 437 Nr. 2, 2. Alt. i. V. m. §§ 434 I, III Nr. 2 a, 323, 441**

1. wirksamer Kaufvertrag über eine Sache (+)
2. Lieferung einer mangelhaften Sache durch Verkäufer (= Pflichtverletzung) (+)
   a) Mangel i. S. d. § 434 I, III Nr. 2 a
   b) bei Gefahrübergang, § 446 (+)

3. erfolglose Frist zur Nacherfüllung, § 323 I (+)
4. Erklärung der Minderung, § 441 (+)

**Ergebnis:** K → H Minderung gem. §§ 437 Nr. 2, 2. Alt. i. V. m. 434 I, III Nr. 2 a, 323, 441 (+)

Berechnung der Minderung: § 441 III

**Fall 9: Ausarbeitung (Gutachten)**

**Aufgabe 1:**

**K könnte gegenüber V einen Anspruch auf Rückzahlung des Kaufpreises Zug um Zug gegen Rückgabe des E-Bikes gem. § 346 I i. V. m. §§ 437 Nr. 2, 1. Alt. 434 I, II Nr. 1, 323 I haben.**

1. *Voraussetzung ist ein Rücktrittsrecht des K. Dieses könnte sich aus § 437 Nr. 2, 1. Alt. i. V. m. §§ 434, 323 I ergeben.*
2. *Dann müssen K und V einen wirksamen Kaufvertrag i. S. d. § 433 geschlossen haben.* Durch zwei übereinstimmende Willenserklärungen der Vertragsparteien kam zwischen ihnen ein solcher Vertrag über das E-Bike zustande.
3. *Es muss ein Mangel gem. § 434 I vorliegen. Das ist der Fall, wenn die Sache bei Gefahrenübergang nicht den subjektiven Anforderungen, den objektiven Anforderungen und den Montageanforderungen des § 434 entspricht. Nach § 434 I, II Nr. 1 liegt ein Sachmangel dann vor, wenn die Beschaffenheit der Kaufsache von der vertraglich vereinbarten Beschaffenheit abweicht.* K und V haben bei den Vertragsverhandlungen festgelegt, dass das E-Bike „NEU" und „im einwandfreien Zustand" sei. Da das E-Bike jedoch einige Mängel aufweist (Automatik schaltet sich nicht automatisch zu; Kalibrierung erfasst Daten nicht richtig), weicht er von dieser Beschaffenheitsvereinbarung ab und ist folglich gem. § 434 I, II Nr. 1 mangelhaft. Der Mangel lag bereits bei Übergabe des E-Bikes (= Gefahrübergang, vgl. § 446) vor.
4. *Die nach § 437 Nr. 2, 1. Alt. i. V. m. § 323 I erforderliche Fristsetzung zur Nacherfüllung könnte gem. § 440 entbehrlich sein. Danach bedarf es keiner Fristsetzung, wenn die dem Käufer zustehende Art der Nacherfüllung fehlgeschlagen ist – was nach § 440 S. 2 nach dem zweiten erfolglosen Versuch angenommen wird („gilt").* Indem V zweimal vergeblich die Mängelbeseitigung versuchte, ist diese Voraussetzung gegeben.
5. *Voraussetzung für dieses Gestaltungsrecht ist außerdem, dass die Pflichtverletzung des V erheblich ist (§ 323 V 2).* Wenn ein als „NEU" verkauf-

tes E-Bike mehrere Defekte (siehe oben) hat, ist die Erheblichkeit der Pflichtverletzung gegeben.

Folglich könnte V ein Rücktrittsrecht aus § 437 Nr. 2, 1. Alt. i. V. m. §§ 434 I, II Nr. 1, 323 I zustehen.

6. *Dieses Gestaltungsrecht könnte allerdings durch eine vertragliche Vereinbarung ausgeschlossen sein.*[49] In Betracht kommt ein Ausschluss aufgrund von Ziffer 5 der von V verwendeten AGB. Dadurch steht dem K bei Mangelhaftigkeit der Kaufsache nur ein Recht auf Nacherfüllung zu. K kann also nur dann vom Vertrag zurücktreten, wenn diese Vertragsbedingung unwirksam ist. Dies könnte aufgrund der Vorschriften der §§ 305–310 der Fall sein.

   a) *Zunächst muss es sich bei den Vertragsbedingungen um Allgemeine Geschäftsbedingungen i. S. v. § 305 I handeln. Darunter fallen nur solche vorformulierten Vertragsbedingungen, die für eine Vielzahl von Verträgen vorgelegt werden und nicht das Ergebnis beiderseitiger Vertragsverhandlungen darstellen.* Indem K die vorformulierten AGB mit der Klausel Ziffer 5 von V bei Vertragsschluss vorgelegt wurden, sind die Voraussetzungen von § 305 I erfüllt.

   b) *Die Anwendbarkeit der Verbraucherschutzvorschriften (§§ 305 ff.) darf nicht durch § 310 ausgeschlossen sein.* Bei dem Kaufvertrag handelt es sich um einen schuldrechtlichen Vertrag, sodass er nicht unter den sachlichen Anwendungsbereich des § 310 IV fällt. K ist auch kein Kaufmann i. S. d. HGB, sondern „Verbraucher" (vgl. § 13 BGB)[50] und unterliegt damit auch nicht den Beschränkungen des § 310 I.

   c) *Beachtlich sind die Vertragsbedingungen nur dann, wenn sie gem. §§ 305 II, 305 a-c durch Einbeziehung Bestandteil des Einzelvertrags zwischen V und K geworden sind. Nach § 305 II Nr. 1 ist ein ausdrücklicher oder konkludenter Hinweis auf die AGB durch den Verwender erforderlich; der Vertragspartner muss die Möglichkeit erhalten, in zumutbarer Weise von deren Inhalt Kenntnis zu nehmen und mit ihrer Geltung einverstanden sein (§ 305 II Nr. 2).* Indem K den vorformulierten Vertrag akzeptiert hat, sind die AGB des V Vertragsbestandteil geworden. Es liegt auch weder eine Überraschungsklausel gem. § 305 c vor noch steht eine Individualvereinbarung gem. § 305 b entgegen.

49 Für gesetzliche Ausschlussgründe gem. § 323 V oder VI gibt der Sachverhalt keine Anhaltspunkte. Diese brauchen deshalb nicht erörtert zu werden.

50 Bei einem Verbrauchervertrag – der hier nicht vorliegt – gilt außerdem § 310 III.

d) Inwieweit die Klausel inhaltlich den gesetzlichen Anforderungen entspricht, ergibt sich aus den §§ 309, 308, 307.[51] *Gem. § 309 Nr. 8 b) bb) ist in AGB eine Bestimmung unwirksam, die bei Verträgen über Lieferungen neu hergestellter Sachen die Ansprüche gegen den Verwender … auf ein Recht auf Nacherfüllung beschränkt, sofern dem anderen Vertragsteil nicht ausdrücklich das Recht vorbehalten wird, bei Fehlschlagen der Nacherfüllung zu mindern oder … vom Vertrag zurückzutreten.* V hat im vorliegenden Fall versäumt, dem K bei Fehlschlagen der Nacherfüllung die vorgenannten Möglichkeiten einzuräumen.

   Folglich ist Ziff. 5 der AGB-Klausel des von K und V geschlossenen Vertrags unwirksam.

e) Dies führt allerdings nicht zur Unwirksamkeit des ganzen Vertrags (vgl. § 139), sondern nach § 306 I zur Unwirksamkeit dieser Klausel. Gem. § 306 II richtet sich der Inhalt des Vertrags nach den gesetzlichen Vorschriften, also denen über das Rücktrittsrecht.

   Somit ist das Rücktrittsrecht des K nicht durch Ziff. 5 der AGB ausgeschlossen.

7. *K muss den Rücktritt gem. § 349 erklärt haben.* Eine solche Erklärung erfolgte nach 4 Monaten.

8. Fraglich ist jedoch, ob dieses Gestaltungsrecht noch durchsetzbar ist. Die Verjährungsnormen gelten nicht unmittelbar, da es sich bei dem Rücktritt nicht um einen Anspruch (vgl. § 194 I) handelt. Gem. §§ 438 IV 1, 218 I 1 ist der Rücktritt allerdings unwirksam, wenn der Anspruch auf Leistung oder auf Nacherfüllung verjährt ist und der Verkäufer sich hierauf beruft. *Gem. § 438 I Nr. 3 verjährt dieser Mängelanspruch in zwei Jahren ab der Übergabe der Sache.* Abweichend von der gesetzlichen Regelung wurde in Ziff. 6 der AGB vereinbart, dass eine zweimonatige Verjährungsfrist gelten soll – worauf V sich auch beruft.

   *Nach § 309 Nr. 8 b) ff) ist in Verträgen betreffend die Lieferung neu hergestellter Sachen eine Bestimmung in AGB unwirksam, die eine kürzere Verjährungsfrist als ein Jahr vorsieht.* Da es sich um den Kauf eines neu-

51 Gem. § 307 III ist allerdings die Inhaltskontrolle nur für solche Bestimmungen in AGB möglich, durch die von Rechtsvorschriften abweichende oder diese ergänzende Regelungen vereinbart werden. D. h., die §§ 307–309 sind nicht anwendbar, wenn lediglich der Gesetzestext – evtl. auch nur sinngemäß – wiederholt wird oder durch die AGB die jeweiligen vertraglichen Leistungen nur tatsächlich beschrieben werden. Da durch die Klausel Ziffer 5 die gesetzlichen Mängelrechte ausgeschlossen werden, indem dem Käufer lediglich ein Nacherfüllungsanspruch eingeräumt wird, ist die Inhaltskontrolle möglich.

en Gegenstandes handelt, ist auch die vorgenannte Klausel Ziff. 6 des V unwirksam, gem. § 306 I gegenstandslos und durch §§ 438 IV 1, 218 I 1 (§ 438 I Nr. 3) zu ersetzen (vgl. § 306 II).

Folglich hat K gegen V einen durchsetzbaren Anspruch auf Rückzahlung des Kaufpreises Zug um Zug (§ 348) gegen Rückgabe des E-Bikes[52] gem. § 346 I i. V. m. §§ 323 I, 437 Nr. 2, 1. Alt., 434 I.

**Aufgabe 2:**

**Ein Anspruch des K gegenüber V auf Rückzahlung des Kaufpreises Zug um Zug gegen Rückgabe des Fahrrades könnte gem. § 346 I i. V. m. §§ 437 Nr. 2, 1. Alt., 434 I, II Nr. 1, 323 I vorliegen.**

Die Voraussetzungen des Rücktrittsrechts wurden bereits bei Aufgabe 1 (unter 1. bis 5.) erörtert.

6. Fraglich ist, ob das Rücktrittsrecht des K durch die AGB des V wirksam ausgeschlossen werden konnte.

   *Gem. § 475 I 1 kann sich der Unternehmer bei einem Verbrauchsgüterkauf auf eine vor Mitteilung eines Mangels getroffene Vereinbarung nicht berufen, mit der zum Nachteil des Verbrauchers von den gesetzlichen Gewährleistungsvorschriften abgewichen wird.*[53] *Es muss sich also bei dem Kaufvertrag um einen Verbrauchsgüterkauf i. S. d. § 474 I 1 handeln, er muss also zwischen einem Verbraucher und einem Unternehmer über eine bewegliche Sache zustande gekommen sein.*

   a) *K muss Verbraucher sein. Verbraucher ist nach § 13 jede natürliche Person, die ein Rechtsgeschäft abschließt, das weder ihrer gewerblichen noch selbstständigen beruflichen Tätigkeit zugeordnet werden kann.* K ist eine natürliche Person und hat das Fahrrad auch als Privatmann gekauft. Somit ist er Verbraucher.

   b) V *muss Unternehmer sein. Unternehmer ist nach § 14 I jede Person, die ein Rechtsgeschäft in Ausübung ihrer gewerblichen oder selbstständigen beruflichen Tätigkeit abschließt.* V hat als Fahrradhändler den Kaufvertrag mit K in Ausübung seiner gewerblichen Tätigkeit abgeschlossen; die Voraussetzungen des § 14 sind erfüllt.

52 Das Eigentum muss gem. § 929 zurückübertragen werden. Der Käufer kann vom Verkäufer verlangen, dass dieser die Sache bei ihm abholt, vgl. BGH NJW 1983, 1479, 1480; BGHZ 87, 104, 109; *Palandt/Grüneberg*, § 269 Rn. 16.

53 Diese Vorschrift gilt nicht nur für Regelungen in Allgemeinen Geschäftsbedingungen des Verkäufers, sondern ebenso für individualvertragliche Vereinbarungen. Beim Verbrauchsgüterkauf gelten somit die gesetzlichen Gewährleistungsvorschriften zwingend.

c) Schließlich hat V an K auch eine bewegliche Sache, hier das E-Bike, verkauft.

Folglich sind die §§ 475 ff. anwendbar. V konnte daher das Rücktrittsrecht des K nicht durch Allgemeine Geschäftsbedingungen wirksam ausschließen (vgl. § 475 I 1).

Somit ist der Gewährleistungsausschluss unwirksam.

7. Der Rücktritt wurde von K erklärt. Das Gestaltungsrecht ist auch noch durchsetzbar (siehe Aufgabe 1).

K hat also gegen V einen durchsetzbaren Anspruch auf Rückzahlung des Kaufpreises Zug um Zug (§ 348) gegen Rückgabe des Fahrrads gem. § 346 I i. V. m. §§ 437 Nr. 2, 1. Alt., 434 I, II Nr. 1, 323 I.

**Aufgabe 3:**

**Ein Minderungsrecht des K gegenüber H könnte sich aus § 437 Nr. 2, 2. Alt. i. V. m. §§ 434 I, III Nr. 2 a, 323, 441 ergeben.**

1. *Voraussetzung hierfür ist, dass zwischen K und H ein wirksamer Kaufvertrag besteht. Dies ist der Fall, wenn zwei übereinstimmende Willenserklärungen, Angebot und Annahme, vorliegen.* K und H haben einen Kaufvertrag über das Ausstellungsstück zum Preis von 15.000 € geschlossen.

2. a) *Des Weiteren muss das E-Bike einen Mangel haben. Gem. § 434 I liegt ein Sachmangel vor, wenn die Kaufsache nicht den subjektiven Anforderungen, den objektiven Anforderungen und den Montageanforderungen des § 434 entspricht. Nach § 434 I, III Nr. 2 a liegt ein Mangel vor, wenn die Sache nicht eine Beschaffenheit aufweist, die bei Sachen derselben Art üblich und die der Käufer erwarten kann.* Bei einem E-Bikes geht der Käufer grundsätzlich davon aus, dass dieses auch mit der hierfür verbauten Zuschaltelektrik betrieben werden kann. Da die Zuschaltautomatik vorliegend defekt ist, kann das E-Bike nicht als solches betrieben werden. Dies kann ein Verkäufer bei einem E-Bike jedoch grundsätzlich erwarten. Folglich liegt ein Sachmangel nach § 434 I, III Nr. 2 a vor.

   b) Dieser Mangel war bereits bei Übergabe des Fahrrads (Gefahrübergang i. S. d. § 446) vorhanden.

3. *Gem. § 437 Nr. 2, 2. Alt. müssen die Voraussetzungen eines Rücktrittsrechts erfüllt sein.*[54] *Diese ergeben sich wiederum aus § 323. K kann also erst mindern, wenn eine dem H gesetzte angemessene Nacherfüllungs-*

54 Dies ergibt sich aus dem Wortlaut der Vorschrift: „statt zurückzutreten …".

*frist erfolglos abgelaufen ist.* Da eine Reparatur des Fahrrads grundsätzlich innerhalb von 14 Tagen möglich ist, ist die von K dem H gesetzte Frist zur Nacherfüllung angemessen. H hat diese ohne Reaktion verstreichen lassen. Ein Fristablauf liegt also vor.

4. *K muss nach § 441 I 1 dieses einseitige Gestaltungsrecht ausüben.* Gegenüber H hat K die Minderung erklärt.

Die Höhe des Minderungsanspruchs berechnet sich nach § 441 III. Danach ist der Kaufpreis in dem Verhältnis herabzusetzen, in welchem zur Zeit des Verkaufs der Wert der Sache in mangelfreiem Zustand zu dem wirklichen Wert gestanden haben würde. Daraus ergibt sich folgende Berechnungsformel (X ist der gesuchte Minderungsbetrag):

$$X = \frac{(\text{Wert mit Mangel} \times \text{vereinbarter Kaufpreis})}{\text{Wert ohne Mangel}}$$

$$X = \frac{(12.500 \text{ €} \times 15.000 \text{ €})}{17.500 \text{ €}} = 10.714{,}29 \text{ €}$$

K hat folglich ein Minderungsrecht gem. §§ 437 Nr. 2, 2. Alt. i. V. m. 434 I, III Nr. 2 a, 323, 441. Er muss an H den geminderten Kaufpreis in Höhe von 10.714,29 € abzüglich der bereits geleisteten 10.000 €, also 714,29 € zahlen.

## Vertiefung: Kaufrecht[55]

**Übersicht:**

I. Allgemeines

II. Der Begriff des „Mangels" im Kaufrecht

### I. Allgemeines

Bei dem Kaufvertrag handelt es sich um einen gegenseitigen Vertrag, in dem sich der eine Vertragspartner (Verkäufer) zur Veräußerung einer Sache (§ 433 I 1) und der andere (Käufer) zur Zahlung einer Geldsumme (§ 433 II) verpflichtet. Es ist ein schuldrechtliches Verpflichtungsgeschäft. Die sachenrechtliche Zuordnung des Kaufgegenstandes wird hierdurch nicht verändert. Das Eigentum an der Sache geht erst durch das Verfügungsgeschäft, d. h. durch die Übereignung i. S. d. §§ 929 ff., vom Verkäufer auf den Käufer über (Abstraktionsprinzip).[56]

Gem. § 433 I 2 gehört die Lieferung einer mangelfreien Sache durch den Verkäufer zum Inhalt des Erfüllungsanspruchs des Käufers und stellt somit

55 **Literatur zur Vertiefung:** *Bauerschmidt/Harnos*, Die Reichweite der Nacherfüllung bei fortschreitender europäischer Privatrechtsangleichung, JA 2012, 256; *Braunschmidt/Vesper*, Die Garantiebegriffe des Kaufrechts – Auslegung von Garantieerklärungen und Abgrenzung zur Beschaffenheitsvereinbarung, JuS 2011, 393; *Brox/Walker* SchuldR BT, §§ 1–7; *Eichel*: Minderung und kleiner Schadensersatz im Kauf- und Werkvertragsrecht, JuS 2011, 1064; *Fervers*, Das System der schuldrechtlichen Anspruchsgrundlagen im Kaufrecht, JURA 2015, 11; *Fikentscher/Heinemann*, §§ 68 ff.; *Grunewald*, § 15; *Jäckel/Tonikidis*, Der kaufrechtliche Ausbesserungsanspruch – Ein ungeschriebenes Rechtsinstitut im Gefüge der Sachmängelhaftung, JuS 2013, 302; *Kaiser*, Rn. 582 ff.; *Kallwass/Abels*, § 48; *Keiser*, Letztverkäufer- und Werkunternehmerregress wegen Kosten für den Aus- und Einbau mangelhafter Sachen im Wege der Nacherfüllung, JuS 2014, 961; *Köster*, Konkurrenzprobleme im neuen Kaufmängelrecht, JURA 2005, 30 ff.; *Liauw*, Besonderheiten beim Verbrauchsgüterkauf, JURA 2014, 388; *Looschelders* SchuldR BT, Rn. 82 ff.; *Lorenz*, Grundwissen Zivilrecht: Der Nacherfüllungsanspruch, JuS 2014, 7; *Mankowski*, Die Anspruchsgrundlage für den Ersatz von „Mangelfolgeschäden" (Integrationsschäden), JuS 2006, 481 ff.; *Musielak/Hau*, Rn. 542 ff.; *Oetker/Maultzsch*, § 2 Rn. 32 ff.; *Reinicke/Tiedtke*, Rn. 295 ff.; *Samhat*, Der Kostenvorschussanspruch des Käufers zur Mängelbeseitigung, JURA 2014, 455; *Schermaul*, Die Auswirkung des § 474 IV BGB auf den Versendungskauf, JuS 2014, 781; *Schollmeyer/Utlu*, Die Nacherfüllung im Kauf, JURA 2009, 721 ff.; *Schur*, Schadensersatz wegen Verzögerung der Nacherfüllung und Schlechtleistung im Kaufrecht, JA 2006, 223 ff.; *Sutschet*, Probleme des kaufrechtlichen Gewährleistungsrechts, JA 2007, 161 ff.; *Tiedtke/Schmitt*, Ersatzlieferung beim Stückkauf, JuS 2005, 583; *Traut*, Selbstvornahmerecht durch den Verkäufer?, JURA 2013, 12 ff.; *Tröger*, Grundfälle zum Sachmangel nach neuem Kaufrecht, JuS 2005, 503; *Wörlen/Metzler-Müller* SchuldR BT, Rn. 10 ff.; ; *Zurth*, Die Selbstvornahme in der kaufrechtlichen Klausur, JA 2014, 494; Bundesrat 146/21 Gesetzentwurf.

56 Siehe hierzu Fall 19, Aufgaben 2, 4a) und 4b).

eine Hauptpflicht des Verkäufers dar. Bei deren Verletzung kommt das allgemeine Leistungsstörungsrecht zur Anwendung, d. h. die Lieferung einer mangelhaften Sache ist eine Pflichtverletzung i. S. d. § 280 I.

Die §§ 433 ff. gelten für bewegliche Sachen (Mobilien) und unbewegliche (Immobilien), für Spezies- und Gattungskaufverträge, für Kaufverträge über Rechte (§ 453) und sonstige Gegenstände (§ 453). Sie gelten auch unabhängig von der persönlichen Eigenschaft der Vertragspartner, wobei allerdings **Verbrauchsgüterkaufverträge** den zusätzlichen Anforderungen der §§ 474 ff. unterliegen.

Für das wirksame Zustandekommen eines Kaufvertrags sind – wie bei jedem Vertrag – die §§ 104 ff.[57], 134, 138[58] sowie §§ 145 ff. zu beachten. Grundstückskaufverträge müssen außerdem gem. § 311 b I notariell beurkundet werden. Nach § 311 a I ist ein (Kauf-)Vertrag auch im Falle der anfänglich objektiv unmöglichen Leistung wirksam.

## II. Der Begriff des „Mangels" im Kaufrecht

Das kaufvertragliche Gewährleistungsrecht gilt für Sach- und Rechtsmängel. Gewährleistungsgrund ist ein Verstoß des Verkäufers gegen die Pflicht aus § 433 I 2 (also eine Pflichtverletzung).

§ 434 („Sachmangel") regelt nicht, unter welchen Voraussetzungen eine Kaufsache einen Mangel aufweist,[59] sondern vielmehr, wann diese mangelfrei ist. Wie sich aus der Formulierung des § 434 I („soweit ... nicht", ... „sonst") ergibt, sind die genannten Tatbestände der Reihe nach zu prüfen.[60]

Ein **Sachmangel** i. S. d. § 434 I liegt vor, wenn die Sache bei **Gefahrübergang** (§§ 446 f.) die – vertraglich – vereinbarte Beschaffenheit nicht hat. Der Gesetzgeber hat sich hier ausdrücklich für den subjektiven Fehlerbegriff entschieden[61] und dies in der Gesetzesreform zum 01.01.2022 auch nun ausdrücklich so benannt. Die sogenannten „subjektiven Anforderungen"

57 Beispiel hierfür in Fall 1, Aufgabe 3.

58 Beispiel in Fall 7, Aufgabe 3.

59 Dies entspricht auch der Systematik der sog. Verbrauchsgüterkauf-Richtlinie (EU-Richtlinie 1999/44/EG vom 25.05.1999, ABl. EG 1999 Nr. L 171 S. 12 – abgedruckt auch in: NJW 1999, 2421).

60 *Fikentscher/Heinemann*, Rn. 844.

61 Die – aus § 463 a. F. bekannte – „Zusicherung" ist nun in der Beschaffenheitsvereinbarung vorhanden, d. h. Abreden, die nach dem früher geltenden Recht als Zusicherung einer Eigenschaft verstanden wurden, begründen nunmehr mindestens eine Beschaffenheitsvereinbarung i. S. v. § 434 I. Eine Zusicherung des Verkäufers ist auch relevant für den Maßstab des Vertretenmüssens nach § 276 und kann zu einer verschuldensunabhängigen Schadensersatzhaftung führen.

i. S. d. § 434 II liegen vor, wenn der Inhalt des Kaufvertrags die Pflicht des Verkäufers enthält, die gekaufte Sache in dem vertraglich festgelegten Zustand zu übereignen. Es genügt hierfür auch eine konkludente Erklärung, in dem z. B. der Verkäufer die Sache vor Vertragsschluss beschreibt und dabei auf ein Muster oder einen Prospekt verweist.[62] Den Begriff der Beschaffenheit hat der Gesetzgeber nicht explizit definiert, jedoch unter § 434 II 2 erweitert. Unter der Beschaffenheit sind sämtliche den Wert und die Verwendungseignung der Sache ausmachenden Eigenschaften, wie z. B. die Größe, das Alter, das Gewicht, das Material der Kaufsache zu verstehen.[63] Nach § 433 II 3 hat der Gesetzgeber nun auch noch klarstellend den Anwendungsbereich erweitert und ausdrücklich die Art, die Menge, die Qualität, die Funktionalität, die Kompatibilität, Interoperabilität und sonstige individuell vereinbarte Merkmale einer Sache aufgenommen.

Wenn die Beschaffenheit nicht (vertraglich) ausdrücklich vereinbart ist, kommt es **subsidiär** auf die **objektiven Anforderungen** an (vgl. § 434 I, III). Die Unsicherheiten, ob die Verwendungseignung auch subjektive Elemente beinhaltet, sind durch die Gesetzesänderung obsolet geworden. Durch die Begriffe „subjektive" und „objektive" Anforderungen, hat der Gesetzgeber nunmehr klargestellt, dass die gewöhnliche Verwendungseignung rein objektiv zu betrachten ist. Hiernach liegt somit ein Mangel der Sache vor, wenn sich die Sache für die gewöhnliche Verwendung eignet und damit eine Beschaffenheit aufweist, die bei Sachen derselben Art üblich ist und die der Käufer erwarten kann. Hierbei ist nach § 434 III Nr. 2 a die Art der Sache zu berücksichtigen.

In § 434 III Nr. 2 b wird der Stärkung des Verbraucherschutzes nun noch einmal mehr Rechnung getragen und die Relevanz öffentlicher Äußerungen des Verkäufers oder anderen Personen in der Vertragskette über bestimmte Eigenschaften der Sache – insbesondere der Werbung oder Kennzeichnung für die vertraglich vereinbarte Beschaffenheit – festgeschrieben. Da Werbeaussagen des Verkäufers meist schon als Beschaffenheitsvereinbarungen nach § 434 II gelten, hat III Nr. 2 b vor allem bei Äußerungen Dritter (z. B. dem Hersteller i. S. d. § 4 I und II ProdHaftG oder dessen Gehilfen) Bedeutung. Grund dieser Haftung ist die Tatsache, dass auch der Verkäufer von diesen Äußerungen Dritter profitiert. Der **Verkäufer** hat die Möglichkeit des **Entlastungsbeweises**. Er muss dann beweisen, dass er die Äußerung nicht kannte und auch nicht kennen musste oder die unzutreffende Äußerung für die Willensbil-

62 *Brox/Walker*, SchuldR BT, § 4 Rn. 9.

63 *Palandt/Weidenkaff*, § 434 Rn. 10.

dung des Käufers nicht maßgeblich sein konnte, etwa weil sie für die vom Käufer beabsichtigte Verwendung nicht relevant war (§ 434 III 3).[64]

Ein Sachmangel liegt nach § 434 III in der Anwendung der „objektiven Anforderungen" auch vor, wenn

- die Beschaffenheit einer Probe oder eines Musters entspricht, die oder das der Verkäufer dem Käufer vor Vertragsschluss zur Verfügung gestellt hat
- die Sache nicht mit dem Zubehör einschließlich der Verpackung, der Montage- oder Installationsanleitung sowie anderen Anleitungen übergeben wird, deren Erhalt der Käufer erwarten kann.

Im Weiteren enthält auch § 434 III 2 ergänzende Klarstellungen, dass zu der üblichen Beschaffenheit auch die Menge, die Qualität und sonstige Merkmale der Sache, einschließlich ihrer Haltbarkeit, Funktionalität, Kompatibilität und Sicherheit, zählen.

Nach § 434 IV liegt ein Mangel darüber hinaus vor, wenn eine vereinbarte **Montage** unsachgemäß durchgeführt wurde (z. B. mangelfreie Sache wird durch den Montagevorgang mangelhaft oder Montage selbst wird fehlerhaft durchgeführt, § 434 IV Nr. 1). Hierunter fällt aber nur der Kauf einer Sache mit Montageverpflichtung (Bringschuld). Wenn die Montage allerdings den Schwerpunkt der vertraglich geschuldeten Leistung bildet, handelt es sich um Pflichtverletzungen aus einem Werkvertrag.[65]

Im Umkehrschluss stellt § 434 IV 3 jedoch klar, dass eine Mangelhaftigkeit ausscheidet, wenn die Montage zwar unsachgemäß durchgeführt worden ist, dies jedoch weder auf einer unsachgemäßen Montage durch den Verkäufer noch auf einem Mangel in der vom Verkäufer übergebenen Anleitung beruht.

Schlussendlich enthält § 434 V sodann die Regelungen, wenn der Verkäufer eine andere Sache (also **falsch geliefert**, sog. „aliud") hat.

Nach § 435 liegt ein **Rechtsmangel** vor, wenn Dritte irgendwelche Rechte in Bezug auf die Kaufsache geltend machen können (z. B. Pfandrecht) oder im Grundbuch ein Recht eingetragen ist, das nicht besteht (z. B. Grunddienstbarkeit).

64 Beispiel in Fall 9, Aufgabe 5.

65 BGH NJW 1998, 3197 f.

## Vertiefung: Allgemeine Geschäftsbedingungen

**Übersicht:**

I. Begriff
II. Anwendungsbereich
III. AGB als Vertragsbestandteil
IV. Wirksamkeitskontrolle
   1. Klauselverbote ohne Wertungsmöglichkeit, § 309
   2. Klauselverbote mit Wertungsmöglichkeit, § 308
   3. Generalklausel, § 307 I und II
V. Rechtsfolgen der Nichteinbeziehung oder Unwirksamkeit, § 306
VI. Besonderheiten beim Verbrauchsgüterkauf

Die Gestaltungsfreiheit bei Verträgen wird oft durch Allgemeine Geschäftsbedingungen eingeschränkt,[66] was aufgrund der im Schuldrecht bestehenden Vertragsfreiheit möglich ist. Solche Vereinbarungen sind wirksam, sofern sie nicht gegen ein gesetzliches Verbot (§ 134) oder gegen die guten Sitten (§ 138) verstoßen. AGB – umgangssprachlich auch: das „Kleingedruckte" in Verträgen – spielen im Rechtsverkehr eine große Rolle. Sie vereinheitlichen Massenverträge und ermöglichen eine schnelle Anpassung an geänderte rechtliche oder wirtschaftliche Rahmenbedingungen. Als einseitig gestellte „Bedingung" begünstigen AGB zumeist den wirtschaftlich stärkeren Vertragspartner. Dem anderen Teil fehlt oft auch die Möglichkeit, sich mit den abstrakt formulierten und oft nur schwer verständlichen Klauseln auseinanderzusetzen bzw. diese zu beurteilen. Die §§ 305–310 („Gestaltung rechtsgeschäftlicher Schuldverhältnisse durch Allgemeine Geschäftsbedingungen")[67] bieten insbesondere dem Verbraucher in dieser Situation einen Schutz, da Regelungen für die Einbeziehung der AGB aufgestellt und diese einer inhaltlichen Kontrolle unterzogen werden.

---

66 Beispiel hierfür in Fall 9. Die §§ 434 ff. enthalten dispositives, also abdingbares Recht (lateinisch: ius dispositivum); Ausnahmen gelten für Verbrauchsgüterkaufverträge i. S. d. § 474.

67 Bis 31.12.2001 befanden sich diese im AGBG. Dieses Sondergesetz wurde im Rahmen der Schuldrechtsreform in das BGB integriert und die Vorschriften des **materiell-rechtlichen** Teils des AGBG en bloc übernommen. Damit sollte eine Verbesserung der Transparenz und Übersichtlichkeit des deutschen Zivilrechts sowie die enge Verwobenheit des AGB-Rechts mit dem Schuldrecht erreicht werden. Der **formelle Teil** des AGBG (die bisherigen §§ 13 ff. AGBG) findet sich im neuen Gesetz über Unterlassungsklagen bei Verbraucherrechts- und anderen Verstößen (sog. Unterlassungsklagengesetz – UKlaG).

## I. Begriff

§ 305 I definiert, was unter dem Begriff „Allgemeine Geschäftsbedingungen" zu verstehen ist. Es handelt sich danach um einseitig von einer Vertragspartei (= Verwender) vorformulierte Vertragsbedingungen, die für eine Vielzahl von Vertragsabschlüssen erstellt worden sind. Dazu zählen auch Formularverträge – sogar dann, wenn der Verwender diese nur einmalig gebraucht – zumal sie von ihrer Zweckbestimmung her dazu bestimmt sind, in einer Vielzahl von Einzelverträgen Verwendung zu finden.

**Beispiele:**

Miet-Formularverträge (von den einzelnen Interessenverbänden erstellt, wie z. B. Mieterverein oder „Haus- und Grund"/Vermieterverein), Kauf-Formularverträge (ADAC, Versicherungen, Banken, Händler haben diese ausgearbeitet).

Bei sog. „Verbraucherverträgen" (Legaldefinition in § 310 III) gelten die Schutzvorschriften der §§ 305 ff. auch dann, wenn die vorformulierten Vertragsbedingungen nur zur einmaligen Verwendung bestimmt sind und der Verbraucher aufgrund der Vorformulierung auf ihren Inhalt keinen Einfluss nehmen konnte. Außerdem „gelten"[68] die AGB als vom Unternehmer gestellt. Es spielt keine Rolle, ob der Verwender selbst, ein Interessenverband oder ein Dritter sie aufgesetzt hat, ob sie äußerlich einen gesonderten Vertragsbestandteil bilden, hand- oder maschinenschriftlich erstellt wurden (vgl. § 305 I 2). Sind die Vertragsbedingungen nicht einseitig vom Verwender auferlegt worden, sondern stellen sie das Ergebnis beiderseitiger Vertragsverhandlungen dar, verbietet sich die Annahme von AGB (§ 305 I 3).

AGB sind keine Rechtsnormen, ihre Geltung beruht immer auf einer rechtsgeschäftlichen Grundlage.

## II. Anwendungsbereich

Der **sachliche Anwendungsbereich** der Verbraucherschutzvorschriften (§§ 305–310) ist gem. § 310 IV auf schuldrechtliche und sachenrechtliche Verträge beschränkt. Neben Verträgen des Familienrechts und des Erbrechts sind auch Verträge des Gesellschaftsrechts ausgenommen; Gleiches gilt für das kollektive Arbeitsrecht.[69] Arbeitsverträge unterliegen grundsätzlich der AGB-Prüfung.

---

68 = Fiktion, also Annahme eines Sachverhalts, der in Wirklichkeit nicht besteht.

69 = das Recht der arbeitsrechtlichen Koalitionen (Gewerkschaften und Arbeitgeberverbände).

Hinsichtlich des **persönlichen Anwendungsbereichs** finden die §§ 305 II, III und 308 sowie 309 gegenüber einem Unternehmer sowie gegenüber juristischen Personen des öffentlichen Rechts keine Anwendung (vgl. § 310 I 1). § 307 gilt unmittelbar. Aus § 310 I 2 ergibt sich ausdrücklich, dass die Unwirksamkeit einer AGB-Klausel, die sich im Verhältnis zu einem Nichtunternehmer aus §§ 308 und 309 ergibt, im Verkehr unter Unternehmern aus § 307 abgeleitet werden kann.

Vertragsbedingungen können nur dann nach den §§ 305–310 beurteilt werden, wenn es sich um echte AGB i. S. v. § 305 I handelt, wobei ggf. § 306 a (Umgehungsverbot) zu beachten ist. Dieses Umgehungsverbot soll verhindern, dass „findige“ Verwender Wege suchen, die Verbraucherschutzvorschriften der §§ 305 ff. zu umgehen; so z. B., wenn der Warenumsatz nicht durch einen Kauf-, sondern durch einen Gesellschaftsvertrag – auf den die §§ 305 ff. (vgl. § 310 IV) keine Anwendung finden – geregelt wird. Die §§ 305 ff. greifen hier – schon allein bei Vorliegen des objektiven Tatbestandes – ein.

## III. AGB als Vertragsbestandteil

Die Einbeziehungsvereinbarung ist ein Teil des Vertrages und setzt voraus,

1. dass der Verwender die andere Vertragspartei bei Vertragsschluss ausdrücklich (schriftlich oder mündlich) auf die AGB hinweisen muss. Ein **nach** Vertragsschluss erfolgter Hinweis – z. B. auf der Rechnung oder dem Lieferschein – genügt nicht. Hierbei handelt es sich vielmehr um einen Antrag auf Vertragsänderung, den der Vertragspartner nicht anzunehmen braucht. Ausnahmsweise genügt ein deutlich sichtbarer Aushang am Ort des Vertragsschlusses (§ 305 II Nr. 1); so bei den konkludent geschlossenen Massenverträgen des täglichen Lebens, wo ein ausdrücklicher Hinweis in der Praxis kaum möglich ist bzw. eine unverhältnismäßige und im Grunde überflüssige Erschwerung der Massenabfertigung darstellen würde.

   **Beispiel:**

   Kino, Kfz-Waschanlage, chemische Reinigung, Selbstbedienungsladen, Kaufhaus.

2. dass der Vertragspartner in zumutbarer Weise von dem Inhalt der AGB Kenntnis nehmen kann (§ 305 II Nr. 2). Bei Abwesenden müssen die AGB diesen zugesandt werden, für Anwesende müssen sie mühelos lesbar und verständlich sein **und**

3. dass der Vertragspartner mit der Geltung der AGB einverstanden sein muss (§ 305 II a. E.). Das Einverständnis kann ausdrücklich oder konkludent erklärt werden.

Sofern ein Vertragsabschluss über das Internet erfolgt, muss der Verwender seine AGB unmittelbar und unübersehbar **vor** dem Anklicken der konkreten Bestellung platzieren. Nicht ausreichend ist die Erwähnung der AGB im Hauptmenü auf der Homepage des Anbieters.[70] Der Kunde muss die Möglichkeit haben, sich die AGB durch „Download" herunterzuladen.

Selbst wenn die in § 305 II genannten Voraussetzungen erfüllt sind, sind die AGB dennoch nicht Vertragsbestandteil geworden, soweit es sich um Überraschungsklauseln i. S. v. § 305 c I, also Klauseln, die derart ungewöhnlich sind, dass der Geschäftsgegner mit ihnen unter gar keinen Umständen zu rechnen brauchte, handelt.

**Beispiel:**

Die Bestimmung in „Reparatur-Bedingungen" der Elektrogerätebranche, wonach „Kostenvoranschläge, die nicht zur Erledigung der Reparatur führen, mit einer Bearbeitungsgebühr berechnet" werden.[71] Oder wenn die AGB zu einer vertraglichen Individualabrede in Widerspruch stehen (§ 305 b).

## IV. Wirksamkeitskontrolle

Die Inhaltskontrolle von AGB nach den §§ 307–309 (durch die Gerichte) soll der Überprüfung „vertraglicher rechtlicher" Regelungen[72] dienen. Daraus ergeben sich zwei Einschränkungen, die im Wortlaut von § 307 III nur ungenau zum Ausdruck kommen:

– Von einer „vertraglichen Regelung" kann man nicht sprechen, wenn AGB lediglich den Gesetzestext, ggf. nur sinngemäß, wiederholen. Die §§ 307–309 gelten in diesem Fall nicht, da sie nicht dazu dienen sollen, den Inhalt von Gesetzesvorschriften zu überprüfen![73]

70 *Kittner*, Rn. 976; *Benning/Oberrath* AGB, Rn. 8, 233.

71 BGH NJW 1982, 765 zu § 3 AGBG, dem § 305 c entspricht. Weitere Beispiele bei *Palandt/Grüneberg*, § 305 c Rn. 5.

72 Vgl. *Jauernig/Stadler*, § 307 Rn. 13.

73 Siehe *Palandt/Grüneberg*, § 307 Rn. 54.

- Eine „rechtliche" Regelung liegt nicht vor, wenn die AGB die jeweiligen Vertragsleistungen nur tatsächlich beschreiben.[74]

  Sog. „Leistungsbeschreibungen", die Art, Umfang und Güte der geschuldeten Leistung festlegen, aber die für die Leistung selbst geltenden gesetzlichen Vorschriften unberührt lassen, sind ebenfalls der Inhaltskontrolle entzogen.

**Beispiele:**

Baubeschreibungen, Kataloge, Prospekte u. a.

Die Kontrolle von AGB nach den §§ 307–309 ist nur angebracht und möglich, soweit durch AGB-Klauseln dispositives Recht ausgeschlossen, geändert oder ergänzt werden soll.

### 1. Klauselverbote ohne Wertungsmöglichkeit, § 309

Die in dieser Vorschrift genannten Klauseln sind zwingend unwirksam.

**Beispiel:**

Bei einer Autowaschanlage wird die Haftung für Vorsatz und grobe Fahrlässigkeit ausgeschlossen. Dieser Haftungsausschluss ist im Ganzen gem. § 309 Nr. 7 b unwirksam.[75]

### 2. Klauselverbote mit Wertungsmöglichkeit, § 308

Für die in § 308 genannten Verbote ist charakteristisch, dass sie „unbestimmte Rechtsbegriffe" (z. B. Nr. 1 und Nr. 2: „unangemessen lange", Nr. 3: „sachlich gerechtfertigter … Grund") enthalten. Diese sind also inhaltlich nicht durch einen fest umschriebenen Sachverhalt erfüllt, sondern bedürfen bei der Rechtsanwendung in einem konkreten Fall einer Wertausfüllung.[76]

**Beispiel:**

Die Lieferfristangabe in Allgemeinen Geschäftsbedingungen „eine Übergabe an den Paketdienst erfolgt in der Regel 1–2 Tage nach Zahlungseingang…" ist nicht hinreichend bestimmt im Sinne des § 308 Abs. 1 Nr. 1.[77]

---

74 Vgl. *Palandt/Grüneberg*, § 307 Rn. 57.

75 BGH NJW 2005, 422. Weitere Beispiele bei *Niebling*, S. 101 ff.

76 Interessante Beispiele bei *Palandt/Grüneberg*, § 308 Rn. 4, 7,12,17 f.

77 KG Berlin, Beschluss vom 03.04.2007, Az.: 5 W 73/07, juris.de; NJW 2007, 2266 ff.

### 3. Generalklausel, § 307 I und II

Sofern eine Klausel nicht nach § 309 oder § 308 unwirksam ist, kann sich die Unwirksamkeit aus dem Auffangtatbestand des § 307 I oder II ergeben. Diese Vorschrift legt den Wertmaßstab für die richterliche Inhaltskontrolle von AGB fest, mit dem Ziel, dass niemand durch das „Kleingedruckte" unangemessen benachteiligt werden darf. Eine solche Benachteiligung liegt vor, wenn die Klausel von ihrem Regelungsgehalt her mit den Grundsätzen von Treu und Glauben (§ 242) unvereinbar ist und den Vertragspartner unangemessen benachteiligt (§ 307 I). In § 307 II erfolgt eine gewisse Konkretisierung der Generalklausel durch Regelbeispiele.

Bei „Verbraucherverträgen" i. S. d. § 310 III sind bei der Beurteilung der unangemessenen Benachteiligung auch die speziellen Umstände bei Vertragsschluss zu berücksichtigen (§ 310 III Nr. 3).

**Beispiel:**

Bei einer Autowaschanlage wird die Haftung für leichte Fahrlässigkeit ausgeschlossen. Dieser Haftungsausschluss ist gem. § 307 II Nr. 2 unwirksam. Gleiches gilt hinsichtlich eines Haftungsausschlusses für Lackschäden, Scheibenwischer, Spiegel oder sonstige Zubehörteile, da nur der Betreiber Schadensprävention betreiben kann.[78]

## V. Rechtsfolgen der Nichteinbeziehung oder Unwirksamkeit, § 306

Sind AGB nicht wirksam in den Vertrag einbezogen worden (§§ 305 II, 305 a, 305 b) oder haben sich einzelne Klauseln als unwirksam erwiesen (§§ 309, 308, 307), bleibt gem. § 306 I der Vertrag grundsätzlich wirksam. An die Stelle der unwirksamen Klausel treten die gesetzlichen Regelungen (§ 306 II) – es sei denn, dies würde zu einer unzumutbaren Härte für eine Vertragspartei führen. In diesem Fall ist der gesamte Vertrag unwirksam (§ 306 III).

**Beispiel:**[79]

Bei einem Dauerschuldverhältnis, das die Erbringung von Dienst- oder Werkleistungen zum Gegenstand hat, wird durch AGB eine Laufzeit von drei Jahren vereinbart. Nach § 309 Nr. 9 a ist die Vereinbarung einer länger als zwei Jahre bindenden Laufzeit unzulässig. Der entsprechende Vertrag ist deshalb als unbefristet anzusehen. Es tritt keine Befristung auf zwei Jahre ein.

78 BGH NJW 2005, 422. Weitere Beispiele bei *Niebling*, S. 60 ff.

79 Nach *Benning/Oberrath* AGB, Rn. 25.

**Prüfschema – Wirksamkeit von Allgemeinen Geschäftsbedingungen:**

→ Wird ein bestehender Anspruch oder ein Recht durch eine AGB-Klausel eingeschränkt oder ausgeschlossen?

→ Verstößt die AGB-Klausel gegen die Schutzvorschriften der §§ 305–310?

I. Die §§ 305–310 müssen anwendbar sein.

1. **Es muss sich um AGB i. S. v. § 305 I handeln** (evtl. § 306 a: Umgehungsverbot), **d. h.**
   a) vorformulierte Vertragsbedingungen,
   b) für eine Vielzahl von Verträgen (Ausnahme bei Verbrauchern: § 310 III Nr. 2),
   c) die einseitig vom Verwender der anderen Vertragspartei gestellt worden sind (beachte bei Verbrauchern auch § 310 III Nr. 1) **und**
   d) sich nicht als das Ergebnis beiderseitiger Vertragsverhandlungen darstellen (§ 305 I 3).
2. **Kein Ausschluss der Anwendbarkeit nach § 310**
   a) **sachlich:**
      - nicht im Erb-, Familien- und Gesellschaftsrecht, eingeschränkt im Arbeitsrecht (§ 310 IV)
      - nicht für Versorgungsbedingungen von Elektrizitäts-, Gas-, Fernwärme-, Wasser- und Abwasserversorgungsunternehmen, die nicht nachteilig von entsprechenden Verordnungen abweichen (§ 310 II)

   b) **persönlich:**
      - bei Verbrauchern gelten alle Vorschriften (§ 310 III)
      - bei Unternehmern gelten § 305 II und III sowie §§ 308 und 309 nicht (§ 310 I)

II. AGB müssen Vertragsbestandteil geworden sein

1. **Einbeziehung der AGB**
   a) Hinweis des Verwenders – ausdrücklich oder Aushang (z. B. in Banken),
   b) Möglichkeit der zumutbaren Kenntnisnahme (z. B. Abdruck der AGB auf den Rückseiten des Vertrages),
   c) generelles Einverständnis der anderen Vertragspartei,
2. **keine Überraschungsklauseln i. S. d. § 305c I (Überrumpelung der anderen Vertragspartei)**

3. **keine (vorrangige) Individualabrede (§ 305b)**

III. Eindeutigkeit der AGB

1. ggf. Auslegung mehrdeutiger Klauseln
2. Auslegungszweifel gehen zulasten des Verwenders (§ 305 c II)

IV. Wirksamkeit der AGB/Inhaltskontrolle

1. **Voraussetzungen für Inhaltskontrolle**

→ Abänderung oder Ergänzung dispositiven Rechts durch AGB – § 307 III (dh keine Inhaltskontrolle von gesetzlichen Regelungen)

→ keine Inhaltskontrolle von Leistungsbeschreibungen

2. **Durchführung der Inhaltskontrolle**
   a) Klauselverbote ohne Wertungsmöglichkeit, § 309
   b) Klauselverbote mit Wertungsmöglichkeit, § 308
      Angemessenheit der Klausel ist im Einzelfall wertend zu prüfen
   c) Generalklausel zur Inhaltskontrolle, § 307

V. Rechtsfolgen bei Nichteinbeziehung oder Unwirksamkeit

1. Klausel ist unwirksam
2. Vertrag bleibt im Übrigen wirksam (§ 306 I)
3. Lücke wird gefüllt durch die gesetzlichen Regelungen/BGB (§ 306 II)
4. falls Anwendung der gesetzlichen Regelung unzumutbare Härte für eine Vertragspartei darstellt: Vertrag ist insgesamt unwirksam (§ 306 III)

# Fall 10: Schuldrecht BT – Computerprobleme

**Schwerpunkte:**

Gewährleistungsrechte beim Werkvertrag

Die Stadt Bürger (B) möchte sich ein neues Computerprogramm erstellen lassen, um so die Arbeitsabläufe ihrer Mitarbeiter besser koordinieren zu können. Arbeitsabläufe sollen künftig zügiger erfasst und ausgewertet werden, damit die Kapazitäten der einzelnen Abteilungen strukturiert geplant werden können. Bereits im nächsten Jahr will man so die Einstellung und Versetzungen der Mitarbeiter planen. Zur Erstellung des Programmes wird der Computerfachmann Uwe Unternehmer (U) beauftragt. Einige Tage nach der Abnahme des Werks durch einen Mitarbeiter der Stadt B bricht die ganze Software zusammen, sodass eine Arbeitserfassung sowie eine Arbeitsausführung nicht mehr stattfinden kann.

**Aufgabe 1:** Welchen Anspruch kann die Stadt B, deren Geschäftsbetrieb vorerst lahmgelegt wurde und die zeitnah nicht auf die Suche nach einem anderen IT-Fachmann gehen will, gegen U geltend machen?

**Fortsetzung des Sachverhalts:**

Die Stadt B hat dem U eine Frist von zwei Wochen gesetzt, damit dieser die Software überarbeitet und zur zweckentsprechenden Verwendung installiert. U lässt diese Frist allerdings verstreichen, da er zwischenzeitlich eine dringende OP hatte, die ihn für eine Woche arbeitsunfähig werden ließ.

**Aufgabe 2:** Kann die Stadt B nach Ablauf der Frist vom Vertrag zurücktreten, zumal die Software bislang keinmal zum Einsatz kam?

**Aufgabe 3:** Die Stadt B will nunmehr auf Kosten des U einen anderen Computerexperten zur Fehlerbehebung der Software heranziehen und fordert von U einen Vorschuss von 500 €. Zu Recht?

**Fall 10: Prüfschema/Lösungsskizze**

B ———————— U
§ 631

**Aufgabe 1:**

**Stadt B → U Anspruch auf Nacherfüllung gem. § 634 Nr. 1 i. V. m. § 635 I**

1. Werkvertrag i. S. d. § 631 (+)
2. Sachmangel gem. § 633 II 2 Nr. 1 bei Abnahme (+)

   Das Computerprogramm eignet sich nicht für die nach dem Vertrag vorausgesetzte Verwendung.
3. Kein Haftungsausschluss durch Vertrag oder Gesetz (+)
4. Kein Verweigerungsrecht des Unternehmers nach § 635 III (+)

**Ergebnis:** B → U Nacherfüllung gem. § 634 Nr. 1 i. V. m. § 635 I (+).

Wahlrecht des U: Beseitigung des Mangels oder Herstellung eines neuen Werks (= neues Computerprogramm)

**Aufgabe 2:**

**Stadt B gegenüber U Rücktrittsrecht gem. § 634 Nr. 3, 1. Alt. i. V. m. § 323**

1. Werkvertrag i. S. d. § 631 (+)
2. Sachmangel gem. § 633 II 2 Nr. 1 bei Abnahme, siehe oben (+)
3. erfolglose Nachfristsetzung, § 323 I 1 (+)
4. erhebliche Pflichtverletzung, § 323 V 2 (+)
5. Erklärung des Rücktritts durch die Stadt S, § 349 (+)

**Ergebnis:** Stadt B gegenüber U Rücktrittsrecht gem. § 634 Nr. 3, 1. Alt. i. V. m. § 323 (+)

**Aufgabe 3:**

**Stadt B → U Vorschuss hinsichtlich der Aufwendungen für die Selbstvornahme gem. § 634 Nr. 2 i. V. m. § 637 I, III**

1. Werkvertrag i. S. d. § 631 (+)
2. Sachmangel i. S. d. § 633 II 2 Nr. 1 bei Abnahme, siehe oben (+)
3. Erfolgloses Verstreichen einer angemessenen Frist zur Nacherfüllung, § 637 I (+)
4. Vorschuss für erforderliche Aufwendungen zur Mängelbeseitigung, § 637 III (+)

**Ergebnis:** Stadt B → U Vorschuss hinsichtlich der Aufwendungen für die Selbstvornahme gem. § 634 Nr. 2 i. V. m. § 637 I, III (+); Umfang: 500 €

## Fall 10: Ausarbeitung (Gutachten)

### Aufgabe 1:

**Die Stadt B könnte gegenüber U einen Anspruch auf Nacherfüllung gem. § 634 Nr. 1 i. V. m. § 635 I haben.**

1. *Voraussetzung ist, dass ein wirksamer Werkvertrag zwischen der Stadt B und U zustande gekommen ist. Erforderlich sind hierzu zwei übereinstimmende Willenserklärungen, das Angebot und die Annahme (§§ 145 ff.). Gegenstand eines Werkvertrages kann ein durch Arbeit herbeizuführender Erfolg sein (vgl. § 631 II).* Die Stadt B und der Computerfachmann U haben einen Vertrag über ein neues Softwareprogramm der Stadt B geschlossen. Folglich liegt ein Werkvertrag i. S. d. § 631 vor.
2. *Die von U erstellte Computersoftware muss bei der Abnahme mangelhaft sein. Ein Mangel liegt vor, wenn das Werk nicht die vereinbarte Beschaffenheit (§ 633 II 1) hat.* Zwischen der Stadt B und U wurde keine Beschaffenheitsvereinbarung getroffen. *Deshalb ist – nachrangig – die Eignung für die nach dem Vertrag vorausgesetzte Verwendung relevant (§ 633 II 2 Nr. 1).* Aus dem Vertrag lässt sich die konkrete Verwendung der Software entnehmen. Die Parteien haben sich vorliegend darauf geeinigt, dass U eine Software erstellt, die Arbeitsabläufe zügiger erfasst und auswertet, damit die Kapazitäten der einzelnen Abteilungen strukturiert geplant werden kann. Indem die Software einige Tage später zusammenbricht und eine Datenerfassung nicht mehr funktioniert, eignet sich das neue Programm nicht für die nach dem Vertrag vorausgesetzte Verwendung nach § 633 II 2 Nr. 1. Da der Softwarezusammenbruch bereits einige Tage nach der Abnahme des Werkes aufgetreten ist, lag der Mangel bereits bei der Abnahme vor.

3. Es liegen keine Haftungsausschlüsse des U vor, weder in vertraglicher (vgl. § 639) noch in gesetzlicher Weise (vgl. § 640 II).[80]

   Der U hat somit ein Wahlrecht und kann gem. § 635 I den Mangel beseitigen oder ein neues Werk – ein neues Programm – herstellen.

4. U kann die Nacherfüllung verweigern, wenn sie objektiv unmöglich ist oder diese mit unverhältnismäßigen Kosten verbunden wäre (vgl. § 635 III). Da U für die Mangelbeseitigung nicht unbedingt die ganze Software neu erstellen muss, ist im vorliegenden Fall die Beseitigung des Systemfehlers nicht mit unverhältnismäßigen Kosten verbunden. Somit hat U kein Verweigerungsrecht hinsichtlich der Nacherfüllung.

**Folglich hat die Stadt B gegenüber U einen Anspruch auf Nacherfüllung gem. § 634 Nr. 1 i. V. m. § 635 I.**

**Aufgabe 2:**

**Die Stadt B könnte von dem mit U geschlossenen Werkvertrag gem. § 634 Nr. 3, 1. Alt. i. V. m. § 323 zurücktreten.**

1. + 2. Wie bereits unter Aufgabe 1 erörtert, haben die Stadt B und U einen wirksamen Werkvertrag i. S. d. § 631 geschlossen und das Werk ist bei Abnahme mangelhaft nach § 633 II 2 Nr. 1.

3. *Damit die Stadt B von dem Werkvertrag mit U gem. § 634 Nr. 3, 1. Alt. zurücktreten kann, muss sie nach § 323 I 1 dem U erfolglos eine angemessene Frist zur Nacherfüllung bestimmt haben.* Indem die Stadt B dem U eine Frist von drei Wochen gesetzt hat, um die Software in einen regendichten Zustand zu versetzen, und U innerhalb dieser Frist den Mangel nicht behoben hat, ist eine erfolglose Nachfristsetzung gem. § 323 I 1 gegeben. Hierbei spielt die Arbeitsunfähigkeit des U aufgrund eines Verkehrsunfalles keine Rolle, da sich diese nur auf einen Zeitraum von wenigen Tagen und nicht auf die Frist von drei Wochen, die die Stadt B gesetzt hat, erstreckt. Eine Drei-Wochen-Frist ist, zumal ein Softwareentwickler die für die Nachbesserung benötigten „Materialien" kurzfristig beschaffen kann, wenn er sie nicht auf Lager hat, angemessen. U hätte also die Software reparieren können.

4. *Des Weiteren muss gem. § 323 V 2 die Pflichtverletzung des U erheblich sein, damit die Stadt B vom Vertrag zurücktreten kann.* Indem die durch U erstellte Software nicht die erwartete Leistung erbringt und U auch innerhalb der Nacherfüllungsfrist von zwei Wochen nicht seiner sich aus dem Werkvertrag ergebenden Pflicht nach § 633 I, das geschuldete Werk

80 Das kann hier im Urteilsstil festgestellt werden.

frei von Sach- und Rechtsmängeln zu erbringen, nachkommt, liegt eine erhebliche Pflichtverletzung durch U vor.

5. *Für das Rücktrittsrecht der Stadt ist außerdem noch die Rücktrittserklärung gegenüber U gem. § 349 erforderlich.*

Wenn der Rücktritt durch die Stadt erklärt worden ist, kann die Stadt B vom Werkvertrag nach § 634 Nr. 3, 1. Alt. i. V. m. § 323 zurücktreten.

**Aufgabe 3:**

**B könnte von U einen Vorschuss hinsichtlich der Aufwendungen für die Selbstvornahme in Höhe von 500 € gem. § 634 Nr. 2 i. V. m. § 637 I, III verlangen.**

1. und 2. Wie bei Aufgabe 1 bereits geprüft, liegen die Voraussetzungen des Werkvertrags und des Sachmangels bei Abnahme vor.

3. *Nach § 637 I muss B dem U eine angemessene Frist zur Nacherfüllung gesetzt haben, und diese Frist muss erfolglos abgelaufen sein.* Diese Voraussetzung wurde bei Aufgabe 2 i. R. d. § 323 I geprüft und bejaht.

4. B hat somit gegen U grundsätzlich einen Anspruch auf Ersatz der Reparaturkosten. *Die Aufwendungen müssen nach § 637 zur Mängelbeseitigung erforderlich sein (§ 637 I).*

Bereits vor der Reparatur kann B von U nach § 637 III einen Kostenvorschuss verlangen. 500 € erscheinen in Anbetracht eines Softwareüberholung angemessen.

B kann also von U einen Vorschuss in Höhe von 500 € für die zur Beseitigung des Mangels erforderlichen Aufwendungen gem. § 634 Nr. 2 i. V. m. § 637 I, III verlangen.

## Vertiefung: Werkvertragsrecht[81]

**Übersicht:**

I. Allgemeines
II. Der Begriff des „Mangels" im Werkvertragsrecht
III. Ansprüche und Rechte des Bestellers bei mangelhaftem Werk
  1. Nacherfüllung gem. §§ 634 Nr. 1, 635
  2. Selbstvornahme gem. §§ 634 Nr. 2, 637
  3. Rücktritt gem. §§ 634 Nr. 3, 1. Alt., 323, 326 V
  4. Minderung gem. §§ 634 Nr. 3, 2. Alt., 638
  5. Schadensersatz gem. §§ 634 Nr. 4, 1. Alt., 636, 280, 281
  6. Ersatz vergeblicher Aufwendungen gem. §§ 634 Nr. 4, 2. Alt., 284
IV. Ausschluss der Gewährleistung
V. Verjährung
VI. Anwendung des Kaufrechts

Der Werkvertrag ist ein gegenseitiger Vertrag, in dem sich der Unternehmer zur Herstellung des versprochenen Werks und der Besteller zur Entrichtung der vereinbarten Vergütung verpflichtet (§ 631 I).

Zu beachten ist, dass der (Werk-)Unternehmer nicht mit dem Begriff des Unternehmers nach § 14 verwechselt werden darf. Diese Vorschrift definiert seit 30.6.2000 den Begriff des Unternehmers für das Verbraucherschutzrecht als Gegenbegriff zum Verbraucher. Unternehmer i. S. d. Werkvertragsrechts ist dagegen der Hersteller (Auftragnehmer), der ein mit dem Besteller vertraglich vereinbartes Werk herstellt.

81 **Literatur zur Vertiefung:** *Brox/Walker* SchuldR BT, §§ 23 ff.; *Büdenbender*, Der Werkvertrag, JuS 2001, 621; *Fikentscher/Heinemann*, § 84; *Grunewald*, § 16 III; *Kaiser*, Rn. 695 ff.; *Kallwass/Abels*, § 49; *Looschelders*, SchuldR BT, §§ 28 – 34; *Medicus/Lorenz* SchuldR II BT §§ 103 – 108; *Musielak/Hau*, Rn. 674 ff.; *Oetker/Maultzsch* § 8; *Peter*, Lernbeitrag Zivilrecht – Probleme bei der Behandlung und Rückabwicklung wegen Verstoßes gegen § 134 BGB nichtiger Dienst- und Werkverträge, JA 2014, 248 (Teil I), 333 (Teil II); *Rudlowski*, Die vorzeitige Beendigung des Werkvertrages, JURA 2011, 567; *Schreiber*, Die Abgrenzung von Werk-, Werklieferungs- und Kaufvertrag, JURA 2013, 21 ff.; *Wörlen/Metzler-Müller* SchuldR BT, Rn. 261 ff.

## I. Allgemeines

Gegenstand des Werkvertrags kann gem. § 631 II die Herstellung oder Veränderung einer Sache als auch ein anderer durch Arbeit oder Dienstleistung herbeizuführender Erfolg sein. Möglich ist die Erbringung

– eines körperlichen Werks,

  **Beispiel:**
  Errichtung eines Hauses

– eines geistigen Werks

  **Beispiel:**
  Gutachten, Architektenpläne

oder

– eines sonstigen Werks

  **Beispiel:**
  Konzert, Transport

Der Werkvertrag ist abzugrenzen vom Dienst- und Kaufvertrag:

Beim **Dienstvertrag** (§ 611) wird nur die Erbringung der Arbeitsleistung als solche und nicht ein bestimmter Erfolg geschuldet.

Im Kaufrecht geht es um die **Übereignung** von Sachen, beim Werkvertrag hingegen um die **Herstellung** eines Werkes. Es gibt allerdings Überschneidungen, wenn sich der Vertrag auf die Lieferung einer Sache bezieht, die der Schuldner noch herstellen muss.[82] Bei Verträgen über die Lieferung herzustellender oder zu erzeugender **beweglicher** Sachen (z. B. Schrank oder Maßanzug) finden gem. § 651 S. 1 die Vorschriften über den Kauf Anwendung. Damit hat der deutsche Gesetzgeber die Verbrauchsgüterkaufrichtlinie umgesetzt. Der Unternehmer muss also – wie ein Verkäufer – die hergestellten Sachen dem Vertragspartner übereignen. Auch wenn der Besteller die Materialien zur Herstellung des Werkes zur Verfügung stellt, ist Kaufrecht anwendbar, was sich aus § 651 S. 2 ergibt. Dies ist insofern sinnvoll, als der Unternehmer nach § 950 durch die Verarbeitung Eigentum an der von ihm hergestellten neuen Sache erwirbt. Verändert allerdings der Unternehmer die vom Besteller zur Verfügung gestellte Sache, z. B. durch

82 Vor der Schuldrechtsreform gab es für diese Fälle den sog. Werklieferungsvertrag nach § 651 a. F.

eine Reparatur, ohne dass eine neue Sache entsteht, ist das Werkvertragsrecht anwendbar.

**Beispiel:**

Bella (B) lässt sich vom Schneider Uffelmann (U) ein Modellkleid anfertigen. Gem. § 651 findet Kaufrecht Anwendung – auch für den Fall, dass die B dem U den Stoff für das Kleid zur Verfügung stellt. Denn U fertigt aus diesem das Modellkleid (= eine neue Sache) an, das dann der B übereignet werden muss. Sofern B ihr Modellkleid von U ändern lässt (z. B. will sie statt Knielänge nunmehr „Mini"), liegt ein Werkvertrag i. S. d. § 631 vor. Denn § 651 geht von der Übereignungspflicht („Lieferung") des Unternehmers aus. Diese Pflicht besteht nicht, wenn der Besteller bereits Eigentümer der Sache ist.

Kosten, die dem eigentlichen Werkvertrag vorausgehen (wie z. B. Kalkulationen, Anfertigung von Modellen), hat gem. § 632 III der Unternehmer zu tragen.

**Merke:**

| | |
|---|---|
| Kaufvertrag<br>§ 433 | Der Verkäufer verpflichtet sich zur Lieferung einer **bereits vorhandenen Sache**. Deren Herstellung ist nicht Vertragsinhalt.<br>**Beispiel:**<br>Kauf eines Wohnzimmerschrankes. |
| Dienstvertrag<br>§ 611 | Es wird die **Arbeitsleistung** als solche geschuldet, nicht das Arbeitsergebnis (= der Erfolg).<br>**Beispiel:**<br>Beratung durch einen Rechtsanwalt. |
| Werkvertrag<br>§ 631 | Der Unternehmer muss die Sache **herstellen**. Geschuldet wird ein vereinbartes, gegenständlich fassbares Arbeitsergebnis (= der **Erfolg**).<br>**Beispiele:**<br>Herstellung von Bauwerken, Erstellung eines Gutachtens, Reparatur einer Maschine. |
| § 651 S. 1 | Der Unternehmer verpflichtet sich zur **Lieferung herzustellender oder zu erzeugender beweglicher Sachen**.<br>**Beispiel:**<br>Herstellung und Lieferung von Türen.<br>Das Kaufrecht findet Anwendung (also auch die Sonderregelungen der §§ 474 ff.). |

## II. Der Begriff des „Mangels" im Werkvertragsrecht

Der Unternehmer muss dem Besteller gem. § 633 I das Werk frei von Sach- und Rechtsmängeln verschaffen. Sachmangel ist jede Abweichung der Ist-

Beschaffenheit des Werks von seiner Soll-Beschaffenheit.[83] Es kommt nicht darauf an, ob die ausgeführte Lösung besser ist als die vereinbarte.[84]

§ 633 II enthält eine dreigliedrige Definition des Sachmangels:

Hauptkriterium der Beurteilung der Mängelfreiheit eines Werks ist die **vereinbarte Beschaffenheit** (§ 633 II 1) – wozu auch die Zusicherung von Eigenschaften zählt. Außerdem kann auch eine Garantie durch den Unternehmer übernommen worden sein, die den Umfang des Vertretenmüssens nach § 276 beeinflusst.

Wenn keine Beschaffenheitsvereinbarung zwischen den Parteien getroffen wurde, ist – nachrangig – die **Eignung für die nach dem Vertrag vorausgesetzte Verwendung** relevant (§ 633 II 2 Nr. 1). Die Verwendungsabsicht muss nicht auf eine explizite vertragliche Vereinbarung zurückgehen, es reicht auch eine konkludente Willensübereinstimmung der Parteien aus.

Lässt sich aus dem Inhalt des Vertrags kein konkreter Verwendungszweck entnehmen, ist das Werk dann frei von Sachmängeln, wenn es sich für den **gewöhnlichen Verwendungszweck** eignet (§ 633 II 2 Nr. 2). Es ist davon auszugehen, dass die Vertragsparteien den Zweck zugrunde gelegt haben, der üblicherweise mit einem Geschäft dieser Art verfolgt wird. Das Werk muss außerdem eine Beschaffenheit aufweisen, die bei **Werken gleicher Art üblich** ist und die der Besteller **nach der Art des Werkes erwarten kann**. Die gleiche Regelung findet sich im Kaufrecht in § 434 I 2 Nr. 1.

Im Unterschied zum Kaufrecht bestimmen **Werbeaussagen** nicht die Soll-Beschaffenheit eines Werks.

§ 633 III enthält die Definition des **Rechtsmangels,** der dann vorliegt, wenn Dritte in Bezug auf das Werk mehr als die im Vertrag übernommenen Rechte gegen den Besteller geltend machen können, z. B. Rechte aus dem Bereich des Urheberrechts und des gewerblichen Rechtsschutzes. Die Fälle des Rechtsmangels finden sich allerdings eher im Kaufrecht – z. B. bei Grundstückskaufverträgen.

Gem. § 633 II 3 sind eine Anders- und die Zuweniglieferung dem Sachmangel gleichgestellt.[85]

Für den Eintritt der gesetzlich vorgesehenen Rechtsfolgen ist es unerheblich, ob ein Sach- oder ein Rechtsmangel vorliegt.

83 *Palandt/Sprau*, § 633 Rn. 5.

84 BGH NJW 2002, 3543.

85 Vgl. § 434 III im Kaufrecht.

**Merke:**

**Bis zur Abnahme** hat der Besteller einen Erfüllungsanspruch gem. § 631, der auf Verschaffung (Herstellung) des versprochenen, mangelfreien (vgl. §§ 631, 633 I) Werkes gerichtet ist. Seine Rechte – auch bezüglich der Leistungsstörungen – richten sich nach den allgemeinen Vorschriften.

**Ab Abnahme** beschränkt sich der Erfüllungsanspruch auf das hergestellte und durch die Abnahme als Erfüllung angenommene konkrete Werk und dessen Mängel. Der Besteller hat dann nur noch die Rechte aus § 634!

**Abnahme** = körperliche Entgegennahme (Besitzübertragung) und Anerkennung des Werkes als vertragsgemäße Leistung.

Mit der Abnahme des Werkes (§ 640 I 1) geht nach § 644 I 1 die Preisgefahr vom Unternehmer auf den Besteller über. D. h., bis zu diesem Zeitpunkt trägt der Unternehmer das Risiko, keine Vergütung für seine Arbeit zu erhalten. Dies ist die Konsequenz aus der Erfolgsbezogenheit des Werkvertrags; der Unternehmer hat eine Vorleistungspflicht. Nach erfolgter Abnahme kann der Unternehmer seine Vergütung verlangen, wenn das Werk zufällig untergeht. Er braucht das Werk auch dann nicht erneut herzustellen, wenn das möglich ist.

## III. Ansprüche und Rechte des Bestellers bei mangelhaftem Werk

Bei Vorliegen eines Rechts- oder Sachmangels können dem Besteller nach § 634 i. V. m. dem allgemeinen Schuldrecht folgende Ansprüche bzw. Rechte zustehen:

**Nacherfüllung**
(Mangelbeseitigung/Herstellung eines neues Werks)
§ 634 Nr. 1 i. V. m. § 635

**Nach Fristsetzung und erfolglosem Fristablauf gibt es verschiedene Möglichkeiten:**

| | | | |
|---|---|---|---|
| **Selbstvornahme,** Aufwendungsersatz nach § 637 § 634 Nr. 2 | **Rücktritt** nach §§ 323, 326 V § 634 Nr. 3, 1. Alt. (beachte § 636) | statt Rücktritt: **Minderung** nach § 638 § 634 Nr. 3, 2. Alt. | und/oder **Schadensersatz** nach §§ 280, 281 § 634 Nr. 4, 1. Alt. (beachte § 636) oder **Ersatz vergeblicher Aufwendungen** § 634 Nr. 4, 2. Alt. |

**Merke:**

Der Vorrang des Nacherfüllungsanspruchs ist nicht ausdrücklich im Gesetz formuliert, sondern ergibt sich u. a. aus §§ 637, 323 I sowie 281 I: Die dort genannte „angemessene Frist" muss erfolglos abgelaufen (oder aber entbehrlich) sein, bevor der Besteller die anderen in § 634 genannten Rechte geltend machen kann.

### 1. Nacherfüllung gem. § 634 Nr. 1 i. V. m. § 635[86]

Da der Unternehmer nach §§ 631 I, 633 I zur Herstellung eines mangelfreien Werks verpflichtet ist, ist die Mangelfreiheit Teil der primären Leistungspflicht. Bis zur Abnahme trägt der Unternehmer das Risiko, dass die Herstellung misslingt und seine Leistungsbemühungen umsonst sind. Der Besteller hat deshalb bis zur vertragsgemäßen Herstellung des Werks einen Erfüllungsanspruch. Insofern ist der in §§ 634 Nr. 1, 635 normierte Nacherfüllungsanspruch kein besonderer Gewährleistungsanspruch, sondern ein Anspruch auf die nach dem Vertrag geschuldete (Primär-)Leistung.[87] Dem Unternehmer wird die Möglichkeit eingeräumt, anstelle der Mängelbeseitigung ein ganz neues Werk herzustellen. Die Wahl zwischen beiden Alternativen steht gem. § 635 – wegen der größeren Sachkunde – dem Unternehmer zu. Im Kaufrecht obliegt diese Entscheidung dem Käufer, vgl. § 439.

Wenn der Unternehmer von der Möglichkeit, das Werk völlig neu herzustellen, Gebrauch macht, muss der Besteller gem. § 635 IV das mangelhafte Werk nach Maßgabe der Rücktrittsvorschriften (§§ 346–348) herausgeben.

Gem. § 635 II hat der Unternehmer die zum Zweck der Nacherfüllung erforderlichen Aufwendungen (z. B. Transport-, Wege-, Arbeits- und Materialkosten) zu tragen.

Er kann die sog. Unverhältnismäßigkeitseinrede nach § 635 III geltend machen, d. h. der Nacherfüllungsanspruch ist u. a. ausgeschlossen, wenn die Beseitigung des Mangels objektiv unmöglich ist[88] (§ 275 I) oder der hierfür erforderliche Aufwand in einem groben Missverhältnis zu dem Leistungsinteresse des Unternehmers steht. Die Rechte des Bestellers bestimmen sich nach den §§ 280, 283 bis 285 und 326 (vgl. § 275 IV).

---

86 Beispiel in Fall 10, Aufgabe 1.

87 So BT-Drucksache 14/4060, 209, 219 f. zu der Parallelregelung im Kaufrecht. Vgl. auch *Palandt/Sprau*, § 634 Rn. 3.

88 *Palandt/Sprau*, § 635 Rn. 8.

**Prüfschema – Anspruch des Bestellers auf Nacherfüllung gem. § 634 Nr. 1 i. V. m. § 635:**

**Voraussetzungen:**

1. Werkvertrag (i. S. d. § 631)
2. Sachmangel (§ 633 II) oder Rechtsmangel (§ 633 III)
3. Kein Haftungsausschluss durch Vertrag (vgl. § 639) oder Gesetz (§ 640 II, §§ 651 S. 2, 442 I 1)
4. Kein Verweigerungsrecht des Unternehmers (§ 635 III)

**Rechtsfolge:**

| Wahlrecht des Unternehmers | a) Beseitigung des Mangels **oder** |
|---|---|
| | b) Herstellung eines neuen Werks |

## 2. Selbstvornahme gem. § 634 Nr. 2 i. V. m. § 637[89]

Wenn der Unternehmer dem Nacherfüllungsverlangen des Bestellers nicht nachkommt oder die Nacherfüllung fehlschlägt, kann der Besteller den Mangel selbst beseitigen und seine diesbezüglichen Aufwendungen vom Unternehmer ersetzt verlangen. Es genügt, dass die dem Unternehmer gesetzte Frist zur Nacherfüllung erfolglos abgelaufen ist. Unerheblich ist, ob der Unternehmer die ausgebliebene Nacherfüllung zu vertreten hat oder nicht.

Die Selbstvornahme kann man als Nacherfüllung durch den Besteller selbst ansehen. Dem Besteller steht dieses Recht nur zu, wenn der Nacherfüllungsanspruch noch besteht. Deshalb scheidet eine Selbstvornahme aus, wenn die Herstellung des Werks unmöglich ist oder der Unternehmer die Nacherfüllung (gem. §§ 635 III, 275 II und III) zu Recht verweigert hat (vgl. § 637 I) – so z. B., weil diese einen unverhältnismäßigen Aufwand erfordert.

Indem die Vorschrift des § 637 II 1 auf § 323 II verweist, wird die Fristsetzung u. a. in den Fällen der ernsthaften und endgültigen Leistungsverweigerung, der Termingeschäfte oder der besonderen Rücktrittsgründe entbehrlich.

Der Besteller kann vom Unternehmer nach § 637 III einen Vorschuss für die zur Mangelbeseitigung erforderlichen Aufwendungen verlangen.

89 Beispiel in Fall 10, Aufgabe 3.

**Prüfschema – Anspruch des Bestellers auf Ersatz der Aufwendungen für die Selbstvornahme gem. § 634 Nr. 2 i. V. m. § 637:**

Voraussetzungen:

1. Werkvertrag (i. S. d. § 631)
2. Sachmangel (§ 633 II) oder Rechtsmangel (§ 633 III)
3. Erfolgloses Verstreichen einer angemessenen Frist zur Nacherfüllung (§ 637) Fristsetzung ist entbehrlich
   - bei ernsthafter und endgültiger Erfüllungsverweigerung (§§ 637 II 1, 323 II Nr. 1)
   - bei einem Fixgeschäft (§§ 637 II 1, 323 II Nr. 2)
   - bei einer Rechtfertigung aus besonderem Grund (§§ 637 II 1, 323 II Nr. 3)
   - wenn die Nacherfüllung fehlgeschlagen oder dem Besteller nicht zuzumuten ist (§ 637 II 2)
4. Besteller hatte Aufwendungen zur Mangelbeseitigung
5. Aufwendungen sind zur Mangelbeseitigung erforderlich (Verhältnismäßigkeitsprinzip)
6. Kein Haftungsausschluss durch Vertrag (vgl. § 639) oder Gesetz (§ 640 II, §§ 651 S. 2, 442 I 1)

**Rechtsfolge:** Ersatz der erforderlichen Aufwendungen

### 3. Rücktritt gem. § 634 Nr. 3, 1. Alt. i. V. m. §§ 323, 326 V[90]

Nach Ablauf der dem Unternehmer gesetzten Frist zur Nacherfüllung steht dem Besteller das Recht zum Rücktritt als echtes **Gestaltungsrecht** zu. Der Anspruch auf Rückzahlung eines bereits entrichteten Werklohns (§ 346 I) entsteht mit der Erklärung des Rücktritts nach § 349.

Durch den Rücktritt wird der Unternehmer erheblich belastet, da er den Anspruch auf den Werklohn vollständig verliert und das Werk oft nicht anderweitig verwerten kann. Deshalb ist der **Rücktritt nach § 323 V 2 ausgeschlossen**, wenn die **Pflichtverletzung des Unternehmers** (hier: Mangel des Werks) **unerheblich** ist. Der Besteller kann dann die übrigen Rechte, wie z. B. die Minderung, geltend machen. Ein Ausschluss des Rücktrittsrechts liegt auch vor, wenn der Besteller für den Mangel des Werkes allein oder weit überwiegend verantwortlich ist (§§ 634 Nr. 3, 323 VI).

90 Beispiel in Fall 10, Aufgabe 2.

**Prüfschema – Rücktrittsrecht des Bestellers bei mangelhaftem Werk gem. § 634 Nr. 3, 1. Alt. i. V. m. §§ 636, 323, 326 V:**

**Voraussetzungen:**

1. Werkvertrag (i. S. d. § 631)
2. Sachmangel (§ 633 II) oder Rechtsmangel (§ 633 III)
3. Erheblichkeit des Mangels (§ 323 V 2)
4. Erfolgloses Verstreichen einer angemessenen Frist zur Nacherfüllung (§§ 634, 1. Alt., 323 I)

   Fristsetzung ist entbehrlich

   - bei ernsthafter und endgültiger Erfüllungsverweigerung (§§ 634 Nr. 3, 1. Alt., 323 II Nr. 1)
   - bei einem Fixgeschäft (§§ 634 Nr. 3, 1. Alt., 323 II Nr. 2)
   - bei einer Rechtfertigung aus besonderem Grund (§§ 634 Nr. 3, 1. Alt., 323 II Nr. 3)
   - wenn die Nacherfüllung fehlgeschlagen oder dem Besteller nicht zuzumuten ist (§ 636, 2. Alt.)
   - wenn der Schuldner nach § 275 I – III nicht zu leisten braucht (§ 326 V)
5. Rücktrittserklärung, § 349
6. Rücktritt ist ausgeschlossen, wenn
   - Gläubiger für den Umstand, der ihn zum Rücktritt berechtigen würde, allein oder weit überwiegend verantwortlich ist (§ 323 VI, 1. Alt.)
   - der vom Schuldner nicht zu vertretende Umstand zu einer Zeit eintritt, zu der der Gläubiger im Annahmeverzug ist (§ 323 VI, 2. Alt.)
   - die Pflichtverletzung unerheblich ist (§ 323 V 2)
7. Kein Ausschluss durch Vertrag (vgl. § 639) oder Gesetz (§ 640 II, §§ 651 S. 2, 442 I 1)

**Rechtsfolge:** Anspruch aus § 346 I (Zurückgewährung der empfangenen Leistungen)

Wenn der Mangel des Werks nicht behoben werden kann, ist v. g. Prüfschema ebenfalls anzuwenden. Allerdings ist die Fristsetzung (Prüfungspunkt 4) gem. § 326 V entbehrlich.

### 4. Minderung gem. § 634 Nr. 3, 2. Alt. i. V. m. §§ 323, 638

Die Minderung ist ebenfalls als **Gestaltungsrecht** normiert. Da der Besteller nach § 638 I mindern kann „statt zurückzutreten", gelten die vorstehenden Ausführungen zum Rücktritt grundsätzlich auch für die Minderung.

Im Gegensatz zum Rücktritt ist die Minderung auch bei unerheblichen Pflichtverletzungen zulässig, da § 323 V 2 gem. § 638 I 2 keine Anwendung findet.

**Prüfschema – Minderungsrecht des Bestellers bei mangelhaftem Werk gem. § 634 Nr. 3, 2. Alt. i. V. m. §§ 323, 638:**

**Voraussetzungen:**

1. Werkvertrag (i. S. d. § 631)
2. Sachmangel (§ 633 II) oder Rechtsmangel (§ 633 III)
3. Gem. § 638 („statt zurückzutreten"): **Voraussetzungen des Rücktritts sind erforderlich**:

   Erfolgloses Verstreichen einer angemessenen Frist zur Nacherfüllung (§ 634 Nr. 3, 1. Alt., § 323 I)

   Fristsetzung ist entbehrlich

   - bei ernsthafter und endgültiger Erfüllungsverweigerung (§ 634 Nr. 3, 1. Alt., § 323 II Nr. 1)
   - bei einem Fixgeschäft (§ 634 Nr. 3, 1. Alt., § 323 II Nr. 2)
   - bei einer Rechtfertigung aus besonderem Grund (§ 634 Nr. 3, 1. Alt., § 323 II Nr. 3)
   - wenn die Nacherfüllung fehlgeschlagen oder dem Besteller nicht zuzumuten ist (§ 636, 2. Alt.)
4. Erklärung der Minderung, § 638 I 1
5. Minderungsrecht ist ausgeschlossen, wenn
   - Gläubiger für den Umstand, der ihn zur Minderung berechtigen würde, allein oder weit überwiegend verantwortlich ist (§ 323 VI, 1. Alt.)
   - der vom Schuldner nicht zu vertretende Umstand zu einer Zeit eintritt, zu der der Gläubiger im Annahmeverzug ist (§ 323 VI, 2. Alt.)
6. Kein Ausschluss durch Vertrag (vgl. § 639) oder Gesetz (§ 640 II, §§ 651 S. 2, 442 I 1)

**Rechtsfolge:** Recht aus § 638 I 1 (Minderung der Vergütung)

$$\text{Geminderter Werklohn} = \frac{\text{Wert des Werkes mit Mangel} \times \text{vereinbarte Vergütung}}{\text{Wert des Werkes ohne Mangel}}$$

Damit der Minderungsbetrag möglichst einfach und praktisch berechnet werden kann, sieht § 638 III – wie schon § 441 III – eine sich nach dem Verkehrswert richtende relative Berechnungsmethode vor. Die Vergütung ist in dem Verhältnis herabzusetzen, das dem Verhältnis zwischen dem Wert des mangelfreien Werks und dem wirklichen Wert des Werks (also dem Wert des mangelhaften Werks) entspricht.[91] Die Minderung ist, soweit erforderlich, durch Schätzung zu ermitteln (§ 638 III 2). Wenn der Besteller den Werklohn bereits (ganz oder z. T. ) entrichtet hat, ist der Mehrbetrag nach den Rücktrittsvorschriften zu erstatten (§§ 638 IV, 346 I, 347 I).

Wenn der Mangel des Werks nicht behoben werden kann, ist v. g. Prüfschema ebenfalls anzuwenden. Allerdings ist die Fristsetzung (Prüfungspunkt 3) gem. § 326 V entbehrlich.

### 5. Schadensersatz gem. § 634 Nr. 4, 1. Alt. i. V. m. §§ 636, 280, 281

Das Werkvertragsrecht enthält keine eigenständige Anspruchsgrundlage für den Schadensersatz, sondern verweist (wie § 437 Nr. 3 im Kaufrecht) in § 634 Nr. 3 auf die allgemeinen Vorschriften, insbesondere auf § 280 I.

Ist das Werk mangelhaft, so muss nach § 280 I geprüft werden, ob der Mangel auf einer Pflichtverletzung des Unternehmers beruht, die dieser zu vertreten hat. § 276 I enthält neben der Haftung für Verschulden eine Einstandspflicht des Schuldners für von ihm gegebene Garantien. Übernimmt der Unternehmer diese unbedingte Einstandspflicht für das Vorhandensein bestimmter Eigenschaften des Werks, so haftet er für Schäden, die infolge der nicht vertragsgemäßen Beschaffenheit des Werks entstehen, ohne Rücksicht auf Verschulden.

Die weiteren Voraussetzungen dieses Schadensersatzanspruchs richten sich nach den allgemeinen Vorschriften der §§ 280, 281, 283, 311 a. Es ist die Unterscheidung zwischen Mangel- und Mangelfolgeschäden relevant:

Wenn der Besteller Schadensersatz wegen eines Mangels des Werkes verlangt (sog. **Mangelschaden**), macht er einen **Schadensersatzanspruch statt der Leistung** geltend, der nur unter den Voraussetzungen des § 281 I – insbesondere erst nach erfolglosem Ablauf einer Frist zur Nacherfüllung – besteht.

91 Wegen Einzelheiten zur Berechnung siehe *Medicus/Lorenz* SchuldR II BT, Rn. 55 a und 369.

Ansprüche auf Ersatz der **Mangelfolgeschäden** (z. B. Wasserschaden im Keller des Bestellers aufgrund eines fehlerhaft installierten Wasserrohrs) sind gem. § 280 I geltend zu machen, denn sie bestehen **zusätzlich zu dem Erfüllungsanspruch und nicht anstelle der Leistung**. Diese Schäden betreffen das Integritäts- und nicht das Äquivalenzinteresse.[92]

Wenn der Besteller **Schadensersatz statt der Leistung** verlangt, kann unterschieden werden zwischen

- dem **großen Schadenersatzanspruch** (Ersatz des vollen Nichterfüllungsschadens und Rückgabe des mangelhaften Werks). Voraussetzung hierfür: Pflichtverletzung (= Mangel) muss erheblich sein (vgl. § 281 I 3) und
- dem **kleinen Schadensersatzanspruch** (Ersatz des infolge der Wertminderung entstandenen Schadens, und Besteller muss das mangelhafte Werk behalten).

Gem. § 325 wird das Recht auf Schadensersatz durch den Rücktritt nicht ausgeschlossen.

**Prüfschema – Schadensersatz statt der Leistung bei mangelhaftem Werk gem. § 634 Nr. 4, 1. Alt. i. V. m. §§ 636, 280, 281:**

**Voraussetzungen:**

1. Werkvertrag (i. S. d. § 631)
2. Sachmangel (§ 633 II) oder Rechtsmangel (§ 633 III) = Pflichtverletzung i. S. d. § 280 I 1
3. Unternehmer (Schuldner) muss den Mangel zu vertreten haben (§ 280 I 2 i. V. m. § 276)
4. Angemessene Frist zur Nacherfüllung ist erfolglos abgelaufen (§§ 634 Nr. 4, 1. Alt., 281 I 1)

   Fristsetzung ist entbehrlich

   - bei endgültiger Leistungsverweigerung (§§ 634 Nr. 4, 1. Alt., 281 II, 1. Alt.)
   - bei Vorliegen besonderer Umstände (§§ 634 Nr. 4, 1. Alt., 281 II, 2. Alt.)
   - wenn der Unternehmer die Nacherfüllung verweigert (§§ 636, 1. Alt., 635 III)
   - wenn die Nacherfüllung fehlgeschlagen oder dem Besteller nicht zuzumuten ist (§ 636, 2. und 3. Alt.)

92 Beispiel in Fall 10, Aufgabe 4.

5. Schaden beim Besteller (= Gläubiger)
6. Kein Ausschluss durch Vertrag (vgl. § 639) oder Gesetz (§ 640 II, §§ 651 S. 2, 442 I 1)

**Rechtsfolgen:**

a) Schadensersatz statt der Leistung (= kleiner Schadensersatz)

b) Schadensersatz statt der ganzen Leistung (= großer Schadensersatz), falls Pflichtverletzung erheblich ist (§ 281 I 3)

Wenn der Mangel des Werks nicht behoben werden kann (§§ 283 i. V. m. 275), ist v. g. Prüfschema ebenfalls anzuwenden. Allerdings ist Prüfungspunkt 4 (erfolgloses Verstreichen einer angemessenen Frist zur Nacherfüllung) entbehrlich.

**Prüfschema – Schadensersatz neben der Leistung bei Mangelfolgeschaden aufgrund eines mangelhaften Werks gem. § 634 Nr. 4, 1. Alt. i. V. m. § 280 I:**

**Voraussetzungen:**

1. Werkvertrag (i. S. d. § 631)
2. Sachmangel (§ 633 II) oder Rechtsmangel (§ 633 III)
3. Unternehmer (Schuldner) muss den Mangel zu vertreten haben (§ 280 I 2 i. V. m. §§ 276 ff.)
4. Schaden beim Besteller (= Gläubiger)
5. Kein Ausschluss durch Vertrag (vgl. § 639) oder Gesetz (§ 640 II, §§ 651 S. 2, 442 I 1)

**Rechtsfolge:** Schadensersatz **neben** der Leistung (= Mangelfolgeschaden)

## 6. Ersatz vergeblicher Aufwendungen gem. § 634 Nr. 4, 2. Alt. i. V. m. § 280 I

Der Besteller hat die Möglichkeit, anstelle des Schadensersatzes statt der Leistung gem. § 634 Nr. 4, 2. Alt. i. V. m. § 284 Ersatz vergeblicher Aufwendungen zu verlangen.

Voraussetzung hierfür ist, dass dem Gläubiger (Besteller) ein – noch nicht geltend gemachter – Schadensersatzanspruch statt der Leistung zusteht, der sich aus den §§ 280, 281 oder 311 a ergibt. Im Vertrauen auf den ordnungsgemäßen Erhalt der Leistung muss er Aufwendungen getätigt haben, wie z. B. Vertragskosten, Kauf von Anschlussrohren für die Heizung.

**Prüfschema – Aufwendungsersatz statt der Leistung bei mangelhaftem Werk gem. § 634 Nr. 4, 2. Alt. i. V. m. §§ 636, 280, 281, 284:**

**Voraussetzungen:**

1. Werkvertrag (i. S. d. § 631)
2. Sachmangel (§ 633 II) oder Rechtsmangel (§ 633 III)
3. Unternehmer (Schuldner) muss den Mangel zu vertreten haben (§ 280 I 2 i. V. m. § 276)
4. Angemessene Frist zur Nacherfüllung ist erfolglos abgelaufen (§§ 634 Nr. 4, 1. Alt., 281 I 1)

   Fristsetzung ist entbehrlich

   - bei endgültiger Leistungsverweigerung (§§ 634 Nr. 4, 1. Alt., 281 II, 1. Alt.)
   - bei Vorliegen besonderer Umstände (§§ 634 Nr. 4, 1. Alt., 281 II, 2. Alt.)
   - wenn der Unternehmer die Nacherfüllung verweigert (§§ 636, 1. Alt., 635 III)
   - wenn die Nacherfüllung fehlgeschlagen oder dem Besteller nicht zuzumuten ist (§ 636, 2. und 3. Alt.)
5. Besteller (Gläubiger) muss Aufwendungen „billigerweise" gemacht haben (§ 284)
6. Kein Ausschluss durch Vertrag (vgl. § 639) oder Gesetz (§ 640 II, §§ 651 S. 2, 442 I 1)

**Rechtsfolge:** Ersatz der vergeblichen Aufwendungen, aber **kein** Anspruch auf Schadensersatz statt der Leistung

Wenn der Mangel des Werks nicht behoben werden kann (§§ 283 i. V. m. 275), ist v. g. Prüfschema ebenfalls anzuwenden. Allerdings ist Prüfungspunkt 4 (erfolgloses Verstreichen einer angemessenen Frist zur Nacherfüllung) entbehrlich.

## IV. Ausschluss der Gewährleistung

Die Gewährleistungsrechte können **kraft Gesetzes** ausgeschlossen sein, so nach § 640 II, wenn der Besteller das Werk in Kenntnis des Mangels abnimmt. Ein Ausschluss besteht auch gem. §§ 651 S. 2, 442 I 1, wenn das Werk aus einem vom Besteller gelieferten Stoff herzustellen ist und der Mangel auf diesen Stoff zurückzuführen ist. Wobei in diesem Fall die Vorschriften über das Kaufrecht Anwendung finden (§ 651 I 1).

Die Gewährleistungsrechte können auch **durch Vertrag** ausgeschlossen oder eingeschränkt werden (§ 639). Der Unternehmer kann sich hierauf allerdings nicht berufen, wenn er den Mangel arglistig verschwiegen oder eine Garantie für die Beschaffenheit des Werks übernommen hat.

## V. Verjährung

§ 634 a sieht drei verschiedene Verjährungsfristen für die in § 634 normierten Ansprüche auf Nacherfüllung, Selbstvornahme und Schadensersatz vor. Da es sich bei Rücktritt und Minderung um Gestaltungsrechte handelt, unterliegen diese nicht den Verjährungsfristen. Gem. § 194 I unterliegen nur Ansprüche der Verjährung. Die Rücktritts- oder Minderungserklärung ist gem. § 218 (vgl. § 634 a IV, V) unwirksam, wenn und soweit der Nacherfüllungsanspruch verjährt ist und der Unternehmer sich hierauf beruft.

Der jeweils geschuldete Erfolg bestimmt die Dauer der Haftung des Unternehmers für sein Werk:

Für Bauwerke und Werke, deren Erfolg in der Erbringung von Planungs- oder Überwachungsleistungen hierfür besteht, gilt eine fünfjährige Verjährungsfrist (§ 634 a I Nr. 2). Für unkörperliche Arbeitsergebnisse beträgt die Verjährungsfrist nach § 634 a I Nr. 1 zwei Jahre. In beiden Fällen beginnt die Verjährung mit der Abnahme (§ 634 a II). Für die „sonstigen Sachen" gilt die regelmäßige Verjährungsfrist (vgl. § 195) von drei Jahren (§ 634 a I Nr. 3). Hierzu zählen die Mängelansprüche bei Werken, die in der Herstellung oder Veränderung von Sachen mit Ausnahme der Bauwerke bestehen. Der Verjährungsbeginn richtet sich hier u. a. nach dem Kenntnis- oder Erkennbarkeitskriterium (§ 199 I Nr. 2).

Wenn der Unternehmer den Mangel arglistig verschwiegen hat, unterliegen die vorgenannten Ansprüche gem. § 634 a III der regelmäßigen Verjährungsfrist (= drei Jahre, vgl. § 195) mit der Konsequenz, dass ebenfalls nicht die Abnahme maßgeblich ist, sondern der Zeitpunkt, in dem der Käufer von dem Mangel Kenntnis erlangt hat oder ohne grobe Fahrlässigkeit hätte erlangen können. Bei Bauwerken tritt die Verjährung jedoch nicht vor Ablauf der Fünfjahresfrist des § 634 a I Nr. 2 ein.

Eine anderweitige vertragliche Vereinbarung ist grundsätzlich möglich (vgl. § 202 II).

## VI. Anwendung des Kaufrechts

Gem. § 651 finden auf Verträge, die die Lieferung herzustellender oder zu erzeugender beweglicher Sachen zum Gegenstand haben, die Vorschriften über den Kauf Anwendung. Bei der **Herstellung** einer beweglichen Sache wird etwas Neues geschaffen. Das **Erzeugen** einer beweglichen Sache bedeutet die Schaffung von etwas Neuen nicht aus eigener Kraft, sondern durch die Natur (z. B. tierische und pflanzliche Produktion). **Lieferung** ist die Verschaffung von Eigentum und Besitz, also Übereignung nach §§ 929 ff.

Die §§ 642, 643, 645, 649 und 650 sind auch bei der Lieferung herzustellender oder zu erzeugender **nicht vertretbarer Sachen** mit der Maßgabe anzuwenden, dass an die Stelle der Abnahme der nach §§ 446, 447 maßgebliche Zeitpunkt, also der Zeitpunkt des Gefahrübergangs, tritt.

Gem. § 91 ist eine Sache vertretbar, wenn sie beweglich ist und im Verkehr nach Zahl, Maß oder Gewicht bestimmt werden kann (z. B. Kartoffeln, serienmäßig hergestellte Waren). Im Gegensatz dazu ist eine Sache nicht vertretbar, wenn diese auf die Wünsche des Bestellers ausgerichtet und deshalb für den Unternehmer anderweitig gar nicht oder schwierig abzusetzen ist – wie z. B. ein Maßanzug.[93]

**Beispiele:**

Wenn man sich per Modekatalog ein Kostüm bestellt, ist das ein reiner Kaufvertrag. Lässt man sich bei einer Schneiderin das Kostüm anmessen und bestellt es, ist das eine Mischung aus Kauf- und Werkvertrag, auf den gem. § 651 S. 1 die Vorschriften über den Kauf Anwendung finden. Dies gilt auch dann, wenn die Kundin der Schneiderin den Stoff selbst geliefert hat. Denn der Unternehmer stellt daraus eine neue Sache her.

Wenn man der Schneiderin allerdings einen mangelhaften Stoff liefert, bedeutet dies nach § 651 S. 2 i. V. m. § 442 I 1, dass die Rechte der Kundin wegen eines Mangels an dem Stoff ausgeschlossen sind. Da es sich bei dem Kostüm um eine **nicht vertretbare Sache** handelt, sind gem. § 651 S. 3 auch die vorgenannten werkvertraglichen Vorschriften anzuwenden.

**Merke (Abgrenzung § 631 zu § 651):** Um einen Werkvertrag handelt es sich

- bei der Herstellung von Bauwerken (= keine bewegliche Sache),
- bei Umgestaltungs- und Reparaturarbeiten (= keine Lieferung),
- bei unkörperlichen Werken, wie z. B. Musikabend (= keine Sache)

Da die Mängelhaftung bei beiden Vertragstypen weitgehend angeglichen ist, wird der Einordnung eines Vertrags ihre Bedeutung genommen.

93 Vgl. BGH NJW 1971, 1793.

# Fall 11: Schuldrecht BT – Mieter(alb)traum

**Schwerpunkte:**

Mietrecht – unbefristeter und befristeter Mietvertrag – Beendigung des Mietvertrages – Schadensersatzansprüche des Vermieters – Verzugszinsen – Verjährung

Mieter Max Miet (M) ist seit 01.03. Mieter der Stadt Vermiet (V) und bereitet Ärger, weil er seit Anbeginn der Mietzeit immer nur 600 €, statt der vereinbarten 700 €, somit 100 € zu wenig Miete bezahlt; fällig war die Miete laut vertraglicher Vereinbarung monatlich im Voraus, spätestens am 3. des Monats. Außerdem missachtet M des Öftern die Hausordnung. Am 02.10. erhält M ein Schreiben der Stadt, wonach ihm wegen der angelaufenen Mietrückstände fristlos gekündigt werde. Hilfsweise erklärte man die Kündigung zum nächstmöglichen Zeitpunkt, insbesondere wegen der häufigen Verletzung der Hausordnung. Gegen die Kündigung legt M Widerspruch ein und begründete diesen damit, dass „kleine" Mietrückstände ja wohl nicht so schlimm wären. Außerdem seien die Vorwürfe der Verletzung der Hausordnung nicht im Kündigungsschreiben angeführt.

**Aufgabe 1:**

a) Kann die Stadt V die Räumung der Wohnung verlangen kann und zu welchem Zeitpunkt?

b) Hat die Stadt V Anspruch auf Verzugszinsen?

Um den Renovierungsbedarf nach Auszug des M bereits im Vorfeld festzustellen, fordert die Stadt V den M auf, ihr Zutritt zur Wohnung zu gewähren. M kommt dieser Aufforderung widerwillig nach und gestattet V Zutritt. Die V muss hierbei feststellen, dass der 2 Jahre alte Teppichboden an mehreren Stellen eingerissen und erheblich Verschmutzungen aufweist, die nicht mehr zu reinigen sind. Weiter entdeckt sie im Badezimmer große Schimmelspuren, die aufgrund von mangelhaftem Lüften des M hervorgerufen wurden. M räumt sein Verschulden am Teppich und Schimmel ein, verteidigt sich jedoch damit, dass dies zu einer normalen Nutzung der Wohnung dazugehöre.

**Aufgabe 2:** Kann die Stadt V Schadensersatzansprüche gegen M geltend machen?

Der Nachbar des M Herr Gustav Zeche (Z) bekommt den Ärger mit M mit und bereitet der Stadt V sodann ebenfalls Probleme. Obwohl die Stadt V mit Z am 01.03. lediglich einen Zeitvertrag über 6 Monate geschlossen hat, zieht dieser nicht aus. Bereits bei Mietvertragsunterzeichnung ist dem Z mitgeteilt worden, dass die Wohnung zum 01.09. saniert und modernisiert werden muss, sodass eine zeitliche Befristung in den Mietvertrag mitaufgenommen wurde, die auch den Sanierungszeitpunkt festschreibt.

Gegen die Räumungsaufforderung der Stadt V am 01.09. legt Z Widerspruch ein und verlangt die Mietzeit auf unbestimmte Zeit auszuweiten. Z ist der Meinung, dass die Vereinbarung im Mietvertrag ungültig ist und er in der Wohnung verbleiben dürfe.

**Aufgabe 3:** Hat die Stadt V einen Räumungsanspruch gegen Z?

**Fall 11: Prüfschema/Lösungsskizze**

V ———————— M
§ 535

**Aufgabe 1 a):**

**V → M Rückgabe bzw. Räumung der Mietwohnung gem. § 546 I**

1. Mietvertrag zwischen V und M (+)
2. Beendigung des Mietverhältnisses (+)
   a) durch fristlose Kündigung seitens der V
      Schriftform, § 568 I (+)
      wegen Zahlungsverzugs gem. §§ 543 II 1 Nr. 3, 569 III (–)
      wegen nachhaltiger Störung des Hausfriedens gem. §§ 543 I, III, 569 II (–)
   b) durch ordentliche Kündigung
      Umdeutung der fristlosen in eine ordentliche Kündigung (§ 140) nicht unerhebliche schuldhafte Verletzung der vertraglichen Pflichten seitens M, § 573 I, II Nr. 1
      aa) durch ständige Zahlung einer zu geringen Miete (+)
      bb) Verstöße gegen die Hausordnung können wegen § 573 III nicht berücksichtigt werden
3. Kündigungsfrist, § 573 c I 1: am 2.10. per 31.12.
4. kein Härtefall gem. § 574 I (+)

**Ergebnis:** V → M Rückgabe bzw. Räumung der Mietwohnung gem. § 546 I (+)

**Aufgabe 1 b):**

**V → M Verzugszinsen gem. §§ 288 I 1, 286**

1. Schuldverhältnis (+)

   Mietvertrag

2. Schuldnerverzug mit einer Leistungspflicht, §§ 535 II, 286 (+)
   a) Fälligkeit der Leistung – jeweils 3. Werktag
   b) Mahnung – entbehrlich nach § 286 II Nr. 1
   c) Nichtleistung des M
   d) Vertretenmüssen des Schuldners M, § 286 IV

3. Verzugszinsen in Höhe von 5 % über dem Basiszinssatz (§§ 288 I 2, 247 I 1)[94]

**Ergebnis:** V → M Verzugszinsen gem. §§ 288 I 1, 286 (+)

**Aufgabe 2:**

**Vorüberlegung:**

Für den Schadensersatzanspruch der Stadt V gegenüber M kommen zwei Anspruchsgrundlagen in Betracht: die vertragliche nach § 280 I sowie die deliktische gem. § 823 I. Beide Anspruchsgrundlagen sind in der auf S. 40 f. aufgezeigten Reihenfolge zu prüfen.

**I. V → M Schadensersatz gem. § 280 I**

1. Schuldverhältnis: Mietvertrag i. S. d. § 535 (+)
2. Pflichtverletzung – Missachtung der Schutz- und Sorgfaltspflicht, §§ 280 I 1, 241 II (+)
3. Vertretenmüssen, §§ 280 I 2, 276 (+), § 538 (–)
4. Schaden (+)

**Ergebnis:** V → M Schadensersatz § 280 I (+)

Umfang des Schadensersatzes: §§ 249 ff. (§ 249 II 1 – Geld)

**II. V → M Schadensersatz gem. § 823 I**

1. Tatbestandsmäßigkeit der Handlung des M (+)
   a) Verletzung eines der in § 823 I genannten Rechtsgüter; hier: Eigentum
   b) Ursächlichkeit der Handlung für die Rechtsgutsverletzung

94 Ein etwa entstandener höherer Verzugsschaden kann gem. § 288 III geltend gemacht werden.

2. Rechtswidrigkeit (+)
3. Verschulden, Fahrlässigkeit (+)
4. Schaden (+)

**Ergebnis:** V → M Schadensersatz gem. § 823 I (+)

Umfang des Schadensersatzanspruchs: §§ 249 ff. (§ 249 II 1 – Geld)

V ———————— Z
§ 535

**Aufgabe 3:**

**V → Z Rückgabe bzw. Räumung der Mietwohnung gem. § 546 I**

1. Mietvertrag zwischen V und Z (+)
2. Beendigung des befristeten Mietverhältnisses – §§ 575, 542 II[95] (+)
   a) Zeitmietvertrag gem. § 575 I
   b) Vermieter will gründlich sanieren, § 575 I Nr. 2
   c) Vermieter hat dem Mieter diese Absicht bei Vertragsschluss schriftlich mitgeteilt
   d) Vermieter hat dem Mieter innerhalb der Fristen von § 575 II schriftlich mitgeteilt, dass diese Verwendungsabsicht noch besteht

**Ergebnis:** V → Z Rückgabe bzw. Räumung der Mietwohnung gem. § 546 I (+)

## Fall 11: Ausarbeitung (Gutachten)

### Aufgabe 1 a):

**Die Stadt V könnte von M die Rückgabe der Mietsache, d. h. Räumung der Wohnung, gem. § 546 I verlangen.**

1. *Voraussetzung ist ein zwischen V und M bestehender Mietvertrag i. S. v. § 535.* Da M seit 01.03. Mieter einer städtischen Wohnung ist, ist diese Voraussetzung gegeben.
2. *Der Mietvertrag muss beendet worden sein.*
   a) *Dies könnte durch die seitens V ausgesprochene außerordentliche fristlose Kündigung erfolgt sein. Die Kündigung ist eine einseitige, empfangsbedürftige Willenserklärung, die nach § 568 I der Schriftform bedarf.* Die Stadt beruft sich in ihrem Schreiben, das dem M am 02.08.

95 Nach dieser Vorschrift ist der Abschluss von Zeitmietverträgen ohne Kündigungsschutz möglich.

zugegangen ist, auf die seit drei Monaten erfolgte zu geringe Mietzahlung sowie Verstöße gegen die Hausordnung. Die Schriftform (vgl. § 126) ist folglich eingehalten. *In Betracht kommt eine außerordentliche fristlose Kündigung aus wichtigem Grund gem. § 543 II 1 Nr. 3. Voraussetzung hierfür ist, dass der Mieter für zwei aufeinander folgende Termine mit der Entrichtung der Miete (oder eines nicht unerheblichen Teils davon) – vgl. § 543 II 1 Nr. 3 a – oder aber in einem sich über mehr als zwei Termine erstreckenden Zeitraum mit der Entrichtung der Miete in Höhe eines Betrages in Verzug gekommen ist, der die Miete für zwei Monate erreicht (§ 543 II Nr. 3 b). Gem. § 569 III Nr. 1 ist bei Wohnraum außerdem zu beachten, dass der rückständige Teil der Miete im Falle des § 543 II 1 Nr. 3 a nur dann als nicht unerheblich anzusehen ist, wenn er die Miete für einen Monat übersteigt.* M zahlt seit 01.03. monatlich jeweils 100 € zu wenig Miete. Somit ist er am 02.10. mit 700 € und somit nicht mit einem erheblichen Teil der Miete in Verzug. Ein außerordentlicher Kündigungsgrund gem. § 543 II Nr. 3 liegt nicht vor.

*Eine außerordentliche fristlose Kündigung könnte nach § 569 II möglich sein. Voraussetzung hierfür ist, dass der Mieter schuldhaft den Hausfrieden so nachhaltig stört, dass dem Vermieter die Fortsetzung des Mietverhältnisses nicht zugemutet werden kann.* M hält sich des Öfteren nicht an die Hausordnung. Dies stellt keine schwerwiegende Vertragsverletzung dar, die eine außerordentliche fristlose Kündigung nach § 569 II ermöglicht. Es ist daher auch unmaßgeblich, dass genaue Gründe im Kündigungsschreiben nicht angegeben sind und dass im Voraus keine Abmahnung erfolgte.

b) Die Stadt weist in dem Kündigungsschreiben darauf hin, dass M auf jeden Fall zum nächstmöglichen Zeitpunkt die Wohnung räumen müsse. Somit kommt eine *Umdeutung der fristlosen Kündigung in eine ordentliche Kündigung gem. § 140 in Betracht. Danach ist Voraussetzung, dass ein nichtiges Rechtsgeschäft den Erfordernissen eines anderen Rechtsgeschäfts entspricht.* Die außerordentliche fristlose Kündigung ist – wie oben geprüft – unwirksam. Dieses Rechtsgeschäft gleicht mit allen wesentlichen Merkmalen einem anderen Rechtsgeschäft, nämlich der ordentlichen Kündigung. Nach § 140 gilt das letztgenannte, wenn anzunehmen ist, dass dessen Geltung bei Kenntnis der Nichtigkeit gewollt sein würde. Da V auf alle Fälle das

Mietverhältnis beenden will, kann deren Willenserklärung in eine ordentliche Kündigung umgedeutet werden.[96]

*Ein Mietverhältnis über Wohnraum kann nach § 573 I bei einem berechtigten Interesse des Vermieters gekündigt werden.*

aa) *Als Kündigungsgrund kommt § 573 II Nr. 1 in Betracht, wonach ein berechtigtes Interesse besteht, wenn der Mieter seine vertraglichen Verpflichtungen schuldhaft nicht unerheblich verletzt.* Zu den Vertragspflichten des Mieters M zählt die pünktliche Zahlung der vereinbarten Miete (§ 535 II), die aufgrund der vertraglichen Vereinbarung spätestens am 3. eines Monats fällig ist. Eine ständige, sich über sieben Monate erstreckende Zahlung von jeweils 100 € zu wenig Miete stellt eine nicht unerhebliche Vertragsverletzung dar. *M muss diese zu vertreten, d. h. nach § 276 I vorsätzlich oder fahrlässig gehandelt haben. Fahrlässig handelt, wer die im Verkehrs erforderliche Sorgfalt außer Acht lässt (vgl. § 276 II).* M hat durch die Einbehaltung eines Teils der Miete die im Verkehr erforderliche Sorgfalt außer Acht gelassen und somit fahrlässig gehandelt (§ 276 II). Folglich liegt ein Kündigungsgrund nach § 573 II Nr. 1 vor.

bb) Fraglich ist, ob die ordentliche Kündigung der V auch auf die Verstöße gegen die Hausordnung gestützt werden kann. *Nach § 573 III werden als berechtigte Interessen des Vermieters nur die in der Kündigung (die gem. § 568 I der Schriftform bedarf) genannten Gründe berücksichtigt.* Die Stadt V hat sich in ihrem Kündigungsschreiben nur auf den Zahlungsverzug berufen. Somit sind die außerdem (mündlich) vorgebrachten Verstöße gegen die Hausordnung nicht berücksichtigungsfähig.

3. *Nach § 573 c 1 ist die Kündigung eines Mietverhältnisses über Wohnraum spätestens am dritten Werktag eines Kalendermonats für den Ablauf des übernächsten Monats zulässig.* Das Kündigungsschreiben ist dem M, der die Wohnung erst seit 01.03. gemietet hat, am 02.10. zugegangen (vgl. § 130 I 1). Somit läuft die Kündigungsfrist bis zum 31.12.

4. Allerdings könnte M gem. *§ 574 I 1 der Kündigung widersprechen und vom Vermieter die Fortsetzung des Mietvertrages verlangen, wenn die vertragsmäßige Beendigung des Mietverhältnisses für ihn oder seine Familie eine Härte bedeuten würde.* Der Mieter M beruft sich in seinem

96 Siehe auch BGH NJW 1981, 976, BGH NJW 2007, 1269 (Mietvertrag); zur Umdeutung einer unwirksamen außerordentlichen in eine ordentliche Kündigung eines Arbeitsvertrages s. BAG NJW 2002, 2979.

Widerspruch lediglich darauf, dass die V ihm nicht kündigen könne, denn kleine Mietrückstände seien ja nicht schlimm. Dies ist allerdings kein Grund für einen Härtefall nach § 574 I 1.

Daher hat die Stadt V gegen M einen Anspruch gem. § 546 I auf Räumung der Wohnung zum 31.10.

**Aufgabe 1 b):**

**Die Stadt V könnte gegen M einen Anspruch auf Verzugszinsen in Höhe von 5 % Punkten über dem Basiszinssatz gem. §§ 288 I, 286 haben.**

1. *Voraussetzung hierfür ist zunächst, dass zwischen V und M ein Schuldverhältnis besteht.* Wie unter Aufgabe 1 erläutert wurde, haben beide einen Mietvertrag i. S. d. § 535 geschlossen. Es liegt also ein vertragliches Schuldverhältnis vor.
2. *M muss mit einer Geldschuld in Verzug gekommen sein.* Nach § 535 II i. V. m. der vertraglichen Vereinbarung hatte er die Pflicht, die Miete – also eine Geldschuld – monatlich in der vereinbarten Höhe zu zahlen. *Nach § 286 ist für den Schuldnerverzug erforderlich, dass die Leistung fällig war, die Gläubigerin (hier: V) gemahnt hat – sofern die Mahnung nicht gem. § 286 II Nr. 1 entbehrlich war – und dass der Schuldner (M) die Leistung nicht erbracht hat.* Der Mietzins war laut vertraglicher Vereinbarung am 3. des Monats fällig (vgl. auch § 556 b I). Mit diesem Termin ist eine Zeit nach dem Kalender bestimmt (§ 286 II Nr. 1); folglich bedurfte es nicht einer Mahnung nach § 286 I 1. M hat nach Ablauf des dritten Tages eines Monats seine Verpflichtung gegenüber V nicht voll erfüllt, weil er seit 1.3. monatlich jeweils 100 € zu wenig Miete entrichtet. Er kommt *nach § 286 IV nur dann nicht in Schuldnerverzug, wenn er die Verzögerung der Leistung nicht zu vertreten hat.* M führt keine Tatsachen an, die sein Verschulden ausschließen. Mithin befand sich M jeweils ab dem 4. eines Monats mit der für diesen Monat fälligen Mietzahlung in Höhe von 100 € in Verzug.
3. Somit hat die Gläubigerin V nach §§ 288 I, 286 als Verzugsfolge Anspruch auf Verzugszinsen in Höhe von 5 %-Punkten über dem Basiszinssatz.[97]

97 Dieser ergibt sich aus § 247 I 1 und ändert sich jeweils zum 01.01. und 01.07. eines Jahres; abrufbar ist er im Internet unter www.basiszinssatz.de. Hierbei handelt es sich um den Ersatz des objektiven Mindestschadens; gleichgültig ist, ob der Gläubiger tatsächlich einen entsprechenden Schaden erlitten hat. Höhere Zinsen (§ 288 IV) können sich aus § 352 HGB (5 %), Art. 48 I Nr. 2, 49 Nr. 2 WG, Art. 45 Nr. 2, 46 Nr. 2 ScheckG (2 % über dem jeweiligen Basiszinssatz, mindestens 6 %), ergeben. Sofern V einen höheren Verzugsschaden haben sollte (hierfür gibt es im Sachverhalt keine Anhaltspunkte), kann dieser nach §§ 280 I, II, 286 geltend gemacht werden.

**Aufgabe 2:**

**I. Die Stadt V könnte gegen M einen Anspruch auf Schadensersatz gem. § 280 I haben.**

1. *Voraussetzung für diesen Schadensersatzanspruch ist ein bestehendes Schuldverhältnis zwischen V und M.* Wie bei Aufgabe 1 bereits festgestellt wurde, haben V und M einen wirksamen Mietvertrag geschlossen.
2. *M muss eine aus dem Schuldverhältnis resultierende Pflicht verletzt haben. Jeder Vertragspartner hat aufgrund des Schuldverhältnisses die Pflicht, die Rechtsgüter des anderen, auf die er eine durch den Vertrag bedingte Einwirkungsmöglichkeit hat, nicht zu beschädigen. Generell bestehen hinsichtlich einer gemieteten Sache Sorgfalts- und Obhutspflichten (§ 241 II).* M hat den 2 Jahre alten Teppich nicht nur beschädigt, sondern auch erheblich verschmutzt. Darüber hinaus hat er durch unterlassenes Lüften die Schimmelbildung im Bad hervorgerufen. Durch dieses Verhalten hat M die genannten Pflichten verletzt.
3. *M muss diese Pflichtverletzung zu vertreten haben (§ 280 I 2). Nach § 276 I 1 hat der Schuldner Vorsatz und Fahrlässigkeit zu vertreten. Fahrlässig handelt, wer die im Verkehr erforderliche Sorgfalt außer Acht lässt (vgl. § 276 II). Veränderungen oder Verschlechterungen der Mietsache, die durch den vertragsgemäßen Gebrauch herbeigeführt werden, muss der Mieter gem. § 538 nicht vertreten.* Die Schäden am Teppichboden sowie im Bad sind durch vertragswidrigen Gebrauch entstanden. M ließ die erforderliche Sorgfalt außer Acht und handelte zumindest fahrlässig. Demnach liegt ein Verschulden seitens M vor.
4. *Durch die Pflichtverletzung muss der Stadt ein Schaden entstanden sein. Darunter ist jeder Nachteil zu verstehen, den jemand durch ein bestimmtes Ereignis erleidet.* Aufgrund der Verletzung der Schutz- und Sorgfaltspflicht hat die Stadt eine unfreiwillige Vermögenseinbuße und somit einen Schaden erlitten.

Die Geschädigte, also die Stadt V, kann von M den durch die Verletzung der leistungsbegleitenden Nebenpflichten (gem. § 241 II) entstandenen Schaden gem. § 280 I ersetzt verlangen (sog. „einfacher Schadensersatz"). Gem. § 249 I hat M den Zustand herzustellen, der ohne das schädigende Ereignis bestehen würde. Bei Beschädigung einer Sache kann nach § 249 II 1 vom Gläubiger statt der Herstellung der hierfür erforderliche Geldbetrag verlangt werden.

Folglich hat M die Kosten für die Reparatur zu ersetzen.

**II. Die Stadt V könnte auch einen Schadensersatzanspruch gegen M gem. § 823 I geltend machen.**

1., 2. *Voraussetzung hierfür ist, dass M durch eine Handlung eines der in § 823 I genannten Rechtsgüter kausal verletzt hat und rechtswidrig handelte.* Durch das Unterlassen des Lüftens im Bad und die unsachgemäße Benutzung des Teppichs hat M den Teppich beschädigt und die Schimmelbildung im Bad hervorgerufen und somit das Eigentum der Stadt V verletzt. Die Handlung war ursächlich für diese Rechtsgutsverletzung. Ein Rechtfertigungsgrund liegt hierfür nicht vor, sodass M rechtswidrig handelte.

3. *Ferner muss er schuldhaft gehandelt haben.* Gem. § 823 I hat der Schuldner Vorsatz und Fahrlässigkeit zu vertreten. Wie bereits unter I. festgestellt wurde, handelte M zumindest fahrlässig.

4. Durch die Rechtsgutsverletzung ist der Stadt V adäquat kausal ein Schaden entstanden (s. o.).

Auch ein Schadensersatzanspruch nach § 823 I ist also begründet. Der Schadensumfang ergibt sich wiederum aus § 249 II 1 (s. o. – § 280 I).[98]

**Aufgabe 3:**

Die Stadt V könnte von Z die Räumung der Wohnung gem. § 546 I verlangen.

1. V und Z haben am 01.03. schriftlich einen auf ein halbes Jahr befristeten Mietvertrag abgeschlossen.

2. Das zwischen ihnen bestehende Mietverhältnis könnte durch Zeitablauf gem. §§ 575, 542 II beendet worden sein.

   a) *Gem. § 575 I Nr. 2 kann ein Mietvertrag auf bestimmte Zeit – hier ein halbes Jahr – eingegangen werden, wenn der Vermieter die Räume danach so wesentlich verändern oder instand setzen will, dass die Maßnahmen durch eine Fortsetzung des Mietverhältnisses erheblich erschwert werden.* Die Stadt V beabsichtigt, nach Vertragsende die Wohnung gründlich zu sanieren und zu modernisieren, sodass diese Voraussetzung gegeben ist.

   b) *Ferner muss der Vermieter dem Mieter diese Absicht bei Vertragsschluss schriftlich mitgeteilt haben.* Bereits am 01.03. hat die Stadt V im Rahmen des schriftlichen Mietvertrags darauf hingewiesen.

---

98 Ein Schadensersatzanspruch gem. § 823 II i. V. m. § 303 StGB kommt nicht in Betracht, da nur die vorsätzliche Sachbeschädigung nach § 303 StGB strafbar ist, nicht aber – wie hier – eine fahrlässig begangene Sachbeschädigung.

c) *Schließlich kann der Mieter frühestens vier Monate vor Ablauf der Befristung vom Vermieter verlangen, dass dieser ihm binnen eines Monats mitteilt, ob der Befristungsgrund noch besteht (§ 575 II 1).* Der Z hat vorliegend die Stadt V zu keiner Erklärung aufgefordert. Die Stadt V forderte den Z jedoch zur Räumung am 01.09. auf, woraufhin Z einen Wohnanspruch auf unbefristete Zeit behauptete.

Da alle Voraussetzungen des § 575 erfüllt sind, kann V nach dem 01.09. den Räumungsanspruch geltend machen. Die Mietzeit ist beendet, und die Stadt V hat gegen Z einen Anspruch auf Räumung der Mietwohnung gem. § 546 I per 30.08.

# Fall 12: Schuldrecht BT – Mietprobleme

**Schwerpunkte:**

Mietrecht – Schadenersatzansprüche des Mieters und des Vermieters – Unmöglichkeit der Rückgabepflicht nach § 546 – Wegnahmerecht des Mieters

Die Stadt Vermiet (V) ist Vermieterin mehrerer Mietshäuser, die sie überwiegend an ihre Angestellten vermietet. Klaus Miet (M) arbeitet bei der Stadt und hat von dieser eine 3-Zimmerwohnung zum günstigen Preis angemietet.

Kurz nach seinem Einzug stellt er eines Morgens fest, dass sein neu angeschaffter Teppich durchnässt ist und sich an der Decke ein riesiger Wasserfleck befindet. Es stellt sich heraus, dass eine Wasserleitung, die über seiner Wohnung verläuft, bereits seit Längerem tropfte und schlussendlich geplatzt ist. Weder V noch M konnten bemerken, dass das Wasserrohr bereits schadhaft war.

M verlangt, dass V für den Schaden am Teppich (Reinigungskosten € 1000.-) aufkommen muss. V versichert, dass das defekte Wasserrohr nicht bekannt war und lehnt deshalb jede Haftung ab.

**Aufgabe 1:** Hat M gegen V einen vertraglichen Schadensersatzanspruch in der angegeben Höhe?

Laut Mietvertrag ist V für die Reinigung des Treppenhauses zuständig und lässt dies allwöchentlich durch die bei ihr angestellte Putzfrau Paula Putzig (P) vornehmen. Eines Tages rutscht M auf der kurz zuvor von P übertrieben gebohnerten Treppe aus und zieht sich einen komplizierten Knöchelbruch am Bein zu. Er hatte das neben der Wand aufgestellte Schild „Achtung! Frisch gebohnert" übersehen. Die Heilungskosten (M war nicht versichert) belaufen sich auf 2.000 €.

**Aufgabe 2:** Kann M gegen V einen vertraglichen Ersatzanspruch hinsichtlich der Heilungskosten geltend machen?

Da V die Wohnung des M nach dem Wasserschaden aufwendig renovieren möchte, zieht M zum 01.06.2020 in die im Erdgeschoss gelegene 3-Zimmerwohnung um. Der Mietvertrag wird entsprechend angepasst. Aufgrund einer Fortbildung am 01.09.2020, die die Stadt ihren Mitarbeitern schon längere Zeit angekündigt hat, muss M für zwei Wochen verreisen. Bereits beim Packen fällt ihm auf, dass aus dem Heizungsrohr Wasser tropft. Anstatt den Mangel der V mitzuteilen, konzentriert sich M lieber auf das Kofferpacken und vergisst die Meldung der tropfenden Heizung.

Nach Rückkehr des M muss dieser feststellen, dass durch die tropfende Heizung das in der Wohnung befindliche Parkett großflächig aufgequollen ist. Für den Austausch des beschädigten Parketts muss V Kosten von € 1.500.- aufwenden.

**Aufgabe 3:** Hat V einen vertraglichen Schadensersatzanspruch gegen M?

Da M behördenintern versetzt wurde und sich sein Arbeitsplatz räumlich verlagert hat, kündigt M das Mietverhältnis mit V. Bei der Wohnungsübergabe muss V feststellen, dass auf dem im Schlafzimmer und Flur verlegten Parkett deutliche Kratzspuren und Abplatzungen vorhanden sind. Auf entsprechende Beanstandung erklärt M, dass er beim Umzug die Möbel allein aus der Wohnung tragen wollte und diese ihm hierbei abgerutscht seien, weshalb er sie dann geschoben hätte. M ist davon überzeugt, dass er aufgrund des Mietvertrages nicht einzustehen hat. Außerdem sei ihm die Rückgabe des Zweitschlüssels unmöglich, da er diesen verloren habe.

**Aufgabe 4:** Welche Ansprüche kann V gegen M

a) hinsichtlich des Parketts

b) hinsichtlich des verlorenen Zweitschlüssels geltend machen?

M erklärt der V bei Auszug, dass er die extra für diese Wohnung entworfene Einbauküche, die er bei Einzug gekauft hat, noch abholen lassen wird. V, die mit der Küche sehr zufrieden war, erklärt, dass diese zur Wohnung gehöre. M äußerte darauf deutlich, dass die Küche für ihn nicht mehr zu gebrauchen ist, er sie aber lieber entsorgen lässt, als sie in der Wohnung zu belassen.

**Aufgabe 5:**

a) Hat V gegenüber M einen Anspruch auf Rückgabe der Wohnung einschließlich der Einbauküche?

b) Kann V seine Forderungen aus Aufgabe 4 gegen die Forderung des M (Aufgabe 5 a)) aufrechnen?

**Fall 12: Prüfschema/Lösungsskizze**

**Aufgabe 1:**

**M → V Schadensersatz gem. § 536 a I, 1. Alt.?**

1. Mietvertrag i. S. d. § 535 zwischen M und V (+)
2. Mangel der Mietsache i. S. d. § 536 I (+)
   - Mangel
   - Minderung bzw. Aufhebung der Gebrauchstauglichkeit
   - Erheblichkeit (§ 536 I 3)
3. Mangel (Wasserschaden) lag schon bei Vertragsschluss vor (+)
4. Schaden (+)
5. Argumentation der V = unbeachtlich (Garantiehaftung)

6. kein Ausschluss des Anspruchs – vertraglich oder gesetzlich (§§ 536 b, d) (+)

**Ergebnis:** M → V Schadensersatz gem. § 536 a I, 1. Alt. (+)

Schadensumfang: §§ 249 ff. (§ 249 II 1)

**Aufgabe 2:**

**Vorüberlegung:**

Es könnte auch noch ein Schadensersatzanspruch des M gegen die V aus § 823 I wegen Eigentumsverletzung angeprüft werden. Das Verschulden der V ist allerdings fraglich. Aufgrund der Fragestellung „Kann M gegen V einen **vertraglichen** Ersatzanspruch .... geltend machen?“ ist diese Prüfung nicht erforderlich.

**M → V Schadensersatz gem. § 280 I?**

1. Schuldverhältnis = Mietvertrag (+)
2. Pflichtverletzung – hier: Schutz- und Sorgfaltspflicht, § 241 II (+)

   durch das übermäßige Bohnern hat V ihre Schutzpflicht verletzt
3. Vertretenmüssen, §§ 276, 278 (+)

   P = Erfüllungsgehilfin
4. Schaden (+)

   = Verletzung des M, Heilkosten

**Ergebnis:** M → V Schadensersatz gem. § 280 I (+)

Schadensumfang: §§ 249 ff., § 254

**Aufgabe 3:**

**V → M Schadensersatz hinsichtlich der Reparaturkosten gem. § 536 c II 1?**

1. Mietvertrag (+)
2. § 536 c I, 1. Alt. – Mangel im Laufe der Mietzeit (+)

   Heizung wurde erst nach einer Mietdauer von mehreren Wochen defekt
3. Kenntnis des Mieters vom Mangel (+)
4. Unterlassen der Anzeige durch den M – § 536 c II (+)
5. M muss die Nichtanzeige zu vertreten haben – M handelte mindestens fahrlässig i. S. d. § 276 II (+)
6. Schaden, der durch die Nichtanzeige entstanden ist (+)

**Ergebnis:** V → M Schadensersatz hinsichtlich der Reparaturkosten gem. § 536 c II 1 (+)

Schadensumfang: §§ 249 ff. (Herstellung des Zustandes, der bei rechtzeitiger Anzeige bestanden hätte)

**Aufgabe 4 a):**

**I. V → M Schadensersatz für das beschädigte Parkett gem. § 280 I**

1. Schuldverhältnis: Mietvertrag i. S. d. § 535 (+)
2. Pflichtverletzung – Verletzung der Schutz- und Sorgfaltspflicht, §§ 280 I, 241 II (+)
3. Verschulden – §§ 276 I, 278 S. 1, 540 II (+)
4. Schaden (+)

**Ergebnis:** V → M Schadensersatz für die zerkratztes Parkett gem. § 280 I (+)

Umfang des zu ersetzenden Schadens: §§ 249 ff. (§ 249 II 1 – Geld)

**Aufgabe 4 b):**

**I. V → M Schadensersatz für den verlorenen Schlüssel gem. §§ 280 I, III, 283 S. 1.**

1. Schuldverhältnis: Mietvertrag (+)
2. Pflichtverletzung: geschuldete Leistung (Rückgabe gem. § 546 I) wird nicht erbracht
3. Vertretenmüssen des Schuldners – §§ 280 I 2, 276 I, II (+)
4. Schaden (+)

**Ergebnis:** V → M Schadensersatz für den verlorenen Schlüssel gem. §§ 280 I, III, 283 S. 1 (+)

Umfang des zu ersetzenden Schadens: §§ 249 ff. (§ 251 I)

**II. V → M Schadensersatz für den verlorenen Schlüssel gem. § 823 I**

1. Tatbestandsmäßigkeit der Handlung des M
   a) Verletzung eines der in § 823 I genannten Rechtsgüter;
   hier: Eigentum (+)
   b) Ursächlichkeit der Handlung für die Rechtsgutsverletzung (+)
2. Rechtswidrigkeit (+)
3. Verschulden – § 276 II, Fahrlässigkeit (+)
4. Schaden (+)

**Ergebnis:** V → M Schadensersatz für den verlorenen Schlüssel gem. § 823 I (+)

Umfang des zu ersetzenden Schadens: §§ 249 ff. (§ 251 I)

**Aufgabe 5 a):**

**V → M Rückgabe der Mietsache gem. § 546 I**

1. Wegnahmerecht des M gem. § 539 II[99] (+)
2. Abwendung der Wegnahme durch V nach § 552 I (+)

**Ergebnis:** V → M Rückgabe der Mietsache gem. § 546 I (+)

**Aufgabe 5 b):**

Aufrechnung V gegenüber M gem. §§ 387 ff.

1. Voraussetzungen der Aufrechnung durch V gem. § 387 (+)
   a) Gegenseitigkeit der Forderungen
   b) Gleichartigkeit der Forderungen
   c) Erfüllbarkeit der Hauptforderung und Fälligkeit der Gegenforderung
2. Erklärung der Aufrechnung – § 388
3. Wirkung der Aufrechnung – § 389

**Ergebnis:** Aufrechnung ist möglich; die Forderungen erlöschen in Höhe ihrer betragsmäßigen Übereinstimmung.

## Fall 12: Ausarbeitung (Gutachten)

### Aufgabe 1:

**M könnte gegenüber V einen Schadensersatzanspruch gem. § 536 a I, 1. Alt. BGB geltend machen.**

1. *Voraussetzung dafür ist, dass zwischen M und V ein wirksamer Mietvertrag i. S. d. § 535 bestanden hat. Hierfür sind zwei übereinstimmende Willenserklärungen, Angebot und Annahme, erforderlich.* Die Stadt V hat mit ihrem Angestellten M ein Mietvertrag über eine Dreizimmerwohnung geschlossen. Folglich besteht ein Mietvertrag zwischen M und V.
2. *Ferner muss ein Mangel der Mietsache vorhanden gewesen sein. Ein solcher Mangel liegt immer vor, wenn die Mietsache mit einem Fehler i. S. d. § 536 I behaftet ist, der ihre Tauglichkeit zum vertragsgemäßen Gebrauch aufhebt oder mindert. Voraussetzung ist also eine Abweichung der Ist-Beschaffenheit der Mietsache von der vertraglich vereinbarten Soll-Beschaffenheit, die eine erhebliche Beeinträchtigung der vertragsgemäßen*

99 Für das Wegnahmerecht ist es unerheblich, ob die Sache wesentlicher Bestandteil geworden ist (vgl. §§ 946, 93); siehe *Palandt/Weidenkaff*, § 539 Rn. 9.

*Gebrauchstauglichkeit zur Folge hat.* Die Vermieterin V war aufgrund des Vertrages verpflichtet, die Wohnung in ordnungsgemäßen Zustand (trockene Wohnung) zu überlassen (vgl. § 535 I 2). Indem ein Wasserrohr undicht war und dadurch Nässe durch die Decke der Wohnung eindringen konnte, liegt eine Abweichung der Ist- von der Soll-Beschaffenheit vor. Der Wohnraum kann aufgrund der Wasserbindung nicht mehr zu Wohnzwecken genutzt werden, sodass die Tauglichkeit der Wohnung zu dem vertragsmäßigen Gebrauch aufgehoben wird. Somit war der Mangel auch erheblich, und die Voraussetzung des § 536 I ist gegeben.

3. *Nach § 536 a I, 1. Alt. muss dieser Mangel schon bei Abschluss des Mietvertrages vorhanden sein.* Da das Wasserrohr bereits seit Längerem tropfte, M jedoch erst kurz in der Wohnung lebt, bestand der Mangel bereits vor und dadurch auch bei dem Abschluss des Vertrages.

> **Merke:**
>
> Es handelt sich bei der 1. Alt. des § 536 a I um eine nicht vom Verschulden des Vermieters abhängige Einstands- und Schadensersatzpflicht für alle anfänglichen, auch unerkennbaren Fehler. Der Gesetzgeber geht – aus Gründen des Mieterschutzes – von der Fiktion aus, dass der Vermieter stillschweigend eine Garantieerklärung abgibt. Diese sehr weitgehende Haftung ist allerdings auch vertraglich abdingbar.

4. *Schließlich muss dem M aufgrund des Mangels ein Schaden entstanden sein. Dazu zählt jede unfreiwillige Einbuße an Rechtsgütern.* Der neu erworbene Teppich ist durch das ausdringende Wasser beschädigt worden, es liegt eine Vermögenseinbuße seitens M vor.
5. Bei der 1. Alt. des § 536 a I handelt es sich um eine nicht vom Verschulden des Vermieters abhängige Einstands- und Schadensersatzpflicht für alle anfänglichen, auch unerkennbaren Fehler. Insofern ist die Argumentation der V, von einem Schaden nichts gewusst zu haben und deshalb jegliche Haftung abzulehnen, unbeachtlich.
6. *Der Anspruch des M darf weder durch Vertrag noch durch Gesetz ausgeschlossen sein.* Es liegt weder eine vertragliche Vereinbarung des Haftungsausschlusses vor, noch hat der Mieter den Mangel bei Abschluss des Vertrages gekannt (§§ 536 b, d).

Somit hat M gegen die Gemeinde V einen Schadensersatzanspruch gem. § 536 a I, 1 Alt. Diese Anspruchsgrundlage umfasst alle Schäden, d. h. auch die Mangelfolgeschäden. Der beschädigte Teppich stellt einen Mangelfolgeschaden dar.

Für den Umfang des zu ersetzenden Schadens gelten die §§ 249 ff. Die Vermieterin V hat den Zustand herzustellen, der ohne das schädigende Ereignis bestehen würde (§ 249 I). Nach § 249 II 1 kann der Gläubiger wegen Beschädigung einer Sache statt der Herstellung den dazu erforderlichen Geldbetrag verlangen. M kann danach die Kosten für die Reinigung des Teppichs in Höhe von 1.000 € von der Gemeinde V verlangen.

**Aufgabe 2:**

**M könnte wegen des Knöchelbruchs gegen V einen Schadensersatzanspruch gem. § 280 I geltend machen.**

1. *Voraussetzung für diesen Schadensersatzanspruch ist ein zwischen V und M bestehendes Schuldverhältnis.* Wie bereits bei Aufgabe 1 festgestellt, haben V und M einen wirksamen Mietvertrag geschlossen, ein vertragliches Schuldverhältnis liegt somit vor.
2. *V muss eine aus dem Schuldverhältnis resultierende Pflicht verletzt haben. Jeder Vertragspartner hat aufgrund des Schuldverhältnisses die Pflicht, die Rechtsgüter des anderen, auf die er eine durch den Vertrag bedingte Einwirkungsmöglichkeit hat, nicht zu beschädigen (vgl. auch § 241 II). Aus dem Mietvertrag folgt, dass V alles unterlassen muss, was ihre Mieter gefährden könnte.* Durch das übermäßige Bohnern der Treppe (die Reinigung des Treppenhauses war eine Nebenpflicht der V aufgrund des Mietvertrages) ist M zu Fall gekommen und hat sich verletzt. Somit liegt eine objektive Sorgfaltspflichtverletzung der V vor.
3. *V muss diese Pflichtverletzung zu vertreten, also vorsätzlich oder fahrlässig (vgl. § 276 I 1) gehandelt haben. V selbst hat nicht schuldhaft gehandelt. Sie muss aber nach § 278 S. 1 für das Verschulden ihrer Erfüllungsgehilfin einstehen, sodass nur dieses nachgewiesen zu werden braucht. Erfüllungsgehilfe ist, wer mit Wissen und Wollen des Schuldners rein tatsächlich bei der Erfüllung tätig wird.* P hat im Auftrag der V die Treppe gebohnert, folglich ist sie deren Erfüllungsgehilfin. *Ferner muss sie in Erfüllung einer Verbindlichkeit des Schuldners tätig geworden sein.* V hatte die Pflicht, das Treppenhaus, was ebenfalls zur vermieteten Wohnung gehört, in sauberem Zustand zu erhalten und deshalb eine wöchentliche Reinigung vorgenommen. Durch das Putzen ist P in Erfüllung einer Verbindlichkeit der V tätig geworden. *Es kommt eine fahrlässige Pflichtverletzung infrage. Fahrlässigkeit bedeutet nach § 276 II die Außerachtlassung der im Verkehr erforderlichen Sorgfalt.* P hätte die Treppe nicht zu glatt bohnern dürfen und das Warnschild „Vorsicht! Frischt gebohnert!“ gut sichtbar – und nicht neben der Wand – aufstellen müssen. In-

dem sie dies nicht tat, hat sie die erforderliche Sorgfalt nicht beachtet und fahrlässig gehandelt. Dieses Verschulden hat V zu vertreten.

4. *Die schuldhafte Pflichtverletzung muss kausal für den Schaden sein.* Hätte P nicht übertrieben gebohnert, wäre M nicht ausgerutscht und hätte sich nicht einen komplizierten Knöchelbruch zugezogen.

Folglich kann M wegen des Knöchelbruchs gegen V einen Schadensersatzanspruch gem. § 280 I geltend machen.

Der Umfang des zu ersetzenden Schadens ergibt sich aus §§ 249 ff. Nach § 249 I hat V den Zustand herzustellen, der ohne die zu glatt gebohnerte Treppe bestünde. Dann wäre es nicht zu dem Unfall des M (Körperverletzung) gekommen. Nach § 249 II 1 kann im hier vorliegenden Fall der Verletzung einer Person M statt der Herstellung dieses Zustandes den dazu erforderlichen Geldbetrag, also die Heilungskosten in Höhe von 2.000 € verlangen.

Die Ersatzpflicht der V könnte jedoch wegen eines Mitverschuldens des M nach § 254 I eingeschränkt sein oder sogar ganz entfallen. *Voraussetzung hierfür ist, dass M den haftungsbegründenden Tatbestand mit herbeigeführt hat. Das Verhalten des M muss ursächlich für den Unfall gewesen sein. Der Geschädigte muss in vorwerfbarer Weise gegen seine eigenen Interessen verstoßen haben.*[100] *Abzustellen ist auf die Außerachtlassung derjenigen Sorgfalt, die ein ordentlicher und verständiger Mensch zur Vermeidung eigenen Schadens anzuwenden pflegt.*[101] Indem M nicht auf das Schild „Achtung! Frisch gebohnert!" geachtet hat und vorsichtiger gegangen ist, hat er nicht die gebotene Sorgfalt angewendet. Es ist eine Abwägung der beiderseitigen Verursachungsbeiträge vorzunehmen. Dem Mitverschulden des M steht die Verkehrssicherungspflicht der V gegenüber. Eine Quotelung des Schadens je zur Hälfte ist angemessen.

**Aufgabe 3:**

**V könnte gem. § 536 c II 1 Schadenersatz von M bezüglich der Reparaturkosten des Parketts verlangen.**

1. *Voraussetzung dafür ist, dass zwischen beiden ein Mietvertrag i. S. d. § 535 BGB vorliegt.* Zum 01.06.2020 haben M und V einen Mietvertrag über die Dreizimmerwohnung im Erdgeschoss geschlossen.

2. *Es muss sich im Laufe der Mietzeit ein Mangel der Mietsache gezeigt haben* (§ 536 c I, 1. Alt.). *Unter Mangel ist hier – anders als bei § 536 I –*

100 „Verschulden gegen sich selbst". Siehe hierzu *Deutsch/Ahrens*, Rn. 205.

101 BGH NJW 1998, 1137, 1138.

*jeder schlechte Zustand der Mietsache, der nach der Übergabe entstanden ist, zu verstehen – ohne Rücksicht darauf, ob ihre Brauchbarkeit beeinträchtigt wird.* Das Heizungsrohr tropfte, was nicht der Fall sein darf, folglich liegt ein Mangel vor.

3. *Der Mieter M muss den Mangel kennen.* Da M noch vor seiner Abreise bemerkte, dass das Heizungsrohr tropft, hatte er Kenntnis von dem Mangel.
4. *M muss die nach § 536 c I in diesem Fall erforderliche unverzügliche Anzeige an den Vermieter unterlassen haben.* Indem M auf die Fortbildung fährt, ohne die V von der tropfenden Heizung zu informieren, versäumt er es, den Mangel anzuzeigen.
5. *Der Mieter muss die Nichtanzeige zu vertreten haben. Zu vertreten hat M Vorsatz und Fahrlässigkeit, sofern nicht ein anderer Haftungsmaßstab bestimmt ist (vgl. § 276 I 1). Hier könnte Fahrlässigkeit in Betracht kommen. Fahrlässig handelt, wer die im Verkehr erforderliche Sorgfalt außer Acht lässt (§ 276 II).* Indem M einfach vergisst, die V vor seiner Abreise von der tropfenden Heizung zu informieren, hat M zumindest fahrlässig gehandelt.
6. *Ferner muss durch die Nichtanzeige der V ein Schaden, also ein Vermögensnachteil, entstanden sein.* Der Schaden an dem Parkett in Höhe von 1.500 € wäre bei rechtzeitiger Anzeige des Defekts vermieden worden.

Folglich ist M gem. § 536 c II 1 der V zum Schadensersatz verpflichtet.

Der Umfang des zu ersetzenden Schadens ergibt sich aus den §§ 249 ff. Nach § 249 I hat M den Zustand herzustellen, der bei rechtzeitiger Anzeige bestünde. Wäre dies der Fall gewesen, wäre das Parkett nicht großflächig aufgequollen. Gem. § 249 II 1 kann der Gläubiger statt der Herstellung den erforderlichen Geldbetrag verlangen, wenn wegen einer Beschädigung einer Sache Schadensersatz zu leisten ist, hier also die Kosten für den Austausch in Höhe von 1.500 €.

**Aufgabe 4 a):**

**I. V könnte von M Schadensersatz gem. § 280 I verlangen.**

1. *Voraussetzung für diesen Schadensersatzanspruch ist ein zwischen V und M bestehendes Schuldverhältnis.* Wie oben bereits erörtert, haben beide einen wirksamen Mietvertrag i. S. d. § 535 geschlossen; ein vertragliches Schuldverhältnis liegt vor.
2. *M muss eine aus dem Schuldverhältnis resultierende Pflicht verletzt haben. Jeder Vertragspartner hat aufgrund des Schuldverhältnisses (vgl. § 241 II) die Pflicht, die Rechtsgüter des anderen, auf die er eine durch*

*den Vertrag bedingte Einwirkungsmöglichkeit hat, nicht zu beschädigen. Die pflegliche Behandlung der Mietsache ist eine nicht leistungsbezogene Nebenpflicht.* Durch das Fallenlassen und Schieben der Möbel über den Parkettboden in Schlafzimmer und Flur wurde die Sorgfaltspflicht objektiv verletzt.

3. *M muss die Pflichtverletzung zu vertreten haben.* Hier kommt Vorsatz oder Fahrlässigkeit in Betracht. Vorsätzlich handelt derjenige, der mit Wissen und Wollen handelt. Das M wissentlich und mit Wollen handelte, als er das Parkett der V beschädigte, ergibt sich nicht aus dem Sachverhalt. Es kommt jedoch eine fahrlässige Pflichtverletzung infrage. *Fahrlässigkeit bedeutet nach § 276 II die Außerachtlassung der im Verkehr erforderlichen Sorgfalt.* Indem M die Möbel erst runterfielen und diese dann über das Parkett gezogen wurden, hat er zumindest die erforderliche Sorgfalt nicht beachtet und fahrlässig gehandelt. Dieses Verschulden hat M zu vertreten.
4. *Die schuldhafte Pflichtverletzung muss kausal für den Schaden sein. Dazu zählt jeder Nachteil, den jemand durch ein bestimmtes Ereignis erleidet.* M hätte die Möbel nicht allein tragen sollen und schon gar nicht über das Parkett ziehen dürfen. Hätte er sich Hilfe geholt, so wären die Beschädigungen am Parkett nicht entstanden und folglich hätte V keinen Vermögensschaden erlitten. Somit ist die objektive Pflichtverletzung des M ursächlich für den Schaden.

Die Rechtsfolgen bestimmen sich aus § 280 I 1. Danach hat V gegenüber M einen Anspruch auf Schadensersatz.

Der Umfang des zu ersetzenden Schadens ergibt sich aus §§ 249 ff. Nach § 249 I hat M den Zustand herzustellen, der ohne die Beschädigungen am Parkett bestehen würde. Nach § 249 II 1 kann V statt der Herstellung dieses Zustandes bei Beschädigung einer Sache den dazu erforderlichen Betrag verlangen.[102]

---

102 Dieser Anspruch verjährt nach § 548 I in 6 Monaten; die Verjährung beginnt mit dem Zeitpunkt, in dem der Vermieter die Sache zurückerhält (§ 548 I 2).

**Aufgabe 4 b):**

**I. V könnte von M Schadensersatz für den verlorenen Schlüssel gem. §§ 280 I, III, 283 S. 1 verlangen.**

1. Ein Schuldverhältnis ist durch den zwischen V und M bestehenden Mietvertrag (§ 535) gegeben.[103]

2. *M muss eine Pflichtverletzung begangen haben. Es könnte eine Pflichtverletzung dahingehend vorliegen, dass die von M geschuldete Leistung nicht erbracht wird.* M war verpflichtet, nach Ablauf der Mietzeit sämtliche Wohnungsschlüssel zurückzugeben. Allerdings hat er den Zweitschlüssel verloren. Es ist deshalb die Unmöglichkeit der Rückgabe (Leistung) zu prüfen. Durch den Verlust des Schlüssels ist M die nach § 546 I obliegende Verpflichtung, den zur Wohnung gehörenden Gegenstand nach Beendigung des Mietverhältnisses herauszugeben, nachträglich (subjektiv) unmöglich geworden. Eine Pflichtverletzung liegt also vor.[104]

3. *Der Schuldner muss die pflichtwidrige Herbeiführung der Unmöglichkeit zu vertreten haben (§ 280 I 2).* Nach § 276 I 1 haftet M für Vorsatz und Fahrlässigkeit. M könnte fahrlässig gehandelt haben. *Fahrlässig handelt, wer die im Verkehr erforderliche Sorgfalt außer Acht lässt (§ 276 II).* M hätte besser auf den Zweitschlüssel achten müssen. Indem er ihn verlor, hat er die im Verkehr erforderliche Sorgfalt nicht beachtet und damit fahrlässig, mithin schuldhaft gehandelt.

4. *Dem Gläubiger (V) muss ein Schaden, also eine unfreiwillige Einbuße am Vermögen, entstanden sein.* Indem M dem Hauseigentümer V den Schlüssel nicht mehr zurückgeben kann, hat V eine Vermögenseinbuße erlitten.

Somit hat V gegen M gem. §§ 280 I, III, 283 S. 1 Anspruch auf Schadensersatz statt der Leistung. Der Anspruch ist auf das positive Interesse gerichtet, d. h. der Gläubiger V ist so zu stellen, wie er bei ordnungsgemäßer Erfüllung stehen würde. Da M nicht mehr den Schlüssel übergeben kann (§ 249 I), muss er entweder einen gleichartigen Schlüssel beschaffen[105] oder aber den V in Geld entschädigen (vgl. § 251 I).

---

103 Diese Voraussetzung kann – im Urteilstil – festgestellt werden, da sie bei Aufgaben 2 und 3 schon erörtert wurde.

104 Der Rückgabeanspruch (Schlüssel) des V ist gem. § 275 I ausgeschlossen. Die ursprüngliche Verpflichtung des M (Primärleistungspflicht) wandelt sich in eine Schadensersatzpflicht (Sekundärleistungspflicht) um.

105 Fraglich ist, ob die Zweitschlüsselbeschaffung für V zumutbar ist. Es besteht nämlich die Möglichkeit, dass ein unredlicher Finder des Schlüssels mit diesem Missbrauch betreiben (z. B. in das Haus der V eindringen) kann. Insofern ist eine Auswechslung der Türschlösser und Kostenerstattung durch M die sachgerechte Lösung.

**II. Darüber hinaus könnte V gegen M wegen des verlorenen Schlüssels einen Schadensersatzanspruch nach § 823 I haben.**

1. a) *Voraussetzung hierfür ist, dass M eines der in dieser Vorschrift genannten Rechtsgüter der V verletzt hat.* Durch den Verlust des der V gehörenden Zweitschlüssels hat M deren Eigentum verletzt.

   b) *Die Handlung muss kausal für die Rechtsgutsverletzung sein.* Das Verlieren des Schlüssels durch M führte zur Verletzung des Eigentums.

2. *Weitere Voraussetzung ist die Widerrechtlichkeit der Handlung des M.* Ein Rechtfertigungsgrund liegt nicht vor, sodass Rechtswidrigkeit gegeben ist.

3. *M muss vorsätzlich oder fahrlässig gehandelt haben.* Wie unter I. bereits festgestellt, hat M die im Verkehr erforderliche Sorgfalt außer Acht gelassen und folglich fahrlässig gehandelt.

4. *Ferner muss dem V ein Schaden durch vorgenannte Handlung entstanden sein. Dazu zählt jeder Nachteil, den jemand durch ein bestimmtes Ereignis erleidet.* V hat einen finanziellen Verlust durch den nicht mehr vorhandenen Zweitschlüssel erlitten. Die Handlung war für den eingetretenen Schaden ursächlich.

Somit besteht auch ein Schadensersatzanspruch der V gem. § 823 I gegenüber M. Nach § 249 I hat M den Zustand herzustellen, der bestehen würde, wenn der zum Ersatz verpflichtende Umstand nicht eingetreten wäre. V hätte dann noch einen Schlüssel. Soweit die Wiederherstellung dieses Zustandes nicht möglich ist, hat M die Gemeinde V gem. § 251 I in Geld zu entschädigen.

**Aufgabe 5 a):**

**V könnte gegen M einen Anspruch auf Rückgabe der Mietsache einschließlich der von M eingebauten Einbauküche gem. § 546 I haben.**

*Gem. § 546 I hat der Mieter die Mietwohnung nach Beendigung des Mietverhältnisses zurückzugeben, also ordnungsgemäß zu räumen.*

1. *Gem. § 539 II* könnte M hinsichtlich der von ihm in die Wohnung eingebrachten Einbauküche ein *Wegnahmerecht* haben. *Voraussetzung hierfür ist, dass er die Mietsache mit einer Einrichtung versehen hat.* M hat die Einbauküche mit der Wohnung körperlich fest, aber abtrennbar[106] verbunden, somit steht ihm das Recht zur Wegnahme zu.

106 Hier ist auch eine andere Argumentation möglich.

2. *Nach § 552 I kann allerdings V die Ausübung dieses Wegnahmerechts durch Zahlung einer angemessenen Entschädigung abwenden, sofern M nicht ein berechtigtes Interesse an der Wegnahme hat.*

V müsste dem M also eine angemessene Entschädigung zahlen. Mit dem Argument, die Küche lieber zu entsorgen, als sie in der Wohnung zu belassen, bringt M zum Ausdruck, dass er sie nicht unentgeltlich in der Wohnung lassen will. Es reicht also für ein berechtigtes Interesse des Mieters an der Wegnahme nicht aus.

Somit hat die Gemeinde V gegen M einen Anspruch auf Rückgabe der Wohnung einschließlich der Einbauküche, sofern sie dem Mieter eine angemessene Entschädigung zahlt.

**Aufgabe 5 b):**

**V könnte mit ihren gegenüber M bestehenden Schadensersatzforderungen (s. o. Aufgabe 4 a)) gegen die Forderung des M aus § 552 I (siehe Aufgabe 5 a)), gem. §§ 387 ff. aufrechnen.**

1. a) *Voraussetzung hierfür ist zunächst, dass jeder Vertragspartner eine Forderung gegen den anderen hat.* Wie bereits geprüft wurde, stehen der V gegen M Schadensersatzansprüche gem. §§ 280 I, III, 283 bzw. § 823 I wegen des beschädigten Parketts und des verlorenen Schlüssels zu. M kann von V eine angemessene Entschädigung für die in der Wohnung verbleibende Einbauküche gem. § 552 I verlangen. Die Gegenseitigkeit der Forderungen liegt somit vor.

   b) *Ferner müssen die Forderungen gleichartig, also austauschbar und verrechenbar sein.* Da beides Geldschulden (Euro) sind, ist auch diese Voraussetzung gegeben.

   c) Die Aufrechnung ist dann *möglich, wenn die Hauptforderung erfüllbar und die Gegenforderung durchsetzbar, also frei von Einreden und auch fällig ist.* Da weder V noch M eine Zeit für die Leistung bestimmt haben, kann gem. § 271 I der Gläubiger die Leistung sofort verlangen und der Schuldner sie sofort erbringen. Eine Einrede steht dem M nicht zu. Folglich liegen die Voraussetzungen für eine Aufrechnung vor.

2. *Nach § 388 S. 1 erfolgt die Aufrechnung durch Erklärung gegenüber dem anderen Teil.* V muss also gegenüber M die Aufrechnung erklären.

3. Dies bewirkt gem. § 389, dass die Forderungen in Höhe ihrer betragsmäßigen Übereinstimmung – „soweit sie sich decken“ – erlöschen.

## Vertiefung: Mietrecht[107]

**Übersicht:**

I. Rechte und Pflichten der Mietvertragsparteien
   1. Pflichten des Vermieters
   2. Rechte des Mieters bei Sach- oder Rechtsmängeln
   3. Haftung des Vermieters nach den allgemeinen Vorschriften
   4. Pflichten des Mieters
   5. Folgen der Nicht- oder Schlechterfüllung der Mieterpflichten

II. Beendigung des Mietvertrages
   1. Aufhebungsvertrag gem. § 311 I
   2. Beendigung durch Zeitablauf, §§ 542 II, 575
   3. Beendigung durch Kündigung
   4. Folgen der Beendigung

Im Mietvertrag wird eine entgeltliche Gebrauchsüberlassung auf Zeit vereinbart (§ 535). Grundsätzlich ist er formlos gültig. Für Mietverträge über Wohnräume und Grundstücke, die auf längere Zeit als ein Jahr geschlossen werden, begründet § 550 S. 1 kein Schriftformerfordernis, sondern enthält lediglich die Rechtsfolge, dass entsprechende – nicht schriftliche (vgl. § 126) – Mietverträge als für unbestimmte Zeit geschlossen gelten. Es handelt sich hierbei um eine Fiktion, also die Annahme eines Sachverhalts, der in Wirklichkeit nicht besteht.[108] Gem. § 550 S. 2 kann ein solcher Mietvertrag mit der Frist der §§ 573 c oder 580 a frühestens zum Ablauf eines Jahres nach dem vertraglich bestimmten Zeitpunkt zur Überlassung gekündigt werden.

107 **Literatur zur Vertiefung:** *Brox/Walker* SchuldR BT, §§ 10 ff.; *Dittmann/Reichart*, Betretungsrecht des Wohnraumvermieters, JA 2011, 173; *Fikentscher/Heinemann*, § 77; *Grunewald*, § 16 I, II; *Herrler*, Abwälzung von Schönheitsreparaturen durch Allgemeine Geschäftsbedingungen bei der Wohnraummiete – Wirksamkeitsanforderungen, Folgen unwirksamer Klauseln und Reaktionsmöglichkeiten des Vermieters, JURA 2008, 248 ff.; *Kaiser*, Rn. 671 ff.; *Löhnig/Gietl*, Grundfälle zum Mietrecht, JuS 2011, 107 ff., 202 ff.; *Looschelders* SchuldR BT, §§ 21–23; *Musielak/Hau*, Rn. 657 ff.; *Oetker/Maultzsch*, § 5 Rn. 4 ff.; *Wörlen/Metzler-Müller* SchuldR BT, Rn. 144 ff.

108 So auch die Begründung des Regierungsentwurfs, BT-Drucksache 14/4553, 47. A. A.: *Palandt/Weidenkaff*, § 550 Rn. 1. Danach verlange § 550 S. 1 weiterhin die gesetzliche Schriftform, auch wenn sie nicht wie in § 566 S. 1 a. F. ausdrücklich vorgeschrieben werde.

Bei Mietverträgen (Dauerschuldverhältnissen), die vor dem 01.01.2002 abgeschlossen wurden, gilt gem. Art. 229 § 5 S. 2 EGBGB das neue Schuldrecht ab dem 01.01.2003.

## I. Rechte und Pflichten der Mietvertragsparteien

### 1. Pflichten des Vermieters

Hauptpflicht des Vermieters ist die Gebrauchsüberlassung der Mietsache (§ 535 I 1) sowie deren Erhaltung in vertragsgemäßem Zustand während der Mietzeit (§ 535 I 2). Diese Instandhaltungspflicht des Vermieters ist abdingbar. Meistens werden durch einen (Formular-)Mietvertrag die zur Beseitigung der normalen Abnutzung erforderlichen Schönheitsreparaturen – wie z. B. Tapezieren von Wänden, Anstreichen von Decken, Heizkörpern, Innentüren – auf den Mieter abgewälzt. Die Rechtsprechung hat allerdings einige Klauseln in den Formularmietverträgen für unwirksam erklärt, so z. B. die „starren" Fristen für Schönheitsreparaturen[109], die Abgeltungsklausel mit „starrer" Abgeltungsquote,[110] die Klausel, dass bei Schönheitsreparaturen von der „bisherigen Ausführungsarbeit" nicht abgewichen werden darf.[111]

Mit Urteilen vom 18.03.2015[112] hat der BGH seine fast 30 Jahre alte Rechtsprechung zur Übertragung von Schönheitsreparaturen auf den Mieter grundlegend geändert. Danach sind formularmäßige Quotenabgeltungsklauseln sowie die formularmäßige Übertragung der Schönheitsreparaturen auf den Mieter bei einer unrenoviert oder renovierungsbedürftig überlassenen Wohnung unwirksam, sofern dem Mieter kein angemessener Ausgleich gewährt wird.

Außerdem obliegen dem Vermieter allgemeine Nebenpflichten (vgl. u. a. §§ 535 I 3, 536 a II, 539).

### 2. Rechte des Mieters bei Sach- oder Rechtsmängeln

Nach Überlassung der Mietsache hat der Mieter neben dem Erfüllungsanspruch einen Anspruch auf Nachbesserung (vgl. § 535 I 2) sowie die Mängelgewährleistungsrechte gem. §§ 536 ff. Letztgenannte Ansprüche bestehen neben dem Erfüllungsanspruch. Sofern die Mietsache mit einem

---

109 BGH NJW 2006, 3778 ff.

110 BGH NJW 2007, 1743 f.

111 Eine Auflistung von Entscheidungen zu unwirksamen Renovierungsklauseln ist zu finden bei *Schmidt-Futterer/Langenberg*, § 538 Rn. 151 ff.; *Palandt/Weidenkaff*, § 536 Rn. 43 ff.

112 Az. VIII ZR 185/14, VIII ZR 242/13, VIII ZR 21/13, juris.de.

Mangel (bei Gebrauchsüberlassung oder später) behaftet ist, der die Tauglichkeit der Sache zum vertragsgemäßen Gebrauch nicht nur unerheblich aufhebt oder beeinträchtigt bzw. dem Mieter aufgrund des privaten Rechts eines Dritten der vertragsgemäße Gebrauch ganz oder teilweise entzogen wird (vgl. § 536 III), ist der Mieter gem. § 536 I 1, 2 ganz oder teilweise von der Mietzinszahlung befreit. Gleiches gilt gem. § 536 II, wenn eine zugesicherte Eigenschaft fehlt oder später wegfällt.

**Gewährleistungsrechte im Mietrecht**

| Mangelbeseitigung § 535 I 2 | Minderung § 536 I | Selbstvornahme § 536a II | Schadensersatz § 536a I |
|---|---|---|---|
| **Voraussetzungen:**<br>– Wirksamer Mietvertrag<br>– Übergabe der Mietsache<br>– Mangel, § 536<br>– Mängelanzeige | **Voraussetzungen:**<br>– Wirksamer Mietvertrag<br>– Übergabe der Mietsache<br>– Mangel, § 536<br>– Mängelanzeige<br>– Kein Ausschluss der Gewährleistung (vertraglich oder gesetzlich – §§ 536b, d; beachte § 536 IV) | **Voraussetzungen:**<br>– Wirksamer Mietvertrag<br>– Übergabe der Mietsache<br>– Mangel, § 536<br>– Mängelanzeige<br>– Verzug des Mieters mit Mangelbeseitigung oder umgehende Mangelbeseitigung erforderlich | **Voraussetzungen:**<br>– Wirksamer Mietvertrag<br>– Übergabe der Mietsache<br>– Mangel, § 536<br>– Mängelanzeige<br>– Anfänglicher Mangel oder<br>– Vertretenmüssen des nachträglichen Mangels oder<br>– Verzug des Mieters mit Mangelbeseitigung |
| **Rechtsfolge:**<br>Anspruch des Mieters auf Mangelbeseitigung | **Rechtsfolge:**<br>Minderung der Miete kraft Gesetzes | **Rechtsfolge:**<br>Aufwendungsersatzanspruch des Mieters | **Rechtsfolge:**<br>Ersatz von Mangel- und Mangelfolgeschäden |

Für den Ausschluss der Mängelhaftung sind die §§ 536 b, 536 d, 536 IV relevant.[113] Die Mängelrechte stehen dem Mieter auch dann nicht zu, wenn er dem Vermieter einen festgestellten Mangel nicht unverzüglich anzeigt (§ 536 c II 2).

113 Die Regelung ist der beim Kauf ähnlich.

**Prüfschema – Voraussetzungen der Mietminderung gem. § 536 I:**

1. Wirksamer Mietvertrag + Übergabe der Mietsache
2. Sachmangel (§ 536 I) oder Rechtsmangel (§ 536 III) der Mietsache
3. Minderung der Tauglichkeit ist erheblich (§ 536 I 3)
4. Mängelanzeige (§ 536 c I)
5. Kein Ausschluss der Gewährleistung (vertraglich oder gesetzlich, §§ 536 b, d; beachte § 536 IV!)

**Rechtsfolge:** Mietminderung nach § 536 I 2

Ein Verschulden des Vermieters ist nicht Voraussetzung der Mietminderung!

Außerdem kann der Mieter gem. § 536 a I, II Schadens-[114] und Aufwendungsersatz[115] verlangen. Es ist der gesamte, infolge des Mangels eingetretene Schaden – auch der Mangelfolgeschaden – zu ersetzen.[116] Es muss also nicht (wie im Kauf- und Werkvertragsrecht) zwischen Mangel- und Mangelfolgeschaden unterschieden werden. Denn bei der Miete bringt der Mieter seine Vermögensgegenstände in den Einwirkungsbereich des Vermieters, dessen Zugriff diese dann ausgeliefert sind. Daraus ergeben sich eine erhöhte Schutzbedürftigkeit des Mieters und folglich leichtere Haftungsvoraussetzungen (wie z. B. keine Entlastungsmöglichkeit des Vermieters für anfängliche Mängel) für Mängel an der Mietsache und auch für die übrigen Vermögensgegenstände des Mieters.

114 Beispiel in Fall 12, Aufgabe 1.

115 Siehe hierzu Fall 19, Aufgabe 1.

116 H. M.; *Soergel/Heintzmann*, § 536 a Rn. 14; *MüKoBGB/Häublein*, § 536 a Rn. 12 f.; *Palandt/Weidenkaff*, § 536 a Rn. 14. Beispiel in Fall 12, Aufgabe 1.

**Prüfschema – Schadensersatz wegen eines Mangels der Mietsache gem. § 536 a:**

**Voraussetzungen:**

1. Wirksamer Mietvertrag + Übergabe der Mietsache
2. Mangel der Mietsache i. S. d. § 536
   a) bei Vertragsschluss vorhanden – **Garantiehaftung – (§ 536 a I, 1. Alt.) oder**
   b) nach Vertragsschluss aufgetreten und vom Vermieter zu vertreten **(§ 536 a I, 2. Alt.) oder**
   c) Verzug des Vermieters mit einer Mängelbeseitigung **(§ 536 a I, 3. Alt.)**
3. Mängelanzeige (§ 536 c I) bei nachträglich auftretendem Mangel
4. Schaden beim Mieter
5. Kein Ausschluss der Gewährleistung

**Rechtsfolge:** Ersatz des Mangel- und des Mangelfolgeschadens.

Der Mieter kann bei Verzug des Vermieters mit der Mängelbeseitigung oder, wenn die umgehende Beseitigung des Mangels zur Erhaltung oder Wiederherstellung des Bestands der Mietsache notwendig ist, statt des Schadensersatzes nach § 536 a I auch den Mangel selbst beseitigen oder beseitigen lassen und Ersatz der erforderlichen Aufwendungen verlangen (§ 536 a II).

Gem. § 543 I, II 1 Nr. 1 kann der Mieter den Mietvertrag ohne Einhaltung einer Kündigungsfrist kündigen. Bei der Wohnraummiete ist dieses Recht nicht abdingbar, vgl. § 569 V 1. Der Mieter muss dem Vermieter zuvor unter Angabe der Mängel eine angemessene Frist für deren Beseitigung gesetzt haben, und diese Frist muss verstrichen sein (§ 543 III). Eine Fristsetzung ist entbehrlich, wenn die sofortige Kündigung unter Abwägung der beiderseitigen Interessen gerechtfertigt ist (§ 543 II 1 Nr. 2), so z. B., wenn die Benutzung der Wohnung infolge eines Sachmangels mit einer erheblichen Gesundheitsgefahr für den Mieter verbunden ist.

### 3. Haftung des Vermieters nach den allgemeinen Vorschriften

Sofern die Nichterfüllung der Pflichten weder auf einem Sach- noch auf einem Rechtsmangel beruht, haftet der Vermieter nach den allgemeinen Vorschriften der §§ 323–326. An die Stelle des dort geregelten Rücktrittsrechts tritt das Recht zur fristlosen Kündigung gem. § 543.

Sofern allgemeine Schutz- und Sorgfaltspflichten verletzt werden, kommt eine Haftung aus §§ 280 I, 241 II in Betracht. Dies gilt allerdings nicht für die in § 536 a geregelten Ansprüche des Mieters, da diese Vorschrift auch Mangelfolgeschäden erfasst.

#### 4. Pflichten des Mieters

Hauptpflicht des Mieters ist die Mietzahlung (§ 535 II). Darüber hinaus darf er den vertragsgemäßen Gebrauch nicht überschreiten (vgl. §§ 538, 540[117], 541, 543 II); er hat hinsichtlich der Mietsache Obhuts- und Sorgfaltspflichten, Duldungspflichten (§ 554 I bei Raummiete) und eine Rückgabepflicht nach Beendigung der Mietzeit (§ 546 I).[118]

#### 5. Folgen der Nicht- oder Schlechterfüllung der Mieterpflichten

Die Vorschriften über Pflichtverletzung wegen Unmöglichkeit[119], Pflichtverletzung wegen Verzugs[120] und „sonstige Pflichtverletzung“[121] finden Anwendung. Folgende Sonderregelungen sind im Mietrecht zu beachten: Bei Verletzung der Zahlungspflicht kommt nur die Kündigung nach § 543 II 1 Nr. 3 bzw. § 573 II Nr. 1 in Betracht[122]; sofern der Mieter Pflichten bzw. Rechte des Vermieters aus dem Mietvertrag in erheblichem Maße verletzt, ist eine fristlose Kündigung gem. §§ 543 II Nr. 2, 543 III unter den dort genannten Voraussetzungen möglich. Eine Entschädigung bei Verletzung der Rückgabepflicht ist in § 546 a geregelt, der Schadensersatzanspruch bei Verletzung der Anzeigepflicht in § 536 c II.

### II. Beendigung des Mietvertrages

#### 1. Aufhebungsvertrag gem. § 311 I

Die Parteien können sich jederzeit über den Beendigungszeitpunkt einigen und einen Aufhebungsvertrag i. S. d. § 311 I schließen.

#### 2. Beendigung durch Zeitablauf, §§ 542 II, 575

Gem. § 542 II endet das Mietverhältnis nach Ablauf der für die Miete bestimmten Zeit, ohne dass es einer Kündigung bedarf. In einem solchen

117 Beispiel in Fall 12, Aufgabe 4 a).
118 Beispiele in Fall 11, Aufgaben 1 a) und 3 sowie Fall 12, Aufgabe 5 a.
119 Beispiel in Fall 12, Aufgabe 4 b).
120 Beispiel in Fall 11, Aufgabe 1 b).
121 Beispiele in Fall 11, Aufgabe 2.
122 Siehe Fall 11, Aufgabe 1 a) .

Mietverhältnis ist die ordentliche Kündigung ausgeschlossen (vgl. § 542 II), eine außerordentliche jedoch möglich (s. z. B. §§ 540 I 2, 543 I, II). Bei einem **Mietverhältnis über Wohnraum** kann ein Zeitmietvertrag abgeschlossen werden, wenn der Vermieter die Räume anschließend für sich, seine Familienangehörigen oder Angehörige seines Haushalts nutzen oder die Räume beseitigen will. Wegen weiterer Voraussetzungen siehe § 575 I.

Frühestens vier Monate vor Ablauf der Befristung kann der Mieter vom Vermieter verlangen, dass dieser ihm binnen eines Monats mitteilt, ob der Befristungsgrund noch besteht. Entfällt der Grund, so kann der Mieter die Fortsetzung des Mietverhältnisses auf unbestimmte Zeit verlangen (§ 575 II, III).

### 3. Beendigung durch Kündigung

Alle im Gesetz genannten Arten der Kündigung (die ordentliche, die außerordentliche befristete und die außerordentliche fristlose) erfordern eine **Kündigungserklärung**. Diese ist eine einseitige empfangsbedürftige Willenserklärung des Inhalts, dass das Mietverhältnis beendet wird. Sie ist nur bei der **Wohnraummiete formbedürftig (vgl. § 568 I).** Darüber hinaus soll der Vermieter bei der Kündigung von Wohnraum die Kündigungsgründe in dem Kündigungsschreiben angeben und auf die Möglichkeit des Widerspruchs hinweisen (§§ 568 II, 573 III 1). Die Folgen der Nichtbeachtung sind in den §§ 573 III 2, 574 III geregelt.[123]

#### a) Die ordentliche Kündigung

Diese Art der Kündigung kommt nur bei Mietverhältnissen über unbestimmte Zeit in Betracht (§ 542 I). Ein **Kündigungsgrund** ist nur bei der **Wohnraummiete** erforderlich:

Der Vermieter kann nach § 573 I, II grundsätzlich nur bei einem berechtigten Interesse an der Beendigung des Mietverhältnisses kündigen – wobei im Prozess nur die im Kündigungsschreiben genannten Gründe berücksichtigt werden, sofern neue Gründe nicht nachträglich entstanden sind (§ 573 III). Berechtigte Gründe sind vor allem die schuldhafte, nicht unerhebliche Vertragsverletzung (§ 573 II Nr. 1),[124] der Eigenbedarf des Vermieters, seiner Familienangehörigen oder Angehörige seines Haushalts (§ 573 II Nr. 2), die Hinderung einer angemessenen wirtschaftlichen Verwertung des Grundstücks (§ 573 II Nr. 3) oder der Ausbau von Nebenräumen eines Gebäudes (§ 573 b I).

---

123 Siehe hierzu Fall 11, Aufgabe 1 a).
124 Beispiel hierfür in Fall 11, Aufgabe 1 a).

Zugunsten des Vermieters ist der in § 573 geregelte Kündigungsschutz in einigen Fällen ausgeschlossen: Sofern der Vermieter mit dem Mieter in einem Zweifamilienhaus zusammenwohnt, ist für die Kündigung des Vermieters kein Grund erforderlich (§ 573 a I). Weitere Ausnahmen sind in §§ 573 a I und 549 II, III geregelt.

Bei der ordentlichen Kündigung sind gem. § 580 a bestimmte **Fristen** einzuhalten. Es kommt hier nicht auf die Zahlungsweise des Mietzinses an, sondern auf die Zeiträume, die der Bemessung (also der Festlegung des Mietbetrages) zugrunde liegen. Hinsichtlich der Wohnraummiete ist § 573 c[125] zu beachten, wonach spätestens am dritten Werktag eines Kalendermonats für den Ablauf des übernächsten Monats gekündigt werden kann. Die Vorschriften des § 573 c I und III sind **nicht** abdingbar (vgl. § 573 c IV). Die Kündigungsfrist für den Vermieter verlängert sich nach fünf und acht Jahren um jeweils drei Monate (§ 573 c I 2).

Einen besonderen Schutz des Wohnraummieters gegenüber einer ordentlichen Kündigung enthält die sog. **Sozialklausel** des § 574: In besonderen Härtefällen kann der Mieter der Kündigung widersprechen und vom Vermieter eine Fortsetzung des Mietverhältnisses so lange verlangen, „wie dies unter Berücksichtigung aller Umstände angemessen ist“ (§ 574 a).[126]

### b) Die außerordentliche Kündigung mit gesetzlicher Frist

Gem. §§ 540 I 2, 544, 563 IV, 564 S. 2, 575 a ist eine vorzeitige Beendigung von Mietverhältnissen über Wohnraum durch außerordentliche Kündigung mit der gesetzlichen Frist möglich. Gem. § 573 d II ist die Kündigung spätestens am dritten Werktag eines Kalendermonats zum Ablauf des übernächsten Monats zulässig. Beim Tod des Mieters ist die Frist nach § 564 S. 2 zu berechnen.

### c) Die außerordentliche fristlose Kündigung

Eine solche Kündigung führt zur sofortigen Beendigung des Mietverhältnisses. § 543 I enthält – generalklauselartig – das Recht beider Vertragsparteien, das Mietverhältnis aus wichtigem Grund außerordentlich fristlos zu kündigen. In Abs. 2 dieser Vorschrift werden die wichtigsten, aber nicht abschließenden Gründe für die fristlose Kündigung genannt – u. a. die Gewährleistungskündigung des Mieters (Nr. 1), die Kündigung wegen vertragswidrigen Gebrauchs (Nr. 2) sowie die Kündigung wegen Zahlungsverzugs seitens des Mieters (Nr. 3). In § 569 finden sich zwei weitere Kündi-

125 Berechnungsbeispiele in Fall 11, Aufgabe 1 a).
126 Kurz erörtert bei Fall 11, Aufgabe 1 a).

gungstatbestände für die Wohnraummiete: die Kündigung des Mieters bei gesundheitsgefährdender Beschaffenheit der Räume (§ 569 I) sowie die Kündigung wegen nachhaltiger Störung des Hausfriedens durch die andere Vertragspartei (§ 569 II).

Gem. § 569 IV ist der zur Kündigung führende wichtige Grund (bei Wohnraum) in dem Kündigungsschreiben anzugeben.

### 4. Folgen der Beendigung

Gem. § 546 I muss der Mieter die Mietsache zurückgeben, der Vermieter etwaige Verwendungen des Mieters ersetzen (§§ 536 a II, 539 I) oder dessen Wegnahmerecht dulden (§ 539 II).[127]

**Prüfschema – Anspruch des Vermieters gegen den Mieter auf Rückgabe/Räumung der Wohnung gem. § 546 I:**

**Voraussetzungen:**

1. wirksamer Mietvertrag
2. Beendigung des Mietverhältnisses
   a) durch Aufhebungsvertrag (§ 311 I)
   b) durch Zeitablauf (§ 575)
   c) durch Kündigung – Schriftform der Kündigung (§ 568)
      aa) Gründe für eine außerordentliche fristlose Kündigung:
      §§ 543 II 1 Nr. 2 und Nr. 3, 569 III
      (ggf. Umdeutung in eine ordentliche Kündigung § 140)
      bb) Gründe für eine ordentliche Kündigung: §§ 573, 573 a
3. Kündigungsfrist (bei der ordentlichen Kündigung): § 573 c
4. Härtefall gem. §§ 574, 574 a, 574 b?

**Rechtsfolge:** Rückgabe/Räumung der Wohnung

127 Beispiel in Fall 12, Aufgabe 5 a).

# Fall 13: Schuldrecht BT – Die neue Farbe fürs Wohnzimmer

**Schwerpunkte:**

Deliktische Haftung – Tierhalterhaftung – Anstiftung – Rechtfertigungsgrund – Erfüllungsgehilfe – Verrichtungsgehilfe

Martin Malheur (M) will sich sein Wohnzimmer in der neuen Trendfarbe „zartgold" streichen lassen. Hierfür beauftragt er Maler Meister Vies (V). Dieser bringt zur Arbeitsverrichtung direkt seinen Lehrling Xaver (X) mit, der sich bereits im letzten Lehrjahr befindet.

Da sich X immer zuverlässig und sehr bemüht gezeigt hat, lässt V ihn das Wohnzimmer abkleben. Da X an diesem Tag großen Liebeskummer hatte, weil ihn seine Freundin verlassen hatte, gelingt ihm das Abkleben nur bedingt.

Als V den ersten Pinselstrich ansetzt, stößt X gegen den Farbtopf. Aufgrund des unsachgemäßen Abklebens, gelangt reichlich Farbe auf den teuren Teppich des M.

M, der entsetzt von der „Sauerei" ist, stürzt auf X zu, um diesen voller Zorn eine Ohrfeige zu geben. X kann den M jedoch noch abwehren, sodass dieser zu Boden geht und sich den Arm verletzt. Da sich M beim Sturz versucht bei X festzuhalten, wird die Arbeitshose hierbei von M zerrissen.

Da die Situation sich nicht mehr entschärfen lässt, schickt M den X nach Hause und bittet seinen Freund Freddi Fleisig (F), ihm beim Abtransport seiner Arbeitsmaterialien nach Fertigstellung der Malerarbeiten zu helfen.

F, der immer etwas zittrig ist, stößt beim Abtransport der Leiter gegen eine Vase des M, die in tausend Scherben zerbricht.

Nachdem die Malerarbeiten abgeschlossen sind, begibt sich M auf seinen Abendspaziergang, um den Schock des Tages zu verarbeiten. Unterwegs begegnet er dem X, der gerade mit seinem Hund spazieren geht. Als der Hund die Anspannung des X und M bemerkt, reißt er sich los und beißt den M in die Waden. M muss schlussendlich ins Krankenhaus und ärztlich versorgt werden.

**Aufgabe 1:** M verlangt von V Schadensersatz wegen des mit Farbe beschmutzten Teppichboden.

**Aufgabe 2:** M verlangt von X Schmerzensgeld für seinen verletzten Arm.

**Aufgabe 3:** X verlangt von M Ersatz für die zerrissene Hose, die beim Ausweichen beschädigt wurde.

**Aufgabe 4:** M verlangt von V Ersatz der von F zerstörten Vase.

**Aufgabe 5:** M macht gegenüber X Arzt- und Heilkosten wegen des Hundebisses geltend.

Zu Recht? Prüfen Sie alle in Betracht kommenden Anspruchsgrundlagen.

**Fall 13: Prüfschema/Lösungsskizze**

**Vorüberlegung:**

Die Ansprüche sind immer im Zwei-Personenverhältnis zu erörtern.

Für den Schadensersatzanspruch des M gegen V kommen zwei Anspruchsgrundlagen in Betracht: der vertragliche nach § 280 sowie der deliktische gem. § 831 I. Beide Anspruchsgrundlagen sind in der bereits anfänglich aufgezeigten Reihenfolge zu prüfen.

**Aufgabe 1:**

**I. M → V Schadensersatz (Teppichreinigung) gem. § 280 BGB.**

1. Werkvertrag M – V (+)
2. Pflichtverletzung (+)
3. Vertretenmüssen (+)
4. Schaden des M (+)

**Ergebnis:** M → V Schadensersatz gem. § 280 (+)

Umfang des zu ersetzenden Schadens: §§ 249 ff. (§ 249 II 1 – Geld, § 253 II)

**II. M → V Schadensersatz (Teppichreinigung) gem. § 831 I**

1. Verrichtungsgehilfe = X (+)
2. tatbestandsmäßige und rechtswidrige unerlaubte Handlung des Verrichtungsgehilfen (+)
3. Schädigung in Ausführung der (weisungsgebundenen) Verrichtung (+)
4. Schaden (+)
5. Exkulpation gem. § 831 I 2 möglich

**Ergebnis:** M → V Schadensersatz gem. § 831 I (–)

**Aufgabe 2:**

**M → X Schadensersatz (immaterieller Schaden) gem. § 823 I**

1. Tatbestandsmäßigkeit der Handlung der M
   a) Verletzung eines der in § 823 I genannten Rechtsgüter; hier: Körper (+)
   b) Ursächlichkeit der Handlung für die Rechtsgutsverletzung (+)
2. Rechtswidrigkeit (–)
   Notwehr, § 227

**Ergebnis:** K → M Schadensersatz gem. § 823 I (–)

**Aufgabe 3:**

**I. X → M Schadensersatz (Ersatz der Arbeitshose) gem. § 823 I**

1. Tatbestandsmäßigkeit der Handlung des M
   a) Verletzung eines der in § 823 I genannten Rechtsgüter; hier: Eigentum (+)
   b) Ursächlichkeit der Handlung für die Rechtsgutsverletzung (+)
2. Rechtswidrigkeit (+)
3. Verschulden (+)
4. Schaden (+)

**Ergebnis:** X → M Schadensersatz gem. § 823 I (+)

Umfang des Schadensersatzanspruchs: §§ 249 ff.

**II. X → M Schadensersatz (Ersatz der Arbeitshose)**

gem. § 823 II i. V. m. § 223 StGB

1. Verletzung des Schutzgesetzes (+)
2. Rechtswidrigkeit (+)
3. Verschulden (+)
4. Schaden (+)

**Ergebnis:** X → M Schadensersatz gem. § 823 II i. V. m. § 223 StGB (+)

Umfang des Schadensersatzanspruchs: §§ 249 ff.

**Aufgabe 4:**

**I. M → V Schadensersatz aus § 280 I (zerstörte Vase)**

1. Wirksames Schuldverhältnis – Werkvertrag i. S. d. § 631 (+)
2. Objektive Pflichtverletzung durch den Schuldner – § 241 II (+)
3. Vertretenmüssen, §§ 280 I 2, 276, 278 (+)
4. Schaden beim Gläubiger als Folge der Pflichtverletzung (+)

**Ergebnis:** V → M Schadensersatz aus § 280 I (+)

Umfang des Schadensersatzanspruchs: §§ 249 ff.

**II. M → V Schadensersatz für die zerstörte Vase gem. § 831 I 1**

F ist kein Verrichtungsgehilfe

**Ergebnis:** V → M Schadensersatz gem. § 831 I (–)

**Aufgabe 5:**

**M → X Schadensersatz (Arzt- und Heilkosten) gem. § 833 S. 1**

1. Rechtsgutsverletzung (+)
2. Anspruchsgegner F ist Tierhalter i. S. d. § 833 S. 1 (+)
3. Die Rechtsgutsverletzung muss durch ein Tier verursacht worden sein (+)
   Kausalität, Verwirklichung der typischen Tiergefahr
4. Verschulden nicht erforderlich, da Luxustier (+)
5. Schaden (+)

**Ergebnis:** M → F Schadensersatz Arzt- und Heilkosten gem. § 833 S. 1 (+)

Umfang des Schadensersatzanspruchs: §§ 249 ff.

## Fall 13: Ausarbeitung (Gutachten)

### Aufgabe 1:

**I. M könnte gegen V einen Anspruch auf Schadensersatz wegen der Farbe auf seinem Teppichboden, gem. § 280 I BGB haben.**

1. *Voraussetzung für diesen Anspruch ist zunächst, dass M und V einen Werkvertrag i. S. d. § 631 geschlossen haben. Hierfür sind zwei übereinstimmende Willenserklärungen, Angebot und Annahme, erforderlich.* M hat den V beauftragt, sein Wohnzimmer im „zartgold“ zu streichen. Somit ist zwischen beiden ein wirksamer Werkvertrag zustande gekommen.
2. *Ferner muss der M eine Pflicht aus dem Werkvertrag verletzt haben.*

   *Eine vertragliche Nebenpflicht ergibt sich vorliegend aus § 241 II, wonach beide Vertragsparteien auf die Rechtsgüter und Rechte der anderen Partei Rücksicht nehmen muss.* Durch das unsachgemäße Abkleben und dem Umschütten der Farbe durch X sind erhebliche Farbmengen auf den Teppichboden des M gelangt. Folglich ist die Sorgfaltspflicht des V objektiv verletzt.
3. *Diese Pflichtverletzung muss M zu vertreten haben (§ 280 I 2). Nach § 276 I hat der Schuldner Vorsatz und Fahrlässigkeit zu vertreten, sofern nicht ein anderer Haftungsmaßstab vorliegt.* Im vorliegenden Fall hat M nicht schuldhaft gehandelt. *Er muss aber nach § 278 S. 1 für das Verschulden seines Erfüllungsgehilfen einstehen, sodass nur dieses nachgewiesen zu werden braucht. Erfüllungsgehilfe ist, wer mit Wissen und Wollen des Schuldners bei der Erfüllung von dessen Verbindlichkeit tätig wird.* Der Auszubildende X wird auf Anweisung des M tätig, und soll das

Wohnzimmer abkleben. Damit wollte X keine eigene, sondern eine dem Malermeister V obliegende Pflicht erfüllen. Folglich ist X Erfüllungsgehilfe des M. Hier kommt eine fahrlässige Pflichtverletzung infrage. *Fahrlässigkeit bedeutet nach § 276 II die Außerachtlassung der im Verkehr erforderlichen Sorgfalt.* Der X hätte das Abkleben sorgfältiger durchführen und auf den Farbeimer achten müssen, dann wäre auch keine Farbe auf den Teppich gelaufen. Somit hat X fahrlässig i. S. d. § 276 II gehandelt. V hat gem. § 278 S. 1 das Verschulden des X in gleichem Umfang zu vertreten wie eigenes Verschulden.

4. *Schließlich muss dem M durch diesen Mangel ein Schaden entstanden sein. Dazu zählt jeder Nachteil, den jemand durch ein bestimmtes Ereignis erleidet.* Durch das Umstoßen und dem unsachgemäßen Abkleben ist Farbe auf den Teppichboden gelangt, die nur durch eine sachgemäße Reinigung beseitigt werden kann.

Rechtsfolge ist, dass M gegenüber der V einen Schadensersatzanspruch gem. § 280 hat. Diese Anspruchsgrundlage umfasst alle Schäden, d. h. auch die Mangelfolgeschäden. Der beschmutzte Teppich stellt einen Mangelfolgeschaden dar.

Für den Umfang des zu ersetzenden Schadens gelten die §§ 249 ff. V hat den Zustand herzustellen, der ohne das schädigende Ereignis bestehen würde (§ 249 I). Nach § 249 II 1 kann der Gläubiger wegen Beschädigung einer Sache statt der Herstellung den dazu erforderlichen Geldbetrag verlangen oder eine Geldentschädigung in Höhe des Wiederbeschaffungswertes.

**II. Weiterhin könnte ein Schadensersatzanspruch des M gegen V gem. § 831 I möglich sein.**

1. *Dann muss X als Verrichtungsgehilfe für V tätig gewesen sein. Verrichtungsgehilfe ist X, wenn ihm vom Geschäftsherrn in dessen Interesse eine Tätigkeit übertragen worden ist, und er von den Weisungen des Geschäftsherrn abhängig ist.* X ist bei V in Ausbildung. Zu seiner Ausbildungstätigkeit gehört es, die ihm übertragenen Aufgaben ordnungsgemäß durchzuführen. Der Arbeitgeber (= Geschäftsherr) kann die Tätigkeit des X jederzeit beschränken, untersagen oder nach Zeit und Umfang bestimmen. X ist also Verrichtungsgehilfe des V.

2. *Ferner muss X eine tatbestandsmäßige und rechtswidrige unerlaubte Handlung bzw. Unterlassung begangen haben.* Aufgrund seines Ausbildungsvertrags ist X für die übertragene Aufgabe verantwortlich. Zu seinem Verantwortungsbereich gehört es, alle ihm übertragene Aufgaben gewissenhaft und sorgsam auszuführen. Dieser Rechtspflicht ist X nicht nachgekommen. Er hat es unterlassen, sorgsam abzukleben und auf die

Farbe zu achten. *Weitere Voraussetzung ist, dass eines der in § 823 I geschützten Rechtsgüter verletzt wurde. In Betracht kommt die Verletzung des Eigentums. Darunter ist jede Zerstörung oder Beschädigung einer Sache zu verstehen.* Durch das unsachgemäße Abkleben und die nicht erforderliche Sorgfalt beim Streichen, konnte Farbe auf den Teppich des M laufen und somit dessen Eigentum beschädigt. Hätte X sorgsam gearbeitet, wäre er einerseits nicht über den Farbeimer gefallen und es hätte beim sorgsamen Abkleben keine Farbe auf den Teppich gelangen können. Deshalb waren die Arbeiten des X kausal für die Rechtsgutsverletzung.

3. *Als weitere Voraussetzung muss die Schädigung in Ausführung der Verrichtung geschehen sein.* X war aufgrund des Ausbildungsvertrages mit V verpflichtet, seine ihm zugewiesenen Arbeiten sorgsam auszuführen. Das Abkleben des Wohnzimmers gehörte gegenwärtig zum Leistungsbereich des X. Die unsachgemäße Erfüllung dieser Aufgabe war eine Fehlleistung im Zusammenhang mit einer Verrichtung, die X weisungsgebunden zu erledigen hatte.
4. *Ferner muss dem M ein Schaden, also eine unfreiwillige Einbuße an seinem Vermögen, entstanden sein.* Der Teppichboden wurde durch die auslaufende Farbe beschädigt. Somit ist eine Vermögenseinbuße eingetreten.
5. *Die Ersatzpflicht ist allerdings ausgeschlossen, wenn V bei der Auswahl und Überwachung des X die im Verkehr erforderliche Sorgfalt beachtet hat (§ 831 I 2).* X wurde für diese Aufgabe sorgfältig ausgesucht und pflichtgemäß überwacht. Es befand sich im letzten Lehrjahr und arbeitet immer sorgfältig. Somit kann sich V exkulpieren.

Ein Schadensersatzanspruch des M gegen V gem. § 831 I 1 ist nicht gegeben.

**Aufgabe 2:**

**M könnte von X Schadensersatz, d. h. Schmerzensgeld für seinen verletzten Arm, gem. § 823 I verlangen.**

1. *Dann muss M sich durch eine Handlung kausal eines der in § 823 I genannten Rechtsgüter verletzt haben. In Betracht kommt die Verletzung des Körpers, also der körperlichen Unversehrtheit.* X hat den M zur Seite geschubst, sodass dieser zu Boden viel und hinfiel. Somit war die Handlung der X ursächlich für die Verletzung des Körpers, d. h. der Verletzung am Arm des M.
2. *Weitere Voraussetzung eines deliktischen Schadensersatzanspruchs ist ein rechtswidriges Handeln des X.* Hier könnte der Rechtfertigungsgrund der Notwehr gem. § 227 zugunsten des X eingreifen. *Gem. § 227 II ist Notwehr*

*diejenige Verteidigung, die erforderlich ist, um einen gegenwärtigen rechtswidrigen Angriff von sich abzuwenden.* M ist auf X zugerannt, um diesen zu schlagen. X konnte den Schlag des M abwehren, sodass er nicht verletzt wurde. Folglich hat X durch das Abwehren lediglich den gegenwärtigen rechtswidrigen Angriff des M abgewehrt und in Notwehr gehandelt.

Ein Rechtfertigungsgrund für das Handeln des M ist gegeben, sodass X nicht rechtswidrig handelte (§ 227 I).

Ein Schadensersatzanspruch des M gegen X gem. § 823 I scheidet daher aus.

**Aufgabe 3:**

**I. X könnte gegen M einen Anspruch auf Schadensersatz in Höhe der Ersatzbeschaffung der Arbeitshose gem. § 823 I haben.**

1. *Voraussetzung hierfür ist zunächst, dass M durch eine Handlung eines der in § 823 I genannten Rechtsgüter den X kausal verletzt hat. In Betracht kommt die Verletzung des Eigentums. Darunter ist jede Zerstörung oder Beschädigung einer Sache zu verstehen.* M wollte dem X einen Schlag verpassen. Der X konnte den Schlag abwehren, sodass M zu Boden fiel und X hierbei die Hose zerriss. Somit verletzte M das Eigentum des X. Seine Handlung war damit ursächlich für die Rechtsgutsverletzung.
2. *Das Handeln des M muss widerrechtlich sein.* Ein Rechtfertigungsgrund liegt nicht vor, sodass diese Voraussetzung erfüllt ist.
3. *Weiterhin ist Voraussetzung, dass M schuldhaft, d. h. vorsätzlich oder fahrlässig das Eigentum des X verletzte. Hier könnte M vorsätzlich gehandelt haben. Unter Vorsatz versteht man das Wissen und Wollen der Tatbestandsverwirklichung.* M kommt es auf den Eintritt des Erfolges (Schlagen des X) gerade an. Hinsichtlich der Arbeitshose hatte er den Erfolg zumindest billigend in Kauf genommen. Somit handelte er mit Vorsatz und damit schuldhaft.
4. *Dem X muss durch die Rechtsgutsverletzung adäquat kausal ein Schaden entstanden sein. Die Verletzung des Rechtsgutes muss also eine Vermögensdifferenz zur Folge haben.* Die Beschädigung der Arbeitshose führt zu einer Vermögensdifferenz in Höhe der Reparaturkosten; die Rechtsgutsverletzung ist folglich ursächlich für den Schaden.

Nach alledem hat X gegen M einen Anspruch auf Schadensersatz gem. § 823 I. Nach § 249 I hat M den Zustand herzustellen, der ohne den versuchten Schlag hervorgerufen worden wäre. Gem. § 249 II 1 kann X bei Beschädigung einer Sache statt der Herstellung dieses Zustandes den für eine Reparatur erforderlichen Geldbetrag von M verlangen.

**II. Außerdem könnte X gegenüber M einen Schadensersatzanspruch (Ersatz für die Arbeitshose) gem. § 823 II i. V. m. § 303 StGB haben.**

1.–3. *Voraussetzung hierfür ist, dass § 303 StGB ein Schutzgesetz darstellt, d. h., diese Vorschrift muss gerade den Einzelnen bzw. einen bestimmten Personenkreis schützen.* § 303 StGB bezweckt den Schutz des Eigentums, folglich liegt ein Schutzgesetz vor. *Dieses muss verletzt sein. M muss also durch eine ursächliche Handlung eine fremde Sache rechtswidrig und vorsätzlich beschädigt oder zerstört haben.* Wie oben (s. I.) bereits erörtert wurde, hat M vorsätzlich und rechtswidrig das Eigentum des X beschädigt.

4. Aufgrund der Verletzung des Schutzgesetzes ist X adäquat kausal ein Schaden an seiner Arbeitshose entstanden.

Somit steht X gegen M auch ein Schadensersatzanspruch gem. § 823 II i. V. m. § 303 StGB zu, dessen Umfang sich ebenfalls aus § 249 I, II 1 ergibt (siehe die Ausführungen unter I.).

**Aufgabe 4:**

**I. M könnte gegen V einen Anspruch auf Schadensersatz für die zerstörte Vase gem. § 280 I haben.**

1. *Voraussetzung ist, dass zwischen M und V ein Schuldverhältnis besteht.* Beide haben durch zwei übereinstimmende Willensklärungen einen Werkvertrag i. S. d. § 631 abgeschlossen.
2. *M muss eine vertragliche Nebenpflicht verletzt haben. Nach § 241 II sind die Parteien eines Schuldverhältnisses verpflichtet, sich so zu verhalten, dass die Rechtsgüter und Rechte der anderen Partei nicht verletzt werden.* Durch den ungeschickten Abtransport der Leiter wurde die dem M gehörende Vase zerstört. Folglich ist die Sorgfaltspflicht des V objektiv verletzt.
3. *Diese Pflichtverletzung muss V zu vertreten haben (§ 280 I 2). Nach § 276 I hat der Schuldner Vorsatz und Fahrlässigkeit zu vertreten, sofern nicht ein anderer Haftungsmaßstab vorliegt.* Im vorliegenden Fall hat V nicht schuldhaft gehandelt. *Er muss aber nach § 278 S. 1 für das Verschulden seines Erfüllungsgehilfen einstehen, sodass nur dieses nachgewiesen zu werden braucht. Erfüllungsgehilfe ist, wer mit Wissen und Wollen des Schuldners bei der Erfüllung von dessen Verbindlichkeit tätig wird.* F wird auf Anweisung des V beim Abtransport der Leiter tätig. Damit wollte F keine eigene, sondern eine dem V obliegende Pflicht erfüllen. Folglich ist F Erfüllungsgehilfe des V. Hier kommt eine fahrlässige Pflichtver-

letzung infrage. *Fahrlässigkeit bedeutet nach § 276 II die Außerachtlassung der im Verkehr erforderlichen Sorgfalt.* Der F hätte beim Abtransport sorgfältiger aufpassen und hantieren müssen, dann hätte er nicht aufgrund seiner Zittrigkeit die Vase zerstört. Somit hat F fahrlässig i. S. d. § 276 II gehandelt. V hat gem. § 278 S. 1 das Verschulden des F in gleichem Umfang zu vertreten wie eigenes Verschulden.

4. *M muss aufgrund der Pflichtverletzung ein Schaden entstanden sein. Darunter wird jeder Nachteil verstanden, den jemand durch ein bestimmtes Ereignis erleidet.* Durch den nicht ordnungsgemäßen Abtransport hat M eine unfreiwillige Vermögenseinbuße und folglich einen Schaden erlitten.

Somit sind die Voraussetzungen des § 280 I erfüllt, und M kann von V Schadensersatz verlangen. Für den Umfang des Schadensersatzes gelten die §§ 249 ff. V hat den Zustand herzustellen, der ohne das schädigende Ereignis bestehen würde (§ 249 I). Gem. § 249 II 1 kann der Geschädigte im Fall der Beschädigung einer Sache den für ihre Herstellung erforderlichen Geldbetrag verlangen. Da die Vase zerstört wurde, muss M eine gleiche Vase kaufen oder den zum Kauf erforderlichen Geldbetrag zahlen (§ 249 II 1).

**II. Außerdem könnte ein Schadensersatzanspruch M gegen V gem. § 831 I möglich sein.**

*Dann muss F als Verrichtungsgehilfe für V tätig gewesen sein. Verrichtungsgehilfe ist, wer für einen anderen, von dessen Weisungen er abhängig ist, eine Tätigkeit ausführt.*

F ist ein Freund des V und nicht an dessen Weisungen gebunden. Somit ist er kein Verrichtungsgehilfe, und ein Schadensersatzanspruch nach § 831 I kommt nicht in Betracht.

**Aufgabe 5:**

**M könnte gegen X einen Schadenersatzanspruch gem. § 833 S. 1 für die entstandenen Arzt- und Heilmittelkosten geltend machen.**

1. *Voraussetzung ist eine Verletzung der in § 833 S. 1 genannten Rechtsgüter.* In Betracht kommt die Verletzung des Körpers und der Gesundheit. *Eine Körperverletzung ist ein Eingriff in die körperliche Unversehrtheit einer Person in Form einer körperlichen Misshandlung oder einer Gesundheitsschädigung. Unter einer Gesundheitsverletzung versteht man jede medizinisch erhebliche Störung der körperlichen, geistigen oder seelischen Lebensvorgänge.* Durch den Biss des Hundes in die Wade hat M Verletzungen erlitten, die sich nicht im Bagatellbereich bewegen. Die körperlichen Lebensvorgänge des M sind folglich erheblich gestört worden. Eine Körper- und eine Gesundheitsverletzung liegen vor.

2. *Der Anspruchsgegner X muss Tierhalter sein. Hierbei ist darauf abzustellen, wem die Bestimmungsmacht über das Tier zusteht und wer aus eigenem Interesse für die Kosten des Tieres aufkommt und das wirtschaftliche Risiko trägt.* X hat die Bestimmungsmacht über den Hund und kommt für dessen Kosten auf. Folglich ist er Tierhalter i. S. d. § 833 S. 1.

3. *Die Rechtsgutsverletzung muss durch ein Tier verursacht worden sein. Es ist also eine Kausalität i. S. d. Äquivalenztheorie erforderlich sowie eine Verwirklichung der spezifischen Tiergefahr.* Der Biss des Hundes kann nicht hinweggedacht werden, ohne dass die Verletzung an der Wade des M entfiele. Dessen Verhalten war somit kausal. *Die spezifische Tiergefahr äußert sich in einem der tierischen Natur entsprechenden und selbstständigen Verhalten. Dazu zählt auch das Beißen von Menschen durch Hunde.* Der Biss des Hundes stellt ein der tierischen Natur entsprechendes unberechenbares Verhalten dar; dieses ist durch menschliche „Einwirkung" nicht zu kontrollieren. Folglich hat sich bei der Verletzung des M die spezifische Tiergefahr realisiert.

4. *Fraglich ist, ob ein Verschulden des X erforderlich ist. Denn bei gewerblich genutzten Haustieren (Nutztieren) i. S. d. § 833 S. 2 wird für vermutetes Verschulden gehaftet; hingegen normiert § 833 S. 1 eine verschuldensunabhängige Garantiehaftung für sog. Luxustiere. Maßgeblich ist somit, ob der Hund ein Luxus- oder ein Nutztier ist. Erstgenanntes ist entweder nicht als Haustier anzusehen oder dient als Haustier nicht dem Beruf, der Erwerbstätigkeit oder dem Unterhalt des Tierhalters. Ein Nutztier hingegen ist ein Haustier, das dem Beruf o. Ä. zu dienen bestimmt ist.* X hält den Hund ausschließlich zu privaten Zwecken, sodass es sich um ein Luxustier handelt und kein Verschulden des Tierhalters erforderlich ist.

5. *Weitere Voraussetzung ist ein durch den Hund entstandener Schaden. Ein Schaden ist jede Beeinträchtigung einer Rechtsposition.* Der M wird von dem Hund in die Wade gebissen. Dies stellt eine Beeinträchtigung der Gesundheit dar. Somit ist ein Schaden entstanden.

Folglich sind alle Voraussetzungen erfüllt, und M hat gegen X einen Schadensersatzanspruch gem. § 833 S. 1. Die Art und der Umfang des Ersatzes richten sich nach den §§ 249 ff. Gem. § 249 II 1 kann der Gläubiger wegen Verletzung einer Person den zur Herstellung der Gesundheit erforderlichen Geldbetrag, also die Arzt- und Heilungskosten, verlangen.[128]

128 Es besteht auch die Möglichkeit, gem. § 253 II Schmerzensgeld zu verlangen. Nach diesem Anspruch war allerdings nicht gefragt.

# Fall 14: Schuldrecht BT – Teure Geburtstagseinkäufe

**Schwerpunkte:**

Konkurrenz: vertragliche und deliktische Schadensersatzansprüche – Erfüllungsgehilfe – Verrichtungsgehilfe – Handeln „bei Gelegenheit"

Vic Verhext (V), Betreiber eines luxuriösen Einzelhandels, hat immer wieder erheblichen Mangel an gutem Personal. Nur eine seiner Verkäuferinnen, Beate Best (B), ist bereits seit Jahren zuverlässig bei ihm beschäftigt. Klaus Kauf (K) ist dringend auf der Suche nach einem außergewöhnlichen Geburtstagsgeschenk für seine Liebste. Er betritt den Laden des V, nachdem er in der Fensterauslage eine edle Halskette gesichtet hat.

V kommt jedoch nicht weit, denn bereits im Eingangsbereich stolpert er über einen Fußläufer, den die B, weil sie heute ausnahmsweise mal zu spät dran war, nicht sachgemäß ausgelegt hatte. V kann sich zwar noch vor einem Sturz bewahren, lässt aber sein neues Handy fallen, das einen Displayschaden erleidet. Nachdem sich B mehrfach entschuldigt hat, übernimmt der neue Verkäufer Felix Fix (F) die Verkaufsberatung. F nutzt die Chance, dass K sich die Halskette ganz genau anschauen will, und entwendet in einem unbeobachteten Moment den teuren Füllfederhalter aus der Innentasche des Mantels des K, den dieser bei der Inspektion der Halskette abgelegt hatte. K, der von der Halskette äußerst begeistert ist, erwirbt diese sofort.

Auch diese Freude hält jedoch nicht lange, denn bereits beim Verlassen des Ladens rutscht K auf einer Wasserlache aus, die die Putzfrau Paula Putzig (P) beim Wischen des Parketts übersehen hat. Diesmal kann K den Sturz nicht vermeiden und zerreißt sich dabei seinen neuen Mantel und seine neue Hose. Die Risse sind so großflächig, dass eine Reparatur ausscheidet.

Zu Hause will K seiner Liebsten noch eine Karte schreiben. Als er seinen Füllfederhalter aus seiner Tasche holen möchte, bemerkt er den Verlust.

**Aufgabe 1:** Kann K von V Ersatz für das beschädigte Handy verlangen? V erwidert, es habe zu dem fraglichen Zeitpunkt überhaupt noch kein Vertrag vorgelegen. Außerdem sei seine Angestellte bereits seit Jahren zuverlässig bei ihm beschäftigt und arbeite stets sorgfältig.

**Aufgabe 2:** K verlangt von V Ersatz für seinen Füllfederhalter. V erklärt, für gestohlene Wertsachen komme er nicht auf.

**Aufgabe 3:** Kann K von V Ersatz für seinen Mantel und seine Hose verlangen?

**Fall 14: Prüfschema/Lösungsskizze**

**Aufgabe 1:**

**I. K → V Schadensersatz für das kaputte Handy gem. § 280 I i. V. m. § 311 II Nr. 2**

1. wirksames vorvertragliches Schuldverhältnis gem. § 311 II Nr. 2 (+)

   Anbahnung eines Vertrages
2. objektive Pflichtverletzung durch den Schuldner i. S. d. § 241 II (+)
3. Vertretenmüssen, §§ 280 I 2, 276, 278 (+) – B ist Erfüllungsgehilfe
4. Schaden (+) – Vermögensschaden

**Ergebnis:** V → M Schadensersatz gem. § 280 I i. V. m. § 311 II Nr. 2 (+)

Umfang: §§ 249 ff.

**II. K → V Schadensersatz für das kaputte Handy gem. § 831 I**

1. Verrichtungsgehilfe = Angestellte B (+)
2. tatbestandsmäßige und rechtswidrige unerlaubte Handlung der Verrichtungsgehilfin (+)
   a) Verletzung eines der in § 823 I genannten Rechtsgüter; hier: Eigentum des K
   b) haftungsbegründende Kausalität
   c) Rechtswidrigkeit
3. Schädigung in Ausführung der (weisungsgebundenen) Verrichtung (+)
4. Schaden (+)
5. Exkulpation gem. § 831 I 2 möglich

**Ergebnis:** K → V Schadensersatz gem. § 831 I (–)

**Aufgabe 2:**

**I. K → V Schadensersatz für den gestohlenen Füllfederhalter gem. § 280 I i. V. m. § 311 II Nr. 2**

1. wirksames vorvertragliches Schuldverhältnis gem. § 311 II Nr. 2 (+)
2. objektive Pflichtverletzung durch den Schuldner i. S. d. § 241 II (+)
3. Vertretenmüssen, §§ 280 I 2, 276, 278 (–), F handelt „bei Gelegenheit"

**Ergebnis:** K → V Schadensersatz gem. § 280 I i. V. m. § 311 II Nr. 2 (–)

**II. K → V Schadensersatz für den gestohlenen Füllfederhalter gem. § 831 I**

1. Verrichtungsgehilfe = Angestellter F (+)
2. tatbestandsmäßige und rechtswidrige unerlaubte Handlung des Verrichtungsgehilfen (+)
   a) Verletzung eines der in § 823 I genannten Rechtsgüter; hier: Eigentum des K
   b) haftungsbegründende Kausalität
   c) Rechtswidrigkeit
3. Schädigung in Ausführung der (weisungsgebundenen) Verrichtung (–)

**Ergebnis:** K → V Schadensersatz gem. § 831 I (–)

**Aufgabe 3:**

**K → V Schadensersatz für Mantel und Hose gem. §§ 280 I , 241 II**

1. Schuldverhältnis = Kaufvertrag (+)
2. objektive Pflichtverletzung durch den Schuldner i. S. d. § 241 II (+)
3. Vertretenmüssen, §§ 280 I 2, 276, 278 (+) – die Putzfrau ist Erfüllungsgehilfin
4. Schaden (+) – Vermögensschaden

**Ergebnis:** K → V Schadensersatz gem. §§ 280 I , 241 II (+)

Umfang: §§ 249 ff.

**II. K → V Schadensersatz für Mantel und Hose gem. § 831 I**

1. Verrichtungsgehilfin = Putzfrau (+)
2. tatbestandsmäßige und rechtswidrige unerlaubte Handlung der Verrichtungsgehilfin (+)
   a) Verletzung eines der in § 823 I genannten Rechtsgüter; hier: Eigentum des K
   b) haftungsbegründende Kausalität
   c) Rechtswidrigkeit
3. Schädigung in Ausführung der (weisungsgebundenen) Verrichtung (+)
4. Schaden (+)
5. Exkulpation gem. § 831 I 2 nicht möglich – kein Vortrag des V

**Ergebnis:** K → V Schadensersatz gem. § 831 I (+)

Umfang s. o. unter I.

## Fall 14: Ausarbeitung (Gutachten)

### Aufgabe 1:

**I. K könnte gegen V einen Anspruch auf Ersatz des beschädigten Handys gem. § 280 I i. V. m. § 311 II Nr. 2 haben.**

1. *Voraussetzung dafür ist, dass zwischen K und V ein Schuldverhältnis besteht.* Mangels vertraglicher Beziehungen zwischen den Parteien kommt hier nur ein *vorvertragliches Schuldverhältnis i. S. d. § 311 II in Betracht. Ein solches liegt bereits vor, wenn es zur Anbahnung eines Vertrages kommt (§ 311 II Nr. 2). Eine Vertragsanbahnung ist dann gegeben, wenn ein Unternehmer sein Geschäft für den Verkehr geöffnet hat und ein Kunde sich mit der Absicht zur Kontaktaufnahme in dieses Geschäft begibt.* Der K betritt aufgrund der Schaufensterauslage, die lediglich eine „invitatio ad offerendum", mithin eine Aufforderung ein Angebot zu machen und damit noch kein Angebot im rechtlichen Sinne darstellt, das Geschäft des V mit der Absicht, in Vertragsverhandlungen zu gehen. Es handelt sich demnach um ein vorvertragliches Schuldverhältnis gem. § 311 II Nr. 2.

2. *Weiterhin muss eine objektive Pflichtverletzung durch den Schuldner V gem. § 280 I 1 vorliegen. Aus einem vorvertraglichen Schuldverhältnis erwachsen nach § 311 II Nebenpflichten im Sinne des § 241 II. Fraglich ist folglich, ob V eine der dort genannten Schutz- oder Sorgfaltspflichten verletzt hat. Danach bestehen Pflichten zur Rücksicht auf die Rechte, Rechtsgüter und Interessen des potenziellen Vertragspartners. Jeder, der Geschäftsräume eröffnet, muss folglich für die Verkehrssicherheit Sorge tragen. V musste auf einen ordnungsgemäßen Zustand des Fußbodens achten (Verkehrssicherungspflicht).* Durch nicht sachgemäß ausgelegten Fußläufer hat er seine Sorgfaltspflicht bezüglich der Bodenbeschaffenheit durch Unterlassen missachtet. Demzufolge liegt eine objektive Pflichtverletzung nach § 280 I 1 vor.

3. *Außerdem muss V diese Pflichtverletzung gem. § 280 I 2 zu vertreten haben. V hat gem. § 276 I 1 grundsätzlich Vorsatz und Fahrlässigkeit zu vertreten (sofern* – was vorliegend nicht der Fall ist – *kein anderer Haftungsmaßstab eingreift).* Allerdings hat hier nicht V, sondern die Angestellte B gehandelt. *V könnte jedoch nach § 278 S. 1 für das Verhalten der B einstehen müssen, wenn die B Erfüllungsgehilfin ist. Erfüllungsgehilfe ist, wer mit Wissen und Wollen des Geschäftsherrn in dessen Pflichtenkreis tätig wird.* B hatte als Ladenangestellte des V auf die Bodenbeschaffenheit und mögliche „Stolperfallen" zu achten und damit die dem V bestimmte Verkehrssicherungspflicht zu erfüllen. Somit ist B in Erfül-

lung des Pflichtenkreises des V tätig gewesen. B ist Erfüllungsgehilfin des V. *Weiterhin muss die Erfüllungsgehilfin vorsätzlich oder fahrlässig gehandelt haben. Gem. § 276 II handelt derjenige fahrlässig, der die im Verkehr erforderliche Sorgfalt außer Acht lässt.* B hat den Fußläufer nur unsachgemäß ausgelegt. Sie hat also fahrlässig gem. § 276 II gehandelt. Das Verschulden seiner Erfüllungsgehilfin B hat V gem. § 278 S. 1 zu vertreten.

4. *Es muss ein kausaler Schaden entstanden sein, also ein Vermögensnachteil, den jemand durch ein bestimmtes Ereignis erleidet.* Durch das unsachgemäße Auslegen des Fußläufers ist K ins Stolpern gekommen und hat sein Handy fallen lassen. Hierdurch hat das Handy einen Displayschaden erlitten. Das unsachgemäße Auslegen des Fußläufers war ursächlich für das Stolpern und die daraus resultierende Vermögenseinbuße. Es liegt also ein kausaler Schaden vor.

Folglich hat K gegen V einen Anspruch auf Schadensersatz für das beschädigte Handy gem. § 280 I i. V. m. § 311 II Nr. 2.

Der Umfang des Schadenersatzes richtet sich nach §§ 249 ff. Gem. § 249 I hat V den Zustand herzustellen, der bestehen würde, wenn K nicht das Geschäft betreten hätte. Dann wäre er nicht gestolpert und hätte sein Handy nicht fallen lassen, sodass das Display des Handys noch ganz wäre. Nach § 249 II 1 kann der Gläubiger bei Beschädigung einer Sache statt der Herstellung den dazu erforderlichen Geldbetrag verlangen. Folglich hat V dem K die Kosten einer Ersatzbeschaffung des Handys zu erstatten.

**II. Weiterhin könnte K gegen V einen Anspruch auf Schadenersatz für das kaputte Handy aus § 831 I 1 haben.**

1. *Voraussetzung dafür ist, dass B als Verrichtungsgehilfin des V gehandelt hat. Verrichtungsgehilfe ist eine Person, die für einen anderen weisungsgebunden eine Tätigkeit ausführt.* Die B ist bei V angestellt. V kann die Arbeitszeiten der B, den Umfang der Arbeit sowie die Art der Ausführung weitgehend bestimmen. Folglich ist B als Angestellte des V weisungsgebunden und demnach Verrichtungsgehilfe i. S. d. § 831 I 1.

2. *Die Verrichtungsgehilfin B muss durch eine tatbestandsmäßige und rechtswidrige unerlaubte Handlung eines der Rechtsgüter des K aus § 823 I kausal verletzt haben.* In Betracht kommt eine Eigentumsverletzung des K. K stürzt beim Betreten des Geschäfts über einen durch B unsachgemäß ausgelegten Fußläufer. Durch das Stolpern lässt er sein Handy fallen, das einen Displayschaden erleidet. Demnach hat B hierdurch das Eigentum des K verletzt. Die Handlung der B, das unsachgemäße Auslegen des Fußläufers, ist auch ursächlich für die Beschädigung

des Handys. B hat folglich eine tatbestandsmäßige unerlaubte Handlung begangen. Es liegen auch keine Rechtfertigungsgründe vor, dadurch ist die unerlaubte Handlung rechtswidrig.

3. *Weiterhin muss die Handlung der B in Ausführung der weisungsgebundenen Verpflichtung erfolgt sein.* B geht ihrer Arbeitspflicht nach, zu der es auch gehört, die Wege im Ladengeschäft in einem verkehrssicheren Zustand zu erhalten. Die Handlung der B erfolgte also in Ausführung der Verrichtung.
4. *Es muss ein kausaler Schaden entstanden sein* (Definition siehe oben I.). Durch das unsachgemäße Auslegen des Fußläufers ist K gestolpert, was dazu führte, dass er sein Handy fallen ließ und schlussendlich zu seinem Displayschaden am Handy führte. Es liegt also ein kausaler Schaden vor.

Folglich sind die Voraussetzungen des § 831 I 1 erfüllt.

5. *Es ist jedoch zu prüfen, ob gem. § 831 I 2 Gründe vorliegen, durch die die Ersatzpflicht nicht eintritt. Fraglich ist demnach, ob V sich exkulpieren kann. Nach § 831 I 2 ist die Ersatzpflicht ausgeschlossen, wenn V bei der Auswahl der B die im Verkehr erforderliche Sorgfalt beachtet hat.* V gibt an, die B sei seine zuverlässigste Angestellte, die bereits seit Jahren bei ihm beschäftigt sei und stets sorgfältig gearbeitet habe. V hat also die im Verkehr erforderliche Sorgfalt beachtet. V kann sich exkulpieren und wird somit von der Ersatzpflicht gem. § 831 I 2 frei.

Es besteht demnach kein Anspruch auf Schadenersatz des K gegen V gem. § 831 I 1.

**Aufgabe 2:**

**I. K könnte gegen V einen Anspruch auf Schadenersatz für den gestohlenen Füllfederhalter gem. § 280 I in Verbindung mit § 311 II Nr. 2 haben.**

1. Wie bereits bei Aufgabe 1 geprüft wurde, liegt ein vorvertragliches Schuldverhältnis vor.
2. *Weitere Voraussetzung ist eine objektive Pflichtverletzung durch den Schuldner V nach § 280 I 1. Nach § 311 II begründet ein vorvertragliches Schuldverhältnis Pflichten im Sinne des § 241 II. Es ist folglich zu prüfen, ob V eine in § 241 II genannte Schutz- oder Sorgfaltspflicht verletzt hat.* V hat als Inhaber des Geschäfts die Pflicht, die Rechtsgüter des K zu schützen. Dem K wurde im Geschäft des V sein Füllfederhalter gestohlen, das heißt, es wurde sein Eigentum verletzt. Demnach liegt eine Verletzung der Schutzpflicht des V nach § 241 II und somit auch eine objektive Pflichtverletzung nach § 280 I 1 vor.

3. *Außerdem muss V diese Pflichtverletzung zu vertreten haben, § 280 I 2. V hat gem. § 276 I 1 grundsätzlich Vorsatz und Fahrlässigkeit zu vertreten, sofern* – was vorliegend nicht der Fall ist – *kein anderer Haftungsmaßstab eingreift.* Allerdings hat hier der Verkäufer F den Füllfederhalter gestohlen. *V könnte jedoch nach § 278 S. 1 für das Verhalten des F einstehen müssen, wenn der F als Erfüllungsgehilfe des V in Erfüllung seiner Pflicht gehandelt hat. Erfüllungsgehilfe ist, wer mit Wissen und Wollen des Geschäftsherrn in dessen Pflichtenkreis tätig wird.* F ist Angestellter bei V. Er befand sich in einem Verkaufsgespräch mit K. F handelte also innerhalb seines Aufgabenbereichs als Verkäufer mit Wissen und Wollen des V. Zudem wurde er auch im Pflichtenkreis des V tätig. F ist Erfüllungsgehilfe des V.

   *Es ist fraglich, ob F in Erfüllung seiner Pflicht gehandelt hat. Das heißt, zwischen dem Diebstahl und der Tätigkeit des F muss ein äußerer und innerer Zusammenhang bestehen.* F ist Verkäufer des V. Zu seinen Aufgaben gehört es, mit Kunden Beratungs- und Verkaufsgespräche zu führen. Im Rahmen seiner Aufgaben hat F dem K die Halskette gezeigt. Der äußere Zusammenhang besteht durch das Beratungsgespräch zwischen F und K. Durch diese Beratung bekam F erst die Möglichkeit, den Füllfederhalter zu stehlen. Der innere Zusammenhang besteht, wenn zwischen dem Diebstahl und F´s Tätigkeit eine unmittelbare Verbindung besteht. F ist jedoch für Beratung und Verkauf eingestellt. Hier besteht kein innerer Zusammenhang zum Diebstahl. F handelte nicht in Erfüllung seiner Pflicht, sondern bei Gelegenheit. V hat demnach die Pflichtverletzung des F nicht gem. § 278 S. 1 zu vertreten.

K hat gegenüber V keinen Anspruch auf Schadenersatz gem. § 280 I in Verbindung mit § 311 II Nr. 1.

**II. Außerdem könnte K gegen V einen Anspruch auf Schadenersatz für den gestohlenen Füllfederhalter aus § 831 I 1 haben.**

1. *Voraussetzung dafür ist, dass F Verrichtungsgehilfe des V ist. Verrichtungsgehilfe ist, wer für eine andere Person weisungsgebunden eine Tätigkeit verrichtet.* F ist bei V angestellt und ist für die Beratung und den Verkauf zuständig. V kann die Arbeitszeiten des F bestimmen, einteilen und dessen Aufgaben beschränken oder anordnen. Aus diesem Grunde ist F für V weisungsgebunden tätig; er ist somit Verrichtungsgehilfe des V im Sinne des § 831 I 1.

2. *Der Verrichtungsgehilfe F muss durch eine tatbestandsmäßige und rechtswidrige unerlaubte Handlung eines der Rechtsgüter des K aus § 823 I kausal verletzt haben.* F stiehlt dem K während des Beratungs-

gesprächs seinen Füllfederhalter. Durch den Diebstahl hat F ursächlich das Eigentum des K verletzt. Er hat somit tatbestandsmäßig gehandelt. Zudem liegen auch keine Rechtfertigungsgründe vor, folglich ist die Handlung rechtswidrig.

3. *Weiterhin muss die Handlung des F in Ausführung der Verrichtung erfolgt sein. Das heißt, zwischen dem Diebstahl und der Tätigkeit des F muss ein äußerer und innerer Zusammenhang bestehen.* F ist bei V angestellt und geht seiner Arbeitspflicht nach, indem er Kunden berät und Ware verkauft. Der äußere Zusammenhang besteht durch das Beratungsgespräch zwischen F und K. Durch diese Beratung bekam F erst die Möglichkeit, zum Stehlen. Der innere Zusammenhang besteht, wenn zwischen dem Diebstahl und F´s Tätigkeit eine unmittelbare Verbindung besteht. F ist jedoch für Beratung und Verkauf eingestellt. Hier besteht kein innerer Zusammenhang zum Diebstahl.

Folglich besteht kein Anspruch auf Schadenersatz des K gegen V gem. § 831 I.

**Aufgabe 3:**

**I. Es könnte ein Anspruch auf Schadenersatz des K gegen V für den zerrissen Mantel und die Hose gem. § 280 I in Verbindung mit § 241 II bestehen.**

1. *Voraussetzung dafür ist gem. § 280 I 1 ein wirksames Schuldverhältnis zwischen K und V. Ein wirksames Schuldverhältnis könnte ein Kaufvertrag nach § 433 sein.* K kauft schlussendlich die Halskette. Ein wirksamer Kaufvertrag liegt demnach zwischen K und V vor. Ein vertragliches Schuldverhältnis im Sinne des § 280 I 1 ist gegeben.

2. *Weiterhin muss eine objektive Pflichtverletzung durch den Schuldner V nach § 280 I 1 vorliegen. Es kommt eine Verletzung der in § 241 II genannten Nebenpflichten in Betracht. Hierzu muss V eine Schutz- oder Sorgfaltspflicht verletzt haben. V hat als Inhaber die Pflicht, den Kunden im Geschäft Sicherheit zu gewährleisten. Er darf keine Rechtsgüter seiner Kunden schädigen.* K ist im Geschäft des V auf einer Wasserlache ausgerutscht. Durch den Sturz wurden sein Mantel und seine Hose zerrissen. Es liegt eine Verletzung des Eigentums des K vor. V hat dadurch seine Schutz- und Sorgfaltspflicht im Sinne des § 241 II verletzt; folglich liegt eine objektive Pflichtverletzung nach § 280 I 1 vor.

3. *Außerdem muss V diese Pflichtverletzung gem. § 280 I 2 zu vertreten haben. V hat gem. § 276 I 1 grundsätzlich Vorsatz und Fahrlässigkeit zu vertreten (sofern* – was vorliegend nicht der Fall ist – *kein anderer Haftungsmaßstab eingreift).* Allerdings hat hier die Putzfrau des V gehan-

delt. *V könnte jedoch nach § 278 S. 1 für das Verhalten der Putzfrau einstehen müssen, wenn die Putzfrau Erfüllungsgehilfin ist. Erfüllungsgehilfe ist, wer mit Wissen und Wollen des Geschäftsherrn in dessen Pflichtenkreis tätig wird.* Die Putzfrau ist Angestellte bei V, sie ist im Geschäft des V unter anderem für die Reinigung der Fußböden zuständig. Sie handelte also innerhalb ihres Aufgabenbereichs als Putzfrau und erfüllte eine Pflicht des V. Somit ist die Putzfrau in Erfüllung des Pflichtenkreises des V mit dessen Wissen und Wollen tätig gewesen. Die Putzfrau ist Erfüllungsgehilfin des V. *Weiterhin muss P schuldhaft, das bedeutet vorsätzlich oder fahrlässig, gehandelt haben. Gem. § 276 II handelt derjenige fahrlässig, der die im Verkehr erforderliche Sorgfalt außer Acht lässt.* Die Putzfrau hat den Fußboden des Geschäfts gesäubert. Allerdings hat sie eine Wasserlache übersehen, auf die der K ausrutschte. Sie hat also fahrlässig gem. § 276 II gehandelt. Das Verschulden der Putzfrau als Erfüllungsgehilfin hat V gem. § 278 S. 1 wie eigenes Verschulden zu vertreten.

4. *Es muss auch ein kausaler Schaden entstanden sein* (Definition siehe oben Aufgabe 1, I.). K ist durch die Wasserlache ausgerutscht. Bei dem Sturz wurde der Mantel und die Hose großflächig zerrissen. Ein Nähen der Kleidungsstücke scheidet aufgrund der Größe der Risse saus. Es ist also ein Vermögensschaden entstanden. Die Wasserlache war ursächlich für den Sturz und den daraus folgenden Schaden.

Folglich hat K gegen V einen Anspruch auf Schadensersatz gem. § 280 I in Verbindung mit § 241 II.

Der Umfang des Schadenersatzes richtet sich nach §§ 249 ff. *Gem. § 249 I hat V den Zustand herzustellen, der ohne den Sturz bestehen würde. Gem. § 249 II 1 kann der Gläubiger K bei Beschädigung einer Sache den für die Herstellung (Wiederbeschaffung) der Sache erforderlichen Geldbetrag verlangen.* Der Mantel und die Hose sind nicht mehr zu reparieren. Somit hat V an K einen Geldbetrag für den Mantel und die Hose zu zahlen.

**II. Außerdem könnte K gegen V einen Anspruch auf Schadenersatz für den Mantel und die Hose aus § 831 I 1 haben.**

1. *Voraussetzung dafür ist, dass die Putzfrau Verrichtungsgehilfin des V ist. Verrichtungsgehilfe ist, wer für eine andere Person weisungsgebunden eine Tätigkeit verrichtet.* Die Putzfrau ist bei V angestellt und reinigt im Geschäft des V die Fußböden. V kann als Arbeitgeber die Arbeitszeit der Putzfrau bestimmen, Arbeiten anordnen und einschränken. Folglich ist die Putzfrau weisungsgebunden gegenüber V. Demnach ist sie Verrichtungsgehilfin im Sinne des § 831 I 1.

2. *Die Putzfrau als Verrichtungsgehilfin muss durch eine tatbestandsmäßige und rechtswidrige unerlaubte Handlung eines der Rechtsgüter des K aus § 823 I kausal verletzt haben. Infrage kommt eine Eigentumsverletzung des K.* Die Putzfrau hat eine Wasserlache auf dem Fußboden übersehen, auf der K ausgerutscht ist und dabei seine Hose und Mantel zerrissen hat. Durch die Wasserlache wurde demnach ursächlich das Eigentum des K verletzt. Es liegen auch keine Rechtfertigungsgründe vor, somit hat die Putzfrau eine tatbestandsmäßige, rechtswidrige unerlaubte Handlung begangen.

3. *Weiterhin muss die Handlung der Putzfrau in Ausführung der Verrichtung erfolgt sein.* Sie befindet sich innerhalb ihrer normalen täglichen Arbeitszeit an ihrem Arbeitsplatz. Sie reinigt die Fußböden im Geschäft des V. Die Handlung der Putzfrau erfolgte also in Ausführung der Verrichtung.

4. *Durch die Handlung der Putzfrau muss ein kausaler Schaden entstanden sein* (Definition siehe oben Aufgabe 1, I.). K ist auf der Wasserlache ausgerutscht und zu Boden gestürzt, wobei sein Mantel und seine Hose beschädigt wurden. Die Wasserlache am Fußboden war ursächlich für den Sturz und den daraus entstandenen Schaden.

Folglich sind die Voraussetzungen des § 831 I 1 erfüllt.

5. *Es ist jedoch zu prüfen, ob gem. § 831 I 2 Gründe vorliegen, durch die die Ersatzpflicht nicht eintritt. Fraglich ist demnach, ob V sich exkulpieren kann. Die Ersatzpflicht ist dann ausgeschlossen, wenn V bei der Auswahl der Putzfrau die im Verkehr erforderliche Sorgfalt beachtet hat.* V macht dazu keine Angaben. Eine Exkulpationsmöglichkeit ist nicht gegeben, und V wird somit nicht von der Ersatzpflicht frei.

Es besteht folglich ein Anspruch auf Schadenersatz des K gegen V gem. § 831 I 1.

Wegen des Umfangs des zu ersetzenden Schadens wird auf die Ausführungen unter I. verwiesen.

# Fall 15: Schuldrecht BT – Das Liebes(un)glück

**Schwerpunkte:**

Haftung mehrerer – Forderungsübergang von gesetzlichem Schadensersatzanspruch (in der öffentlichen Verwaltung)

Endlich hat es zwischen Marta und Moritz gefunkt. Die beiden können ihr Liebesglück nicht fassen und beschließen, ihre große Liebe zu verewigen. Sie schreiben deshalb, unabhängig voneinander, in Großbuchstaben mit Farbmalstiften an das Fenster des Standesamtes der Stadt S „M&M forever!“. Was Marta und Moritz nicht wissen, ist, dass einer der Stifte wasserunlöslich ist und nicht mehr von der Fensterscheibe entfernt werden kann. Dies war aber mit einem Blick auf das Etikett zu erkennen. Es lässt sich allerdings nicht feststellen, wer von den beiden die „Verewigung“ verursacht hat.

**Aufgabe 1:** Kann die Stadt S als Eigentümerin des Gebäudes Anspruch auf Schadenersatz von Marta und Moritz als Gesamtschuldner verlangen?

Der Standesbeamte Peter Patzig (P) hatte Marta und Moritz bei ihrem Kunstwerk beobachten können und stellt die beiden zu Rede. Moritz ist erbost darüber, wie es der Beamte wagen kann, die Liebe der beiden in Abrede zu stellen und schlägt den Standesbeamten gezielt mit einem Faustschlag ins Gesicht. Dieser erleidet hierbei einen Nasenbruch. Das Land Hessen zahlt ihm während der vierwöchigen Dienstunfähigkeit 4.000 € an Dienstbezügen. Da die Verletzung des P als Dienstunfall bewertet wurde, zahlt das Land Hessen ferner für P Heilungskosten in Höhe von 1.500 €.

**Aufgabe 2:** Stehen dem Land Hessen gegen Moritz Ansprüche für die für vier Wochen gezahlten Dienstbezüge (Besoldungsgruppe A 12) und Heilungskosten (insgesamt 5.500 €) zu? Das Land beruft sich darauf, dass sich Moritz gegenüber P schadensersatzpflichtig gemacht habe. Nach den gesetzlichen Bestimmungen seien diese Ersatzansprüche auf das Land Hessen übergegangen.

**Fall 15: Prüfschema/Lösungsskizze**

**Aufgabe 1:**

**Stadt S → Marta und Moritz Schadensersatz gem. §§ 830 I 2, 823 I, 840 I, 421 S. 1**

1. Gesamtschuldnerverhältnis zwischen Marta und Moritz gem. § 840 I (+)

   Rechtsgutverletzung gem. § 823 I; hier: Eigentum (+)
2. Alternative Kausalität (+) § 830 I 2

3. Rechtswidrigkeit (+)
4. Verschulden – Vorsatz (§ 276 II) (+)
5. Schaden (+)

**Ergebnis:** Stadt S Marta und Moritz Schadensersatz gem. §§ 830 I 2, 823 I, 840 I, 421 S. 1 (+)

Umfang: §§ 249 ff.

**Aufgabe 2:**

**Land Hessen → Moritz Schadensersatz gem. § 823 I i. V. m. § 57 S. 1 HBG**[129]

1. Gesetzlicher Schadensersatzanspruch des P gegen einen Dritten (infolge der Körperverletzung) gem. § 823 I
   a) Tatbestandsmäßigkeit der Handlung des Moritz (+)

      Verletzung eines der in § 823 I genannten Rechtsgüter, hier: Körper, Gesundheit

      Ursächlichkeit der Handlung für die Rechtsgutsverletzung

   b) Rechtswidrigkeit (+)
   c) Verschulden (+)
   d) Schaden (+)
2. Gesetzlicher Forderungsübergang
   a) Körperliche Verletzung eines Beamten (+)
   b) Gewährung von Leistungen des Dienstherrn während der auf der Körperverletzung beruhenden Dienstunfähigkeit (+)

Der gesetzliche Schadensersatzanspruch des P gegen Moritz ist in Höhe von 5.500 € auf den Dienstherrn übergegangen.

**Ergebnis:** Land Hessen → Moritz Schadensersatz gem. § 823 I i. V. m. § 57 S. 1 HBG (+)

129 § 57 HBG (Übergang eines Schadensersatzanspruchs gegen Dritte) hat folgenden Wortlaut: „Werden Beamtinnen, Beamte oder Versorgungsberechtigte oder ihre Angehörigen körperlich verletzt oder getötet, so geht ein gesetzlicher Schadensersatzanspruch, der diesen Personen infolge der Körperverletzung oder der Tötung gegen Dritte zusteht, insoweit auf den Dienstherrn über, als dieser während einer auf der Körperverletzung beruhenden Aufhebung oder Einschränkung der Dienstfähigkeit oder infolge der Körperverletzung oder der Tötung zur Gewährung von Leistungen verpflichtet ist. Satz 1 gilt sinngemäß für gesetzliche Schadensersatzansprüche wegen der Beschädigung, Zerstörung oder Wegnahme von Heilmitteln, Hilfsmitteln oder Körperersatzstücken. Ist eine Versorgungskasse zur Gewährung von Versorgungsleistungen verpflichtet, so geht der Anspruch auf sie über. Der Übergang des Anspruchs kann nicht zum Nachteil der Verletzten oder der Hinterbliebenen geltend gemacht werden." Diese Vorschrift ist ein Beispiel für einen Forderungsübergang in der öffentlichen Verwaltung. Eine vergleichbare Regelung enthält § 6 EFZG für Arbeitnehmer.

**Fall 15: Ausarbeitung (Gutachten)**

**Aufgabe 1:**

**Die Stadt S könnte einen Schadenersatzanspruch gegen Marta und Moritz als Gesamtschuldner gem. §§ 830 I 2, 823 I, 840 I, 421 S. 1 geltend machen.**

1. *Voraussetzung hierfür ist, dass zwischen Marta und Moritz ein Gesamtschuldverhältnis gem. §§ 840 I, 421 Satz 1 besteht. Sowohl Marta als auch Moritz muss den Tatbestand des § 823 I verwirklich haben. Jeder muss also durch eine Handlung eines der dort genannten Rechtsgüter der S verletzt haben. In Betracht kommt die Verletzung des Eigentums der Stadt S. Darunter ist jede Zerstörung oder Beschädigung einer Sache zu verstehen.* Indem Marta und Moritz die Fensterscheiben des Standesamtes mit Farbmalstiften bemalt haben, die teilweise nicht mehr zu entfernen sind, haben sie das Rechtsgut „Eigentum" verletzt. *Die Handlung muss kausal für die Rechtsgutsverletzung gewesen sein.* Die Stadt S kann aber nicht beweisen, welcher der beiden den wasserunlöslichen Stift benutzt hatte, sodass sich jeder auf den anderen berufen kann.
2. Da mangels gemeinschaftlicher Begehung kein Fall des § 830 I 1 vorliegt, könnte für S eine *Beweiserleichterung nach § 830 I 2* in Betracht kommen. *Danach ist jeder der Beteiligten für den Schaden verantwortlich. Diese Vorschrift setzt ein nach § 823 I tatbestandsmäßiges, rechtswidriges und schuldhaftes Verhalten der Beteiligten voraus, das für die Rechtsgutsverletzung kausal sein konnte. Für die Beteiligung reicht ein enger zeitlicher und räumlicher Zusammenhang zwischen dem betreffenden Verhalten und der zum Schaden führenden (möglichen) Verletzung des Rechtsguts aus, wobei der Schwerpunkt bei der im Wesentlichen gleichartigen Gefährdung des Rechtsguts liegt.* Da Marta und Moritz gleichzeitig die Beschriftung des Fensters vorgenommen haben, somit in zeitlichem und räumlichem Zusammenhang auf im wesentlichen gleichartige Weise das Fensterglas und somit das Eigentum der Stadt S gefährdet haben, sind sie als Beteiligte im Sinn des § 830 I 2 anzusehen. Die Stadt S muss also die haftungsbegründende Kausalität hier nicht nachweisen. Nach Sachlage kann auch keiner der Beteiligten die Verursachungsvermutung des § 830 I 2 durch den Nachweis entkräften, dass sein Handeln nicht schadensursächlich geworden sein konnte. Marta und Moritz haften der S also für den eingetretenen Schaden, wenn auch die weiteren tatbestandsmäßigen Voraussetzungen der unerlaubten Handlung vorliegen.

> **Merke:**
>
> Mit § 830 I 2 wird der Tatsache Rechnung getragen, dass bei einem gefährdenden Verhalten mehrerer Menschen nicht immer geklärt werden kann, wer letztlich die Ursache für den Schadenseintritt gesetzt hat. Der Geschädigte soll seinen Anspruch auf Schadensersatz nicht dadurch verlieren, dass er den Nachweis der Ursächlichkeit dem Einzelnen gegenüber nicht führen kann. § 830 I 2 ist folglich eine Beweislastregel.

3. *Die Handlungen der Marta und des Moritz müssen rechtswidrig gewesen sein.* Das ist der Fall, wenn kein Rechtfertigungsgrund vorliegt, was hier der Fall ist.
4. *Ferner müssen Marta und Moritz schuldhaft gehandelt haben. Sie haben gem. § 823 I Vorsatz und Fahrlässigkeit zu vertreten. Vorsatz liegt vor, wenn man mit Wissen und Wollen einen rechtswidrigen Erfolg herbeiführt. Fahrlässig handelt, wer die im Verkehr erforderliche Sorgfalt außer Acht lässt (§ 276 II).* Marta und Moritz hätten beide mit einem Blick auf das Etikett des Stiftes erkennen können, dass dieser nicht wasserlöslich ist. Auch wollten sich beide verewigen. Folglich haben Marta und Moritz hier Vorsatz zu vertreten.
5. *Erforderlich ist weiterhin, dass ein durch die Rechtsgutverletzung adäquat kausal eingetretener Schaden vorliegt. Darunter ist jeder Vermögensnachteil zu verstehen, den jemand durch ein bestimmtes Ereignis erleidet.* Aufgrund der beschmierten Fensterscheibe ist der Stadt S ein Schaden entstanden. Die Rechtsgutverletzung von Marta und Moritz war ursächlich für den Schaden der S.

Folglich kann die Stadt S einen Schadenersatzanspruch gegen Marta und Moritz als Gesamtschuldner gem. §§ 830 I 2, 823 I, 840 I, 421 S. 1 BGB geltend machen.

Beide haben gem. § 249 I den Zustand herzustellen, der ohne das schädigende Ereignis bestanden hätte. Nach § 249 II 1 kann bei Beschädigung einer Sache von der Stadt S der für die Reparatur erforderliche Geldbetrag verlangt werden.

> **Merke:**
>
> Das Wesen der Gesamtschuld besteht darin, dass bei einer Mehrheit von Schuldnern jeder zur ganzen Leistung verpflichtet ist, der Gläubiger, also in diesem Fall die Stadt S, sie nur einmal fordern kann (§ 421). Die Gesamtschuld vermittelt dem Gläubiger somit erhöhte Sicherheit. Es bleibt ihm freigestellt, bei wem er die Forderung einzieht. Er kann sie vor allem auch dann realisieren, wenn einer der Schuldner z. B. wegen Zahlungsunfähigkeit ausfällt.

**Aufgabe 2:**

**Das Land Hessen könnte gegenüber Moritz den auf den Dienstherrn übergegangenen gesetzlichen Schadensersatzanspruch des P gem. § 823 I i. V. m. § 57 S. 1 HBG geltend machen.**

1. *P muss einen gesetzlichen Schadensersatzanspruch gegen den Dritten, der die Körperverletzung verursachte (hier: Moritz), haben.* Gem. § 57 S. 1 HBG geht dieser in Höhe der vom Land Hessen zu gewährenden Leistungen auf das Land über.

   a) *Der gesetzliche Schadensersatzanspruch des P gegen Moritz könnte gem. § 823 I gegeben sein. Dann muss Moritz durch eine Handlung eines der in § 823 I genannten Rechtsgüter kausal verletzt haben.* Durch den Schlag ins Gesicht hat Moritz die Nase des P gebrochen und somit dessen Körper verletzt. Die Handlung war ursächlich für diese Rechtsgutsverletzung.

   b) *Sie muss außerdem widerrechtlich sein.* Ein Rechtfertigungsgrund für dieses Verhalten liegt nicht vor, sodass Moritz widerrechtlich handelte.

   c) *Ferner muss Moritz schuldhaft gehandelt haben. Nach § 823 I hat der Schuldner Vorsatz und Fahrlässigkeit zu vertreten. Hier könnte Moritz vorsätzlich, also mit Wissen und Wollen, gehandelt haben.* Moritz war erbost und versetzte dem P in dieser Gemütsverfassung den Schlag. Er handelte mit Wissen und Wollen, also vorsätzlich.

   d) *Durch die Rechtsgutsverletzung muss dem P adäquat kausal ein Schaden entstanden sein. Dazu zählt jede Einbuße an rechtlich anerkannten Rechtsgütern und Interessen.* Aufgrund der von Moritz begangenen Körperverletzung hat P einen Nasenbruch erlitten und war vier Wochen dienstunfähig. Ihm sind entsprechende Heilungskosten entstanden.

Somit besteht ein gesetzlicher Schadensersatzanspruch des P gegenüber Moritz gem. § 823 I, dessen Umfang sich aus § 249 und § 842 ergibt. Moritz muss den Zustand herstellen, der vor dem schädigenden Ereignis, d. h. dem Schlag ins Gesicht, bestand. Bei Verletzung einer Person kann der Gläubiger nach § 249 II 1 statt der Herstellung den erforderlichen Geldbetrag, d. h. Erstattung der Heilkosten verlangen. Darüber hinaus ist Moritz nach § 842 auch zur Zahlung des Erwerbsausfalls, der Dienstbezüge für die vier Wochen, verpflichtet.

2. *Dieser Anspruch muss gem. § 57 S. 1 HBG auf das Land Hessen übergegangen sein.*

   a) *Voraussetzung hierfür ist, dass ein Beamter des Landes Hessen körperlich verletzt worden ist.* Wie oben bereits erörtert wurde, erlitt P, der Landesbeamter ist, eine Körperverletzung.

b) D*as Land Hessen muss während der auf der Körperverletzung beruhenden Dienstunfähigkeit dem P zur Gewährung von Leistungen verpflichtet gewesen sein.* Während des genannten Zeitraumes war das Land nach § 3 HBesG zur Weitergewährung der Bezüge (A 12) in Höhe von insgesamt 4.000 € und, da es sich um einen Dienstunfall i. S. d. § 36 I 1 HBeamtVG handelte, auch zur Zahlung der Heilkosten nach § 39 I HBeamtVG (1.500 €) verpflichtet.

D*as Land Hessen* hat dem P also Leistungen in Höhe von insgesamt 5.500 € (4.000 € Dienstbezüge, 1.500 € Heilungskosten) gewährt. Der gesetzliche Schadensersatzanspruch des P gegen Moritz (§ 823 I) geht in dieser Höhe nach § 57 S. 1 HBG auf das Land Hessen über.

Nach alledem kann das Land Hessen gem. § 823 I i. V. m. § 57 S. 1 HBG insgesamt 5.500 € verlangen.

# Fall 16: Schuldrecht BT – Ärger mit den Beamten

**Schwerpunkte:**

Haftung bei Amtspflichtverletzung – Eigenhaftung des Beamten – Haftung im fiskalischen und hoheitlichen Bereich

Die Stadt Kleinberg (K) beschließt, einen der städtischen Kindergärten zu schließen und die Kindergartenleiterin Paula Perle (P) (Entgeltgruppe 7) zu kündigen. P wurde nach der Entscheidung im April 2020 zum Jahresende 2020 gekündigt, obwohl ihr Einsatz auf eine andere Stelle möglich gewesen wäre.

P bemüht sich bereits, sofort eine neue Arbeitsstelle zu finden und bewirbt sich sogleich auf eine Stelle der Stadt (K) als Sozialpädagogische Fachkraft (Entgeltgruppe 8). Die Einstellungsvoraussetzungen erfüllt sie vollends. Oberstudienrat Mate Misgeschik (M), dem die Einstellungsverhandlungen der K übertragen wurden, informiert Ende April 2020 die P schriftlich, dass ihr die Stelle ab dem 01.01.2021 verbindlich zugesagt wird. P lässt die Kündigung der Stadt K daher wirksam werden und verzichtet auf ein Klageverfahren. Im Juli 2020 geht P jedoch ein weiteres Schreiben des M zu, in dem er sein Bedauern ausdrückt, da die Stelle als Sozialpädagogische Fachkraft nunmehr doch nicht mit P besetzt werden soll, da der Personalrat die Zustimmung zur Einstellung der P nicht erteilt habe.

Weitere Bemühungen der P, eine Stelle zu finden, blieben erfolglos. Erst zum 01.05.2021 gelingt es P, anderweitig einen Arbeitsvertrag abzuschließen. Vom 01.01.2020 bis 01.05.2021 war P arbeitslos, ohne jedoch Arbeitslosengeld zu beantragen.

**Aufgabe 1:** Welche Ansprüche der P kommen gegen das Land Hessen in Betracht?

**Aufgabe 2:** Kann P wegen des in der Zeit vom 01.01. bis 01.05.2021 entgangenen Verdienstes gegen M einen Schadensersatzanspruch geltend machen?

In der Stadt Kleinberg ist auch Basti Böse (B) tätig, dessen Aufgabengebiet u. a. die Erhaltung der Denkmäler der Stadt übertragen wurde. Bei seinem letzten Abendspaziergang fiel ihm auf, dass das Denkmal „verlorener Baum" restaurierungsbedürftig erscheint. Um seinen Beobachtungen und Aufgaben in der Stadt Kleinberg nachzukommen, begibt er sich zum Denkmal. Da die Begutachtung umfänglich ausfallen muss, hat er auch seine Leiter mitgebracht. Vor Ort begibt er sich auf die Suche nach Beschädigungen, hierbei achtet er nicht auf den bereits angebrochenen „Ast" des „verlorenen Baumes", der durch das Gewicht des anlehnenden B abbricht und die Karla Knochig (K), die gerade mit ihrem Hund spazieren geht, trifft. K kann den „Ast" gerade noch mit ihrer Hand abwehren, erleidet hierbei jedoch einen Unterarmbruch. K entstehen Behandlungskosten; außerdem hat sie wochenlang starke Schmerzen.

**Aufgabe 3:** Kann K von der Stadt Kleinberg Schadensersatz und Schmerzensgeld verlangen?

**Fall 16: Prüfschema/Lösungsskizze**

**Aufgabe 1:**

**I. P → Land Hessen Schadensersatz gem. Art. 34 S. 1 GG i. V. m. § 839 I 1 BGB (–)**

**Hoheitliche Tätigkeit des M? (–), M handelte fiskalisch**

**II. P → Land Hessen Schadensersatz gem. § 280 I i. V. m. §§ 311 II Nr. 1, 241 II**

1. Wirksames (vorvertragliches) Schuldverhältnis, § 311 II Nr. 1 (+)
2. Objektive Pflichtverletzung durch den Schuldner i. S. v. § 241 II (+)
3. Vertretenmüssen, § 280 I 2 i. V. m. §§ 276, 278[130];

   M: Erfüllungsgehilfe (+)
4. Schaden beim Gläubiger als Folge der Pflichtverletzung (+)

   = entgangener Verdienst in Kleinberg

**Ergebnis:** P → Land Hessen SE gem. § 280 I i. V. m. §§ 311 II Nr. 1, 241 II (+)

Umfang des zu ersetzenden Schadens: §§ 249 ff.

**III. P → Land Hessen Schadensersatz gem. § 831 I**[131]

1. Verrichtungsgehilfe = M (+)
2. tatbestandsmäßige und rechtswidrige unerlaubte Handlung des Verrichtungsgehilfen?

   hier: kein absolutes Recht i. S. d. § 823 I wurde verletzt (–)

   Vermögen = geschädigt

Ergebnis: P → Land Hessen Schadensersatz gem. § 831 I (–)

**Aufgabe 2:**

**P → M Schadensersatz gem. § 839 I 1**

1. Beamter im staatsrechtlichen Sinn = M (+)
2. Amtspflichtverletzung ist kausal für die Rechtsgutsverletzung gegenüber Dritten (+)

   falsche Zusicherung i. R. d. arbeitsvertraglichen Verhandlungen
3. Rechtswidrigkeit (+)
4. Verschulden, § 276 II – M handelte fahrlässig (+)

130 Falls M ein sog. Organ (z. B.: Leiter des Finanzamts) ist: §§ 31, 89 sind zu prüfen.

131 Falls M ein sog. Organ (z. B.: Leiter des Finanzamts) ist: Der Schadensersatzanspruch gem. §§ 823 i. V. m. 31, 89 ist zu erörtern.

5. Schaden = entgangener Verdienst in Kleinberg (+)
6. Kein Haftungsausschluss nach § 839 I 2 (–)

M handelte fahrlässig – andere Haftungsgrundlage gegen den Arbeitgeber? – siehe Aufgabe 1

M kann auf die Haftung des Landes Hessen verweisen.[132]

**Ergebnis:** P → M Schadensersatz gem. § 839 I 1 (–)

**Aufgabe 3:**

**K → Stadt Kleinberg Schadensersatz gem. Art. 34 S. 1 GG i. V. m. § 839 I 1**

1. Beamter im haftungsrechtlichen Sinn (= B) handelt hoheitlich (+)
2. Amtspflichtverletzung (Rechts- oder Dienstpflichten) ist kausal für Rechtsgutsverletzung gegenüber Dritten (+)
3. Rechtswidrigkeit (+)
4. Verschulden (Vorsatz oder Fahrlässigkeit) – hier: § 276 II (+)
5. Schaden
6. kein Haftungsausschluss nach § 839 I 2 oder § 839 III

**Ergebnis:** K → Stadt Kleinberg Schadensersatz gem. Art. 34 S. 1 GG i. V. m. § 839 I 1 (+)

Umfang des zu ersetzenden Schadens: §§ 249 ff.

## Fall 16: Ausarbeitung (Gutachten)

### Aufgabe 1:

**I. P könnte einen Schadensersatzanspruch gegen das Land Hessen gem. Art. 34 S. 1 GG i. V. m. § 839 I 1 haben.**

*Danach haftet die anstellende Körperschaft, wenn jemand in Ausübung eines ihm anvertrauten öffentlichen Amtes schuldhaft die einem Dritten gegenüber obliegende Amtspflicht verletzt und dabei einen Schaden verursacht.*

Da M für die arbeitsvertraglichen Einstellungsverhandlungen zuständig ist, handelt er fiskalisch.

Folglich kommt ein Schadensersatzanspruch der P gegen das Land Hessen gem. Art. 34 S. 1 GG i. V. m. § 839 I 1 nicht in Betracht.

132 Dieses hat bei Vorsatz bzw. grober Fahrlässigkeit die Möglichkeit des Regresses gegen M nach Art. 34 S. 2 GG, § 48 BeamtStG.

**II. P könnte gegenüber dem Land Hessen einen Anspruch auf Schadensersatz gem. § 280 I i. V. m. §§ 311 II Nr. 1, 241 II haben.**

1. *Voraussetzung hierfür ist, dass zwischen der P und dem Land Hessen ein Schuldverhältnis besteht.* Da noch kein wirksamer Arbeitsvertrag zwischen diesen Parteien zustande gekommen ist, kommt ein vorvertragliches Schuldverhältnis in Betracht. *Dies liegt bereits bei der Aufnahme von Vertragsverhandlungen vor (§ 311 II Nr. 1).* Indem P sich beim Land Hessen beworben hat und ihr Ende April 2021 per Schreiben die Einstellung zum 01.01.2021 verbindlich zugesagt wurde, ist diese Voraussetzung gegeben.
2. *Des Weiteren muss das Land Hessen gegenüber P eine Pflicht verletzt haben. In Betracht kommt die Verletzung einer Nebenpflicht nach § 241 II. Danach bestehen Pflichten zur Rücksicht auf die Rechte, Rechtsgüter und die Interessen des potenziellen Vertragspartners.* Bei einer Einstellung eines Arbeitnehmers ist der Personalrat gem. § 77 I Nr. 2 a HPVG zu beteiligen. Dieser verweigert seine Zustimmung und man will diesen Bedenken zunächst nachgehen. Indem die Einstellung vor der Beteiligung des Personalrates schriftlich zugesagt wurde, hat das Land Hessen seine Sorgfaltspflicht gegenüber der P verletzt.
3. *Diese Pflichtverletzung muss das Land Hessen zu vertreten haben (§ 280 I 2). Nach § 276 I hat der Schuldner Vorsatz und Fahrlässigkeit zu vertreten, sofern* – was hier nicht der Fall ist – *kein anderer Haftungsmaßstab greift.* Im vorliegenden Fall hat allerdings nicht das Land Hessen, sondern M vergessen, den Personalrat vor der Zusage zu beteiligen. Deshalb ist ein Eigenverschulden des Landes Hessens abzulehnen. *Gem. § 278 S. 1 haftet der Schuldner jedoch auch für das Verschulden seines Erfüllungsgehilfen. Voraussetzung ist, dass* M *Erfüllungsgehilfe ist. Erfüllungsgehilfe ist, wer mit Wissen und Wollen des Schuldners bei der Erfüllung von dessen Verbindlichkeiten aus einem Schuldverhältnis – dazu gehören auch vorvertragliche – tätig wird.* M hat als Beamter des Land Hessens die Einstellungsverhandlungen geführt und dabei die dem Land Hessen obliegende Sorgfaltspflicht zu erfüllen. Folglich ist er Erfüllungsgehilfe des Landes Hessens. *Außerdem ist ein Verschulden des* M *Voraussetzung. Es kommt Fahrlässigkeit in Betracht. Fahrlässig handelt, wer die im Verkehr erforderliche Sorgfalt außer Acht lässt (§ 276 II).* Indem M den Personalrat zu spät beteiligt und vorzeitig die schriftliche Einstellungszusage an P erteilt hat, hat er die im Verkehr erforderliche Sorgfalt außer Acht gelassen und somit fahrlässig gehandelt. Somit hat das Land Hessen das Verschulden des M in gleichem Umfang zu vertreten wie eigenes Verschulden.

4. *Letztlich muss der P aus der Pflichtverletzung ein Schaden entstanden sein. Unter Schaden wird allgemein jede Einbuße verstanden, die jemand infolge eines bestimmten Ereignisses erleidet.* Indem P durch die Zusage der neuen Einstellung nichts gegen die Kündigung der Stadt Kleinberg unternimmt, auch in dem Zeitraum von April bis Juli keine weiteren Bewerbungen schreibt, somit keine neue Stelle findet und daher seit 01.01.2021 arbeitslos ist, hat sie einen Entgeltausfall und damit einen Vermögensschaden erlitten.

Demnach kann P gegenüber dem Land Hessen Schadensersatz gem. §§ 280 I i. V. m. 311 II Nr. 1, 241 II verlangen.

Für den Umfang des Schadensersatzanspruches gelten die §§ 249 ff. Gem. § 249 I ist P so zu stellen, wie sie gestanden hätte, wenn sie nicht auf die Zusage des Landes Hessen vertraut und folglich gegen die sozial nicht gerechtfertigte Kündigung durch die Stadt Kleinberg etwas unternommen hätte. Deshalb ist ihr der entgangene Verdienst in Kleinberg für die vier Monate (Januar bis April) zu erstatten.

**III. Außerdem kommt ein Schadensersatzanspruch der P gegen das Land Hessen gem. § 831 I in Betracht.**

1. *Voraussetzung dafür ist, dass M als Verrichtungsgehilfe des Landes Hessen gehandelt hat. Verrichtungsgehilfe ist eine Person, die für einen anderen weisungsgebunden eine Tätigkeit ausführt.* M ist Beamter des Landes Hessen. Dieses kann dessen Arbeitszeiten sowie den Umfang der Arbeit und die Art der Ausführung weitgehend bestimmen. Folglich ist M als Beamter des Landes weisungsgebunden und demnach Verrichtungsgehilfe i. S. d. § 831 I 1.
2. *Der Verrichtungsgehilfe M muss durch eine tatbestandsmäßige und rechtswidrige unerlaubte Handlung eines der Rechtsgüter der P aus § 823 I kausal verletzt haben.* Im vorliegenden Fall wurde durch den Verdienstausfall das Vermögen der P geschädigt. Dieses ist allerdings kein besonders geschütztes Rechtsgut i. S. d. § 823 I.

Somit kommt ein Schadensersatzanspruch der P gegen das Land Hessen gem. § 831 I nicht in Betracht.

**Aufgabe 2:**

**P könnte gegen M einen Schadensersatzanspruch gem. § 839 I 1 haben.**

1. *Voraussetzung ist, dass ein Beamter im staatsrechtlichen Sinn gehandelt hat. Das ist der Fall, wenn dem M eine Ernennungsurkunde mit den Worten „unter Berufung in das Beamtenverhältnis“ ausgehändigt worden ist*

*(vgl. § 8 BeamtStG, § 9 HBG).* Indem es sich bei M um einen zwischenzeitlich zum OAR beförderten Beamten handelt, ist diese Voraussetzung gegeben.

2. *M muss eine dem Anspruchsteller gegenüber obliegende Amtspflicht verletzt haben, und zwar im fiskalischen Bereich.* Da M für die arbeitsvertraglichen Einstellungsverhandlungen im Finanzamt zuständig ist, handelt er fiskalisch. Im Rahmen der Vertragsverhandlungen darf er keine falschen Auskünfte geben. Durch die falsche Mitteilung dahingehend, dass die Einstellung der P zum 01.01.2016 verbindlich sei, was nicht den Tatsachen entsprochen hat, hat er seine gegenüber P bestehende Amtspflicht kausal verletzt.
3. *Das verletzende Verhalten muss rechtswidrig sein. Eine Amtspflichtverletzung ist regelmäßig widerrechtlich, sofern nicht ausnahmsweise ein Rechtfertigungsgrund vorliegt.* Für die falsche Auskunft des M gibt es keinen Rechtfertigungsgrund, sodass ein rechtswidriges Verhalten von ihm vorliegt.
4. *Außerdem muss der Beamte vorsätzlich oder fahrlässig bei der Amtspflichtverletzung gehandelt haben.* Im vorliegenden Fall kommt fahrlässiges Handeln des M in Betracht. *Fahrlässig handelt, wer die im Verkehr erforderliche Sorgfalt außer Acht lässt (§ 276 II).* Indem M, ohne sich zu erkundigen, ob die für eine Einstellung erforderliche Zustimmung des Personalrats vorliegt, die schriftliche Einstellungszusage gegenüber P abgegeben hat, hat er die im Verkehr erforderliche Sorgfalt außer Acht gelassen und fahrlässig gehandelt.
5. *Die Amtspflichtverletzung muss einen Schaden bei P verursacht haben. Dazu zählt jeder Vermögensschaden, der durch die Verletzungshandlung entstanden ist und vom Schutzzweck der Amtspflicht erfasst wird.* Aufgrund der falschen verbindlichen Zusage unterlässt es P, gegen die Kündigung durch die Stadt Kleinberg etwas zu unternehmen. Sie ist vier Monate arbeitslos. Deshalb ist ihr ein Vermögensschaden in Höhe des entgangenen Verdienstes entstanden.
6. *Die Haftung des Beamten M tritt allerdings gem. § 839 I 2 nicht ein, wenn er lediglich fahrlässig gehandelt hat und ein anderer endgültig und vollständig die Kosten trägt.* Da M lediglich fahrlässig gehandelt hat und – wie unter Aufgabe 1 geprüft – das Land Hessen dem P Schadensersatz leisten muss, ist die Haftung des M ausgeschlossen.

Folglich kann P gegen M keinen Schadensersatzanspruch gem. § 839 I 1 geltend machen.

**Aufgabe 3:**

**K könnte einen Schadensersatzanspruch gegen die Stadt Kleinberg gem. Art. 34 S. 1 GG i. V. m. § 839 I haben.**

1. *Der handelnde Beamte B müsste in Ausübung eines ihm anvertrauten öffentlichen Amtes, also hoheitlich, gehandelt haben.* B ist in seiner Funktion u. a. für die Erhaltung der städtischen Denkmäler zuständig. Er wird damit auf der Grundlage der DSchG tätig. B inspiziert das Denkmal „verlorener Baum", um festzustellen, ob notwendiger Sanierungsbedarf besteht. Er handelt somit aufgrund öffentlich-rechtlicher Vorschriften und damit hoheitlich. Auch die Verletzung der Verkehrssicherungspflicht durch das Anlehnen und das damit verbundene Abbrechen des „Astes" bezieht sich auf die Erfüllung der hoheitlichen Aufgabe, zumal ein innerer Zusammenhang besteht. Denn es ist die gesamte Tätigkeit des Amtsträgers einheitlich zu beurteilen.[133]
2. *Der B muss die einem Dritten gegenüber obliegende Amtspflicht und dadurch ein Rechtsgut von K verletzt haben. B hat gem. § 34 S. 2 BeamtStG die Pflicht, sein Amt vertrauensvoll auszuüben, d. h. er muss bestehende Sorgfaltspflichten beachten und darf keine unerlaubten Handlungen gegenüber Dritten begehen.* B lehnt sich an das Denkmal, wobei sich ein „Ast" löst und auf die K fällt, die den Fall abwehren kann und sich hierbei den Arm bricht. B hat damit seine Sorgfaltspflichten missachtet und die einem Dritten gegenüber obliegende Amtspflicht verletzt.
3. *Das verletzende Verhalten muss rechtswidrig sein. Eine Amtspflichtverletzung ist regelmäßig widerrechtlich, sofern nicht ausnahmsweise ein Rechtfertigungsgrund vorliegt.* Für das „Abbrechen des Astes" gibt es keinen Rechtfertigungsgrund, sodass ein rechtswidriges Verhalten von B vorliegt.
4. *Diese Amtspflichtverletzung müsste vorsätzlich oder fahrlässig erfolgt sein. Vorsatz bedeutet mit Wissen und Wollen. Fahrlässig handelt gem. § 276 II, wer die im Verkehr erforderliche Sorgfalt außer Acht lässt.* B hätte davon ausgehen müssen, dass sich beim Anlehnen an das Denkmal etwas ablösen könnte, zumal ihm bereits zuvor aufgefallen war, dass das Denkmal sanierungsbedürftig wirkte. Das Denkmal ist auch so gelegen, dass offensichtlich Fußgänger hieran spazieren gehen, sodass B hätte Vorkehrungen (z. B. Absperrung/Warnhinweis) treffen müssen, bevor er das Denkmal inspizierte. Dies ist nicht der Fall gewesen, sodass B die im Verkehr erforderliche Sorgfalt außer Acht gelassen und damit fahrlässig gehandelt hat.

133 *Palandt/Sprau*, § 839 Rn. 19.

5. *Schließlich muss durch die Pflichtverletzung ein adäquat kausaler Schaden, also eine Einbuße an rechtlich geschützten Gütern entstanden sein.* K wurde durch den herunterfallenden Ast am Arm verletzt. Dies wäre nicht passiert, wenn B seine Sorgfaltspflicht beachtet hätte. Es liegt somit ein kausaler Schaden vor.

K hat demnach gegen die Stadt Kleinberg einen Schadensersatzanspruch gem. Art. 34 S. 1 GG i. V. m. § 839 I 1.

Der Umfang des zu ersetzenden Schadens bestimmt sich nach §§ 249 ff. Danach hat der Schädiger den Zustand herzustellen, der bestehen würde, wenn das schädigende Ereignis nicht eingetreten wäre. Gem. § 249 II 1 ist im hier vorliegenden Fall der Verletzung einer Person Geldersatz zu leisten. Die K kann demnach die Kosten für die Heilbehandlung ersetzt verlangen. Nach § 253 II kann im Falle einer Körperverletzung auch eine billige Entschädigung in Geld verlangt werden. K hat durch den Unterarmbruch einen körperlichen Schaden und damit entsprechende Schmerzen erlitten, sodass sie Schmerzensgeld verlangen kann.[134]

134 Die Stadt Kleinberg könnte im Innenverhältnis gegenüber B einen Regressanspruch gem. Art. 34 S. 2 GG, § 48 BeamtStG haben.
Dann muss ein Beamter infolge einer vorsätzlichen oder grob fahrlässigen Dienstpflichtverletzung dem Dienstherrn einen Schaden zugefügt haben. B ist Beamter und hat, wie oben ausgeführt, seine Dienstpflichten verletzt. Es ist jedoch fraglich, ob er dabei grob fahrlässig gehandelt hat. Grobe Fahrlässigkeit liegt vor, wenn jemand in besonderem Maße die im Verkehr erforderliche Sorgfalt außer Acht lässt. Das Anlehnen und damit verbundene Herunterfallen des „Astes“ folgte aus Unachtsamkeit. Es ist nicht erkennbar, dass B in besonderem Maße unsorgfältig war. B hat somit nicht grob fahrlässig gehandelt. Die Stadt Kleinberg hat folglich keinen Regressanspruch gegen B gem. Art. 34 S. 2 GG, § 48 BeamtStG.

## Vertiefung: Unerlaubte Handlungen (Deliktsrecht)[135]

**Übersicht:**

**I. Der Grundtatbestand des § 823 I**

1. Tatbestandsmäßigkeit
2. Rechtswidrigkeit
3. Verschulden
4. Schaden

**II. Verletzung eines Schutzgesetzes**

1. Tatbestandsmäßigkeit
2. Rechtswidrigkeit
3. Verschulden
4. Schaden

**III. Vorsätzliche sittenwidrige Schädigung, § 826**

**IV. Sondertatbestand der Verschuldenshaftung: Haftung für den Verrichtungsgehilfen, § 831**

1. Voraussetzungen der (selbstständigen) Anspruchsgrundlage des § 831
2. Ausschluss der Haftung
3. Abgrenzung von § 831 zu § 278
4. Besonderheiten bei juristischen Personen, § 31

**V. Weitere Fälle der Haftung für vermutetes Verschulden**

135 **Literatur zur Vertiefung:** *Brand*, Die Haftung des Aufsichtspflichtigen nach § 832 BGB, JuS 2012, 673; *Brox/Walker* Schuldrecht BT, §§ 44 f.; *Deutsch/Ahrens*, §§ 14 ff.; *Diederichsen*, Der deliktsrechtliche Schutz des Persönlichkeitsrechts, JURA 2008, 1 ff.; *Eisenhardt*, § 23; *Emmerich*, §§ 20 ff.; *Fikentscher*/Heinemann, §§ 106 ff.; *Führich*, § 26; *Kötz/Wagner*, Rn. 95–327; *Looschelders* SchuldR BT, §§ 57–60; *Medicus/Lorenz* SchuldR II BT, §§ 142–157; *Medicus/Petersen* BürgerlR, §§ 24–25; *Musielak/Hau*, Rn. 757 ff.; *Neuner*, Das Schmerzensgeld, JuS 2013, 577; *Röthel*, Gefährdungshaftung, JURA 2012, 444; *Röthel*, Grundstudium Zivilrecht, Unerlaubte Handlungen: Eine Einführung, JURA 2013, 95; *Röthel*, Kraftfahrzeughalter und Tierhalter, JURA 2014, 1124; *Schellhammer*, Rn. 921 ff.; *Staake*, §§ 7–10; *Wandt*, §§ 14–16; *Wörlen/Metzler-Müller*, SchuldR BT, Rn. 387 ff.

**VI. Haftung bei Amtspflichtverletzung**

1. Die Eigenhaftung des Beamten nach § 839 I
   a) Tatbestandsmäßigkeit
   b) Rechtswidrigkeit
   c) Verschulden
   d) Schaden
   e) Haftungsausschluss
2. Die Haftung im hoheitlichen Bereich
   a) Hoheitliches Handeln
   b) Amtspflichtverletzung gegenüber Dritten
   c) Rechtswidrigkeit, Verschulden, Schaden
   d) Haftungsausschluss
   e) Rückgriffsmöglichkeit des Staates

**VII. Haftung mehrerer Schädiger**

1. Verantwortlichkeit von Teilnehmern und Beteiligten, § 830
2. Gesamtschuldnerschaft, § 840

**VIII. Verjährung**

Das Recht der unerlaubten Handlungen ist in den §§ 823–853 geregelt. Es wird auch „Deliktsrecht" genannt: „delictum" (lat.) = Vergehen. Das Deliktsrecht ist nicht mit Straftatbeständen des StGB bzw. den Ordnungswidrigkeiten zu verwechseln, die eine Bestrafung oder Bußgeldzahlung zur Folge haben, während es im Privatrecht um die Schadensersatzleistung geht.

Sofern ein Tatbestand der §§ 823 ff. erfüllt ist, entsteht kraft Gesetzes eine schuldrechtliche Beziehung (= gesetzliches Schuldverhältnis).[136] Die **tatbestandsmäßige, rechtswidrige** und **schuldhafte** Handlung verpflichtet den Handelnden zum Schadensersatz gegenüber dem Verletzten. Das Gesetz enthält – neben einigen Sondertatbeständen wie z. B. §§ 831 ff., § 18 I StVG (Haftung für vermutetes Verschulden), § 839 (Haftung für Amtspflichtverletzung), § 825 (Haftung für Verletzung der Geschlechtsehre) – drei Grundtatbestände: Verletzung bestimmter absoluter Rechte (§ 823 I), Verstoß

136 Weitere gesetzliche Schuldverhältnisse: §§ 677 ff. (Geschäftsführung ohne Auftrag), §§ 701 ff. (Haftung des Gastwirts), §§ 812 ff. (ungerechtfertigte Bereicherung) sowie §§ 823 ff. Siehe auch die Aufzählung bei *Palandt/Grüneberg*, vor § 311 Rn. 5. Im Gegensatz hierzu stehen die vertraglichen Schuldverhältnisse, die durch zwei sich deckende Willenserklärungen der Beteiligten (Angebot und Annahme) entstehen. Gem. § 311 I ist zu ihrer Begründung regelmäßig ein Vertrag erforderlich.

gegen ein Schutzgesetz (§ 823 II) und vorsätzliche sittenwidrige Schädigung (§ 826), wobei letztgenannte Vorschrift eine Generalklausel darstellt.

## I. Der Grundtatbestand des § 823 I

Wer vorsätzlich oder fahrlässig das Leben, den Körper, die Gesundheit, die Freiheit, das Eigentum oder ein sonstiges Recht eines anderen widerrechtlich verletzt, ist dem anderen nach § 823 I zum Ersatz des daraus entstehenden Schadens verpflichtet.

### 1. Tatbestandsmäßigkeit

Durch die **Handlung** des Schädigers, das verletzende Verhalten, muss eines der in § 823 I genannten absoluten Rechtsgüter (Leben, Körper, Gesundheit, Freiheit, Eigentum) verletzt worden sein. Zu den „sonstigen Rechten" zählen alle dinglichen Rechte, Immaterialgüterrechte (Patent-, Urheber-, Warenzeichen-, Gebrauchsmusterrechte, der Besitz). Durch richterliche Rechtsfortbildung sind außerdem das „Recht am eingerichteten und ausgeübten Gewerbebetrieb" und das „allgemeine Persönlichkeitsrecht" als sonstige Rechte anerkannt.

> **Merke:**
>
> Das **Vermögen** ist kein absolutes (und in § 823 I geschütztes) Rechtsgut, zumal es die Aktiva einer Person darstellt und auch relative Rechte (z. B. Forderungen aus Schuldverhältnissen) erfasst. Das Vermögen wird aber durch § 263 StGB erfasst – einem Schutzgesetz i. S. d. § 823 II.

Der Tatbestand des § 823 I kann auch durch ein **Unterlassen** verwirklicht werden – allerdings nur dann, wenn der Unterlassende objektiv eine ihm gegenüber dem Geschädigten bestehende Pflicht zum Tätigwerden verletzt hat. Diese kann sich aus Gesetz, Vertrag oder vorangegangenem Tun ergeben. Bedeutsam ist hinsichtlich des Letztgenannten die **Verkehrs(sicherungs) pflicht**. Diese wurde erstmals vom Reichsgericht hinsichtlich der Streupflicht einer Gemeinde bei Schneeglätte anerkannt.[137] Fallgruppen der Verletzung der allgemeinen Verkehrspflicht sind u. a. die Sorgfaltspflichten aus Verkehrseröffnung (Vermieter eines Mietshauses hinsichtlich Treppen, Beleuchtung), die Sorgfaltspflichten aus Teilnahme am Verkehr, bei Veranstaltungen usw.[138] Derjenige, der eine Gefahrenquelle schafft oder unterhält

137 RGZ 54, 33.

138 Zahlreiche Beispiele bei *Palandt/Sprau*, § 823 Rn. 185 ff.

*bzw.* eine Sache beherrscht, die für Dritte gefährlich werden kann oder der gefährliche Sachen in den Verkehr bringt (siehe hierzu auch das ProdHaftG, das eine (verschuldensunabhängige) Gefährdungshaftung des Herstellers für fehlerhafte Produkte begründet), ist verpflichtet, die erforderlichen und zumutbaren Maßnahmen und Vorkehrungen zum Schutze Dritter zu treffen.

Das Handeln muss dem Anspruchsgegner zuzurechnen sein, d. h., die Handlung des Schädigers muss für die Rechtsgutsverletzung ursächlich gewesen sein (sog. **haftungsbegründende Kausalität**). Außerdem muss das verletzende Verhalten nach der Lebenswahrscheinlichkeit geeignet sein, eine Verletzung des betreffenden Rechtsgutes herbeizuführen (sog. Adäquanztheorie). Die Erörterung dieser Theorie unterbleibt hier in den Falllösungen, da keine völlig unwahrscheinlichen Kausalverläufe (deren objektive Zurechenbarkeit von der Adäquanztheorie ausgeschlossen werden) vorkommen.

## 2. Rechtswidrigkeit

Außer der Verletzungshandlung ist stets erforderlich, dass das verletzende Verhalten rechtswidrig war. Damit wird die Normwidrigkeit bzw. das Unrecht des schädigenden Verhaltens festgestellt. Die Rechtswidrigkeit wird in der Regel durch die Erfüllung des Tatbestands indiziert und ist nur zu verneinen, wenn ein Rechtfertigungsgrund vorliegt, wie z. B. Notwehr (§ 227), defensiver Notstand (§ 228), Selbsthilferecht (§ 229), aggressiver Notstand (§ 904), Einwilligung des Verletzten.

## 3. Verschulden

Eine Haftung aus § 823 I setzt Verschulden voraus. In § 823 I werden die in § 276 I 1 genannten allgemeinen Voraussetzungen des Verschuldens wiederholt. Das Gesetz sieht auch eine Haftung **ohne** Verschulden vor: Bei der **Gefährdungshaftung** kommt es nur darauf an, dass sich eine bestimmte von dem Verantwortlichen (z. B. Kraftfahrer, Tierhalter) beherrschte Gefahr verwirklicht (vgl. u. a. § 7 I StVG; § 833). Unter Vorsatz wird das Wissen und Wollen der Tatbestandsverwirklichung verstanden; die Fahrlässigkeit ist in § 276 II definiert – wobei auch „leichteste" Außerachtlassung der im Verkehr erforderlichen Sorgfalt für ein Verschulden i. R. d. § 823 I genügt. Weitere Voraussetzung ist die Verschuldensfähigkeit (vgl. §§ 827, 828), die z. B. bei einem sechsjährigen Kind nicht gegeben ist. Diese ist allerdings nur dann zu prüfen, wenn der Sachverhalt entsprechende Anhaltspunkte liefert.[139]

139 Beispiel in Fall 13, Aufgabe 3.

### 4. Schaden

Ferner ist der Eintritt eines Schadens erforderlich. Hier kommt jede Beeinträchtigung einer Rechtsposition in Betracht. Der Schaden kann sich unmittelbar aus der Rechtsgutsverletzung ergeben (z. B. führt die Zerstörung eines Pkw unmittelbar zu einer Vermögensminderung) oder aber in einer eingetretenen Vermögensverschlechterung bestehen (z. B. entstehen durch die Körperverletzung Krankenhaus- und Arztkosten).

Es muss ein Kausalzusammenhang zwischen Rechtsgutsverletzung und Schaden bestehen, der wiederum nach der Adäquanztheorie bestimmt wird. Das heißt, nur die Handlung ist für den eingetretenen Schaden kausal, die vom Standpunkt eines objektiven Beobachters generell geeignet ist, unter normalen, voraussehbaren Umständen den konkreten Schaden herbeizuführen (sog. **haftungsausfüllende Kausalität**).

**Merke:**

Die haftungsausfüllende Kausalität betrifft den Kausalzusammenhang zwischen der Rechtsgutsverletzung und dem Schaden. Bei der haftungsbegründenden Kausalität geht es um die Ursächlichkeit des Handelns für die Rechtsgutsverletzung.

Der Erfolg darf also nicht außerhalb jeder Wahrscheinlichkeit liegen. Darüber hinaus ist die auf eine Wahrscheinlichkeitsbetrachtung ausgerichtete Adäquanztheorie zu ergänzen durch eine wertende Beurteilung: Eine Schadensersatzpflicht besteht nur, wenn der geltend gemachte Schaden unter den **Schutzzweck** der verletzten Norm fällt. Es müssen also solche Nachteile sein, die aus dem Bereich der Gefahren stammen, zu deren Abwendung die verletzte Norm erlassen oder die verletzte (vor- bzw.) vertragliche Pflicht übernommen worden ist.[140]

**Beispiel:**

Der Halter eines Kraftfahrzeuges haftet nicht für Schäden, die durch Panikreaktionen bei Tieren infolge von Unfallgeräuschen ausgelöst werden.[141]

### Rechtsfolge:

Der Geschädigte hat einen Anspruch auf Schadensersatz, dessen Umfang sich aus den §§ 249 ff.[142] sowie den Sonderregelungen der §§ 842 ff. ergibt.

140 *Palandt/Grüneberg*, Vorbem. vor § 249 Rn. 62 m. w. N.

141 BGH, Urteil vom 01.07.1991, Az. VI ZR 67, BGHZ 115, 84 ff.

142 Siehe „Vertiefung: Art und Umfang des Schadensersatzes".

**Prüfschema – Grundtatbestand der unerlaubten Handlung, § 823 I:**

**Voraussetzungen:**

1. Tatbestandsmäßigkeit
   a) Verletzung eines der in § 823 I genannten absoluten Rechte
   b) Kausalität der Handlung für die Rechtsgutsverletzung – ggf. Adäquanztheorie
2. Rechtswidrigkeit
3. Verschulden (Vorsatz oder Fahrlässigkeit); evtl. Verschuldensfähigkeit (§§ 827, 828)
4. Schaden

   Kausalität zwischen Rechtsgutsverletzung und Schaden –

   Adäquanztheorie

**Rechtsfolge:** Schadensersatz; Umfang des zu ersetzenden Schadens: §§ 249 ff., ggf. §§ 842 ff.

## II. Verletzung eines Schutzgesetzes

Nach § 823 II ist derjenige schadensersatzpflichtig, der rechtswidrig und schuldhaft „gegen ein den Schutz eines anderen bezweckendes Gesetz" verstößt und dadurch dem anderen einen Schaden zufügt. Damit werden vor allem die Fälle erfasst, in denen der Schädiger kein Rechtsgut i. S. d. § 823 I verletzt, sondern – z. B. durch Betrug nach § 263 StGB – das Vermögen eines anderen schädigt.

### 1. Tatbestandsmäßigkeit

Anders als bei § 823 I kommt es hier bei der Tatbestandsmäßigkeit nicht auf eine bestimmte Rechts(gut)verletzung an, sondern nur darauf, dass ein Schutzgesetz verletzt worden ist. Der Täter muss durch den Verstoß gegen ein Schutzgesetz einen Schaden verursacht haben.

#### a) Schutzgesetz

Dazu zählt jede Rechtsnorm, die dem Schutz der Interessen anderer dient. Zu den Schutzgesetzen gehören die meisten Vorschriften des StGB, aber auch solche der Verfassung (GG), des BGB u. a.

**Beispiele:**

Unerlaubtes Entfernen vom Unfallort (§ 142 StGB), fahrlässiger Falscheid (§ 161 StGB), Beleidigungsdelikte (§§ 185 ff. StGB), Körperverletzung (§§ 223 ff. StGB), Diebstahl (§ 242 StGB), Betrug (§ 263 StGB), Pressefreiheit (Art. 5 GG), Verbot der Benutzung eines nicht zugelassenen Kraftfahrzeugs (§§ 1, 22 StVG), Verbot von Beeinträchtigungen des Grundeigentums durch Zuführung unwägbarer Stoffe (§§ 906 ff.).

### b) Verstoß gegen ein Schutzgesetz

Es muss ein Verstoß gegen ein Schutzgesetz vorliegen. Wenn es sich hierbei um ein Strafgesetz handelt, hat die Prüfung nach den Regeln des Strafrechts zu erfolgen, d. h., der Täter muss den objektiven Tatbestand der Strafnorm erfüllt haben, Rechtswidrigkeit sowie Schuld müssen gegeben sein.

**Merke:**

Da nach § 15 StGB nur vorsätzliches Handeln strafbar ist, sofern nicht das Gesetz fahrlässiges Handeln ausdrücklich mit Strafe bedroht, ist z. B. eine Sachbeschädigung (§ 303 StGB) – mangels entsprechender Regelung – nur bei Vorsatz gegeben.

## 2. Rechtswidrigkeit

Diese liegt in der Regel mit dem objektiven Verstoß gegen das Schutzgesetz vor. Rechtswidrigkeit und Verschulden sind meist schon im Rahmen des Tatbestands zu prüfen: Wenn es sich bei dem Schutzgesetz z. B. um ein Strafgesetz handelt, gehören zum Straftatbestand auch Rechtswidrigkeit und Verschulden.

## 3. Verschulden

Wenn das Schutzgesetz kein Verschulden voraussetzt, kommt die Verschuldenshaftung nach § 823 II nur dann in Betracht, wenn den Täter eine Schuld – mindestens Fahrlässigkeit – trifft. Diese muss sich nur auf den Verstoß gegen das Schutzgesetz, nicht auf den dadurch verursachten Schaden beziehen.

## 4. Schaden

Es muss durch den Verstoß gegen das Schutzgesetz ein Schaden adäquat kausal verursacht worden sein. Der Schutzbereich der verletzten Norm muss die Person des Geschädigten und den erlittenen Schaden umfassen.

**Rechtsfolge** des § 823 II ist, dass der Schädiger den aus dem Schutzgesetzverstoß entstandenen Schaden zu ersetzen hat.

**Prüfschema – Schadensersatz wegen Verletzung eines Schutzgesetzes § 823 II i. V. m. Schutzgesetz:**

**Voraussetzungen:**

1. Tatbestandsmäßigkeit: Verletzung eines Schutzgesetzes (z. B. StGB)
2. Rechtswidrigkeit
3. Verschulden
4. Schaden

**Rechtsfolge:** Schadensersatz; Umfang §§ 249 ff., ggf. §§ 842 ff.

## III. Vorsätzliche sittenwidrige Schädigung, § 826

Diese Vorschrift stellt eine Generalklausel dar: Jede sittenwidrige Schädigung eines anderen, unabhängig von der Art des Rechts oder des Rechtsguts, führt zu einem Schadensersatzanspruch. Sittenwidrigkeit liegt vor, wenn die Handlung gegen „das Anstandsgefühl aller billig und gerecht Denkenden" verstößt. Die Rechtsprechung hat zu § 826 bestimmte Fallgruppen herausgebildet: arglistiges Verhalten (z. B. um einen Vertrag zum Abschluss zu bringen), Verleiten zum Vertragsbruch, Erteilen wissentlich falscher Auskünfte, Ausnutzen wirtschaftlicher Machtstellungen.

Der Schädiger muss vorsätzlich handeln. Da der Geschädigte für Vorsatz und Sittenverstoß darlegungs- und beweispflichtig ist, ist die praktische Bedeutung des § 826 gering. In den Fällen dieses Buches kommt deshalb auch kein Beispiel für diesen Schadensersatzanspruch vor.

## IV. Sondertatbestand der Verschuldenshaftung: Haftung für den Verrichtungsgehilfen, § 831

Derjenige, der einen anderen zu einer Verrichtung bestellt hat, haftet für den Schaden, den der Verrichtungsgehilfe in Ausführung der Verrichtung einem Dritten widerrechtlich zufügt. Das Gesetz geht davon aus, dass die eigentliche Ursache des Schadens in einem Sorgfaltsverstoß des Geschäftsherrn liegt: dessen schuldhaftes Handeln wird vermutet. Er haftet also – sofern er die Verschuldensvermutung nicht widerlegt – für **eigenes Verschulden.**

### 1. Voraussetzungen der (selbstständigen) Anspruchsgrundlage des § 831

Derjenige, der die Verletzungshandlung begeht, muss **Verrichtungsgehilfe** des Geschäftsherrn sein. Verrichtungsgehilfe ist, wer für einen anderen, von dessen Weisungen er abhängig ist, eine Tätigkeit ausführt, z. B. ein Arbeitnehmer, nicht aber ein selbstständiger Unternehmer (wie z. B. Spediteur, Taxiunternehmer – es fehlt hier die Weisungsabhängigkeit).[143] Der Verrichtungsgehilfe muss eine **tatbestandsmäßige und rechtswidrige unerlaubte Handlung nach §§ 823 ff.** begangen haben; ein Verschulden ist nicht erforderlich.

Der **Schaden** muss in **Ausführung der Verrichtung verursacht** worden sein, es muss also zwischen aufgetragener Verrichtung und Schadenszufügung ein innerer Zusammenhang bestehen. Ebenso wie bei § 278 gibt es auch hier das Problem der Abgrenzung zu Handlungen, die nur **„bei Gelegenheit der Ausführung"** vorgenommen werden. Ein solches Handeln ist zu bejahen, wenn der sachliche Zusammenhang gänzlich entfällt, der Verrichtungsgehilfe sich also vom Auftrag löst oder sich einem anderen Arbeitsfeld widmet.[144]

**Beispiel:**

Der Malergeselle des Malermeisters nutzt bei der Ausführung von Malerarbeiten einen unbeobachteten Augenblick, um Geld aus dem Schreibtisch des Bestellers zu entwenden.

In diesem Fall haftet nicht der Geschäftsherr (im Beispielsfall der Malermeister), sondern der Gehilfe allein nach § 823 BGB.[145]

### 2. Ausschluss der Haftung

Die Schadensersatzpflicht tritt nicht ein, wenn den Geschäftsherrn kein Verschulden trifft. Gem. § 831 I 1 kann er sich auf zweifache Weise entlasten: Entweder er weist nach, dass er den Verrichtungsgehilfen sorgfältig überwacht und ausgewählt hat **(Widerlegung der Vermutung des eigenen Verschuldens)**[146], oder er **widerlegt die Kausalitätsvermutung** und beweist, dass der Schaden auch bei Anwendung der Auswahl- und Überwachungssorgfalt eingetreten wäre. Für Großbetriebe hat die Rechtsprechung den de-

143 Ausführlich: *Palandt/Sprau*, § 831 Rn. 5 ff.

144 Beispiel in Fall 14, Aufgabe 2.

145 juris PK/*Matusche-Beckmann*, § 831 Rn. 82 m. w. N. Anderer Ansicht: *Looschelders*, SchuldR BT, Rn. 1326 f.

146 Siehe hierzu Fall 13, Aufgabe 1.

zentralisierten Entlastungsbeweis anerkannt: Der Geschäftsherr muss sich nur für den – zur Aufsicht „zwischengeschalteten“ – Gehilfen exkulpieren. Evtl. kommt aber in solchen Fällen eine Haftung des Geschäftsherrn wegen eigenen Organisationsverschuldens gem. § 823 I in Betracht.

**Prüfschema – Haftung für den Verrichtungsgehilfen, § 831 I:**

**Voraussetzungen:**

1. Verrichtungsgehilfe – weisungsgebundene Tätigkeit
2. tatbestandsmäßige und rechtswidrige unerlaubte Handlung (§§ 823 ff.) des Verrichtungsgehilfen
3. Schadenszufügung in Ausübung der Verrichtung
4. Schaden
5. Exkulpationsmöglichkeit gem. § 831 I 2
   a) Widerlegung der Vermutung des (eigenen) Verschuldens
   b) Widerlegung der Kausalitätsvermutung

**Rechtsfolge:** Schadensersatz (Umfang §§ 249 ff., ggf. §§ 842 ff.), falls Exkulpation nicht möglich

## 3. Abgrenzung von § 831 zu § 278

Beide Vorschriften regeln die Haftung für Hilfspersonen. § 831 ist eine (selbstständige) deliktische Anspruchsgrundlage und regelt **eigenes Verschulden** des Geschäftsherrn. § 278 behandelt Fälle der Zurechnung **fremden Verschuldens**, und zwar im Rahmen eines **vertraglichen** Anspruchs;[147] diese Zurechnungsnorm setzt also ein bestehendes Schuldverhältnis voraus. Die Möglichkeit zur Exkulpation besteht im Rahmen des § 278 nicht. **§ 278 darf niemals bei der Erörterung eines deliktischen Anspruchs geprüft werden!**

Oft ist der Erfüllungsgehilfe auch ein Verrichtungsgehilfe.[148] Der Unterschied liegt allerdings darin, dass der Erfüllungsgehilfe auch eine Person sein kann, die nicht weisungsgebunden ist.[149]

147 Siehe hierzu Fall 13, Aufgabe 4, Fall 19, Aufgabe 4b).

148 So bei Fall 13, Aufgabe 4 b).

149 So in Fall 12, Aufgabe 4 a) und Fall 13, Aufgabe 4.

#### 4. Besonderheiten bei juristischen Personen, § 31

Ist der Geschäftsherr i. S. d. § 831 eine juristische Person, so haftet diese gem. § 31 (bzw. i. V. m. § 89, sofern es sich um eine juristische Person des öffentlichen Rechts handelt) für einen Schaden, den leitende Angestellte, die als ihre „verfassungsmäßig berufenen Vertreter" (Organe) anzusehen sind, einem Dritten in Ausführung der dem Organ zustehenden Verrichtung zugefügt haben. Durch § 31 wird das Handeln der Organe im Rahmen der ihnen zustehenden Verrichtung der juristischen Person als eigenes Handeln zugerechnet. Eine Exkulpationsmöglichkeit besteht nicht.

**Merke:**

§ 31 ist keine selbstständige Anspruchsgrundlage, sondern setzt eine zum Schadensersatz verpflichtende Handlung des Organs (z. B. gem. §§ 823 ff.) voraus. Anspruchsgrundlage für einen Schadensersatzanspruch gegen die juristische Person ist z. B. § 823 I i. V. m. § 31.

### V. Weitere Fälle der Haftung für vermutetes Verschulden[150]

Haftung des Aufsichtspflichtigen (§ 832), Haftung des Tierhalters bei einem Nutztier (§ 833), Haftung des Tieraufsehers (§ 834), Haftung für die von Gebäuden ausgehenden Schäden (§§ 836–838), Haftung des Fahrzeugführers (§ 18 StVG).

### VI. Haftung bei Amtspflichtverletzung

#### 1. Die Eigenhaftung des Beamten nach § 839 I

Wenn ein Beamter schuldhaft die ihm einem Dritten gegenüber obliegende Amtspflicht verletzt, hat er nach § 839 I 1 dem Dritten den daraus entstehenden Schaden zu ersetzen. Diese sog. **Beamtenhaftung** greift nur bei **Wahrnehmung fiskalischer Interessen**[151] ein; § 839 ist Lex specialis zu §§ 823, 831 und 832.

Daneben haftet die Körperschaft, für die der Beamte tätig ist. Wenn er als Organ handelt, ergibt sich die Haftung aus § 280 I i. V. m. §§ 31, 89 und/ oder § 823 I i. V. m. §§ 31, 89. Handelt der Beamte als Gehilfe, haftet die

150 Die Gefährdungshaftung wird hier nicht erörtert.

151 Beispiel in Fall 16, Aufgabe 2.

Anstellungskörperschaft nach § 280 I i. V. m. § 278 (Erfüllungsgehilfe) und/oder § 831 I (Verrichtungsgehilfe).[152]

Handelt der Beamte fahrlässig, haftet im Ergebnis nur die Körperschaft (§ 839 I 2).

#### a) Tatbestandsmäßigkeit

Voraussetzung des § 839 I 1 ist, dass ein **Beamter im staatsrechtlichen Sinn** gehandelt hat. Das ist der Fall, wenn ihm eine entsprechende Urkunde, die die Worte „unter Berufung in das Beamtenverhältnis" enthält, ausgehändigt wurde (geregelt in § 6 BBG/§ 9 HBG und § 8 BeamtStG). Er muss eine dem Anspruchsteller gegenüber obliegende Amtspflicht verletzt haben, und zwar im fiskalischen Bereich.

**Beispiele:**

Unerlaubte Handlungen im Rahmen der übertragenen Tätigkeit; Verletzung von Verkehrssicherungspflichten hinsichtlich öffentlicher Sachen (Gebäude, Grundstück); Anmietung von Räumen als Wahllokal und deren Beschädigung; zu späte Erteilung eines Arbeitszeugnisses und dadurch bedingter finanzieller Schaden beim (ehemaligen) Arbeitnehmer.

Zu den geschützten Rechtsgütern zählt auch das Vermögen. Die Handlung des Beamten muss für die Rechtsgutsverletzung ursächlich gewesen sein (haftungsbegründende Kausalität).

#### b) Rechtswidrigkeit

Das verletzende Verhalten muss rechtswidrig sein. Eine Amtspflichtverletzung ist regelmäßig widerrechtlich, wenn nicht (ausnahmsweise) ein Rechtfertigungsgrund vorliegt.

#### c) Verschulden

Der Beamte muss vorsätzlich oder fahrlässig gehandelt haben. Das Verschulden muss sich nur auf die Amtspflichtverletzung, nicht auch auf den Schaden beziehen. Vorsätzlich handelt der Amtsträger, der die Tatsachen, die die Pflichtverletzung objektiv ergeben, kennt und sich auch der Pflichtwidrigkeit bewusst ist. Fahrlässig handelt der Amtsträger, der bei Beachtung der erforderlichen Sorgfalt hätte voraussehen müssen, dass er seiner Amtspflicht zuwiderhandelt.

152 Beispiel in Fall 16, Aufgabe 1.

#### d) Schaden

Die Amtspflichtverletzung muss einen Schaden beim Anspruchsteller verursacht haben. Dazu zählt jeder (Vermögens)Schaden, der durch die Verletzungshandlung entstanden ist und vom Schutzzweck der Amtspflicht erfasst wird.

**Rechtsfolge** des § 839 I 1 ist, dass der Beamte selbst den aus der Amtspflichtverletzung entstandenen Schaden ersetzen muss. Der Schadensersatzanspruch geht regelmäßig nur auf Ersatz in Geld,[153] nicht auf Naturalrestitution. Es sind die §§ 249 ff. (einschl. § 253 II) sowie §§ 843–845 anwendbar.

#### e) Haftungsausschluss

Die Haftung des Beamten tritt nicht ein, wenn er lediglich fahrlässig gehandelt hat (Maßstab hierfür ist der pflichtgetreue Durchschnittsbeamte) und ein anderer endgültig und vollständig die Kosten trägt (sog. subsidiäre Haftung, vgl. § 839 I 2).[154] Zweck dieser Bestimmung ist der Schutz des handelnden Amtsträgers. Die Ersatzpflicht ist nach § 839 III stets ausgeschlossen, wenn der Verletzte es schuldhaft unterlassen hat, den Schaden durch Gebrauch eines Rechtsmittels abzuwenden.

### 2. Die Haftung im hoheitlichen Bereich

Bei einer **hoheitlichen Tätigkeit** ist die **Eigenhaftung des Beamten** im Außenverhältnis zwingend **ausgeschlossen**. Denn nach Art. 34 GG haftet der Staat (bzw. eine andere Körperschaft) anstelle des Beamten (sog. **Staatshaftung**).[155]

> **Merke:**
>
> § 839 ist die haftungsbegründende, Art. 34 GG die haftungsverlagernde Norm. Art. 34 GG enthält also keine vollständige Regelung der Haftung aus Amtspflichtverletzung. Die Haftung des Staates bzw. der Körperschaft richtet sich vielmehr im hoheitlichen Bereich in Voraussetzung und Umfang nach § 839.

#### a) Hoheitliches Handeln

Nach Art. 34 S. 1 GG muss „jemand in Ausübung eines ihm anvertrauten öffentlichen Amtes" gehandelt haben. Entscheidend ist, dass der Handelnde **Amtsträger** ist; auf die Beamteneigenschaft kommt es nicht an.

153 BGH NVwZ 2003, 1285.
154 Beispiel in Fall 16, Aufgabe 2.
155 Beispiel in Fall 16, Aufgabe 3.

**Beispiele:**

Beamte, Beschäftigte (Angestellte, Arbeiter), Kfz-Sachverständige, bevollmächtigter Bezirksschornsteinfeger, Richter, Rechtspfleger, Schöffen, Mitglieder der Freiwilligen Feuerwehr, Abschleppunternehmer, der von der Polizei beauftragt wird.[156]

Zu einem solchen hoheitlichen Handeln zählt u. a. eine Tätigkeit unter Einsatz staatlicher Zwangsmittel, im Bereich der Leistungsverwaltung, der Eingriffsverwaltung oder im Rahmen der Daseinsvorsorge. Im Einzelfall kann die Abgrenzung zwischen hoheitlichem und fiskalischem Handeln schwierig sein. Die höchstrichterliche Rechtsprechung wertet das Verhalten dann als Ausübung eines öffentlichen Amtes i. S. d. Art. 34 GG, wenn die Zielsetzung der Tätigkeit dem Bereich hoheitlicher Betätigung zuzurechnen ist und zwischen dieser Zielsetzung und der schädigen Handlung ein innerer Zusammenhang besteht.[157]

**Beispiele:**

Tätigkeiten von Polizeibeamten, Gerichtsvollziehern, Ärzten beim Gesundheitsamt, Lehrern an öffentlichen Schulen.

Jemand muss **in Ausübung eines öffentlichen Amtes** gehandelt haben. Dies ist nicht der Fall, wenn er die schädigende Handlung nur bei Gelegenheit der Amtsausübung vornimmt.

### b) Amtspflichtverletzung gegenüber Dritten

Außer den bereits bei § 839 I 1 aufgezeigten Pflichten kommen hier die Pflichten des Beamten im haftungsrechtlichen Sinne hinzu: Er muss Ermessensfehler vermeiden, die Selbstbindung der Verwaltung beachten, gehorsam handeln, unbestimmte Rechtsbegriffe richtig auslegen sowie den Verhältnismäßigkeitsgrundsatz beachten. Die Amtspflicht besteht gegenüber dem Geschädigten, wenn er zu dem Kreis der zu schützenden Personen gehört.

**Beispiel:**

Die Amtspflicht eines Polizeibeamten, strafbare Handlungen zu verhüten, besteht nicht nur im Interesse der Allgemeinheit, sondern auch gegenüber jedem gefährdeten Einzelnen. Wenn ein Polizeibeamter nicht einschreitet, obwohl er gerade einen Einbruch bei B beobachtet, verletzt er seine Amtspflicht. B kann den durch den Einbruch entstandenen Schaden gegenüber der Anstellungskörperschaft des Polizeibeamten geltend machen.

Die Amtspflichtverletzung muss kausal für die Rechtsgutsverletzung sein.

---

156 Siehe die Auflistung bei *Palandt/Sprau*, § 839 Rn. 17, 22 ff.

157 BGH NJW 1992, 1227; ausführlich *Brox/Walker* SchuldR BT, § 42 Rn. 32 mit Beispielen und weiteren Nachweisen. Beispiel in Fall 16, Aufgabe 3.

### c) Rechtswidrigkeit, Verschulden, Schaden

Hier gibt es keine Besonderheiten gegenüber § 839. Siehe die Ausführungen oben unter VI. 1. b) bis d).

**Rechtsfolge** der Haftung nach Art. 34 GG, § 839 I 1 ist eine Schadensersatzpflicht der Körperschaft, die das öffentliche Amt übertragen hat. Das ist in der Regel die Anstellungskörperschaft. Dies gilt für Gemeindebedienstete auch dann, wenn sie staatliche Auftragsangelegenheiten erfüllen. Bei einem Amtsträger mit mehreren Dienstherren

**Beispiele:**

Die Oberfinanzpräsidenten und die Leiter der Oberfinanzkassen, die zugleich Bundes- und Landesbeamte sind; Landräte, die – in vielen Bundesländern – zugleich kommunale und staatliche Ämter wahrnehmen

ist auf die Anvertrauenstheorie abzustellen. In diesen Fällen trifft die Haftung denjenigen der beiden Dienstherrn, der dem Beamten die konkrete Aufgabe, bei der es zur Amtspflichtverletzung gekommen ist, anvertraut hat.[158]

### d) Haftungsausschluss

Auch im Rahmen der Amtshaftung kann die haftende Körperschaft auf einen anderweitigen Ersatz bei fahrlässigem Handeln oder § 839 III (schuldhaftes Unterlassen, Rechtsmittel einzulegen) verweisen. Von der Subsidiaritätsklausel des § 839 I 2 gibt es allerdings Ausnahmen:

Kein „Ersatz auf andere Weise“ sind

- beamtenrechtliche Versorgungsleistungen,
- Entgeltfortzahlungen,
- gesetzliche Kranken-, Unfall- und Rentenversicherungen,
- private Versicherungen.[159]

Bei der Teilnahme am allgemeinen Straßenverkehr hat der Grundsatz der haftungsrechtlichen Gleichbehandlung aller Verkehrsteilnehmer Vorrang.

**In diesen Fällen haftet also der Staat immer.**

Nimmt ein Amtsträger allerdings Sonderrechte wahr (z. B. Fahren mit Blaulicht, siehe auch § 35 StVO), greift die Subsidiaritätsklausel des § 839 I 2 ein; denn hier hat der Handelnde nicht die gleichen Rechte und Pflichten wie andere Verkehrsteilnehmer.

---

158 jurisPK-BGB/*Zimmerling*, § 839 Rn. 20 m. W. N.

159 *Palandt/Sprau*, § 839 Rn. 56 ff.

### e) Rückgriffsmöglichkeit des Staates

Wenn der Beamte vorsätzlich oder grob fahrlässig gehandelt hat, besteht nach Art. 34 S. 2 GG für den Staat oder die Körperschaft die Möglichkeit des Rückgriffs (geregelt in § 75 BBG und § 48 BeamtStG).

**Prüfschema – Schadensersatzanspruch gegen den Beamten gem. § 839 I (Eigenhaftung des Beamten bei fiskalischer Tätigkeit):**

**Voraussetzungen:**

1. Beamter im staatsrechtlichen Sinn
2. Amtspflichtverletzung ist kausal für Rechtsgutsverletzung gegenüber Dritten
3. Rechtswidrigkeit
4. Verschulden (Vorsatz oder Fahrlässigkeit)
5. Schaden
6. kein Haftungsausschluss nach § 839 I 2 oder § 839 III

**Rechtsfolge:** Schadensersatz; Umfang des zu ersetzenden Schadens: §§ 249 ff., §§ 843–845 (Geldersatz!)

**Prüfschema – Schadensersatzanspruch gegen den Dienstherrn gem. Art. 34 S. 1 GG i. V. m. § 839 I (bei hoheitlichem Handeln):**

**Voraussetzungen:**

1. Beamter im haftungsrechtlichen Sinn handelt hoheitlich
2. Amtspflichtverletzung (Rechts- oder Dienstpflichten) ist kausal für Rechtsgutsverletzung gegenüber Dritten
3. Rechtswidrigkeit
4. Verschulden (Vorsatz oder Fahrlässigkeit)
5. Schaden
6. kein Haftungsausschluss nach § 839 I 2 oder § 839 III

**Rechtsfolge:** Schadensersatz; Umfang des zu ersetzenden Schadens: §§ 249 ff., §§ 843–845 (Geldersatz)

## VII. Haftung mehrerer Schädiger

### 1. Verantwortlichkeit von Teilnehmern und Beteiligten, § 830

Gem. § 830 ist jeder Teilnehmer einer unerlaubten Handlung dem Geschädigten für den vollen Schaden verantwortlich. Voraussetzung dieser **selbstständigen Anspruchsgrundlage** ist die Teilnahme an einer tatbestandsmäßig, rechtswidrig und schuldhaft begangenen unerlaubten Handlung i. S. d. §§ 823 ff., und zwar als

- Mittäter (§ 25 II StGB: bewusstes und gewolltes Zusammenwirken zur Herbeiführung des Verletzungserfolgs),
- Anstifter (§ 26 StGB: derjenige, der vorsätzlich einen anderen zu dessen vorsätzlich begangener rechtswidriger Tat bestimmt hat)[160] oder
- Gehilfe (§ 27 StGB: derjenige, der vorsätzlich einem anderen zu dessen vorsätzlich begangener rechtswidriger Tat Hilfe geleistet hat), § 830 I und II.

Sollte nicht zu ermitteln sein, wer von mehreren Beteiligten den Schaden durch seine Handlung verursacht hat, trifft nach § 830 I 2 jeden Beteiligten die volle Haftung für den eingetretenen Schaden.[161]

### 2. Gesamtschuldnerschaft, § 840

Bei der Haftung mehrerer Personen ist zwischen dem Außenverhältnis (d. h. der Haftung gegenüber dem Geschädigten) und dem Innenverhältnis (d. h. das Verhältnis der einzelnen Schädiger untereinander) zu unterscheiden.

#### a) Außenverhältnis

Täter einer unerlaubten Handlung, die nebeneinander verantwortlich sind, haften gem. § 840 dem Geschädigten als Gesamtschuldner, so Mittäter, Anstifter, Gehilfen (§ 830 I, II), Beteiligte (§ 830 I 2), Nebentäter nach §§ 823 ff., auch wenn der eine vorsätzlich, der andere fahrlässig gehandelt hat; der Geschäftsherr nach § 831 und der Verrichtungsgehilfe nach §§ 823 ff.

#### b) Innenverhältnis

Durch § 426 I wird ein Ausgleichsschuldverhältnis unter den Gesamtschuldnern begründet: Die Gesamtschuldner sind im Verhältnis zueinander zu gleichen Anteilen verpflichtet, sofern nicht das Gesetz etwas anderes bestimmt. Gesetzliche (abweichende) Regelungen sind in § 840 II und III

160 Siehe hierzu Fall 13, Aufgabe 3.

161 Beispiel in Fall 15, Aufgabe 1.

für die Gesamtschuldner getroffen. Gem. § 426 II geht, sofern ein Gesamtschuldner den Gläubiger befriedigt, die Forderung des Gläubigers gegen die übrigen Schuldner auf ihn über. Diese Vorschrift ist Beispiel für einen gesetzlichen Forderungsübergang; weitere Fälle sind z. B. § 774 (Bürgschaft), § 57 HBG[162] und § 94 SGB XII.

## VIII. Verjährung

Die Ansprüche aus unerlaubter Handlung unterliegen der Regelverjährung des § 195. Diese beträgt drei Jahre und beginnt mit dem Schluss des Jahres, in dem der Anspruch entstanden ist und der Gläubiger von den den Anspruch begründenden Umständen und der Person des Schuldners Kenntnis erlangt hat oder ohne grobe Fahrlässigkeit erlangen müsste (§ 199 I).

Nach § 199 II verjähren Schadensersatzansprüche, die auf der Verletzung des Lebens, des Körpers und der Gesundheit oder der Freiheit beruhen – ohne Rücksicht auf ihre Entstehung und die Kenntnis oder grob fahrlässige Unkenntnis – in 30 Jahren von der Begehung der Handlung oder dem sonstigen, den Schaden auslösenden Ereignis an.

Die Schadensersatzansprüche, die nicht auf der Verletzung der vorgenannten höchstpersönlichen Rechtsgüter beruhen, verjähren nach § 199 III Nr. 1 in zehn Jahren, beginnend mit der Anspruchsentstehung. Beachte auch die Maximalfrist bei der Verletzung sonstiger Rechtsgüter ohne Rücksicht auf die Anspruchsentstehung nach § 199 III Nr. 2.

162 Beispiel in Fall 15, Aufgabe 2.

# Fall 17: Schuldrecht BT und Sachenrecht – Die lieben Nachbarn

**Schwerpunkte:**

Vertragliche und dingliche Herausgabeansprüche – ungerechtfertigte Bereicherung – Unterlassungsansprüche im Nachbarrecht – Unterlassungs- und Schadensersatzansprüche bei Verletzungen des Persönlichkeitsrechts

Emil Einer (E) besitzt mehrere Oldtimer, die er immer gerne bereit ist, auch mal auszuleihen. Sein Nachbar Nils Nebor (N) beabsichtigt am Wochenende einen Ausflug zu machen und erkundigt sich bei E, ob er ihm einen seiner Prachtstücke ausleihen könnte. E, der mit N eigentlich kein so gutes Verhältnis hat, willigt dennoch ein und teilt dem N mit, dass er den Oldtimer spätestens am Montag zurückhaben müsste. E erklärt N noch sämtliche Funktionen des Fahrzeuges und sie kommen hierbei überein, dass sich das Fahrzeug in einen einwandfreien Zustand befindet.

N fährt das ganze Wochenende mit dem Oldtimer und verbraucht hierbei die gesamte Tankladung, die zuvor von E noch aufgefüllt wurde. Als E den N am Montag auffordert, das Fahrzeug wieder herauszugeben, erklärt E, dass der Wagen ihm so gut gefalle, dass er ihn noch weiter nutzen wolle. Eine Herausgabe verweigert er.

E wusste, dass es mit N wieder einmal zu Ärger kommen wird. Bereits geraume Zeit plagt er sich mit N. N ist nämlich zu faul, seine Autos auf der Straße zu parken und benutzt lieber den dem E gehörenden Stellplatz. Obwohl E den N bereits mehrfach aufgefordert hat dies zu unterlassen, beachtet N die Aufforderung des E nicht und beruft sich auf das Gewohnheitsrecht. Da E dies bereits immer macht und E lediglich abmahnt statt zu handeln, ist er der Überzeugung, dass E jetzt an diesem Zustand nichts mehr ändern kann.

Als der Streit dann überhandnimmt, will N sich rächen und hängt im ganzen Ort Warnschilder aus. Hierauf ist zu lesen: „E ist ein „Betrüger“! Die sich bei ihm befindlichen Fahrzeuge sind alle nur geleast! Er ist seit Jahren arbeitslos und lebt auf Kosten anderer!“ Weitere „Enthüllungen“ droht er in der Presse an. E ist nachweislich Eigentümer der Fahrzeuge, besitzt einen guten Job und ist für gute Zwecke in der Öffentlichkeit tätig. Für eine entsprechende Gegendarstellung in der örtlichen Zeitung muss er 200 € investieren.

**Aufgabe 1:** Kann E den Oldtimer nach dem Wochenende herausverlangen? (Prüfen Sie alle in Betracht kommenden Anspruchsgrundlagen!)

**Aufgabe 2:** Kann E außerdem von N eine (neue) Tankfüllung verlangen?

**Aufgabe 3:** Steht E gegen N ein Anspruch auf Unterlassung des Parkens auf seinem Stellplatz zu?

**Aufgabe 4:** Hat E gegen N einen Anspruch auf Unterlassung der Verleumdung und Beleidigungen?

**Aufgabe 5:** Kann E von N Schadensersatz wegen Verletzung seines Persönlichkeitsrechts verlangen?

**Fall 17: Prüfschema/Lösungsskizze**

**Aufgabe 1:**

**I. E → N Rückgabe des Oldtimers gem. § 604 I**

1. Leihvertrag E – N gem. § 598 (+)
   a) Angebot durch E (+)
   b) Annahme durch N (+)
2. Ablauf der für die Leihe bestimmten Zeit (+)

**Ergebnis:** E → N Herausgabe gem. § 604 I (+)

**II. E → N Herausgabeanspruch gem. § 985**

1. Besitzer = N (+)
2. Eigentümer = E (+)
3. kein Besitzrecht des N mehr gem. § 986 I 1 (+)

**Ergebnis:** E → N Herausgabe gem. § 985 (+)

**Anmerkung:**

Die Prüfungsreihenfolge „1. Besitz, 2. Eigentum" ist nicht zwingend und kann auch umgekehrt sein. Zu bevorzugen ist das vorgenannte Prüfungsschema, zumal der Besitz (= tatsächliche Gewalt einer Person über eine Sache) meist ohne Schwierigkeiten festzustellen ist. Bei der Anspruchsvoraussetzung „Eigentum" hingegen muss oft chronologisch vorgegangen werden; die Studierenden sollten dann alle Geschehnisse erörtern, welche hinsichtlich des Eigentums zu rechtlichen Änderungen geführt haben können.[163]

163 Siehe Fall 18, Aufgaben 1, 3 und 4; Fall 19, Aufgabe 2.

**III. E → N Herausgabe gem. § 812 I 2, 1. Alt.**

1. etwas erlangt: Besitz am Oldtimer (+)
2. durch Leistung des E (+)
3. ohne Rechtsgrund: Leihvertrag ist nach dem Wochenende beendet (+)

**Ergebnis:** E → N Herausgabe gem. § 812 I 2, 1. Alt. (+)

**Aufgabe 2:**

**E → N Tankfüllung gem. § 607 I 2**

Sachdarlehensvertrag zwischen E und N (+)

1. konkludentes Angebot durch E: Füllen des Tanks (+)
2. konkludente Annahme durch N: Wegfahren mit vollem Tank (+)

**Ergebnis:** E → N Tankfüllung gem. § 607 I 2 (+)

**Aufgabe 3:**

**E → N Unterlassung des Parkens auf dem Stellplatz gem. § 1004 I 2**

1. Eigentumsbeeinträchtigung (+)
2. Handlungsstörer (+)
3. keine Duldungspflicht gem. § 1004 II (+)
4. Wiederholungsgefahr (+)

**Ergebnis:** E → N Unterlassung gem. § 1004 I 2 (+)

**Aufgabe 4:**

**E → N Unterlassung der Verleumdung und Beleidigungen gem. § 1004 I 2 analog**

1. Verletzung des Persönlichkeitsrechts (+)
2. Handlungsstörer (+)
3. keine Duldungspflicht gem. § 1004 II (+)
4. Wiederholungsgefahr (+)

**Ergebnis:** E → N Unterlassung der Verleumdung und Beleidigungen gem. § 1004 I 2 analog (+)

**Aufgabe 5:**

**I. E → N Schadensersatz wegen Verletzung seines Persönlichkeitsrechts gem. § 823 I**

1. Tatbestandsmäßigkeit der Handlung des N
   a) Verletzung eines der in § 823 I genannten Rechtsgüter; hier: „sonstiges Recht" = Persönlichkeitsrecht (+)
   b) Ursächlichkeit der Handlung für die Rechtsgutsverletzung (+)
2. Rechtswidrigkeit (+)
3. Verschulden – Vorsatz (+)
4. Schaden (+)

**Ergebnis:** E → N Schadensersatz wegen Verletzung seines Persönlichkeitsrechts gem. § 823 I (+)

Umfang des zu ersetzenden Schadens: §§ 249 ff. (§ 249 I – Geld)

**II. E → N Schadensersatz wegen Verletzung seines Persönlichkeitsrechts gem. § 823 II i. V. m. § 185 StGB**

1. Schutzgesetz (+)
2. Verletzung des Schutzgesetzes (+)
3. Schaden (+)

**Ergebnis:** E → N Schadensersatz wegen Verletzung seines Persönlichkeitsrechts gem. § 823 II i. V. m. § 185 StGB (+)

## Fall 17: Ausarbeitung (Gutachten)

**Aufgabe 1:**

**I. E könnte gegen N einen Anspruch auf Rückgabe des Oldtimers gem. § 604 I haben.**

1. *Voraussetzung hierfür ist zunächst, dass zwischen E und N ein Leihvertrag i. S. v. § 598 zustande gekommen ist. Ein Leihvertrag setzt zwei übereinstimmende Willenserklärungen (Angebot und Annahme) des Inhalts voraus, dass der Entleiher den Gebrauch der Sache einem anderen unentgeltlich gestattet.*
   a) *Erforderlich ist zunächst ein hinreichend bestimmtes Angebot, i. S. d. §§ 145 ff., also eine empfangsbedürftige Willenserklärung, die vom Gegenstand und vom Inhalt so formuliert sein muss, dass der andere Vertragsteil mit einem schlichten „Ja" den Vertrag zustande bringen*

*kann.* Das erforderliche Angebot, sich den Oldtimer übers Wochenende zu leihen, kam von N. N gab damit das Angebot zum Abschluss eines Leihvertrages ab.

b) *Dieses Angebot muss E angenommen haben. Die Annahme ist eine empfangsbedürftige Willenserklärung, die in der vorbehaltlosen Bejahung des Antrags besteht.* E hat allerdings bekundet, dass das Fahrzeug spätestens am Montag zurück sein müsse. *Eine Annahme unter der Erweiterung gilt gem. § 150 II als Ablehnung verbunden mit einem neuen Antrag.* N hat diesen angenommen. Folglich ist zwischen E und N ein Leihvertrag i. S. v. § 598 zustande gekommen.

2. Nach Ablauf der Leihzeit, d. h. montags, ist N gem. § 604 I verpflichtet, dem E den Oldtimer zurückzugeben.

**II. E könnte von N Herausgabe des Oldtimers gem. § 985 verlangen.**

1. *N muss Besitzer und E Eigentümer des Oldtimers sein. Besitz ist gem. § 854 die von einem tatsächlichen Willen getragene Gewalt über die Sache.* N hat die tatsächliche Sachherrschaft über das Fahrzeug, folglich ist er Besitzer.

2. *Unter Eigentum wird die rechtliche Sachherrschaft verstanden.* E hat sein Eigentum an dem Oldtimer nicht verloren und hat somit weiter die rechtliche Sachherrschaft inne.

3. N könnte allerdings die *Herausgabe verweigern, wenn er nach § 986 I 1 dem Eigentümer gegenüber zum Besitz berechtigt ist.* Ein Besitzrecht bestand während der Dauer des Leihvertrages. Nach dem Wochenende ist jedoch die Leihzeit abgelaufen und das Besitzrecht somit erloschen.

Folglich kann E von N gem. § 985 die Herausgabe des Oldtimers verlangen.

**III. Außerdem könnte sich ein Herausgabeanspruch des Oldtimers des E gegen N aus § 812 I 2, 1. Alt. ergeben.**

1. *N muss etwas erlangt haben. Darunter ist jede vermögenswerte Rechtsposition zu verstehen.* Wie oben bereits erörtert wurde, hat N am Oldtimer Besitz erlangt.

2. *Dies muss durch Leistung des E geschehen sein. Unter Leistung versteht man eine bewusste und zweckgerichtete Vermehrung fremden Vermögens.* Indem E dem N bewusst den Besitz am Oldtimer übertragen hat, wollte er damit seine Verpflichtung aus dem Leihvertrag erfüllen.

3. *Schließlich muss der rechtliche Grund später weggefallen sein.* Rechtsgrund war der Leihvertrag. Nach Ablauf des Wochenendes ist die Leihfrist entfallen.

Somit ist N verpflichtet, dem E den Oldtimer gem. § 812 I 2, 1. Alt. herauszugeben.

**Aufgabe 2:**

**E könnte gegen N einen Anspruch auf eine Tankfüllung gem. § 607 I 2 haben.**

*Voraussetzung hierfür ist ein zwischen E und N zustande gekommener Sachdarlehensvertrag über eine vertretbare Sache. E und N müssen zwei übereinstimmende Willenserklärungen dahingehend abgegeben haben, dass die Tankfüllung (vertretbare Sache gem. §§ 607 I, 91) dem N als Darlehen gewährt wird.*

1. Indem E den Oldtimer vollgetankt hat, hat er konkludent das Angebot zum Abschluss eines Darlehensvertrages erklärt.
2. N hat den Oldtimer benutzt und den Treibstoff verbraucht. Somit hat er konkludent die Annahme erklärt.

Folglich ist ein wirksamer Darlehensvertrag zustande gekommen. N ist gem. § 607 I 2 verpflichtet, dem E das Empfangene in Sachen von gleicher Art, Güte und Menge, d. h. eine Tankfüllung, zurückzuerstatten.[164]

**Aufgabe 3:**

**E könnte gegen N einen Anspruch auf Unterlassung des Parkens auf seinem Stellplatz gem. § 1004 I 2 haben.**

1. *Voraussetzung des Abwehranspruchs ist zunächst eine Beeinträchtigung des Eigentums des E durch eine Handlung des N, die nicht in der Entziehung oder Vorenthaltung des Besitzes besteht.*[165] *Eine Eigentumsbeeinträchtigung ist gegeben bei tatsächlicher Einwirkung auf die Sache selbst.* Indem N auf dem Stellplatz des E parkt, beeinträchtigt er das Eigentum des P.
2. *Anspruchsgegner ist der Störer, d. h. derjenige, der für die Eigentumsbeeinträchtigung verantwortlich ist. Dabei ist Handlungsstörer derjenige, der die Beeinträchtigung durch sein Verhalten adäquat kausal verursacht hat.* N parkt mit seinen Fahrzeugen auf dem Stellplatz des E. Damit hat er ursächlich das Eigentum des E beeinträchtigt, ist also Handlungsstörer.

164 Ein Darlehensentgelt (§ 607 I 2) wurde zwischen den Vertragsparteien nicht vereinbart. § 607 I ist dispositiv.

165 Hierfür ist § 985 Lex specialis (lat., besonderes Gesetz). Zur Vertiefung im Nachbarrecht: *Füglein/Perpelitz*, Das Nachbarrecht in Hessen.

3. *Der Anspruch darf nicht nach § 1004 II aufgrund einer Duldungspflicht ausgeschlossen sein. Die Duldungspflicht kann sich aufgrund des nachbarschaftlichen Gemeinschaftsverhältnisses nach § 242 ergeben. Daraus resultiert eine Pflicht zur gegenseitigen Rücksichtnahme.* Das Parken auf den Stellplätzen des Nachbarn muss nicht geduldet werden. N beruft sich auf Gewohnheitsrecht, weil E außer ständiger Abmahnungen nichts gegen ihn unternahm. *Die Entstehung von Gewohnheitsrecht erfordert jedoch eine lang dauernde tatsächliche Übung. Hinzukommen muss die Überzeugung der Beteiligten, durch die Einhaltung der Übung bestehendes Recht zu befolgen.*[166] Es kann dahingestellt bleiben, wie lange N bereits auf dem Stellplatz parkt, da N selbst zugibt, dass er von E ständig abgemahnt wurde. Daraus folgt, dass E immer wieder auf das Unrecht des N hingewiesen hat und dass dem N dies auch bewusst sein musste. Damit ist kein Gewohnheitsrecht entstanden und eine Duldungspflicht nach § 1004 II ist nicht gegeben.
4. *Ein Anspruch* des E *gegen N auf Unterlassung des Parkens auf seinem Stellplatz steht dem E gem. § 1004 I 2 zu, wenn weitere Beeinträchtigungen zu besorgen sind.* Da N glaubt, ein Recht darauf zu haben, auf dem Stellplatz des E zu parken und immer wieder entsprechend handelt, ist Wiederholungsgefahr gegeben.

Deshalb hat E gegenüber N einen Anspruch auf Unterlassung gem. § 1004 I 2.

**Aufgabe 4:**

**E könnte gegen N einen Anspruch auf Unterlassung der Verleumdung und Beleidigungen gem. § 1004 I 2 analog haben.**

1. *Voraussetzung des Abwehrrechts ist eine Verletzung des Persönlichkeitsrechts des P. Unter dem allgemeinen Persönlichkeitsrecht ist das Recht des Einzelnen auf Achtung seiner Menschenwürde und Entfaltung seiner individuellen Persönlichkeit zu verstehen.*[167] *Unmittelbar gilt § 1004 nur zum Schutz des Eigentums. Das allgemeine Persönlichkeitsrecht wird jedoch in entsprechender Anwendung des § 1004 ebenfalls geschützt.*[168] N bezeichnet seinen Nachbarn E als Betrüger und behauptet Unwahres über dessen Eigentumsverhältnisse an den Fahrzeugen. Diese würden ihm in Wirklichkeit gar nicht gehören. Er sei arbeitslos und lebe auf Kosten anderer. Er verletzt dessen Recht auf Achtung, Ansehen und Ehre in der Öffentlichkeit. Folglich hat N das allgemeine Persönlichkeitsrecht des E verletzt.

---

166 Siehe *Palandt/Sprau*, Einleitung vor § 1, Rn. 22.

167 BGHZ 24, 76; 27, 286.

168 BGHZ 91, 239; *Palandt/Bassenge*, § 1004 Rn. 4.

2. *Ferner muss N Störer sein. Handlungsstörer ist derjenige, der die Beeinträchtigung durch sein Verhalten, also durch aktives Tun oder pflichtwidriges Unterlassen, adäquat kausal verursacht hat.* N hat die Schmähungen gegenüber E auf Plakaten verbreitet. Damit hat N die Verletzung des Persönlichkeitsrechts des E durch sein Verhalten adäquat kausal verursacht und ist Handlungsstörer i. S. d. § 1004.
3. *Es darf keine Duldungspflicht seitens E (§ 1004 II) bestehen.* Eine Formalbeleidigung wie das Wort „Betrüger" ist stets eine rechtswidrige Verletzung des Persönlichkeitsrechts,[169] die nicht geduldet werden muss.
4. *Ein Unterlassungsanspruch setzt außerdem voraus, dass weitere Beeinträchtigungen zu besorgen sind.* Da N weitere Enthüllungen in der Presse androht, ist die Wiederholungsgefahr gegeben.

Folglich steht dem E gegen N ein Anspruch auf Unterlassung der Verleumdung und Beleidigungen gem. § 1004 I 2 analog zu.

**Aufgabe 5:**

**I. E könnte gegen N einen Anspruch auf Schadensersatz wegen Verletzung seines Persönlichkeitsrechts gem. § 823 I haben.**

1. *Voraussetzung hierfür ist, dass N durch eine Handlung eines der in § 823 I genannten Rechtsgüter des E kausal verletzt hat. In Betracht kommt die Verletzung des Persönlichkeitsrechts, das als sonstiges Recht i. S. d. § 823 I anerkannt ist.*[170] *Die Verletzungshandlung kann mittelbar auch in einer Fehlinformation der Presse liegen.*[171] Durch die Bezeichnung „Betrüger, der nur geleaste Fahrzeuge besitzt, im Übrigen arbeitslos ist und auf Kosten anderer lebt" durch öffentlichen Aushang von Warnschildern im ganzen Ort verletzt N den E in seinem Persönlichkeitsrecht. Diese öffentliche Kundgabe war ursächlich für die Rechtsgutsverletzung.
2. *Die Handlung des N muss rechtswidrig gewesen sein.* Formalbeleidigungen und ehrverletzende unwahre Tatsachenbehauptungen sind immer

169 *Soergel/Zeuner*, § 823 Rn. 93. § 1004 verlangt kein Verschulden des Störers im Gegensatz zum Schadensersatzanspruch nach § 823.

170 *Palandt/Sprau*, § 823 Rn. 83 ff., 123. Es handelt sich allerdings nur um einen sog. Auffangtatbestand: Soweit ein spezielles Gesetz (lat.: Lex specialis) die Rechte wegen Verletzung des allgemeinen Persönlichkeitsrechts abschließend regelt (z. B. Recht am eigenen Bild gem. § 22 Kunsturhebergesetz oder Namensrecht nach § 12), scheidet § 823 I als weitere Anspruchsgrundlage aus. Es kann jedoch ein Anspruch auf Ersatz des Vermögensschadens nach § 823 II wegen Verletzung eines Schutzgesetzes in Betracht kommen. Bei Interesse: *Diederichsen*, Der deliktsrechtliche Schutz des Persönlichkeitsrechts, JURA 2008, 1 ff.

171 *Palandt/Sprau*, § 823 Rn. 94.

rechtswidrig. Ein Rechtfertigungsgrund liegt nicht vor, sodass N rechtswidrig handelte.

3. *Weitere Voraussetzung ist das schuldhafte, d. h. vorsätzliche oder fahrlässige Handeln des N. Hier könnte N vorsätzlich gehandelt haben. Unter Vorsatz versteht man das Wissen und Wollen der Tatbestandsverwirklichung.* Indem N die Diffamierung des E im ganzen Ort anhand von Warnschildern bekannt gab, handelte er mit Wissen und Wollen. Insbesondere bei öffentlichen Äußerungen ist hinsichtlich des Verschuldens stets eine Güter- und Interessenabwägung in Bezug auf den Persönlichkeitsschutz einerseits und das Informationsbedürfnis der Bevölkerung andererseits vorzunehmen. Bewusst wahrheitswidrige, ehrverletzende Tatsachenbehauptungen sind nicht entschuldbar. Damit handelte N schuldhaft i. S. d. § 823 I.
4. *Durch die Rechtsgutsverletzung muss dem E ein Schaden, also eine unfreiwillige Einbuße am Vermögen, entstanden sein.* Bei rechtswidrigen Veröffentlichungen steht dem Verletzten insbesondere ein Recht auf Gegendarstellung zu.[172] Von diesem Recht hat E Gebrauch gemacht. Die Veröffentlichung erfolgt in einem öffentlichen Medium, was dem Aushängen von Warnschildern gleich kommt, zumal der N Pressemeldungen bereits ankündigte. Dadurch sind dem E Kosten, also ein materieller Schaden entstanden.

Somit hat E gegen N einen Schadensersatzanspruch gem. § 823 I.

Der Schadensumfang ergibt sich aus § 249. Nach § 249 I hat N den Zustand herzustellen, der vor der Persönlichkeitsverletzung des E bestand. Die Wiederherstellung der Ehre und des Ansehens des E in der Öffentlichkeit erfolgte hier durch die Gegendarstellung. Deshalb kann E den für die Veröffentlichung bezahlten Geldbetrag in Höhe von 200 € von N ersetzt verlangen.[173]

---

172 *Jauernig/Teichmann*, § 823 Rn. 81.

173 Im Sachverhalt wird in erster Linie von dem Schaden ausgegangen, der durch die Gegenerklärung entstanden ist. Deshalb kann hier dahingestellt bleiben, ob dem E gegen N auch ein Anspruch auf „Schmerzensgeld" wegen besonders schwerer Verletzung seines Persönlichkeitsrechts zusteht (BGHZ 128, 1 ff. – *Caroline von Monaco;* NJW 1996, 984). Eine solche Verletzung kann auch in einer Diffamierung gesehen werden, wenn sie ein besonderes Maß an Rücksichtslosigkeit und Verletzungswillen offenbart (*Steffen*, Die Persönlichkeitsrechte, NJW 1997, 10 ff.). Interessant ist die Herleitung dieses Anspruchs durch den BGH aus § 823 I i. V. m. Art. 1 und Art. 2 GG, da bei dieser Entschädigung – anders als beim Schmerzensgeld nach § 253 II – regelmäßig der Gesichtspunkt der Genugtuung des Opfers im Vordergrund steht. So auch bei folgender Entscheidung: Ein bekannter Fernsehmoderator, zwei Produktionsfirmen sowie ein privater Fernsehsender wurden durch Urteil des OLG Hamm vom 04.02.2004 (Az. 3 U 168/03, juris.de) wegen Verletzung des allgemeinen Persönlichkeitsrechts zu einer Schmerzensgeldzahlung in Höhe von 70.000 € verurteilt. Der Moderator hat-

**II. Ein weiterer Anspruch des E gegen N auf Schadensersatz wegen Verletzung seines Persönlichkeitsrechts könnte sich aus § 823 II i. V. m. § 185 StGB ergeben.**

1. *Voraussetzung hierfür ist, dass § 185 StGB (Beleidigung) ein Schutzgesetz darstellt. Darunter fällt jede Rechtsnorm, die dem Schutz der Interessen anderer dienen soll.* Das StGB bezweckt mit dem Beleidigungstatbestand einen Individualschutz.
2. *Das Schutzgesetz muss verletzt sein, und zwar rechtswidrig und schuldhaft.* Indem N den E als Betrüger bezeichnete, hat er den objektiven Tatbestand der Beleidigung erfüllt. Wie bereits ausgeführt wurde, handelte N auch rechtswidrig und schuldhaft.
3. *Aus der Schutzgesetzverletzung muss dem E ein Schaden entstanden sein.* E hat – wie oben erörtert – einen materiellen Schaden erlitten.

Somit steht dem E gegen N auch ein Schadensersatzanspruch gem. § 823 II i. V. m. § 185 StGB zu, dessen Umfang sich ebenfalls aus § 249 I ergibt.

te ein 16-jähriges Mädchen in seiner Sendung mehrfach beleidigt und deren Namen in anzügliche Zusammenhänge gebracht.
Auch zur Prüfung der Frage, ob ein Schadensersatzanspruch wegen eines Eingriffs in das „Recht am eingerichteten und ausgeübten Gewerbebetrieb" als Schutzposition i. S. v. § 823 I (sonstiges Recht) vorliegt, ergeben sich aus dem Sachverhalt keine weiteren Anhaltspunkte. Es handelt sich hierbei um ein von der Rechtsprechung „entwickeltes" sonstiges Recht, das bestimmte Verletzungen der wirtschaftlichen Tätigkeit anderer (z. B. Umsatzrückgang infolge von rechtswidrigen Behauptungen über den Geschäftsbetrieb) einem Ersatzanspruch unterstellt und Vermögensschäden ausgleicht (vgl. *Palandt/Sprau*, § 823 Rn. 126 ff.; *Jauernig/Teichmann*, § 823 Rn. 95 ff.).

# Fall 18: Sachenrecht/bewegliche Sachen – Palandt im Wandel

**Schwerpunkte:**

Eigentumserwerb an beweglichen Sachen – dinglicher Herausgabeanspruch – Rechtsschein des Besitzes – gutgläubiger Eigentumserwerb – Werkunternehmerpfandrecht

Niko Niemand (N) leiht sich von seinem Freund Ernst Ernster (E) dessen Palandt für die Klausurenvorbereitung im Fach Privatrecht. Beim Lernen in der Bücherei trifft er seinen Kommilitonen Karl Kauf (K), der begeistert von der Ausgabe des Palandts ist und dem N anbietet, ihn diesen für 100 € abzukaufen. Da es sich bei dem Palandt um eine ältere Ausgabe handelt, die es bereits für € 50 zu erwerben gibt, willigt er sofort in den Kauf ein.

Nach der privatrechtlichen Klausur erklärt N dem E, dass er den Palandt mit in der Bücherei hatte und dass dieser nicht mehr auf seinem Tisch lag, als er vom Kaffeeholen zurückkam. Er gehe deshalb davon aus, dass ihn jemand gestohlen hat.

E geht der Angelegenheit nach und deckt den wahren Sachverhalt auf.

**Aufgabe 1:** Welche Ansprüche kann E gegen K geltend machen?

**Aufgabe 2:** Welche Ansprüche kann E gegen N geltend machen?

**Bearbeitungshinweis:** Bei Aufgaben 1 und 2 sind nur gesetzliche Ansprüche zu prüfen![174]

**Abwandlung:**

N wird der Palandt in der Bücherei – kurz bevor er ihn B zurückbringen will – tatsächlich gestohlen. Der Dieb Dietmar Depp (D) benutzt den Palandt ebenfalls für das Lernen der Klausur und schmeißt den Palandt sodann in ein Gebüsch. Von einer Studentin wird der Palandt aufgefunden und ins Fundbüro gebracht. Bei der alljährlichen öffentlichen Versteigerung von Fundsachen der Stadt erwirbt Ulrich Ungern (U) den Palandt und nimmt ihn sofort mit in die Hochschule. E erkennt seinen Palandt sofort, als sich U in der Lehrveranstaltung neben ihn setzt.

In der privatrechtlichen Vorlesung stellt der Dozent die Frage, ob ein Werkunternehmer unter Teilzahlung seines Werklohnes die Werksache herausgeben muss oder ob er ein Anrecht auf Zahlung des gesamten Werklohnes hat. E und U schauen gemeinsam in den Palandt.

**Aufgabe 3:** Kann E einen Herausgabeanspruch gegen U geltend machen?

**Aufgabe 4:** Was werden E und U antworten?

174 In dieser Fallfrage befindet sich ein „Hinweis“ auf die einschlägige Anspruchsgrundlage! Siehe hierzu die Zusammenfassung im 3. Abschnitt.

**Fall 18: Prüfschema/Lösungsskizze**

**Aufgabe 1:**

**E → K Herausgabe des Palandt gem. § 985?**

1. Besitz des K, § 854 (+)
2. Eigentum des E?
   a) § 929 S. 1 (N – K)
   b) N = Berechtigter?
   c) § 932 I 1
      aa) Rechtsschein des Besitzes, § 1006
      bb) K = gutgläubig, § 932 II
      cc) § 935 I

**Ergebnis:** E → K Herausgabe des Palandt gem. § 985 (–)

**Aufgabe 2:**

**I. E → N Schadensersatz gem. § 823 I?**

1. Tatbestandsmäßigkeit der Handlung des N (+)
   a) Verletzung eines der in § 823 I genannten Rechtsgüter; hier: Eigentum
   b) Ursächlichkeit der Handlung für die Eigentumsverletzung, haftungsbegründende Kausalität
2. Rechtswidrigkeit (+)
3. Verschulden – Vorsatz (+)
4. Schaden, haftungsausfüllende Kausalität (+)

**Ergebnis:** E → N Schadensersatz gem. § 823 I (+)

Schadensberechnung: §§ 249 I, 251 I (Wert des Palandt: 50 €)

**II. E → N Schadensersatz gem. § 823 II i. V. m. § 246 I StGB (Unterschlagung)?**

1. Schutzgesetz
2. Verstoß gegen das Schutzgesetz
3. Schaden

**Ergebnis:** E → N Schadensersatz gem. § 823 II i. V. m. § 246 I StGB (+)

Schadensumfang: s. o. I.

**III. E → N Herausgabe der 100 € gem. § 816 I 1?**

1. N hat als Nichtberechtigter verfügt, E war ursprünglich Eigentümer (+)
2. Die Verfügung des N ist dem E gegenüber wirksam, §§ 929, 932 (+)

**Ergebnis:** E → N Herausgabe der 1.200 € gem. § 816 I 1 (+)

**Aufgabe 3:**

**E → U Herausgabe des Palandt gem. § 985?**

1. Besitz des U, § 854 (+)
2. Eigentum des U (+)
   Eigentumserwerb durch öffentliche Versteigerung, § 935 II

**Ergebnis:** E → U Herausgabe gem. § 985 (-)

**Aufgabe 4:**

§ 647 (Werkunternehmerpfandrecht) setzt voraus:

a) Werkvertrag i. S. d. § 631
b) Forderung aus dem Werkvertrag
c) Besitz des Werkunternehmers
d) bewegliche Sache

**Ergebnis:** Hausagabeanspruch des Bestellers (-)

## Fall 18: Ausarbeitung (Gutachten)

### Aufgabe 1:

**E könnte gegen K einen Anspruch auf Herausgabe des Palandt gem. § 985 haben.**

1. *Dazu muss K Besitzer des Palandt sein. Besitzer ist, wer die tatsächliche Sachgewalt innehat (vgl. § 854).* Dem K wurde von N der Palandt übergeben; er ist somit Besitzer.
2. E *muss Eigentümer sein. Unter Eigentum versteht man die rechtliche Sachherrschaft.* Zunächst war E Eigentümer des Palandts. Er könnte das Eigentum jedoch durch eine Übereignung des N an K nach § 929 S. 1 verloren haben.
   a) *Für eine Übereignung nach § 929 S. 1 ist zunächst eine Einigung über den Übergang des Eigentums erforderlich.* N und K waren sich darüber einig, dass das Eigentum an dem Palandt auf K übergehen sollte. *Weiterhin ist die Übergabe der Sache erforderlich.* N hat dem K den Palandt auch übergeben.

b) *N muss zur Übertragung des Eigentums berechtigt gewesen sein.* Dies ist dann der Fall, wenn N Eigentümer oder vom Eigentümer zu der Verfügung ermächtigt gewesen ist. Eigentümer war jedoch noch E, der N den Palandt lediglich ausgeliehen hat. Da N auch nicht von E zu einer Übereignung ermächtigt war, hat er als Nichtberechtigter gehandelt.

c) *K könnte jedoch gem. § 932 I 1 gutgläubig Eigentum vom Nichtberechtigten erworben haben. K muss bei der Übereignung durch N bezüglich dessen Eigentümerstellung gutgläubig gewesen sein und die Sache darf dem ursprünglichen Eigentümer nicht abhandengekommen sein (§ 935 I).*

aa) *Der Veräußerer N muss durch den Rechtsschein des Besitzes legitimiert sein.*[175] *Nach § 1006 I wird zugunsten des Besitzers einer beweglichen Sache vermutet, dass er auch der Eigentümer ist.* Indem N den Palandt in der Bücherei bei sich hatte, hatte K keinen Grund anzunehmen, dass dieser nicht Eigentümer ist; der Rechtsschein seiner Eigentümerstellung ist gegeben.

bb) *K muss bezüglich der Eigentümerstellung des N gutgläubig gewesen sein. Nach § 932 II schaden hierbei positive Kenntnis sowie grob fahrlässige Unkenntnis.* K wusste im Zeitpunkt der Übereignung nicht, dass N nicht der Eigentümer des Palandt war. Es lagen auch keine Anhaltspunkte für die Nichteigentümerstellung des N vor, die sich dem K geradezu aufdrängen mussten. K war damit gutgläubig.

cc) *Es darf kein Fall des § 935 I vorliegen. Nach § 935 I ist ein gutgläubiger Eigentumserwerb nach den §§ 932–934 ausgeschlossen, wenn die Sache dem Eigentümer gestohlen wurde oder abhandengekommen ist. § 935 I greift immer dann ein, wenn der Eigentümer den unmittelbaren Besitz ohne oder gegen seinen Willen verloren hat.* E hat den unmittelbaren Besitz am Palandt im Rahmen eines Leihvertrages gem. § 598 willentlich an N übergeben. Damit liegt kein Fall des § 935 I vor.

Folglich hat K gutgläubig Eigentum am Palandt gem. §§ 929 S. 1, 932 I 1 erworben. E hat dadurch sein Eigentum verloren.

175 Gegenstand des guten Glaubens ist das Eigentum des Veräußerers (hier: N) an der übereigneten Sache. Auf den Zeitpunkt des Besitzerwerbs ist abzustellen (vgl. *Palandt/Bassenge*, § 932 Rn. 14).

Da E nicht mehr Eigentümer des Palandt ist, hat er keinen Herausgabeanspruch gegen K aus § 985.

**Aufgabe 2:**

**I. E könnte gegen N einen Anspruch auf Schadensersatz aus § 823 I haben.**

1. *Dazu muss N tatbestandsmäßig gehandelt haben.*
   a) *Erforderlich ist eine Rechtsgutsverletzung. In Betracht kommt eine Eigentumsverletzung, welche dann vorliegt, wenn eine Beeinträchtigung der Eigentümerrechte aus § 903 gegeben ist.* Hier ist dem E das Eigentum am Palandt entzogen worden. Damit liegt eine Eigentumsverletzung vor.
   b) *Erforderlich ist außerdem die haftungsbegründende Kausalität, die vorliegt, wenn die Rechtsgutverletzung kausal auf einer Handlung oder Unterlassung des N beruht.* Hätte N den Palandt nicht an K übereignet, wäre der Eigentumsverlust bei E nicht eingetreten. Ferner ist eine Übereignung durch einen Nichtberechtigten an einen Gutgläubigen generell geeignet, einen Eigentumsverlust beim Berechtigten herbeizuführen. Damit ist die haftungsbegründende Kausalität gegeben. N handelte tatbestandsmäßig.
2. *N muss auch rechtswidrig gehandelt haben.* Da hier kein Rechtfertigungsgrund ersichtlich ist, handelte N rechtswidrig.
3. *N muss schuldhaft gehandelt haben. § 823 I verlangt vorsätzliches oder fahrlässiges Handeln. Vorsätzlich handelt, wer den Tatbestand mit Wissen und Wollen verwirklicht.* N wusste, dass er durch die Übereignung des Palandts an K dem E das Eigentum hieran entzieht, und er wollte dies auch. N handelte vorsätzlich und damit auch schuldhaft.
4. *Erforderlich ist ein Schaden, also eine unfreiwillige Einbuße an Rechtsgütern des E.* Da E das Eigentum am Palandt verloren hat, hat er einen Schaden in Höhe des Wertes (hier 50 €) erlitten.

   *Schließlich muss die haftungsausfüllende Kausalität gegeben sein. Darunter ist die Kausalität zwischen der Rechtsgutverletzung und dem Schaden zu verstehen.* E hat durch die Eigentumsentziehung den Sachwert des Palandts verloren; folglich ist diese kausal für den Schaden in Höhe von 50 €. Der erlittene Schaden fällt ferner unter den Schutzzweck des § 823 I. Somit ist auch die haftungsausfüllende Kausalität gegeben.

E hat damit einen Anspruch gegen N auf Schadensersatz aus § 823 I. Der Schadensumfang bestimmt sich nach den §§ 249 ff. Gem. § 249 I muss der

Schadensersatzpflichtige selbst den tatsächlichen Zustand herstellen, der bestehen würde, wenn das Schadensereignis nicht eingetreten wäre. N müsste dem E also das Eigentum am Palandt verschaffen. Nach § 251 I, 1. Alt. tritt an die Stelle der Naturalrestitution nach § 249 die Schadenskompensation, wenn die Herstellung nicht möglich ist. Da die Eigentumsverschaffung wegen des gutgläubigen Eigentumserwerbs durch K (siehe oben Aufgabe 1) nicht möglich ist, hat N den E gem. § 251 I in Geld zu entschädigen, wobei der objektive Verkehrswert zu ersetzen ist. Dieser Wert beträgt hier 50 €.

**II. E könnte gegen N einen Anspruch auf Schadensersatz aus § 823 II i. V. m. § 246 I StGB haben.**

1. *Dafür muss ein Schutzgesetz verletzt sein. Schutzgesetze i. S. d. § 823 II sind alle Rechtsnormen, die zumindest auch dazu dienen, dem Einzelnen Schutz vor Verletzung seiner Rechte, Rechtsgüter und rechtlich geschützten Interessen zu gewähren.* Bei § 246 StGB (Unterschlagung) handelt es sich um eine Rechtsnorm, die den Einzelnen vor Eigentumsverletzungen schützen soll. Es liegt mit § 246 StGB ein Schutzgesetz vor.
2. *N muss gegen dieses Schutzgesetz verstoßen haben. Der Tatbestand der Unterschlagung verlangt die rechtswidrige Zueignung einer fremden beweglichen Sache, die sich bereits in seinem Besitz befindet.* Da E Eigentümer des Palandts war, handelte es sich für N bei dem Palandt um eine fremde bewegliche Sache. Eine Zueignung liegt vor, wenn der Täter die Sache selbst oder den in ihr verkörperten Sachwert seinem eigenen Vermögen einverleibt, indem er sich unter Verdrängung des Berechtigten eine eigentümerähnliche Herrschaftsposition über die Sache anmaßt. N hat durch die Übereignung den E aus seiner Eigentümerposition verdrängt und sich selbst als Eigentümer ausgegeben. Ein Rechtfertigungsgrund für dieses Verhalten ist nicht gegeben. Ferner hat er durch die Veräußerung den Sachwert des Palandts seinem eigenen Vermögen einverleibt. *§ 246 I StGB erfordert vorsätzliches Verhalten.* N hat dem E das Eigentum vorsätzlich entzogen und sich den Sachwert ebenfalls wissentlich und willentlich zugeeignet. N hat daher gegen das Schutzgesetz verstoßen.
3. *Weitere Voraussetzung ist, dass ein Schaden vorliegt.* Wie oben unter I. bereits festgestellt wurde, hat E einen Schaden in Höhe von 50 € erlitten.
4. *Dieser Schaden muss kausal auf dem Verstoß gegen das Schutzgesetz beruhen.* Der Schaden in Höhe des Wertes des Palandts ist kausal durch die „Verdrängung" des E aus seiner Eigentümerposition entstanden.

E hat damit gegen N einen Anspruch auf Schadensersatz aus § 823 II i. V. m. § 246 I StGB. Gem. § 251 I beträgt der Schadensumfang 50 € (siehe die Ausführungen unter I.).

**III. E könnte gegen N einen Anspruch auf Herausgabe der 100 € aus § 816 I 1 haben.**

1. *Es muss eine Verfügung eines Nichtberechtigten vorliegen. Unter einer Verfügung ist jedes Rechtsgeschäft zu verstehen, durch das ein bestehendes Recht unmittelbar übertragen, belastet oder inhaltlich verändert wird.* N hat das Eigentum am Palandt gem. § 929 S. 1 auf K übertragen und somit eine Verfügung vorgenommen. N war allerdings nicht der Eigentümer des Palandts und auch nicht vom Eigentümer E zu der Verfügung ermächtigt. N hat daher als Nichtberechtigter verfügt.
2. *Die Verfügung muss dem Berechtigten gegenüber wirksam sein.* Die Übereignung des N an K ist E gegenüber gem. § 932 I 1 wirksam. *Außerdem muss die Verfügung entgeltlich erfolgt sein*[176]. N hat von K für den Palandt 50 € erhalten, sodass diese Voraussetzung gegeben ist.

Die Voraussetzungen des § 816 I 1 liegen somit vor. Rechtsfolge ist die Herausgabe des durch die Verfügung tatsächlich Erlangten. Fraglich ist, wie es sich auswirkt, dass N den Palandt für 50 € über dem objektiven Verkehrswert verkauft hat. Man könnte der Ansicht sein, dass er diesen Veräußerungsgewinn behalten darf, da er auf dem eigenen Verhandlungsgeschick des N beruht. Dagegen spricht jedoch der Wortlaut des § 816 I 1. Durch „die Verfügung erlangt" ist der komplette Betrag, den N von K für die Eigentumsübertragung erhalten hat.

E hat damit gegen N einen Anspruch auf Herausgabe der 100 € aus § 816 I 1.

**Aufgabe 3:**

**E könnte gegen U einen Anspruch auf Herausgabe des Palandts aus § 985 haben.**

1. *Dazu muss U Besitzer des Palandts sein.* Der Palandt befindet sich bei U, der den Palandt in die Vorlesung mitnimmt. Er hat somit die tatsächliche Gewalt über den Palandt und ist Besitzer im Sinne des § 854 I.
2. *E muss Eigentümer des Palandts sein. Ursprünglich war E Eigentümer. Fraglich ist jedoch, ob er sein Eigentum durch die öffentliche Versteigerung verloren hat.* U hat den Palandt bei einer öffentlichen Versteigerung (vgl. § 383 III) erworben. Nach § 935 II tritt in diesem Fall der Eigentumserwerb gem. §§ 929 ff. auch ein, wenn dem Berechtigten die Sache gestohlen worden ist. U hat somit Eigentum am Palandt erworben.

E hat damit keinen Anspruch auf Herausgabe gem. § 985 gegen U.

176 Dies ergibt sich aus § 816 I 2.

**Aufgabe 4:**

**U und E werden wie folgt antworten:**

Ein Werkunternehmer hat nach § 647 ein Pfandrecht für seine Forderungen aus dem Vertrag an den von ihm hergestellten oder ausgebesserten beweglichen Sachen des Bestellers, wenn sie bei der Herstellung oder zum Zwecke der Ausbesserung in seinen Besitz gelangt sind.

Für das Werkunternehmerpfandrecht müssen folgende Voraussetzungen vorliegen:

a) *Zwischen dem Unternehmer und dem Besteller muss ein wirksamer Werkvertrag i. S. d. § 631 I bestehen, der den Unternehmer zur Herstellung des Werkes und den Besteller zur Entrichtung des vereinbarten Werklohnes verpflichtet.*

b) *Dem Unternehmer muss eine offene Forderung aus dem Werkvertrag zustehen.*[177]

c) *Nach § 647 muss der Unternehmer im Besitz der beweglichen Sache sein.*

d) Die bewegliche Sache muss im Eigentum des Bestellers stehen.

Sofern alle Voraussetzungen vorliegen, hat der Unternehmer an der beweglichen Sache des Bestellers ein Pfandrecht, was ihn dazu berechtigt, die Herausgabe bis zur vollständigen Kaufpreiszahlung zu verweigern. Der Unternehmer leitet so ein Recht zum Besitz aus § 986 I 1 her.

---

177 *Gem. § 641 I 1 ist die Vergütung bei Abnahme des Werkes zu entrichten.*

## Vertiefung: Gutgläubiger Eigentumserwerb vom Nichtberechtigten[178]

> **Prüfschema – Rechtsgeschäftlicher Eigentumserwerb gem. § 929 S. 1:**
>
> Den Grundfall des rechtsgeschäftlichen Eigentumserwerbs regelt § 929 S. 1.
>
> Dessen Voraussetzungen sind:
>
> 1. **Einigung** zwischen dem **berechtigten** Veräußerer und dem Erwerber über den Eigentumsübergang sowie
> 2. **Übergabe** der Sache, d. h. Übertragung des unmittelbaren Besitzes vom Veräußerer auf den Erwerber

Die Einigung ist ein (sachenrechtlicher) Vertrag, d. h. sie kommt durch zwei übereinstimmende Willenserklärungen zustande. Die Vorschriften des Allgemeinen Teils des BGB über Willenserklärungen und Rechtsgeschäfte (vor allem §§ 104 ff., 145 ff., 164 ff.) sind anwendbar. Die Einigung im Rahmen des § 929 S. 1 ist allerdings von der Einigung hinsichtlich des Kausalgeschäfts (= schuldrechtliches Verpflichtungsgeschäft, wie z. B. Kaufvertrag) zu trennen. Nach dem Abstraktionsprinzip sind beide Verträge unabhängig voneinander. Deutlich wird dies beim Eigentumsvorbehalt gem. § 449: Es wird ein Kaufvertrag mit schuldrechtlicher Einigung (Angebot und Annahme, §§ 145 ff., 433) abgeschlossen. Davon zu unterscheiden ist die sachenrechtliche Einigung gem. § 929, wonach das Eigentum erst übergehen soll, wenn der volle Kaufpreis bezahlt ist. Diese aufschiebend bedingte Einigung gehört zum Erfüllungsgeschäft (§§ 929, 158 I).

Die **Übergabe** ist ein Realakt, die vorgenannten Paragrafen finden keine Anwendung.

In der Regel kann der Erwerber nicht überprüfen, ob der Veräußerer zur Übertragung des Eigentums berechtigt ist. Es besteht insofern ein Interessenkonflikt, als der Erwerber befürchten müsste, evtl. nicht Eigentümer zu werden, bzw. der rechtmäßige Eigentümer sein Eigentum evtl. durch die

178 **Literatur zur Vertiefung:** *Baur/Stürner*, § 52; *Kindler/Paulus*, Redlicher Erwerb – Grundlagen und Grundprinzipien, JuS 2013, 393, 490: *Lorenz*, Grundwissen – Zivilrecht: Das Eigentümer-Besitzer-Verhältnis, JuS 2013, 495; *Schmidt*, Ausschluss des gutgläubigen Erwerbs von Gold- und Sammlermünzen, JuS 2014, 169; *Prütting*, § 35; *Schreiber*, Die Eigentumsvermutung für den Besitzer, JURA 2003, 392; *Schreiber*, Der Eigentumserwerb an abhandengekommenen Sachen, JURA 2004, 238; *Vieweg/Werner*, § 5; *Westermann* SachenR, §§ 7 und 8; *Wörlen/Kokemoor*, Rn. 114 ff.; *Wolf/Wellenhofer*, §§ 7 f.

Verfügung eines Nichtberechtigten verlieren könnte. Das BGB enthält folgende Regelungen:

- Der Erwerber wird nur dann Eigentümer, wenn sich der Veräußerer ihm gegenüber durch den **Rechtsschein des Besitzes** (vgl. § 1006) als berechtigter Eigentümer ausweist (die Sache also – z. B. aufgrund eines Leih- oder Mietvertrages – in unmittelbarem[179] Besitz hat) und der Erwerber **gutgläubig** hinsichtlich dessen Berechtigung ist (§§ 932–934). Somit verliert der „richtige" Eigentümer nur dann sein Eigentum, wenn er die Sache bewusst und freiwillig einem anderen übergibt und somit den vorgenannten Rechtsschein ermöglicht. Der Erwerber ist gem. § 932 II nur dann nicht gutgläubig, wenn ihm bekannt oder infolge grober Fahrlässigkeit unbekannt ist, dass die Sache dem Veräußerer nicht gehört.[180]

  **Beispiel:**

  Beim Erwerb eines Gebrauchtwagens von einer Privatperson handelt der Käufer grob fahrlässig, wenn er sich den Fahrzeugbrief (Bezeichnung seit 01.01.2005: Zulassungsbescheinigung Teil II, vgl. § 12 Fahrzeug-Zulassungsverordnung) nicht vorlegen lässt. Beim Erwerb eines Neuwagens von einem autorisierten Vertragshändler darf ein Privatkäufer regelmäßig auch ohne Vorlage des Fahrzeugbriefs darauf vertrauen, dass der Händler verfügungsbefugt ist.[181]

- Ein Eigentumserwerb scheidet aus, wenn die Sache dem Berechtigten gestohlen wurde, verloren gegangen oder sonst abhandengekommen war (§ 935 I 1).

Das Gesetz hält hier den Eigentümer für schutzwürdiger als den gutgläubigen Erwerber. Der Eigentümer kann die Sache von jedem späteren Erwerber nach §§ 985 ff. herausverlangen, sofern er das Eigentum nicht nach den §§ 937 ff. (Ersitzung) und §§ 946 ff. (Verbindung, Vermischung, Verarbeitung) verloren hat. Er kann allerdings die Weiterveräußerung durch einen Erwerber nach § 185 genehmigen und von ihm den Erlös (gem. § 816 I 1) verlangen.

Eine Ausnahmeregelung enthält § 935 II: Bei in- und ausländischem Geld, das als Zahlungsmittel geeignet ist, bei Inhaberpapieren (z. B. §§ 793 ff., § 10 I AktG) und bei Sachen, die im Wege öffentlicher Versteigerung nach § 383 III veräußert werden, tritt gutgläubiger Erwerb an abhandengekommenen Sachen ein.[182]

---

179 Der mittelbare Besitz (vgl. § 868) wird hinsichtlich der Rechtsscheinfunktion dem unmittelbaren Besitz gleichgestellt. Dies ergibt sich aus § 1006 III.

180 Beispiel in Fall 18, Aufgabe 1.

181 Siehe hierzu *Palandt/Bassenge*, § 932 Rn. 10 ff. mit weiteren Einzelfällen.

182 *Palandt/Bassenge*, § 935 Rn. 11. Beispiel in Fall 18, Aufgabe 4.

**Prüfschema – Gutgläubiger Erwerb vom Nichtberechtigten gem. § 932 I 1:**

**Voraussetzungen:**

1. Veräußerer und Erwerber tätigen einen rechtsgeschäftlichen Eigentumserwerb gem. § 929 S. 1 (Einigung + Übergabe)
2. Der Veräußerer ist durch den Rechtsschein des Besitzes als Berechtigter ausgewiesen
3. Der Erwerber ist im Hinblick auf das Eigentum des Veräußerers gutgläubig (vgl. § 932 II)
4. Die Sache ist dem Eigentümer nicht abhandengekommen (§ 935)

**Rechtsfolge:** Der Erwerber wird Eigentümer

Weitere Fälle des gutgläubigen Erwerbs vom Nichtberechtigten sind in den §§ 929 S. 2, 932 I 2; §§ 929 S. 1, 930, 933; §§ 929 S. 1, 931, 934 geregelt.[183]

In Klausurfällen wird der Erwerb vom Nichtberechtigten in der Regel bei Prüfung der Anspruchsgrundlage des § 985 relevant, und zwar bei der Erörterung, ob der Anspruchsteller noch Eigentümer der herausverlangten Sache ist.[184]

**Prüfschema – Herausgabeanspruch gem. § 985:**

**Voraussetzungen:**

1. Anspruchsteller ist Eigentümer
2. Anspruchsgegner ist Besitzer
3. Anspruchsgegner hat kein Recht zum Besitz, § 986

**Rechtsfolge:** Herausgabe der Sache

Ein weiterer Anwendungsfall des § 932 ist der § 816 I 1, wonach der Nichtberechtigte verpflichtet ist, dem Berechtigten das durch die Verfügung Erlangte herauszugeben.[185]

Testen Sie zum Schluss dieses Lernbuchs Ihr erworbenes Falllösungswissen mit folgender Übungsklausur, die eine „Mixtur" aus mehreren Rechtsgebieten enthält.

183 Diese werden hier nicht vertieft, sondern können – bei Bedarf – in einem Lehrbuch zum Sachenrecht (empfehlenswert: *Wörlen/Kokemoor*, Rn. 114 ff.) nachgelesen werden.

184 Siehe hierzu Fall 18, Aufgabe 1.

185 Vgl. Fall 18, Aufgabe 2 und Vertiefung „Ungerechtfertigte Bereicherung".

## Fall 19: „Mixtur" – Der ausbleibende Druck

**Schwerpunkte:**

Schadensersatz- und Herausgabeansprüche bei der Vermietung beweglicher Sachen – Abtretung

Knut Knauser (K) möchte sich im Pressewesen selbstständig machen und beabsichtigt bei Großhändler Vincent Veller (V) eine Druckmaschine zu erwerben. K fällt sofort auf, dass die Hydraulik bereits arg in Mitleidenschaft gezogen ist, was V auch bekannt ist. K nimmt daher Abstand von dem Kauf und möchte sich erst mal weiter umschauen.

Mette Marx (M) betreibt einen Druckshop. Da ihm sein bestes Stück wegen Wartungsarbeiten ausgefallen ist, benötigt er kurzfristig Ersatz. Er mietet daher die bei V, von K besichtigte, Druckermaschine für 3 Wochen (01.05. bis 22.05.). Hierfür vereinbart M und V einen Pauschalpreis von € 1.000.-.

Der Drucker geht bei M am 01.05. direkt in Betrieb. Bereits nach nur 2 Druckaufträgen versagt jedoch die Hydraulik und die Maschine geht nicht mehr an. M informiert sofort V, der den Drucker auch sofort abholt und reparieren lässt. Bereits am 03.05. steht der Drucker wieder voll funktionstüchtig bei M. M musste jedoch einen großen Druckauftrag, der bereits länger gebucht und fristgebunden war, an einen Konkurrenten abgeben. Hierfür sind ihm Einnahmen von € 300.- verloren gegangen.

**Aufgabe 1:** Steht M gegen V ein Schadensersatzanspruch in Höhe von 300 € zu, weil er den Druckauftrag nicht durchführen konnte?

Als K erfährt, dass die Druckmaschine inzwischen repariert worden ist, kauft er am 05.05. bei V die Druckmaschine. Übereignung und Übergabe sowie Kaufpreiszahlung sollen erst nach Rückgabe des durch M an V erfolgen.

**Aufgabe 2:** Hat K gegen M noch vor Ablauf der Mietzeit einen Anspruch auf Herausgabe der Druckmaschine?

Außerdem tritt V an K seine Mietzinsforderung gegen M am 05.05. ab. Als M am 22.05. die Druckmaschine an V zurückgibt, zahlt er die vereinbarte Miete in Höhe von 1.000 € an V, nicht wissend, dass V die Mietforderung an K abgetreten hat.

**Aufgabe 3:**

a) Steht K gegen M ein Anspruch auf nochmalige Mietzahlung in Höhe von 1.000 € zu?

b) Steht K gegen V, der zum Empfang der Leistung nicht berechtigt war, ein gesetzlicher Anspruch auf Herausgabe der erhaltenen Miete zu?

Bevor V die Druckermaschine an K übergibt, weist er seinen Angestellten Gerd Grübel (G) an, die Druckeinheit noch einmal gründlich zu reinigen. G ist in seiner Arbeit immer sorgfältig und gründlich und wird von V in regelmäßigen Abständen kontrolliert. Infolge Unachtsamkeit benutzt G bei der Reinigung das falsche Reinigungsmittel und zerstört die gesamte Druckeinheit, was den Drucker insgesamt irreparabel macht. K hatte für die neue Druckmaschine bereits die ganz spezielle Tonereinheit für 150 € gekauft und bezahlt. Dieser ist nunmehr für ihn wertlos.

**Aufgabe 4:**

a) Hat K gegen G einen gesetzlichen Schadensersatzanspruch?

b) Hat K gegen V einen vertraglichen Aufwendungsersatzanspruch und/oder gesetzlichen Schadensersatzanspruch?

**Fall 19: Prüfschema/Lösungsskizze**

**Aufgabe 1:**

**M → V auf Schadensersatz in Höhe von 300 € gem. § 536 a I, 1. Alt.**

1. Mietvertrag M–V i. S. d. § 535 (+)
2. Mangel der Mietsache, § 536 I (+)

   Mangel lag schon bei Vertragsschluss vor (+)
3. Schaden (+)
4. keine grob fahrlässige Unkenntnis des M (+), § 536 b S. 2

**Ergebnis:** M → V auf Schadensersatz in Höhe von 300 € gem. § 536 a I, 1. Alt. (+)
Umfang des zu ersetzenden Schadens: §§ 249 ff.

**Aufgabe 2:**

**K → M Herausgabe der Druckmaschine gem. § 985**

1. Besitz des M (+)
2. Eigentum des K (–)

   § 929 S. 1: Einigung + Übergabe – noch nicht erfolgt

**Ergebnis:** K → M Herausgabe des Druckers gem. § 985 (–)

**Aufgabe 3 a):**

**K → M Mietzahlung gem. § 535 II i. V. m. § 398**

1. wirksame Abtretung V an K gem. § 398 (+)
2. § 407 – K muss die Zahlung von M an V gegen sich gelten lassen, weil M von der Abtretung nichts wusste.

**Ergebnis:** K → M Mietzahlung gem. § 535 II i. V. m. § 398 (–)

**Aufgabe 3 b):**

**K → V Herausgabe der erhaltenen Miete gem. § 816 II**

1. Bewirken der Leistung an einen Nichtberechtigten (+)
2. Die Leistung ist dem Berechtigten gegenüber wirksam (+) wegen § 407

**Ergebnis:** K → V Herausgabe der erhaltenen Miete gem. § 816 II (+)

**Aufgabe 4 a):**

**K → G Schadensersatz gem. § 823 I**

Tatbestandsmäßigkeit der Handlung des G (–)

K war noch nicht Eigentümer

**Ergebnis:** K → G Schadensersatz gem. § 823 I (–)

**Aufgabe 4 b):**

**I. K → V Aufwendungsersatz gem. § 284**

1. Die Voraussetzungen für Schadensersatz statt der Leistung gem. § 280 I, III i. V. m. § 283 müssen vorliegen:
   a) Wirksames Schuldverhältnis (+)
      Kaufvertrag
   b) Leistungsbefreiung des Schuldners nach § 275 (+)
   c) Pflichtverletzung des Schuldners (+)
      geschuldete Leistung wird nicht erbracht (nachträgliche Unmöglichkeit)
   d) Vertretenmüssen, §§ 280 I 2, 276, 278 (+)
      G = Erfüllungsgehilfe
   e) Schaden (+)
2. Vergebliche Aufwendungen des K (+)
3. Kein Ausschluss des Anspruchs nach § 284, 2. HS (+)

**Ergebnis:** Anstelle des Schadensersatzes statt der Leistung (gem. § 280 I, III i. V. m. § 283): Aufwendungsersatz gem. § 284 (+)

**II. K → V Schadensersatz gem. § 831 I**

1. Verrichtungsgehilfe = G (+)
2. Tatbestandsmäßige und rechtswidrige unerlaubte Handlung des Verrichtungsgehilfen (–)

   s. o. Aufgabe 4 a)

**Ergebnis:** K → V Schadensersatz gem. § 831 I (–)

**Fall 19: Ausarbeitung (Gutachten)**

**Aufgabe 1:**

**M könnte von V Schadensersatz in Höhe von 300 € gem. § 536 a I, 1. Alt. verlangen.**

1. *Voraussetzung für diesen Anspruch ist zunächst, dass M und V einen Mietvertrag i. S. d. § 535 geschlossen haben. Hierfür sind zwei übereinstimmende Willenserklärungen, das Angebot und die Annahme, erforderlich.* Indem M bei V die Druckermaschine für 3 Wochen angemietet hat, ist zwischen beiden ein wirksamer Mietvertrag zustande gekommen.
2. *Ferner muss ein Mangel der Mietsache i. S. d. § 536 I, der ihre Tauglichkeit zum vertragsgemäßen Gebrauch aufhebt oder mindert, schon bei Abschluss des Mietvertrages vorhanden gewesen sein. Voraussetzung ist also eine negative Abweichung der Ist-Beschaffenheit des gemieteten Druckers von der vertraglich vereinbarten Soll-Beschaffenheit.* Der Vermieter war aufgrund des Vertrages verpflichtet, dem M für dessen Mietzeit eine funktionierende Druckmaschine zu überlassen. Der – dem V sogar bei Vertragsschluss bereits bekannte – Hydraulikschaden führt dazu, dass die Druckmaschine bereits nach zwei Druckaufträgen liegen bleibt; der Defekt stellt eine erhebliche Abweichung der Ist-Beschaffenheit von der Soll-Beschaffenheit dar. Die Tauglichkeit zum vertragsgemäßen Gebrauch ist aufgehoben. Somit liegt ein Mangel, der auch erheblich ist, i. S. d. § 536 I vor. Dieser war bereits zum Zeitpunkt des Vertragsschlusses vorhanden.
3. *Schließlich muss dem M ein Schaden, also eine unfreiwillige Vermögenseinbuße, entstanden sein.* M konnte einen bereits gebuchten und fristgebundenen Druckauftrag nicht selbst ausführen und musste den Kunden an die Konkurrenz verweisen. Hierdurch sind ihm Einnahmen von 300 € verloren gegangen. § 536 a umfasst alle Schäden, d. h. auch die Mangelfolgeschäden. Der Verlust eines Druckauftrages stellt einen Mangelfolgeschaden dar.

4. *Der Anspruch könnte gem. § 536 b S. 1 ausgeschlossen sein, wenn der Mieter bei Vertragsschluss den Mangel der Mietsache gekannt hat.* Da dem M der Hydraulikdefekt nicht bekannt war, scheidet ein Gewährleistungsausschluss gem. § 536 b S. 1 aus.

Rechtsfolge ist, dass M gegenüber V einen Schadensersatzanspruch gem. § 536 a, 1. Alt. hat.

Für den Umfang des zu ersetzenden Schadens gelten die §§ 249 ff. Nach § 252 hat V dem M auch den entgangenen Gewinn zu ersetzten. Der entgangene Gewinn umfasst alle Vermögensvorteile, die im Zeitpunkt eines schädigenden Ereignisses noch nicht zum Vermögen des Geschädigten gehört haben, die jedoch in sein Vermögen geflossen wären, hätte das schädigende Ereignis nicht stattgefunden. D. h., V muss M den Verdienstausfall in Höhe von € 300 zu ersetzen.

**Aufgabe 2:**

**K könnte von M die Herausgabe der Druckmaschine gem. § 985 verlangen.**

1. *K muss Eigentümer und M Besitzer der Druckmaschine sein. Eigentümer ist, wer die rechtliche Sachherrschaft, Besitzer, wer die tatsächliche Sachherrschaft innehat.* M hat Druckmaschine von V am 01.05. – wie im Mietvertrag vereinbart – erhalten. Ihm ist also der unmittelbare Besitz durch Verschaffung der tatsächlichen Gewalt (vgl. § 854 I) übertragen worden.
2. Es ist allerdings fraglich, ob K bereits Eigentümer der Druckmaschine ist. Ursprünglich stand die Druckmaschine im Eigentum des V. K könnte Eigentümer des Druckers geworden sein, wenn *gem. § 929 S. 1 Einigung und Übergabe der beweglichen Sache* erfolgt wären. V und K haben vereinbart, dass die Übereignung und Übergabe der Druckmaschine erst nach Rückgabe durch M an V erfolgen sollte. Deshalb ist K noch nicht Eigentümer der Druckmaschine, und ein Herausgabeanspruch des K gegen M gem. § 985 kommt nicht in Betracht.

**Aufgabe 3 a):**

**Ein Mietzahlungsanspruch des K gegen M könnte sich aus § 535 II i. V. m. § 398 ergeben.**

1. *Voraussetzung ist, dass K Inhaber der Mietforderung gem. § 535 II geworden ist.* Dies ist der Fall, wenn die Abtretung des Anspruchs von V an K wirksam ist. *Gem. § 398 S. 1 ist hierfür Voraussetzung, dass V (im Zeitpunkt der Abtretung) Inhaber der Forderung ist und V und K einen Abtretungsvertrag hinsichtlich dieses Anspruchs geschlossen haben.* V

hat einen Mietzahlungsanspruch gegen M aufgrund des geschlossenen Mietvertrages. V und K haben sich am 05.05. über die Abtretung dieses Anspruchs geeinigt, d. h. zwei übereinstimmende Willenserklärungen abgegeben. Somit ist K gem. § 398 S. 2 mit Abschluss dieses Vertrages Gläubiger der genannten Forderung geworden.

2. Dem Zahlungsbegehren des K könnte allerdings § 407 entgegenstehen. *Danach muss der neue Gläubiger (= K) eine Leistung, die der Schuldner (= M) nach Abtretung an den bisherigen Gläubiger (= V) bewirkt, gegen sich gelten lassen, sofern der Schuldner von der Abtretung bei der Leistung keine Kenntnis hatte.* V und K haben den Schuldner M über den am 05.05. geschlossenen Abtretungsvertrag nicht informiert, sodass dieser am 22.05. an den Zedenten (= bisheriger Gläubiger) zahlte. M kann deshalb dem Zessionar (= neuer Gläubiger) die Wirksamkeit der Leistung entgegenhalten.

Somit ist der Mietzahlungsanspruch des K gegen M gem. § 535 II i. V. m. § 398 nicht gegeben.

**Aufgabe 3 b):**

**K könnte von V Herausgabe der erhaltenen Miete gem. § 816 II verlangen.**

1. *Zunächst muss eine Leistung an einen Nichtberechtigten erfolgt sein.* Wie bei Aufgabe 3 a) bereits erörtert wurde, hat M die Miete in Höhe von 1.000 € am 22.5. an V, der nicht mehr Inhaber der Forderung und somit Nichtberechtigter war, gezahlt.
2. *Die Leistung muss dem Berechtigten gegenüber wirksam sein.* Der Schuldner M wird durch die Leistung an den bisherigen Gläubiger gem. § 407 befreit [siehe 3 a)], sodass der Gläubiger K nicht mehr berechtigt ist, die Leistung von M zu verlangen.

Folglich kann K von V Herausgabe des von M Geleisteten, also die Mietzahlung in Höhe von 1.000 € verlangen.

**Aufgabe 4 a):**

**In Betracht kommt ein Anspruch des K gegen G auf Schadensersatz gem. § 823 I.**

*Voraussetzung hierfür ist, dass G eines der in dieser Vorschrift genannten Rechtsgüter des K verletzt hat. Es könnte eine Eigentumsverletzung vorliegen.* Dann muss K bereits Eigentümer der Druckmaschine gewesen sein. Voraussetzung *hierfür ist nach § 929 S. 1, dass sich V und K über den Eigentumsübergang geeinigt haben und die Übergabe erfolgt ist.* Da allerdings die

Druckmaschine bereits vor der Übergabe zerstört wurde, war K noch kein Eigentümer und hat damit keine Rechtsgutsverletzung erlitten.

K von G keinen Schadensersatzanspruch gem. § 823 I verlangen.

**Aufgabe 4 b):**

**I. K könnte von V Aufwendungsersatz hinsichtlich der Kosten für die Tonereinheit gem. § 284 geltend machen.**

1. Da der Ersatz für die vergeblichen Aufwendungen gem. § 284 „anstelle des Schadensersatzes statt der Leistung“ – also alternativ – vom Gläubiger verlangt werden kann, müssen die Voraussetzungen für diesen Schadensersatz gem. §§ 280 I, III i. V. m. § 283 dem Grunde nach vorliegen:

   a) *Voraussetzung ist zunächst, dass zwischen K und V ein wirksames Schuldverhältnis besteht.* K und V haben einen Kaufvertrag i. S. d. § 433 über die Druckermaschine geschlossen.

   b) *V muss nach § 275 von seiner Leistungspflicht befreit sein.* Nach Abschluss des Vertrages, aber vor Übergabe der Druckermaschine an K, wird diese völlig zerstört. Somit kann V gegenüber K nicht mehr seine Verpflichtung aus dem Kaufvertrag (vgl. § 433 I 1) erfüllen und ihm kein Eigentum nach § 929 S. 1 übertragen. Wegen dieser (nachträglichen) Unmöglichkeit ist der Anspruch des K auf die Leistung gem. § 275 I ausgeschlossen.

   c) *Diese Befreiung von der Leistungspflicht muss auf eine Pflichtverletzung des Schuldners V zurückzuführen sein. Dies ist der Fall, wenn bei Vertragsschluss eine Leistungspflicht bestand, das Leistungshindernis also erst auf einen nach Vertragsschluss eintretenden Umstand zurückzuführen ist.* Erst nach Abschluss des Kaufvertrages zwischen K und V wurde die Druckermaschine zerstört. Das Leistungshindernis ist also erst nachträglich eingetreten, und eine Pflichtverletzung liegt vor.

   d) *V muss nach § 280 I 2 diese Pflichtverletzung zu vertreten haben. Das Vertretenmüssen richtet sich nach § 276 I 1, d. h., V hat grundsätzlich Vorsatz und Fahrlässigkeit zu vertreten.* Im vorliegenden Fall hat allerdings nicht V, sondern G die Zerstörung des Druckers verursacht. *Der Schuldner muss nach § 278 S. 1 für das Verschulden des G einstehen, wenn der Angestellte G Erfüllungsgehilfe ist und in Erfüllung einer Verpflichtung des Schuldners tätig geworden ist. Erfüllungsgehilfe ist, wer mit Wissen und Wollen des Schuldners rein tatsächlich in dessen Pflichtenkreis tätig wird.* G ist als Angestellter des V bei der Erfüllung von dessen vertraglichen Pflichten (Wartungsarbeiten) tätig. Folglich ist er Erfüllungsgehilfe. Es kommt Fahrlässigkeit des G in Betracht. *Fahrlässigkeit bedeutet nach § 276 II die Außerachtlassung der im Verkehr erforderlichen Sorgfalt.* Der Angestellte G war bei der Reinigung der Druckeinheit unachtsam und hat folglich fahrlässig gehandelt. Dessen Verschulden hat V wie eigenes Verschulden zu vertreten.

e) *Ferner muss dem K ein Schaden, also eine unfreiwillige Vermögenseinbuße entstanden sein.* Er hat zwar noch nicht seinen Kaufpreis gezahlt, allerdings nutzlos gewordene Aufwendungen für die Tonereinheit getätigt. Somit sind die Voraussetzungen der §§ 280 I, III i. V. m. § 283 erfüllt. Ein Schadensersatzanspruch des K gegenüber V statt der Leistung besteht dem Grunde nach.

2. *K muss vergebliche Aufwendungen (freiwillige Vermögensopfer) gemacht haben.* Die speziell Tonereinheit hat er im Vertrauen auf den Erhalt der Leistung für 150 € gekauft und bezahlt. Diese Aufwendungen haben sich infolge der unterbliebenen Durchführung des Geschäfts als nutzlos erwiesen.

   K musste die Aufwendungen „billigerweise"[186] machen dürfen. Die Tonereinheit hat er nicht voreilig bestellt und von der Vertragsstörung nichts gewusst; insoweit bestehen keine Bedenken.

3. Der Ersatzanspruch ist nach § 284, 2. HS ausgeschlossen, wenn der Zweck der Aufwendung „auch ohne die Pflichtverletzung nicht erreicht worden wäre". Hierfür ist nichts ersichtlich.

   K hat somit einen Aufwendungsersatzanspruch gegen V aus § 284 in Höhe von 150 €.

**II. K könnte von V Schadensersatz gem. § 831 I verlangen**

1. *Voraussetzung hierfür ist, dass G Verrichtungsgehilfe des V ist. Verrichtungsgehilfe ist, wer für einen anderen, von dessen Weisungen er abhängig ist, eine Tätigkeit ausführt.* G ist Angestellter des V, der seine Tätigkeit jederzeit nach Zeit oder Umfang bestimmen kann. Folglich ist er dessen Verrichtungsgehilfe.

2. *Der Verrichtungsgehilfe muss eine tatbestandsmäßige und rechtswidrige unerlaubte Handlung begangen haben.* Wie bei Aufgabe 4 a) bereits festgestellt wurde, hat G durch seine Handlung nicht das Eigentum des K verletzt.

   Somit scheidet ein deliktischer Schadensersatzanspruch gem. § 831 I des K gegen V aus.

186 Dieses Merkmal wird eng an § 254 angelehnt: Der Gläubiger darf nicht voreilig Aufwendungen machen, die er genauso gut noch aufschieben könnte, wenn Anzeichen für Vertragsstörungen schon erkennbar sind (*Canaris*, Die Reform des Rechts der Leistungsstörungen, JZ 2001, 499, 517). Siehe auch *Hk-BGB/Schulze*, § 284 Rn. 11.

**Klausurtipp:**

Die Lösung dieses Falles erfordert die einwandfreie Beherrschung des **Abstraktionsprinzips** (= Grundsatz, dass Verpflichtungsgeschäft und Erfüllungsgeschäft in ihrem Bestand voneinander unabhängig sind). Der schuldrechtliche Kaufvertrag begründet lediglich die Pflicht des Verkäufers V zur Übergabe der verkauften Sache an den Käufer und zur Übertragung des Eigentums, lässt aber die dingliche Rechtslage (Eigentum) unberührt. Das Eigentum muss erst durch besonderes dingliches Rechtsgeschäft gem. § 929 S. 1 übertragen werden. So kommt es bei Aufgabe 2 i. R. d. § 985 und bei den Aufgaben 4 a) und b) bei Prüfung des § 823 I bzw. § 831 I auf das Verfügungsgeschäft (Eigentumserwerb am Drucker durch K) an. Bei Aufgabe 4 b) – vertraglicher Aufwendungsersatzanspruch – hingegen ist das Verpflichtungsgeschäft (= Kaufvertrag) relevant.

# 3. Abschnitt
# Zusammenfassung

Bei der Lösung eines Zivilrechtsfalles ist meist die Frage zu erörtern, ob eine Person gegenüber einer anderen einen Anspruch hat. Außerdem kann auch gefragt werden, ob sich ein Vertragsteil von dem Vertrag lösen bzw. zurücktreten kann,[1] ob eine Anfechtungsmöglichkeit besteht, die Kündigung wirksam ist u. Ä.

Die Studierenden sollten den Sachverhalt in Handlungskomplexe aufteilen und innerhalb der Zwei-Personen-Verhältnisse die einzelnen Ansprüche erörtern.

Die wichtigsten Anspruchsgruppen (vertragliche Ansprüche, quasivertragliche Ansprüche, dingliche Ansprüche, deliktische Ansprüche, bereicherungsrechtliche/ausgleichende Ansprüche) sind in der genannten Reihenfolge zu überprüfen. Diese Auflistung ist zwar nicht vollständig und ausschließlich. Doch lassen sich daraus in den meisten Fällen die Anspruchsgrundlagen ermitteln. Für das Anspruchsbegehren kann **eine** Anspruchsgrundlage zu prüfen sein; es kommt aber auch die Erörterung mehrerer (verschiedener) in Betracht: so z. B. Rückgabeanspruch aus Vertrag oder Herausgabeanspruch gem. § 985 und gem. § 812[2] oder Schadensersatzansprüche aus Vertrag bzw. § 280 und Delikt.[3]

Das Schema für die Prüfungsreihenfolge der Ansprüche kann man sich mit folgendem Merksatz einprägen:

„**V**iel **Q**uatsch **s**chreibt **d**er **B**earbeiter".

Die Anfangsbuchstaben eines jeden Wortes stehen für die zu prüfenden Ansprüche:

| | |
|---|---|
| **V**iel | vertragliche Ansprüche |
| **Q**uatsch | quasivertragliche Ansprüche |
| **s**chreibt | sachenrechtliche/dingliche Ansprüche |
| **d**er | deliktische Ansprüche |
| **B**earbeiter | bereicherungsrechtliche Ansprüche |

1 Beispiele in Fall 5, Aufgabe 2.

2 Beispiel hierfür in Fall 17, Aufgabe 1.

3 Beispiele hierfür in Fall 8, Aufgabe 4; Fall 11, Aufgabe 2; Fall 12, Aufgabe 4 a).

Manchmal befindet sich auch in der (konkreten) Fallfrage ein „Hinweis“ auf die einschlägige Anspruchsgrundlage:

**Beispiel:**

„Kann die Stadt K von V die Lieferung eines neuen Beamers verlangen?“[4]

*Ein solcher Anspruch ergibt sich aus § 433 I 1.*

**Beispiele:**

„Kann V von K Kaufpreiszahlung verlangen?“[5] oder: „Hat V gegen die Stadt K einen Anspruch auf die Bezahlung des vereinbarten Kaufpreises?“[6]

*Hier kommt nur der Anspruch gem. § 433 II in Betracht.*

**Beispiel:**

Kann K von V Rückzahlung des Kaufpreises verlangen?[7]

*Hier sind die §§ 346 I, 323, 437 Nr. 2, 1. Alt., 434 zu prüfen.*

**Beispiel:**

„Hat K gegen V einen vertraglichen Schadensersatzanspruch?“[8]

*Hier kommt nur ein Anspruch aus der Anspruchsgruppe „vertragliche Ansprüche“ in Betracht, also §§ 280 I, 281 I 1, 282, 283, 284, 311 a II …*

**Beispiele:**

„Inspektor I. . . soll prüfen, ob. . . die Stadt V von M die Räumung der Wohnung verlangen kann.“ bzw. „ob eine Räumungsklage Aussicht auf Erfolg hat[9] oder „Hat V gegenüber M einen Anspruch auf Rückgabe der Wohnung …?“[10]

*Der vertragliche Rückgabeanspruch gem. § 546 I ist hier einschlägig.*

**Beispiel:**

„Steht K gegen V, der zum Empfang der Leistung nicht berechtigt war, ein gesetzlicher Anspruch auf Herausgabe der erhaltenen Miete zu?“[11]

---

4 Siehe Fall 7, Aufgabe 1.

5 Siehe Fall 1, Aufgabe 1 und Fall 5 Aufgabe 4.

6 Siehe Fall 7, Aufgabe 2.

7 Siehe Fall 9, Aufgabe 1.

8 Siehe Fall 8 Aufgabe 2 und Fall 19, Aufgabe 4 b).

9 Siehe Fall 11, Aufgaben 1 a) und 3.

10 Siehe Fall 12, Aufgabe 5 a).

11 Siehe Fall 19, Aufgabe 3 b).

*Die Studierenden müssen hier im Recht der ungerechtfertigten Bereicherung (§§ 812 ff.) die einschlägige Anspruchsgrundlage (§ 816 II) finden.*

**Beispiel:**

„Hat K gegen V einen gesetzlichen Anspruch auf Schadensersatz?“[12]

*In diesem Fall kommt meist ein Anspruch aus der Anspruchsgruppe „deliktische Ansprüche“ (i. d. R. § 823 I) in Betracht.*

Auch die **vor** der Falllösung zu erstellende Skizze[13] ist hilfreich für die Suche nach der Anspruchsgrundlage:

Besteht zwischen dem Anspruchsteller und dem Anspruchsgegner **kein Vertrag**, so kommen selbstverständlich auch **keine vertraglichen Ansprüche** in Betracht. Verlangt in einem entsprechenden Fall der Anspruchsteller vom Anspruchsgegner die **Herausgabe** der Sache, so sind nur §§ 985 f. (dingliche Ansprüche), evtl. auch §§ 812 ff., einschlägig.[14]

Beim Auffinden der Anspruchsgrundlage können auch das Sachregister und das Inhaltsverzeichnis der benutzten Gesetzessammlung hilfreich sein.

Die Studierenden sollten immer nur **einen** Anspruch und nicht mehrere nebeneinander prüfen. Dabei ist nach dem Schema

| Wer | will von wem | was | woraus? |
|---|---|---|---|
| z. B.: V | will von K | Kaufpreiszahlung | § 433 II |

vorzugehen.

Dieses Schema kann man sich als „Die 5 Goldenen Ws“ merken:

Unter „**W**er“ versteht man die Person, welche einen möglichen Anspruch geltend machen will (= Gläubiger/Anspruchsteller).

Damit einher geht das Fragewort „(von) **w**em“, welches den Anspruchsgegner (Schuldner) beschreibt.

Mittels „**w**ill“ und „**w**as“ ist zu ermitteln, was der Gläubiger genau begehrt, z. B. Kaufpreiszahlung.

„**W**oraus“ steht für die Anspruchsgrundlage, z. B. den Anspruch auf Kaufpreiszahlung nach § 433 II, auf welche sich der Anspruchsteller stützt.

12 Siehe Fall 19, Aufgabe 4 a).

13 Siehe die „Allgemeine Anleitung zur Lösung eines Zivilrechtsfalles“, I. 2.

14 Beispiele hierfür in Fall 18, Aufgabe 1 und Fall 19, Aufgabe 2.

## Lösung der Übungen

### 1. Aufgabe:

**Hat V gegen K einen Anspruch auf Kaufpreiszahlung in Höhe von 1.000 €?**

Anspruchsteller: V

Anspruchsgegner: K

Anspruchsziel: Zahlung von 1 000 € aus dem Kaufvertrag

Anspruchsgrundlage: § 433 II

V → K Kaufpreiszahlung von 1 000 € gem. § 433 II

### 2. Aufgabe:

**Hat V gegen K einen Anspruch auf Zahlung von 1.000 €?**

Anspruchsteller: V

Anspruchsgegner: K

Anspruchsziel: Zahlung von 1.000 €

Anspruchsgrundlage: Hier müssen alle in Betracht kommenden Anspruchsgrundlagen selbst gesucht werden.

V → K Zahlung von 1.000 € gem. § 433 II oder § 535 II oder § 611 oder § 823 I oder ...

### 3. Aufgabe:

**Welche Ansprüche hat K gegen V?**

Anspruchsteller: K

Anspruchsgegner: V

Anspruchsziele: Müssen anhand der wirtschaftlichen Interessenlage selbst herausgearbeitet werden

Anspruchsgrundlagen: für jedes Anspruchsziel müssen alle in Betracht kommenden Anspruchsgrundlagen gesucht werden.

K→ V Zahlung von 1.000 € gem. § 433 II oder Schadensersatz in Höhe von 1.000 € gem. § 280 I oder § 823 I oder...

### 4. Aufgabe:

**Welche Ansprüche hat M?**

Anspruchsteller: M

Anspruchsgegner: sämtliche sonst im Sachverhalt genannten Personen (evtl. B, U, V)

Anspruchsziele: müssen für jedes **Zweipersonenverhältnis** herausgearbeitet werden.

Anspruchsgrundlagen: es muss für jedes **Zweipersonenverhältnis** und innerhalb dessen für jedes Anspruchsziel die Anspruchsgrundlage gesucht werden.

M → B/M→ U/M → V

### 5. Aufgabe:

**Im Sachverhalt kommen A, B und C vor.**

**Die Fragestellung lautet: Wie ist die Rechtslage?**

Es sind alle denkbaren Anspruchsziele und Anspruchsgrundlagen in folgenden Rechtsverhältnissen zu untersuchen:

A → B

B → A

B → C

C → B

C → A

A → C

## Lösung der Übung zur Struktur einer Anspruchsgrundlage

### 1. § 433 I 1

Tatbestandsvoraussetzung: Kaufvertrag

Rechtsfolge: Verpflichtung des Verkäufers zur Übergabe und Übereignung der Kaufsache

### 2. § 823 I

Tatbestandsvoraussetzungen: Tatbestandsmäßigkeit (Rechtsgutsverletzung, Handlung, Kausalität), Rechtswidrigkeit, Verschulden, Schaden

Rechtsfolge: Schadensersatz

**3. § 631 I**

Tatbestandsvoraussetzung: Werkvertrag

Rechtsfolge 1: Herstellung des versprochenen Werkes durch den Werkunternehmer

Rechtsfolge 2: Entrichtung der vereinbarten Vergütung durch den Besteller

**4. § 812 I 1, 1. Alt**

Tatbestandsvoraussetzungen: Etwas erlangt/durch Leistung eines anderen/ohne rechtlichen Grund

Rechtsfolge: Herausgabe des Erlangten

**5. § 985**

Tatbestandsvoraussetzungen: Besitzer, Eigentümer

Rechtsfolge: Herausgabe

# Stichwortverzeichnis


**A**
Abnahme 159
Abstraktionsprinzip 273, 284
Abtretung 280
Abwehranspruch
- des Eigentümers 260
Allgemeine Geschäftsbedingungen 133, 142
- Begriff 143
- Einbeziehungsvereinbarung 144
- persönlicher Anwendungsbereich 144
- Rechtsfolgen der Nichteinbeziehung 147
- Rechtsfolgen der Unwirksamkeit 147
- sachlicher Anwendungsbereich 143
- Wirksamkeitskontrolle 145
Amtspflichtverletzung 234, 247, 250
Amtsträger 249
Anfechtung
- wegen arglistiger Täuschung 66
- wegen Eigenschaftsirrtums 116
- wegen Inhaltsirrtums 60
Angebot 45, 53, 65
- Definition 36
Annahme 45, 65
- Definition 36
Annahmeverzug (s. auch Gläubigerverzug) 83
Anspruch 29
- Prüfungsreihenfolge 38
Anspruchsbegehren 28
Anspruchsgegner 28
Anspruchsgrundlage
- Aufbau 30
- Struktur 33
Anspruchskonkurrenz 118
Anspruchsteller 28
Anstifter 253
Antrag
- s. Angebot 36
Aufwendungen 96
Ausschluss der Gewährleistung
- durch AGB 133

**B**
Beamter
- Eigenhaftung 248
- hoheitliches Handeln 249
- im staatsrechtlichen Sinn 248
Bereicherung
- ungerechtfertigte 116, 259
Beschaffenheitsvereinbarung 132, 140
Beschaffungsrisiko 81, 89, 105
Beschaffungsschuld 88
Besitz 170, 259
- Rechtsschein 274
Besitzer 267
Besitzrecht 259
Bringschuld 141

**D**
Deliktsrecht 238
Drittschadensliquidation 92
Duldungspflicht 261

**E**
Eigenbedarf
- Mietrecht 200
Eigenschaftsirrtum 65, 116
Eigentümer 259, 267
Eigentumserwerb 273
- Einigung 273
- gutgläubiger 268, 275
Eigentumsvorbehalt 273
Einigung 267, 273
Einrede 43, 58
Einwendung
- rechtshemmende 43
- rechtshindernde 43
- rechtsvernichtende 43
Einwilligung 55
Entgangener Gewinn 124

Entlastungsbeweis
- Verkäufer 140
Erfüllungsgehilfe 72, 187, 206, 210, 216, 232
Ersitzung 274
Exkulpationsmöglichkeit 208, 218, 222, 245

**F**

Fahrlässigkeit 71, 72, 83
- grobe 90
Fallfrage 27, 39, 44, 286
- abstrakte 27, 47
- konkrete 28, 47
Fiktion 186, 194
Forderungsübergang
- gesetzlicher Schadensersatzanspruch 227

**G**

Garantie 165
Garantieerklärung 186
Garantiehaftung 212
Gattungsschuld 81, 88
- Konkretisierung zur Stückschuld 82
Gefährdungshaftung 240
Gefahrtragungsregel 105
Gefahrübergang 112, 117, 119, 139
Gefälligkeitsverhältnis 77
Gegendarstellung 263
Gegenleistung 89, 101, 102, 104
Gegenleistungsgefahr 105
Gegenleistungspflicht 89
Gegenseitiger Vertrag 46, 78, 155
Gehilfe 253
Geldschuld 106
Genehmigung 54
Generalklausel 147, 244
Gesamtschuldner 225, 253
Geschäftsbedingungen
- Allgemeine 133, 142
Geschäftsfähigkeit
- beschränkte 53
Gestaltungsrecht 29, 39, 132, 137, 162, 164, 169
Gewohnheitsrecht 261
Grundtatbestand 239
Gutachtenstil 34
Gutgläubiger Erwerb des Eigentums 268, 273

**H**

Haftung
- des Tierhalters 211
- für Amtspflichtverletzungen 234, 247
- für fremdes Verschulden (s. Erfüllungsgehilfe) 247
- für Organe 247
- für vermutetes Verschulden 212, 238, 247
- für Verrichtungsgehilfen 207
Haftungsausschluss 249, 251
Handlungsstörer 260, 262
Herausgabeanspruch
- des Eigentümers 259, 271, 275
Hersteller 140, 240
Hilfsnorm 32, 35
Hoheitliche Tätigkeit 249, 250
Holschuld 82

**I**

Immaterieller Schaden (s. Schmerzensgeld) 124
Inhaltsirrtum 60
Invitatio ad offerendum 53, 65

**J**

Juristische Person 148, 247

**K**

Kaufvertrag 45, 53, 59, 65
- Mängelrechte 138
Kausalität
- haftungsausfüllende 241
- haftungsbegründende 240
Klauselverbote §§ 305ff. 146

Konjunktiv 34, 48
Kündigung
- fristgemäße (Mietvertrag) 176
- fristlose (Mietvertrag) 174
- Schriftform (Mietvertrag) 176

**L**
Leihvertrag 258
- Rückgabepflicht 258
Leistung
- Unmöglichkeit 95
Leistungszeit 46

**M**
Mangel
- der Kaufsache 111, 132, 139
- der Mietsache 185
- des Werks 152, 157
Mangelfolgeschaden 110, 117, 186, 197, 207
Mangelschaden 120
Mehraufwendungen 84
Mehrheit
- von Schuldnern 226
Mieter
- Anzeigepflicht 189
- Gebrauchsüberlassungsanspruch 195
- Gewährleistungsansprüche 195
- Mietzahlungspflicht 199
- Nebenpflichten 199
- Rückgabepflicht 199
- Wegnahmerecht 192, 202
Mietvertrag 194
- Aufhebung 199
- Beendigung durch Kündigung 200
- Beendigung durch Zeitablauf 199
- Rechte und Pflichten der Parteien 195
- Schadensersatz 206
- Sozialklausel 201
- Zeitmietvertrag 199
Minderjährige(r) 53
Minderung
- beim Kaufvertrag 136
- beim Werkvertrag 164
Minderwert
- unfallbedingter 124
Mittäter 253
Mitverschulden 126, 188
Montage 141

**N**
Nacherfüllung
- beim Kaufvertrag 112
- beim Werkvertrag 152
Naturalrestitution 121
Nebenpflichten 178, 195, 216
Notstand 240
Notwehr 208, 240

**O**
Organ 247
Organisationsverschulden 246
Organ (s. auch Haftung für Organe) 247

**P**
Paragrafenkette 34
Persönlichkeitsrechtsverletzung 261, 262
Pflichtverletzung
- Nebenpflicht 71
- Unmöglichkeit der Leistung 94
Preisgefahr 105
Primärleistung 98
Primärleistungspflicht 41, 95
Prüfungsreihenfolge
- für Ansprüche 40

**R**
Räumunganspruch
- Mietvertrag 179
Rechtfertigungsgrund 209
Rechtsbindungswille 53, 65, 77
Rechtsfolge 30

Rechtsgrund 116, 259
Rechtsgrundverweisung 108
Rechtsmangel 141
- beim Werkvertrag 158
Rechtsschein 268
Rückgabe
- der Mietsache 192
Rückgabeanspruch
- des Verleihers 258
Rücktrittsrecht
- beim Kaufvertrag 132
- beim Werkvertrag 153
- gesetzliches 77
Rückzahlung
- des Darlehens 90
- des Kaufpreises 77, 114, 132

**S**

Sachdarlehensvertrag 260
Sachmangel (s. Mangel) 119, 139
- beim Werkvertrag 152, 158
Schaden
- immaterieller (s. auch Schmerzensgeld) 124
- Mangelfolgeschaden 117
- materieller 263
Schadensersatz
- Amtshaftung 235
- Art 121
- Austauschtheorie 128
- bei unerlaubten Handlungen 208, 269
- Differenztheorie 128
- entgangener Gewinn 124
- Geldersatz 122
- großer 127, 166
- Haftung des Beamten 233
- Haftung mehrerer 225
- immaterieller Schaden 124
- im Mietrecht 185
- kleiner 127, 166
- Naturalrestitution 121
- Nichtvermögensschäden 124
- Schadenskompensation 123
- Schmerzensgeld 125
- Tierhalterhaftung 212
- Umfang 126
- Unverhältnismäßigkeit der Herstellung 124
Schadensersatz statt der Leistung
- bei Unmöglichkeit 100
Schmerzensgeld 114, 125
Schuldverhältnis
- vorvertragliches 71
Schutzgesetz 210, 242
Schutzzweck 249, 269
Sekundärleistungsansprüche 95
Sekundärleistungspflicht 41
Selbstvornahme
- Kostenvorschuss 154
Sittenwidrige Schädigung 239
Sittenwidrigkeit 91
Sorgfaltspflicht 72, 73, 178, 190, 198, 216, 232, 239
Staatshaftung 249
Stellvertretung 59
Störer 260
Stückschuld 82, 88
Subsumtion 32
Surrogat 93

**T**

Tatbestand 30
Tatbestandsmerkmal 31
Tatbestandsvoraussetzung 30, 35
Täuschung
- arglistige 66
- durch Dritten 67
Tierhalterhaftung 212

**U**

Übereignung 138, 156, 170
Übergabe 273
Umdeutung 172, 175
Unerlaubte Handlung 237
- Anstifter 253
- Begriff 238
- Eigenhaftung des Beamten 247

- Gehilfe 253
- Haftung für vermutetes Verschulden 247
- Haftung mehrerer Schädiger 253
- Mittäter 253
- Schutzgesetz 242
- Schutzzweck der Norm 241
- sonstige Rechte 239
- Verjährung 254

Unmöglichkeit der Leistung 88, 94
- anfängliche objektive 96
- anfängliche subjektive 97
- im einseitigen Schuldverhältnis 98
- nachträgliche 98
- Regelungen für gegenseitige Verträge 101
- Rücktritt 104

Unternehmer 135

**V**

Verbraucher 135
Verbraucherschutzvorschriften 133, 143
Verbraucherverträge 143, 147
Verbrauchsgüterkauf 135
Verfügungsgeschäft 138, 284
Verjährung 62
- von Mängelansprüchen (Werkvertrag) 169

Verkehrssicherungspflicht 239
Vermögen 239, 242
Vermögensschaden 125, 126, 234
Verpflichtungsgeschäft 138, 273, 284
Verrichtungsgehilfe 207, 217, 244
Verschuldensfähigkeit 240
Verschuldensvermutung 244
Versteigerung
- öffentliche 271, 274

Vertrag
- gegenseitiger 101

Vertrauensschaden 61
Vertreter
- beschränkt geschäftsfähiger 54
- gesetzlicher 55
- ohne Vertretungsmacht 54

Vertretungsmacht 54, 65
Verzugszinsen 177
Vollmacht 54
Vorratsschuld 106
Vorsatz 67

**W**

Werkvertrag 152, 155
- Anwendung des Kaufrechts 169
- Ausschluss der Gewährleistung 168
- Mangelfolgeschäden 166
- Mangelschaden 165
- Minderung 164
- Nacherfüllung 160
- Rücktritt 162
- Schadensersatz 165
- Selbstvornahme 161

Willenserklärung 36
- Widerruf 68

Wucher 91

**Z**

Zeitmietvertrag 199
Zustimmung 54, 55